普通高等学校本科生汉语教材　总主编　陈思和

U0880859

D A X U E Y U W E N

大学语文

主编　张新颖　陈慧忠　俞灏敏

上海外语教育出版社
外教社 SHANGHAI FOREIGN LANGUAGE EDUCATION PRESS

图书在版编目（CIP）数据

大学语文 / 张新颖，陈慧忠，俞灏敏主编.
—上海：上海外语教育出版社，2013（2021重印）
ISBN 978-7-5446-2930-0

Ⅰ. ①大… Ⅱ. ①张… ②陈… ③俞… Ⅲ. ①大学语文课－高等学校－教材
Ⅳ. ①H19

中国版本图书馆CIP数据核字（2012）第241968号

出版发行：上海外语教育出版社
（上海外国语大学内） 邮编：200083
电 话：021-65425300（总机）
电子邮箱：bookinfo@sflep.com.cn
网 址：http://www.sflep.com
责任编辑：杨莹雪

印 刷：上海华业装璜印刷厂有限公司
开 本：787×1092 1/16 印张 28.75 字数 441千字
版 次：2013 年 1月第 1版 2021 年 9月第 7次印刷

书 号：ISBN 978-7-5446-2930-0 / H・1431
定 价：45.00 元
本版图书如有印装质量问题，可向本社调换
质量服务热线：4008-213-263 电子邮箱：editorial@sflep.com

前 言 | 本书的基本结构

一、分中国古典文学、中国现代文学、外国文学三个部分，每个部分各选文10篇，作为主文本，共计30篇；

二、每篇主文本有一篇副文本作为参照，副文本与主文本之间形成弹性的联系，从而建立起一个阅读、学习、讨论的空间。副文本共计30篇；

三、在教学过程中，可以根据教与学的兴趣和需要，根据课时要求，自行选择若干文本教学，不必全部都在课堂上完成。本书的文本数量留出了自行选择的空间，也为课外阅读和学习提供了材料；

四、在教学过程中，可以根据教与学的兴趣和需要，变换文本之间的主、副关系，即可以把副文本当做主文本，把主文本当做副文本，灵活自主运用；

五、每一主文本和副文本构成的小单元，都设计思考与讨论的问题。

目 录

第三篇 外国文学

第一篇 中国古典文学

诗经（三首）

关 雎

关关雎鸠[1]，在河之洲[2]。窈窕淑女[3]，君子好逑[4]。
参差荇菜[5]，左右流之[6]。窈窕淑女，寤寐求之[7]。
求之不得，寤寐思服[8]。悠哉悠哉，辗转反侧[9]。
参差荇菜，左右采之[10]。窈窕淑女，琴瑟友之[11]。
参差荇菜，左右芼之[12]。窈窕淑女，钟鼓乐之[13]。

---

① 关关：鸟鸣声。雎(jū)鸠：水鸟名，即鱼鹰。一说为鸠类，求偶时雌雄相和而鸣。毛《传》："兴也。关关，和声也。"
② 洲：水中陆地。
③ 窈窕(yǎotiǎo)：体态娴美的样子。毛《传》："窈窕，幽闲也。"淑：品德和善。朱氏《集传》："淑，善也。"
④ 君子：古代对男子的美称。好：此指男女相悦。逑(qiú)：配偶。好逑，爱侣、佳配之意。
⑤ 参差：长短不齐的样子。荇(xìng)菜：一种水中植物，可食。
⑥ 左右：指船的左边或右边。流：择取。《尔雅》："流，择也。"形容女子择取荇菜时向左向右的情状。
⑦ 寤寐(wùmèi)：醒着，睡着。这里指日以继夜。
⑧ 思服：二字同义，即思念。毛《传》："服，思之也。"
⑨ "悠哉"二句：形容思念不已，不能安睡的样子。悠：悠长，指思绪绵绵不尽。反：覆身而卧。侧：侧身而卧。
⑩ 采：采摘。
⑪ 琴瑟(sè)：古代的两种弦乐器。友：亲密相爱。这里以弹琴奏瑟，比喻与她相会相处时的亲密无间，和谐愉快。
⑫ 芼(mào)：拔取。"流"、"采"、"芼"，均指采取，但动作有区别，有递进，兼表示感情和追求的程度。
⑬ "钟鼓"句：敲钟击鼓使她快乐。这里指钟鼓喧喧热闹的婚礼场面，是男子设想未来结婚的情景。

氓[①]

氓之蚩蚩[②]，抱布贸丝[③]。匪来贸丝[④]，来即我谋[⑤]。送子涉淇[⑥]，至于顿丘[⑦]。匪我愆期[⑧]，子无良媒。将子无怒，秋以为期[⑨]。

乘彼垝垣[⑩]，以望复关[⑪]。不见复关，泣涕涟涟[⑫]。既见复关，载笑载言[⑬]。尔卜尔筮[⑭]，体无咎言[⑮]。以尔车来，以我贿迁[⑯]。

桑之未落，其叶沃若[⑰]。于嗟鸠兮[⑱]！无食桑葚[⑲]。于嗟女兮！无与士耽[⑳]。士之耽兮，犹可说也[㉑]。女之耽兮，不可说也。

桑之落矣，其黄而陨[㉒]。自我徂尔[㉓]，三岁食贫[㉔]。淇水汤汤[㉕]，渐车帷裳[㉖]。女也不爽[㉗]，士贰其行[㉘]。士也罔极[㉙]，二三其德[㉚]。

---

① 氓(méng)：民，此文中指求婚的男子，即后来的丈夫。
② 蚩蚩(chī)：同“嗤嗤”，笑嘻嘻的样子。
③ 布：币。上古以布为货币。《周礼·地官》郑众注：“布，叁印书，广二寸，长二尺以为币，贸易物云。”故布，以布为质料，有书印，按一定尺寸制作的货币。贸：贸易，购买。
④ 匪：同“非”，不是。
⑤ 即：就，到我这里。谋：谋求，指谋求婚事。犹言来打我的主意。
⑥ 子：你，指男子。涉：渡过。淇：卫地水名。
⑦ 顿丘：卫国地名。在今河南浚县。
⑧ 愆(qiān)：误。愆期，指拖延、耽误了婚期。
⑨ 秋以为期：以秋天为婚期。犹言我们的婚期就订在秋天。
⑩ 乘：登上。垝(guǐ)：毁坏。垣(yuán)：墙。句意谓登上那断墙，以便远望。
⑪ 复关：地名。诗中男子所住的地方。朱氏《集传》：“复关，男子之所居也。”
⑫ 涟涟：泪水不断的样子。
⑬ 载笑载言：又笑又说。表示高兴，兴奋。
⑭ 尔：你。卜：用龟甲占卜吉凶。筮(shì)：用蓍草测算吉凶。
⑮ 体：卦象。咎言：不吉利的话。
⑯ 贿：财物，此指嫁妆。迁：迁徙，指嫁过去。
⑰ 沃若：鲜嫩润泽的样子。此喻青春年华。
⑱ 于(xū)：同“吁”。吁嗟，感叹声。鸠：斑鸠鸟。
⑲ 桑葚(shèn)：桑树的果实。传说斑鸠食桑葚多则醉，比喻女子太恋于情也会沉迷。
⑳ 耽(dān)：借作“酖”，嗜酒，引申为迷恋、沉醉于男女之情。
㉑ 说：同“脱”，摆脱，解脱。
㉒ 陨(yǔn)落：此喻女子年老容颜衰残。
㉓ 徂(cú)：往，指出嫁。
㉔ 三岁：泛指多年。食贫：过贫苦日子。
㉕ 汤汤(shāng)：水流滚滚的样子。
㉖ 渐：浸湿。帷裳：车上的布幔。此句写被抛弃后返归娘家途中情况。
㉗ 爽：差错、过失。
㉘ 贰：同“二”，二其行，前后行事不一，指初时要好，后又变心，变化无常。
㉙ 罔极：无常，没有准则。
㉚ 二三其德：德行不专一，变化多端。

三岁为妇，靡室劳矣[①]。夙兴夜寐[②]，靡有朝矣[③]。言既遂矣[④]，至于暴矣[⑤]。兄弟不知[⑥]，咥其笑矣[⑦]。静言思之[⑧]，躬自悼矣[⑨]。

及尔偕老[⑩]，老使我怨[⑪]。淇则有岸，隰则有泮[⑫]。总角之宴[⑬]，言笑晏晏[⑭]。信誓旦旦[⑮]，不思其反[⑯]。反是不思[⑰]，亦已焉哉[⑱]！

何草不黄[⑲]

何草不黄？何日不行[⑳]？何人不将[㉑]？经营四方[㉒]。

何草不玄[㉓]？何人不矜[㉔]？哀我征夫[㉕]，独为匪民[㉖]？

匪兕匪虎[㉗]，率彼旷野[㉘]。哀我征夫，朝夕不暇。

有芃者狐[㉙]，率彼幽草[㉚]。有栈之车[㉛]，行彼周道[㉜]。

---

① 靡：无，不。室劳：家务苦动。此句谓家中的劳事无不是我来承担。
② 夙：早。兴：作。寐：睡。此句谓早起晚睡。
③ 靡有朝：没有一朝不这样，即天天如此。
④ 言：语助词，无实义。遂：成。指家业有成，即日子过得好了。
⑤ 暴：暴戾，粗暴。指丈夫虐待。
⑥ 不知：不理解，不谅解。
⑦ 咥(xì)：冷笑的样子。
⑧ 静言：冷静地。
⑨ 躬：自身。悼：伤。此句谓只有自我哀伤。
⑩ 及尔：与你。偕老：同老，即白头到老。
⑪ 怨：怨恨。
⑫ 隰(xí)：水洼处。泮(pàn)：水边。二句谓河水、湿地还有个岸边，意谓自己的苦处却无边无际。
⑬ 总角：发髻。古代未成年男女的发式。宴：欢乐。
⑭ 言笑：说说笑笑。晏晏：快活融洽的样子。
⑮ 信誓：诚恳的誓言。旦旦：光明无欺的样子。
⑯ 反：违反，变心。此句谓不想对方会违反誓言而变心。
⑰ 是：指过去的誓言。此句谓违反的誓言也就不去想了。
⑱ 已：止。焉、哉：二词连用，意在加重语气。此句说那就只好算了吧，表示就此断绝关系。
⑲ 何草不黄：犹言无草不枯萎。
⑳ 行：奔走。
㉑ 将：朱氏《集传》："亦行也。"句言无人能免于行役。
㉒ 经营四方：往来劳碌走遍四面八方。
㉓ 玄：赤黑色，这里形容草枯烂的颜色。
㉔ 矜(jīn)：通"鳏"(guān)，无妻之人。这里指不能成家，过正常人的生活。
㉕ 哀我征夫：可怜我这个征夫。
㉖ 独：唯独。匪民：非人，不被当人看。
㉗ 匪：非。兕(sì)：犀牛。
㉘ 率：循着，沿着。
㉙ 有芃(péng)：即芃芃，蓬松的样子。这里形容狐狸的尾毛。
㉚ 幽草：深草，密草丛。
㉛ 有栈(zhàn)：即栈栈，高高的样子。车：指役车。
㉜ 周道：大道。

《诗经》

朱自清

诗的源头是歌谣。上古时候，没有文字，只有唱的歌谣，没有写的诗。一个人高兴的时候或悲哀的时候，常愿意将自己的心情诉说出来，给别人或自己听。日常的言语不够劲儿，便用歌唱；一唱三叹的叫别人回肠荡气。唱叹再不够的话，便手也舞起来了，脚也蹈起来了，反正要将劲儿使到了家。碰到节日，大家聚在一起酬神作乐，唱歌的机会更多。或一唱众和，或彼此竟胜。传说葛天氏的乐八章，三个人唱，拿着牛尾，踏着脚，似乎就是描写这种光景的。歌谣越唱越多，虽没有书，却存在人的记忆里。有了现成的歌儿，就可借他人酒杯，浇自己块垒；随时拣一支合式的唱唱，也足可消愁解闷。若没有完全合式的，尽可删一些、改一些，到称意为止。流行的歌谣中往往不同的词句并行不悖，就是为此。可也有经过众人修饰，作为定本的。歌谣真可说是"一人的机锋，多人的智慧"了。

歌谣可分为徒歌和乐歌。徒歌是随口唱，乐歌是随着乐器唱。徒歌也有节奏，手舞脚蹈便是帮助节奏的；可是乐歌的节奏更规律化些。乐器在中国似乎早就有了，《礼记》里说的土鼓土槌儿、芦管儿，也许是我们乐器的老祖宗。到了《诗经》时代，有了琴瑟钟鼓，已是洋洋大观了。歌谣的节奏，最主要的靠重叠或叫复沓；本来歌谣以表情为主，只要翻来覆去将情表到了家就成，用不着费话。重叠可以说原是歌谣的生命，节奏也便建立在这上头。字数的均齐，韵脚的调协，似乎是后来发展出来的。有了这些，重叠才在诗歌里失去主要的地位。

有了文字以后，才有人将那些歌谣记录下来，便是最初的写的诗了。但记录的人似乎并不是因为欣赏的缘故，更不是因为研究的缘故。他们大概是些乐工，乐工的职务是奏乐和唱歌；唱歌得有词儿，一面是口头传授，一面也就有了唱本儿。歌谣便是这么写下来的。我们知道春秋时的乐工就和后世阔人家的戏班子一样，老板叫做太师。那时各国都养着一班乐工，各国使臣来往，宴会时都得奏乐唱歌。太师们不但得搜集本国乐歌，还得搜集别国乐歌。不但搜集乐词，还得搜集乐谱。那时的社会有贵族与平民两级。太师们是伺候贵族的，所搜集的歌儿自然得合贵族们的口味；平民的作品是不会入选的。他们搜得的歌谣，有些是乐歌，有些是徒歌。徒歌得合乐才好用。合乐的时候，往往得增加重叠的字句或章节，便不能保存歌词的原来样子。除了这种搜集的歌谣以外，太师们所保存的还有贵族们为了特种事情，如祭祖、宴客、房屋落成、出兵、打猎等作的诗。这些可以说是典礼的诗。又有讽谏、颂美等等的献诗；献诗是臣下作了献给君上，准备让乐工唱给君上听的，可以说是政治的诗。太师们保存下这些唱本儿，带着乐谱；唱词儿共有三百多篇，当时通称作“诗三百”。到了战国时代，贵族渐渐衰落，平民渐渐抬头，新乐代替了古乐，职业的乐工纷纷散走。乐谱就此亡失，但是还有三百来篇唱词儿流传下来，便是后来的《诗经》了。

“诗言志”是一句古话：“诗”（訨）这个字就是“言”、“志”两个字合成的。但古代所谓“言志”和现在所谓“抒情”并不一样；那“志”总是关联着政治或教化的。春秋时通行赋诗。在外交的宴会里，各国使臣往往得点一篇诗或几篇诗叫乐工唱。这很像现在的请客点戏，不同处是所点的诗句必加上政治的意味。这可以表示这国对那国或这人对那人的愿望、感谢、责难等等，都从诗篇里断章取义。断章取义是不管上下文的意义，只将一章中一两句拉出来，就当前的环境，作政治的暗示。如《左传》襄公二十七年，郑伯宴晋使赵孟于垂陇，赵孟请大家赋诗，他想看看大家的“志”。子太叔赋的是《野有蔓草》。原诗首章云：“野有蔓草，零

关关雎鸠，在河之洲

露漙兮，有美一人，清扬婉兮。邂逅相遇，适我愿兮。”子太叔只取末两句，借以表示郑国欢迎赵孟的意思；上文他就不管。全诗原是男女私情之作，他更不管了。可是这样办正是“诗言志”；在那回宴会里，赵孟就和子太叔说了“诗以言志”这句话。

到了孔子时代，赋诗的事已经不行了，孔子却采取了断章取义的办法，用诗来讨论做学问做人的道理。“如切如磋，如琢如磨”，本来说的是治玉；他却将玉比人，用来教训学生做学问的工夫。“巧笑倩兮，美目盼兮，素以为绚兮”，本来说的是美人，所谓天生丽质。他却拉出末句来比方作画，说先有白底子，才会有画，是一步步进展的；作画还是比方，他说的是文化，人先是朴野的，后来才进展了文化——文化必须修养而得，并不是与生俱来的。他如此解诗，所以说“思无邪”一句话可以包括“诗三百”的道理；又说诗可以鼓舞人，联合人，增加阅历，发泄牢骚，事父事君的道理都在里面。孔子以后，“诗三百”成为儒家的六经之一，《庄子》和《荀子》里都说到“诗言志”，那个“志”便指教化而言。

但春秋时列国的赋诗只是用诗，并非解诗；那时诗的主要作用还在乐歌，因乐歌而加以借用，不过是一种方便罢了。至于诗篇本来的意义，那时原很明白，用不着讨论。到了孔子时代，诗已经不常歌唱了，诗篇本来的意义，经过了多年的借用，也渐渐含糊了。他就按着借用的办法，根据他教授学生的需要，断章取义的来解释那些诗篇。后来解释《诗经》的儒生都跟着他的脚步走。最有权威的毛氏《诗传》和郑玄《诗笺》，差不多全是断章取义，甚至断句取义——断句取义是在一句、两句里拉出一个两个字来发挥，比起断章取义，真是变本加厉了。

毛氏有两个人：一个毛亨，汉时鲁国人，人称为大毛公；一个毛苌，赵国人，人称为小毛公。是大毛公创始《诗经》的注解，传给小毛公，在小毛公手里完成的。郑玄是东汉人，他是专给毛《传》作《笺》的，有时也采取别家的解说；不过别家的解说在原则上也还和毛氏一鼻孔出气，他们都是以史证诗。他们接受了孔子“无邪”的见解，又摘取了孟子的“知人论世”的见解，以为用孔子的诗的哲学，别裁古代的史说，拿来证明那些诗篇是什么时代作的，为什么事作的，便是孟子所谓“以意逆志”。其实孟子所谓“以意逆志”倒是说要看全篇大意，不可拘泥在字句上，与他们不同。他们这样猜出来的作诗人的志，自然不会与作诗人相合；但那种志倒是关联着政治教化而与“诗言志”一语相合的。这样的以史证诗的思想，最先具体的表现在《诗序》里。

《诗序》有《大序》、《小序》。《大序》好像总论，托名子夏，说不定是谁作的。《小序》每篇一条，大约是大毛公、小毛公作的。以史证诗，似乎是《小序》的专门任务；传里虽也偶然提及，却总以训诂为主，不过所选取的字义，意在助成序说，无形中有个一定方向罢了。可是《小序》也还是泛说的多，确指的少。到了郑玄，才更详密的发展了这个条理。他按着《诗经》中的国别和篇次，系统的附合史料，编成了《诗谱》，差不多给每篇诗确定了时代；《笺》中也更多的发挥了作为各篇诗的背景的历史。以史证诗，在他手里算是集大成了。

《大序》说明诗的教化作用；这种作用似乎建立在风、雅、颂、赋、比、兴所谓“六义”上。《大序》只解释了风、雅、颂。说风是风化（感化）、讽刺的意思，雅是正的意思，颂是形容盛德的意思。这都是按着教化作用解释的。照近人的研究，这三个字大概都从音乐得名。风是各地方的乐调，《国风》便是各国土乐的意思。雅就是“乌”字，似乎描写这种乐的呜呜之音。雅也就是“夏”字，古代乐章叫做“夏”的很多，也许原是地名或族名。雅又分《大雅》、《小雅》，大约也是乐调不同的缘故。颂就是“容”字，容就是“样子”；这种乐连歌带舞，舞就有种种样子了。风、雅、颂之外，其实还该有个“南”。南是南音或南调，《诗经》中《周南》、《召南》的诗，原是相当于现在河南、湖北一带地方的歌谣。《国风》旧有十五，分出二南，还剩十三；而其中邶、鄘两国的诗，现经考定，都是卫诗，那么只有十一《国风》了。颂有《周颂》、《鲁颂》、《商颂》，《商颂》经考定实是《宋颂》。至于搜集的歌谣，大概是在二南、《国风》和《小雅》里。

赋、比、兴的意义，说法最多。大约这三个名字原都含有政治和教化的意味。赋本是唱诗给人听，但在《大序》里，也许是“直铺陈今之政教善恶”的意思。比、兴都是《大序》所谓“主文而谲谏”；不直陈而用譬喻叫“主文”，委婉讽刺叫“谲谏”。说的人无罪，听的人却可警诫自己。《诗经》里许多譬喻就在比兴的看法下，断章断句的硬派作政教的意义了。比、兴都是政教的譬喻，但在诗篇发端的叫做兴。《毛传》只在有兴的地方标出，不标赋、比；想来赋义是易见的，比、兴虽都是曲折成义，但兴在发端，往往关系全诗，比较更重要些，所以便特别标出了。《毛传》标出的兴诗，共一百十六篇，《国风》中最多，《小雅》第二；按现在说，这两部分搜集的歌谣多，所以譬喻的句子也便多了。

思考与讨论：

1.《诗经》中多有虚实相生、情景交融的描写和表现，根据选文，再结合自己课外的阅读，试着归纳诗经的一些创作特点。

2. 谈谈古代的爱情故事以及当时社会的背景。

拓展阅读：

《诗经通论》，（清）姚际恒，中华书局，1958年。

《诗经导读》，陈子展、杜月村，巴蜀书社，1990年。

《诗经译注》（国风部分），袁梅，齐鲁书社，1980年。

《诗经鉴赏集》，人民文学出版社，1986年。

论语（六章）

（一）[1]

子曰[2]："学而时习之[3]，不亦说乎[4]？有朋自远方来[5]，不亦乐乎？人不知而不愠[6]，不亦君子乎[7]？"

（二）[8]

曾子曰[9]："吾日三省吾身[10]：为人谋而不忠乎[11]？与朋友交而不信乎[12]？传不习乎[13]？"

---

① 选自《论语·学而》。本章主旨在劝人学习，要注重方法和态度。
② 子，古时对男子的尊称，这里专指孔子。孔子（公元前551－前479）：名丘，字仲尼，春秋鲁国人。他曾在鲁国做过官，但主要是从事学术和教育活动。他是我国古代一位伟大的教育家和思想家，是儒家学派的创始人。
③ 时习：按时温习，按时实习。
④ 说：同"悦"。
⑤ 朋：同门（师）为朋。
⑥ 愠（yùn）：怒，怨。
⑦ 君子：道德高尚的人，与小人对称。
⑧ 选自《论语·学而》。本章述曾子省身慎行，注重自我修养。
⑨ 曾子：名参（shēn），字子舆，孔子的弟子。
⑩ 日：每天。省（xǐng）：考查，省察。身：自身。
⑪ 谋：谋事，考虑事情。忠：尽心。
⑫ 朋友：同门（师）为朋，同志为友。交：结交，交往。信：诚实，不欺。
⑬ 传（chuán）：老师传授的知识技艺。

（三）[①]

子在川上曰[②]："逝者如斯夫[③]，不舍昼夜[④]！"

（四）[⑤]

子曰："岁寒[⑥]，然后知松柏之后彫也[⑦]。"

（五）[⑧]

季氏将伐颛臾[⑨]。冉有季路见于孔子曰[⑩]："季氏将有事于颛臾[⑪]。"

孔子曰："求，无乃尔是过与[⑫]？夫颛臾，昔者先王以为东蒙主[⑬]，且在邦域之中矣[⑭]，是社稷之臣也[⑮]。何以伐为[⑯]？"

冉有曰："夫子欲之[⑰]，吾二臣者皆不欲也。"

孔子曰："求，周任有言曰[⑱]：'陈力就列，不能者止[⑲]。'危而不持，颠而

---

① 选自《论语·子罕》。本章写孔子见川水流逝，日夜不息，慨然兴叹。这寄情于景的慨叹，有启发后人珍惜时光，珍惜年华，鼓励上进的积极意义。
② 川上：河川之滨。
③ 逝者：消逝的事物。斯：这样，指代川水。夫(fú)：感叹语气词，含测度商量之意。
④ 不舍昼夜：昼夜不停。不舍，不止，不停。
⑤ 选自《论语·子罕》。本章借对松柏耐寒的赞叹，教人应具备经艰难而不屈的意志和气节。
⑥ 岁寒：一年到了最寒冷的季节。
⑦ 后彫：最后凋谢。松柏为终年常绿乔木，入冬不凋。
⑧ 选自《论语·季氏》。本章记述孔子反对季氏伐颛臾，反对争夺权势的内战。他认为治理国家，不患贫而患不均，不患寡而患不安。对待远方远国的政策，主张内修文德，以广招来，反对兴兵攻伐。孔子讲究财富平均、社会安定的政治观点和以德服人的外交观点，以及对门弟子的严格要求，都可借鉴。
⑨ 季氏：季康子，季孙肥；鲁国很有权势的贵族之家。颛臾(zhuān yú)：鲁之属国，地在今山东费县。
⑩ 冉有：即冉求。季路：即子路。二人都是孔子的学生，都是季康子的家臣。见(xiàn)：拜见。
⑪ 有事：发动战事。
⑫ 无乃尔是过与：这不应责备你么？无乃，难道不。尔是过，即"过尔"，责备你。是，代词，复指宾语"尔"。
⑬ "昔者"句：过去周之先王封颛臾为东蒙山的主祭者。东蒙，即蒙山，在山东蒙阴县。
⑭ 在邦域之中：在鲁国境内。
⑮ 是社稷之臣：鲁国国家的臣子。是，指代颛臾。社稷，国家。
⑯ 何以伐为：为什么伐它？为，疑问语助词，居句末。
⑰ 夫子欲之：季康子要这样做。
⑱ 周任：古代良史。
⑲ "陈力"句：既为家臣，就当尽力辅助季康子；若完不成任务，就该辞职。陈力，施展能力。就列：在(家臣的)职位上。止，退。

不扶，则将焉用彼相矣[①]？且尔言过矣[②]。虎兕出于柙，龟玉毁于椟中，是谁之过与[③]？”

冉有曰：“今夫颛臾，固而近于费[④]，今不取，后世必为子孙忧。”

孔子曰：“求！君子疾夫舍曰欲之而必为之辞[⑤]。丘也闻有国有家者，不患寡而患不均，不患贫而患不安[⑥]。盖均无贫，和无寡，安无倾[⑦]。夫如是，故远人不服，则修文德以来之[⑧]。既来之，则安之[⑨]。今由与求也，相夫子，远人不服而不能来也，邦分崩离析而不能守也[⑩]，而谋动干戈于邦内[⑪]，吾恐季孙之忧不在颛臾，而在萧墙之内也[⑫]。”

（六）[⑬]

子曰：“不愤不启[⑭]，不悱不发[⑮]。举一隅不以三隅反，则不复也[⑯]。”

---

① “危而不持”句：（盲人）遇到危险，不去护持他，盲人跌倒了，不去扶起他；那还要搀扶的人做什么？危，不稳。持，扶持。颠，跌倒。扶，搀起。相（xiàng）：搀引盲者行路的人。

② 过矣：错了。

③ “虎兕（sì）”句：老虎、犀牛等猛兽从笼子里跑出来，龟壳和玉石等贵重物品在匣中被毁坏了。这是谁的过错呢？意谓冉有应对季康子伐颛臾之事承担责任。兕，犀牛。柙（xiá），兽笼。龟，占卜用的龟壳。椟（dú），匣子。

④ 固而近于费（bì）：城郭坚固，且靠近费邑。费，为季氏私邑，地在今山东费县。

⑤ “君子疾夫”句：有品德修养的人，最厌恶那种口是心非的态度：心中所想的，却避而不谈，还另找很多言辞，为自己的欲望辩护。疾，痛恨。夫，那种。

⑥ “有国有家者”句：治理国家的人，不怕财货不足，而怕贫富不均；不怕人口稀少，而怕生活不安定。根据下文，这句当作“不患贫而患不均，不患寡而患不安。”贫，人民生活物资缺乏。寡：人口稀少。

⑦ “均无贫”句：财富分配均匀，就显不出贫困的现象；人民归服，和睦相处，就不会有人口减少的现象；国家安定，就不会有倾覆的危险。

⑧ “修文德”句：加强国内文教与德化的工作，使远方的人来归服。来，把远方的人吸引来做本国的人民。

⑨ “既来之”句：既来归附，就应使其安居乐业。

⑩ “邦分崩”句：鲁国四分五裂，而不能保守住。守，守住，保全。

⑪ 动干戈：打仗，动武器。干，盾牌。戈：长柄武器。

⑫ 萧墙之内，意指宫廷内部。萧墙，国君宫廷当门的小墙，或称屏。

⑬ 选自《论语·述而》。此章讲启发式教学法。

⑭ 不愤：不到心求通而不得时。不启：不开导。

⑮ 不悱（fěi）：不到口欲言而不能时。不发：不启发。

⑯ “举一隅（yú）”句：举了一个例子，不能领悟同类的其他问题，就不再教了。隅，角落。反，类推。不复，不再教。

读《论语·子在川上章》

李泽厚

这大概是全书中最重要一句哲学话语。儒家哲学重实践重行动，以动为体，并及宇宙；“天行健”，“乾，元亨利贞”均是也，从而它与一切以“静”为体的哲学和宗教区分开来。宋儒是号称“动静一如”“亦动亦静”，仍不免佛家以静为体的影响。现代熊十力的贡献正在于，他重新强调了这个“动”的本体。“逝者如斯夫”正在于“动”。其中，特别涉及时间在情感中才能与本体相关涉。这是对时间的咏叹调，是人的内时间。以钟表为标志和标准的外在时间是一种客观社会性的产物，为人的实践活动、人的群体生存所需要，它是人活动的另一种空间，是一种工具性的、实用性的活动的外在形式，它产生于生产劳动的社会实践中，由使用工具的活动所造成（见拙作《批判哲学的批判》），人类为了未来的谋划考虑，为了过去的经验总结，需要这种空间化的实践时间。Kant所谓“内感觉”的时间也仍从属和服务于此，它只是认识的感知形式。这种形式是理性的内化。而“真正”的时间则只存在于个体的情感体验中。这种“时间”是没有规定性的某种独特绵延，它的长度是心理感受的长度。有如Scheller所云，“我们不再在时间中，而是时间以其无穷的连续在我们的心中”（《审美书简》）。

上　国子监孔子塑像

下　山东曲阜孔庙大成殿内景

作为时间现象的历史，只有在情感体验中才成为本体。这亦是找到自由，找到永恒，找到家园，这即是人生本体所在，陶潜诗曰："众鸟欣有托，吾亦爱吾庐"是也。

人在对象化的情感客体即大自然或艺术作品中，观照自己，体验存在，肯定人生，此即家园，此即本体——人生和宇宙的终极意义。在这里，过去、现在、未来才真正融为一体而难以区分。在这里，情感即时间，时间即情感。人面临死亡所感到的虚无（人生意义）在此才变为"有"。废墟、古物、艺术作品均因此由"无"（它本身毫无实用价值或意义）而成为"有"。中国传统诗文中的"人生无常"感之所以是某种最高感受，正由于一切希望、忧愁、焦虑、恐怖、惊讶、失望、孤独、喜悦等等均在此"人生无常"感前自惭形秽。对照之下，实用时间（即空间化的"现实"时间）的无意义无价值，便昭然若揭，即所谓江山常在而人事全非。李白诗曰："宫女如花春满殿，而今只有鹧鸪飞"是也。

可见，实用时间在这意义上即无时间，即"无"。只有在情感体验中，才"有"，时间才获得它的本根性质。然而这"本真"的时间又必须以此"非本真"的实用时间为基石，否则它不能存在。人之所以是一种历史性的生物存在，也只有在此情感时间中才能深深把握。"闲愁最苦"，"闲愁"即失去了实用时间。人完全失去生存的目的活动，也就等于什么都不存在。庄子以"无"诱导人们脱尘俗求逍遥；佛家以"空"教人断俗尘绝生念；然而人还得活，还得吃饭穿衣，于是只有在此情感的时间中来获得避难所和依居地。Schopenhauer 曾以观照艺术消解求生之欲，亦此意也。因为只有在艺术中，时间才可逆，从而因艺术而重温历史，使一己求生之欲望虽消释而人性情感却丰富。"丰富"一词的含义，正是指由于接触到人类本体的成长历程，而使理性不再主宰、控制而是深深浸入和渗透情感本身之中。

情感与时间的各种关系，其中包括情理结构的比例等等，是一个复杂而颇待开发的巨大问题。二十世纪的各派哲学均以反历史、毁人性为特征，于是使人不沦为机器，便成为动物。如何才能走出这个厄运呢？此本读提倡情感本体论之来由。"情"属"已发"，所以情感本体论否认"未发"、"静"、"寂"，认为离开"动""已发""感"来谈"静"、"未发"、"寂"便是"二本"。"感不离寂，寂不离感。舍寂而缘感，谓之逐物；离感而守寂，谓之泥虚”（王龙溪〈致知议辨〉）。前者“逐物”乃自然人性论，已失去作为本体的情感意识；后者乃天理人欲论，也失去作为情感的本体，所以说是“泥虚”，即以虚无的“理”来杀人也。“理”“性”为虚为无，自然界的循环如无人在，亦虚亦无。对实用时间消逝（“无”）之情感体验才“有”。废墟、古物之意义正在于此：它活在人的情感中，而成为有。“人均有死”乃一抽象命题，每个人都还活着才具体而现实，对此活之情感体验才“有”。这才是“此在”之真义。

思考与讨论：

1. 你还知道哪些孔子的名言？试举一例说说其含义。
2. 儒家学说对当今的世界有什么启发意义？

拓展阅读：

《论语译注》，杨伯峻，中华书局，1980年。

《论语新解》，钱穆，三联书店，2002年。

《论语今读》，李泽厚，三联书店，2004年。

《丧家狗——我读<论语>》，李零，山西人民出版社，2007年。

《论语别裁》，南怀谨，复旦大学出版社，2009年。

逍遥游

庄 子

北冥有鱼，其名为鲲[①]。鲲之大，不知其几千里也；化而为鸟，其名为鹏。鹏之背，不知其几千里也；怒而飞，其翼若垂天之云[②]。是鸟也，海运则将徙于南冥[③]；南冥者，天池也[④]。齐谐者，志怪者也[⑤]；谐之言日："鹏之徙于南冥也，水击三千里，抟扶摇而上者九万里，去以六月息者也。"[⑥]野马也，尘埃也，生物之以息相吹也[⑦]。天之苍苍，其正色邪？其远而无所至极邪[⑧]？其视下也，亦若是则已矣[⑨]。且夫水之积也不厚，则其负大舟也无力。覆杯水于坳堂之上，则芥为之舟，

① 北冥：北海。
② 怒：振奋的意思。
③ 海运：行于海上。运：行。
④ 天池：天然大池。
⑤ 齐谐：有人认为是人名，有人认为是书名，多从后者。志：诘，记载。志怪者：记载怪异的书。
⑥ 水击：鹏两翼击水而行。抟(tuán)：拍。扶摇：一种暴风。六月：半年。息：休息，指大鹏一飞半年，到天池而休息。
⑦ 野马：春天野外林泽间的游气。这句的意思是：游气、尘埃因被生物之气息吹动而在空中游荡。
⑧ 正色：本色。
⑨ 则已矣：而已矣。这句的意思是：大鹏往下看，也就是这样的光景。

置杯焉则胶，水浅而舟大也[1]。风之积也不厚，则其负大翼也无力。故九万里，则风斯在下矣，而后乃今培风；背负青天而莫之夭阏者，而后乃今将图南[2]。蜩与学鸠笑之曰[3]：“我决起而飞，枪榆枋，时则不至，而控于地而已矣[4]；奚以之九万里而南为！”[5]适莽苍者，三飡而反，腹犹果然[6]；适百里者，宿舂粮[7]；适千里者，三月聚粮。之二虫[8]，又何知！小知不及大知，小年不及大年[9]。奚以知其然也？朝菌不知晦朔，惠蛄不知春秋，此小年也[10]。楚之南有冥灵者[11]，以五百岁为春，五百岁为秋；上古有大椿者[12]，以八千岁为春，八千岁为秋，此大年也。而彭祖乃今以久特闻，众人匹之，不亦悲乎[13]？

汤之问棘也是已[14]：“穷发之北[15]，有冥海者，天池也。有鱼焉，其广数千里，未有知其修者[16]，其名为鲲。有鸟焉，其名为鹏，背若泰山，翼若垂天之云；抟扶摇羊角而上者九万里[17]，绝云气[18]，负青天，然后图南，且适南冥也。斥鴳笑之曰[19]：‘彼且奚适也！我腾跃而上，不过数仞而下[20]，翱翔蓬蒿之间，此亦飞之至也。而彼且奚适也！’”此小大之辨也[21]。

故夫知效一官，行比一乡，德合一君，而徵一国者，其自视也亦若此矣[22]。而

---

① 坳(āo)：凹陷不平。芥：小草。胶：黏着不能动。
② 而后乃今：乃今而后。培风：乘风。夭阏(yù)：挫折阻止。图南：打算飞往南方。
③ 蜩(tiáo)：蝉。学鸠：小鸠。
④ 决：迅疾。枪：碰，撞到。榆、枋：两种树名。时则不至：有时飞不上去。控：投，落下。
⑤ 以：用。为：语助词。
⑥ 适：去，往。莽苍：一片苍色莽莽的郊野。飡(cān)：同“餐”。反：同“返”。果然：饱的样子。
⑦ 宿舂粮：隔宿捣米舂粮。舂(chōng)：捣米。
⑧ 之二虫：这蝉与小鸠。之：此，这。
⑨ 知：同“智”。小年：指寿命短的。
⑩ 朝菌：朝生暮死的菌。晦：夜。朔：旦。惠蛄：蝉，春生夏死，夏生秋死。春秋：一年。
⑪ 冥灵：溟海灵龟。一说是树木名。
⑫ 椿：乔木的一种。
⑬ 彭祖：相传是唐尧的臣子，以长寿著名。匹：比。
⑭ 棘：商汤时的大夫。
⑮ 穷发：不毛之地。发：草木。
⑯ 修：长。
⑰ 羊角：旋风。
⑱ 绝：超越。
⑲ 斥鴳：小泽中的雀。斥：小泽。鴳(yàn)：雀。
⑳ 仞(rèn)：八尺，或说七尺。
㉑ 此小大之辨也：这就是小和大的分别。
㉒ 知：同“智”。效：胜任。比：合。徵(zhēng)：信。

宋荣子犹然笑之[①]。且举世誉之而不加劝，举世非之而不加沮，定乎内外之分，辨乎荣辱之境，斯已矣[②]；彼其于世，未数数然也[③]。虽然，犹有未树也。夫列子御风而行，泠然善也，旬有五日而后反[④]；彼于致福者，未数数然也[⑤]。此虽免乎行，犹有所待者也[⑥]。若夫乘天地之正，而御六气之辩，以游无穷者，彼且恶乎待哉[⑦]！故曰：至人无己，神人无功，圣人无名[⑧]。

尧让天下于许由[⑨]，曰："日月出矣，而爝火不息[⑩]；其于光也，不亦难乎！时雨降矣，而犹浸灌[⑪]，其于泽也，不亦劳乎！夫子立而天下治，而我犹尸之，吾自视缺然，请致天下。"[⑫]许由曰："子治天下，天下既已治也；而我犹代子，吾将为名乎？名者，实之宾也[⑬]，吾将为宾乎？鹪鹩巢于深林，不过一枝[⑭]；偃鼠饮河，不过满腹[⑮]。归休乎君，予无所用天下为[⑯]！庖人虽不治庖，尸祝不越樽俎而代之矣！"[⑰]

肩吾问于连叔曰[⑱]："吾闻言于接舆[⑲]：大而无当，往而不反[⑳]；吾惊怖其言，犹河汉而无极也[㉑]，大有迳庭[㉒]，不近人情焉。"连叔曰："其言谓何哉？"曰：

---

① 宋荣子：即宋钘(píng)，大约为公元前400—公元前300年之间的人物。其学说接近墨家。犹然：笑的样子。
② 劝：勉励。沮：沮丧。内外之分：自己与外物的区分。斯已矣：就这样罢了。
③ 数数然：急促的样子。
④ 列子：列御寇。御风：驾风。泠(lǐng)然：轻巧的样子。旬：十天。反：同"返"。
⑤ 致福：求福，指御风而行之福。
⑥ 此：指御风而行一事。
⑦ 乘天地之正：顺万物之性。正：自然的规律、法则。六气之辩：六气的变化。六气：阴、阳、风、雨、晦、朔。辩：同"变"。恶乎待哉：有什么依靠呢？
⑧ 至人：修养最高的人。无己：顺应自然，忘了自己。神人：修养达到神化的境界。无功：无意于追求功名。
⑨ 许由：传说人物，隐于箕山(今河南登封县南)，尧让天下给他，他不接受。
⑩ 爝(jué)：小火。
⑪ 浸灌：灌溉。
⑫ 夫子：指许由。尸：动词，居其位的意思。缺然：歉然。致天下：把天下奉交给你。
⑬ 名者，实之宾也：名是依附实而产生的事物。
⑭ 鹪鹩(jiāoliáo)：小鸟。
⑮ 偃(yǎn)鼠：土鼠，又名鼹鼠，常在田野耕地穿行。
⑯ 归休乎君："君归休乎"的倒装，您回去吧的意思。
⑰ 庖人：掌管厨事的人。尸祝：主祭的人。樽(zūn)：酒器。俎(zǔ)：肉器。樽俎：指厨事。
⑱ 肩吾、连叔：古时修道之人，未必实有其人。
⑲ 接舆：楚国隐士，姓陆，名通，字接舆。
⑳ 反：同"返"。
㉑ 河汉：银河。
㉒ 大有迳庭：过度，太离题。

“藐姑射之山[1]，有神人居焉；肌肤若冰雪，淖约若处子[2]，不食五谷，吸风饮露，乘云气，御飞龙，而游乎四海之外；其神凝[3]，使物不疵疠而年谷熟[4]。吾以是狂而不信也。”[5]连叔曰：“然。瞽者无以与乎文章之观[6]，聋者无以与乎钟鼓之声；岂唯形骸有聋盲哉！夫知亦有之[7]。是其言也，犹时女也[8]。之人也，之德也，将旁礴万物以为一，世蕲乎乱，孰弊弊焉以天下为事[9]！之人也，物莫之伤：大浸稽天而不溺[10]，大旱金石流、土山焦而不热。是其尘垢粃糠将犹陶铸尧、舜者也[11]，孰肯以物为事！宋人资章甫而适诸越，越人断发文身[12]，无所用之。尧治天下之民，平海内之政，往见四子藐姑射之山、汾水之阳[13]，窅然丧其天下焉。”[14]

惠子谓庄子曰[15]：“魏王贻我大瓠之种，我树之成而实五石[16]。以盛水浆，其坚不能自举也。剖之以为瓢，则瓠落无所容[17]。非不呺然大也[18]，吾为其无用而掊之。”庄子曰：“夫子固拙于用大矣[19]！宋人有善为不龟手之药者[20]，世世以洴澼絖为事[21]。客闻之，请买其方百金[22]。聚族而谋曰：‘我世世为洴澼絖，不过数金；今一朝而鬻技百金，请与之。’客得之，以说吴王[23]。越有难，吴王使之将[24]，冬与越

---

① 藐：遥远的样子。姑射(xī)：神话中的山名。
② 淖约：绰约，美好。处子：处女。
③ 神凝：精神专注。
④ 疵疠：疾病。
⑤ 是：此，代接舆的话。狂，同“诳”。
⑥ 瞽(gǔ)者：没有眼珠的人。
⑦ 知：同“智”。
⑧ “是其言”代“瞽者”以下几句话。时，同“是”。女，同“汝”。
⑨ 之人：指上文提到的“神人”。旁礴万物：广被万物，无所不包。蕲：同“祈”，求。这句话的意思：(神人)将广被万物合为一体，世人祈求而纷扰，他怎肯劳劳碌碌去管世间的俗事呢？
⑩ 大浸稽天：大水滔天。浸：水。稽：及。
⑪ 尘垢粃糠：指神人身上琐细之物。陶：制作瓦器。铸：制作铁器。
⑫ 资：采购。章甫：殷时冠的名称。诸越：今浙江绍兴一带。文身：文采饰身。
⑬ 四子：指王倪、啮缺、被衣、许由四人。
⑭ 窅(yǎo)然：怅然，茫茫的样子。这句话的意思是：(尧)不禁怅然而忘其身居天下之位。
⑮ 惠子：姓惠，名施，宋国人，是庄子的好友。
⑯ 瓠(hú)：葫芦。实：容纳。石(dàn)：十斗为一石。
⑰ 瓠落：廓落，大而平浅。
⑱ 呺(xiāo)然：虚大的样子。
⑲ 拙于用大：不善于使用大的东西。
⑳ 龟手：气候冷时，手皮冻裂如龟纹。不龟手之药：防治手上皮肤冻裂的药。
㉑ 洴澼(píngpì)：漂洗。絖(kuàng)：丝絮。
㉒ “百金”前缺一“以”字。
㉓ 说(shuì)：游说。
㉔ 有难：有军事入侵行动。之：代上文的“客”。

人水战，大败越人，裂地而封之。能不龟手一也[1]，或以封，或不免于洴澼絖，则所用之异也。今子有五石之瓠，何不虑以为大樽而浮于江湖，而忧其瓠落无所容，则夫子犹有蓬之心也夫！”[2]

惠子谓庄子曰：“吾有大树，人谓之樗[3]；其大本拥肿而不中绳墨[4]，其小枝卷曲而不中规矩。立之涂，匠者不顾。今子之言，大而无用，众所同去也。”庄子曰：“子独不见狸狌乎[5]？卑身而伏，以候敖者[6]；东西跳梁，不辟高下[7]，中于机辟，死于罔罟[8]。今夫犛牛[21]，其大若垂天之云；此能为大矣，而不能执鼠。今子有大树，患其无用，何不树之于无何有之乡[10]，广莫之野[11]，彷徨乎无为其侧[12]，逍遥乎寝卧其下；不夭斤斧[13]，物无害者。无所可用，安所困苦哉？”[14]

---

① 能不龟手一也：同样一个不龟手的药方。
② 虑：结缚。大樽：腰舟。蓬之心：心灵有所蒙蔽而见解迂腐。
③ 樗(chū)：落叶乔木，皮质粗劣，也称臭椿。
④ 大本：树干。拥肿：树干上多瘤结。中：合。绳墨：匠人用来求直的工具。
⑤ 狸狌：狸：猫。狌：黄鼠狼。
⑥ 敖：同“翱”。敖者：翱翔之物，是狸狌猎取之物。
⑦ 跳梁：跳踉。辟：避。
⑧ 机：弩机。辟：陷阱。罔：网。罟(gǔ)：网。
⑨ 犛(lí)牛：牦牛。
⑩ 无何有：什么都没有。
⑪ 广莫：广漠。
⑫ 彷徨：徘徊。无为：自由随意的意思。
⑬ 夭：夭折。斤：斧。不夭斤斧：不遭受斧头砍伐。
⑭ “无所”两句：没有用处，又会有什么祸害呢？

庄子

闻一多

臣之所好者道也，进乎技矣。——《养生主》

一

庄子名周，宋之蒙人[①]（今河南商丘县东北）。宋在战国时属魏，魏都大梁，因又称梁。《史记》说他与梁惠王齐宣王同时。《庄子田子方徐无鬼》两篇于魏文侯武侯称谥，而《则阳篇》、《秋水篇》径称惠王的名字，又称公子，《山木篇》又称为王，《养生主》称文惠君，看来他大概生于魏武侯末叶，现在姑且定为周烈王元年（前三七五）。他的卒年，马叙伦定为赧王二十年（前二九五），大致是不错的。

与他同时代的惠施只管被梁王称为“仲父”，齐国的稷下先生们只管“皆列第为上大夫”，荀卿只管“三为祭酒”，吕不韦的门下只管“珠履者三千人”，——庄周只管穷困了一生，寂寞了一生，《庄子外物篇》说他“家贫，故往贷粟于监河

① 阎若璩曰“凤阳（濠梁）为其游览之地，曹县（漆园）为其宦游之地”。

侯”，《山木篇》说他“衣大布而补之，正緳系履而过魏王。”这两件故事是否寓言，不得而知，然而拿这里所反映的一副穷措大的写照，加在庄周身上，决不冤枉他。我们知道一个人稍有点才智，在当时，要交结王侯，赚些名声利禄，是极平常的事。《史记》称庄子“其学无所不窥”，又说他“善属书离辞，指事类情，用剽剥儒墨，虽当世宿学不能自解免也”。庄子的博学和才辩并不弱似何人，当时也不是没人请教他，无奈他脾气太古怪，不会和他们混，不愿和他们混。据说楚威王遣过两位大夫来聘他为相，他发一大篇议论，吩咐他们走了。《史记》又说他做过一晌漆园吏，那多半是为糊口计。吏的职分真是小得可怜，谈不上仕宦，可是也有个好处——不致妨害人的身分，剥夺人的自由。庄子一辈子只是不肯作事，大概当一个小吏，在庄子，是让步到最高限度了。依据他自己的学说，做事是不应当的，还不只是一个人肯不肯的问题。但我想那是愤激的遁辞。他的实心话不业已对楚王的使者讲过吗？

子独不见郊祭之牺牛乎？养食之数岁，衣以文绣，以入太庙，当是之时，虽欲为孤豚，岂可得乎？又有一次宋国有个曹商，为宋王出使到秦国，初去时，得了几乘车的俸禄，秦王高兴了，加到百乘。这人回来，碰见庄子，大夸他的本领，你猜庄子怎样回答他？

秦王有病，召医。破痈溃痤者得车一乘，舐痔者得车五乘，所治愈下，得车愈多。子岂治其痔邪？何车之多也？子行矣！

话是太挖苦了，可是当时宦途的风气也就可想而知。在那种情况之下，即使庄子想要做事，叫他如何做去？

我们根据现存的《庄子》三十三篇中比较可靠的一部分，考察他的行踪，知道他到过楚国一次，在齐国待过一晌，此外似乎在家乡的时候多。和他接谈过的也十有八九是本国人。《田子方篇》见鲁哀公的话，毫无问题是寓言；《说剑》是一篇赝作，因此见赵文王的事更靠不住。倒是“庄子钓于濮水”，“庄子与惠子游于濠梁之上”，“庄子游乎雕陵之樊”，“庄子行于山中，……出于山，舍于故人之家”——这一类的记载比较合于庄周的身分，所以我们至少可以从这里猜出他的生活的一个大致。他大概是《刻意篇》所谓“就薮泽，处闲旷，钓鱼闲处，无为而已矣”的一种人。我们不能想像庄子那人，朱门大厦中会常常有他的足迹，尽管时代的风气是那样的，风气干庄周什么事？况且王侯们也未必十分热心要见庄周。凭白的叫他挖苦一顿做什么！太史公不是明讲了“自王公大人不能器之”吗？

惠子屡次攻击庄子“无用”。那真是全不懂庄子而又懂透了庄子。庄子诚然是无用，但是他要“用”做什么？

> 山木自寇也；膏火自煎也；桂可食，故伐之；漆可用，故割之。人皆知有用之用，而莫知无用之用也。

这样看来，王公大人们不能器重庄子，正合庄子的心愿。他“学无所不窥”，他“属书离辞，指事类情”，正因犯着有用的嫌疑，所以更不能不掩藏、避讳，装出那“其卧徐徐，其觉于于，一以己为马，一以己为牛”的一副假痴假呆的样子，以求自救。

归真的讲，关于庄子的生活，我们知道的很有限。三十三篇中述了不少关于他的轶事，可是谁能指出那是寓言，那是实录？所幸的，那些似真似假的材料，虽不好坐实为庄子的信史，却满足以代表他的性情与思想；那起码都算得画家所谓“得其神似”。例如《齐物论》里“庄周梦为蝴蝶”的谈话，恰恰反映着一个潇洒的庄子；《至乐篇》称“庄子妻死，惠子吊之，庄子则方箕踞鼓盆而歌”，又分明影射着一个放达的庄子；《列御寇篇》所载庄子临终的那段放论，也许完全可靠：

> 庄子将死，弟子欲厚葬之。庄子曰“吾以天地为棺椁，日月为连璧，星辰为珠玑，万物为赍送。吾葬具岂不备邪？何以加此？”弟子曰“吾恐乌鸢之食夫子也”。庄子曰“在上为乌鸢食，在下为蝼蚁食，夺彼与此，何其偏也！”

其余的故事，或滑稽，或激烈，或高超，或毒辣，不胜枚举，每一事象征着庄子人格的一方面，综合的看去，何尝不俨然是一个活现的人物？

有一件事，我们知道是万无可疑的，惠施在庄子生活中占一个很重要的位置。这人是他最接近的朋友，也是他最大的仇敌。他的思想行为，一切都和庄子相反，然而才极高，学极博，又是和庄子相同的。他是当代最有势力的一派学说的首领，是魏国的一位大政治家。庄子一开口便和惠子抬杠；一部《庄子》，几乎页页上有直接或间接糟蹋惠子的话。说不定庄周著书的动机大部分是为反对惠施和惠施的学说，他并且有诬蔑到老朋友的人格的时候。据说（大概是他的弟子们造的谣言）庄子到梁国，惠子得着消息，下了一道通缉令，满城搜索了三天。说惠子是怕庄子来抢他的相位，冤枉了惠子，也冤枉了庄子。假如那事属实，大概惠子是被庄子毁谤得太过火，为他办事起见，不能不下那毒手？然而惠子死后，庄子送葬，走到朋友的墓旁，叹息道“自夫子之死也，吾无以为质矣，吾无与言之矣！”两人本是旗鼓相当的敌手，难怪惠子死了，庄子反而感到孤寂。

除了同国的惠子之外，庄子不见得还有多少朋友。他的门徒大概也有限。朱熹以为“庄子当时亦无人宗之，他只在僻处自说”，像是对的。孟子是邹人，离着蒙不甚远，梁宋又是他到过的地方，他辟杨墨，没有辟到庄子。《尸子》曰“墨子贵兼，孔子贵公，皇子贵衷，田子贵均，列子贵虚，料子贵别囿”，没提及庄子。《吕氏春秋》也有同类的论断，从老聃数到兒良，偏漏掉了庄子。似乎当时只有荀卿谈到庄子一次，此外绝没有注意到他的。

庄子果然毕生是寂寞，不但如此，死后还埋没了很长的时期。西汉人讲黄老而不讲老庄。东汉初班嗣有报桓谭借《庄子》的信札，博学的桓谭连《庄子》都没见过。注《老子》的邻氏，傅氏，徐氏，河上公，刘向，母丘望之，严遵等都是西汉人；两汉竟没有注《庄子》的。庄子说他要“处乎材与不材之间”，他怕的是名，一心要逃名，果然他几乎要达到目的，永远湮没了。但是我们记得，韩康徒然要向卖药的生活中埋名，不晓得名早落在人间，并且恰巧要被一个寻常的女子当面给他说破。求名之难那有逃名难呢？庄周也要逃名；暂时的名可算给他逃过了，可是暂时的沉寂毕竟只为那永久的赫烜作了张本。

一到魏晋之间，庄子的声势忽然浩大起来，崔撰首先给他作注，跟着向秀、郭象、司马彪、李颐都注《庄子》。像魔术似的，庄子忽然占据了那全时代的身心，他们的生活、思想、文艺，——整个文明的核心是庄子。他们说“三日不读《老庄》，则舌本间强。”尤其是《庄子》，竟是清谈家的灵感的泉源。从此以后，中国人的文化上永远留着庄子的烙印。他的书成了经典。他屡次荣膺帝王的尊封。[①]至

① 唐玄宗封为“南华真人”，宋徽宗封为“微妙玄通真君”。

于历代文人学者对他的崇拜，更不用提。别的圣哲，我们也崇拜，但那像对庄子那样倾倒、醉心、发狂？

二

庖丁对答文惠君说“臣之所好者道也，进乎技矣”。这句话的意义，若许人变通的解释一下，便恰好可以移作庄子本人的断语。庄子是一位哲学家，然而侵入了文学的圣域。庄子的哲学，不属本篇讨论的范围。我们单讲文学家庄子；如有涉及他的思想的地方，那是当作文学的核心看待的，对于思想本身，我们不加批评。

古来谈哲学以老庄并称，谈文学以庄屈并称。南华的文辞是千真万真的文学，人人都承认。可是《庄子》的文学价值还不只在文辞上。实在连他的哲学都不像寻常那一种矜严的，峻刻的，料峭的一味皱眉头，绞脑子的东西；他的思想的本身便是一首绝妙的诗。

一壁认定现实全是幻觉，是虚无，一壁以为那真正的虚无才是实有，庄子的议论，反来覆去，不外这两个观点。那虚无，或称太极，或称涅槃，或称本体，庄子称之为“道”。他说：

夫道有情有信，无为无形，可传而不可受，可得而不可见，自本自根，未有天地，自古以固存，神鬼神帝，生天生地，在太极之先而不为高，在六极之下而不为深，先天地生而不为久，长于上古而不为老——豨韦氏得之以挈天地，伏戏氏得之以袭气母，维斗得之终古不忒，日月得之终古不息，堪坏得之以袭昆仑，冯夷得之以游大川，肩吾得之以处大山，黄帝得之以登云天，颛顼得之以处玄宫，禺强得之立乎北极，西王母得之坐乎少广，莫知其始，莫知其终，彭祖得之上及有虞，下及五伯，传说得之以相武丁，奄有天下，乘东维，骑箕尾，而比于列星。

有大智慧的人们都会认识道的存在，信仰道的实有，却不像庄子那样热忱的爱慕它。在这里，庄子是从哲学又跨进了一步，到了文学的封域。他那婴儿哭着要捉月亮似的天真，那神秘的怅惘，圣睿的憧憬，无边际的企慕，无涯岸的艳羡，便使他成为最真实的诗人。

然而现实究竟不容易抹杀，即使你说现实是幻觉，幻觉的存在也是一种存在。

要调解这冲突，起码得承认现实是一种寄寓，或则像李白认定自己是“天上谪仙人”，现世的生活便成为他的流寓了。“万物生于有，有生于无”，庄子仿佛说：那“无”处便是我们真正的故乡。他苦的是不能忘情于他的故乡。“旧国旧都，望之怅然”，是人情之常。纵使故乡是在时间以前，空间以外的一个缥缈极了的“无何有之乡”，谁能不追忆，不怅望？何况羁旅中的生活又是那般龌龊、逼仄、孤凄、烦闷？

悲歌可以当泣，远望可以当归。

庄子的著述，与其说是哲学，毋宁说是客中思家的哀呼；他运用思想，与其说是寻求真理，毋宁说是眺望故乡，咀嚼旧梦。他说“卮言日出，和以天倪，因以曼衍，所以穷年”，一种客中百无聊赖的情绪完全流露了。他这思念故乡的病意，根本是一种浪漫的态度，诗的情趣。并且因为他钟情之处，“大有径庭，不近人情”，太超忽，太神秘，广大无边，几乎令人捉摸不住，所以浪漫的态度中又充满了不可逼视的庄严。是诗便少不了那一个哀艳的“情”字。《三百篇》是劳人思妇的情；屈宋是仁人志士的情；庄子的情可难说了，只超人才载得住他那种神圣的客愁。所以庄子是开辟以来最古怪最伟大的一个情种；若讲庄子是诗人，还不仅是泛泛的一个诗人。

或许你要问：《庄子》的思致诚然是美，可是那一种精深的思想不美呢？怎见得《庄子》便是文学？你说他的趣味分明是理智的冷艳多于情感的温馨，他的姿态也是瘦硬多于柔腻，那只算得思想的美，不是情绪的美。不错。不过你能为我指出思想与情绪的分界究竟在那里吗？唐子西在惠州给各种酒取名字，温和的叫作“养生主”，劲烈的叫作“齐物论”。他真是善于饮酒，又善于读《庄子》。《庄子》会使你陶醉，正因为那里边充满了和煦的、郁蒸的、焚灼的各种温度的情绪。向来一切伟大的文学和伟大的哲学是不分彼此的。你若看不出《庄子》的文学，只因他的神理太高，你骤然体验不到。

又恐琼楼玉宇，高处不胜寒。

是就下界的人们讲的，你若真是隶籍仙灵，何至有不胜寒的苦头？并且文学是要和哲学不分彼此，才庄严，才伟大。哲学的起点便是文学的核心。只有浅薄的、庸琐的、渺小的文学，才专门注意花叶的美茂，而忘掉了那最原始、最宝贵的类似哲学的仁子。无论《庄子》的花叶已经够美茂的了；即令他没有发展到花叶，只他那简单的几颗仁子，给投在文学的园地上，便是莫大的贡献，无量的功德。

三

讲到文辞，本是庄子的余事，但也就够人赞叹不尽的，讲究辞令的风气，我们知道，春秋时早已发育了；战国时纵横家以及孟轲荀卿韩非李斯等人的文章也够好了，但充其量只算得辞令的极致，一种纯熟的工具，工具的本身难得有独立的价值。庄子可不然，到他手里，辞令正式蜕化成文学了。他的文字不仅是表现思想的工具，似乎也是一种目的。对于文学家庄子的认识，老早就有了定案。《天下篇》讨论其他诸子，只讲思想，谈到庄周，大半是评论文辞的话。

以谬悠之说，荒唐之言，无端崖之辞，时恣纵而傥，[①]不以觭见之也。以天下为沉浊，不可与庄语，以卮言为曼衍，以重言为真，以寓言为广。……其书虽环玮，而连犿无伤也；其辞虽参差，而諔诡可观。……其理不竭，其来不蜕，芒乎昧乎，未之尽者。

这可见庄子的文学色彩，在当时已瞒不过《天下篇》作者的注意（假如《天下篇》是出于庄子自己的手笔，他简直以文学家自居了）。至于后世的文人学者，每逢提到庄子，谁不一唱三叹的颂扬他的文辞？高似孙说他

极天之荒，穷人之伪，放肆迤演，如长江大河，滚滚灌注，泛滥乎天下；又如万籁怒号，澎湃汹涌，声沉影灭，不可控抟。

赵秉忠把他和列子并论，说他们

摛而为文，穷造化之姿态，极生灵之辽广，剖神圣之渺幽，探有无之隐赜，……呜呼！天籁之鸣，风水之运，吾靡得覃其奇矣！

凌约言讲得简括而尤其有意致：

庄子如神仙下世，咳吐谑浪，皆成丹砂。

---

① 诸本作“不傥”，《释文》无“不”字，今据删。

读《庄子》，本分不出那是思想的美，那是文字的美。那思想与文字，外形与本质的极端的调和，那种不可捉摸的浑圆的机体，便是文章家的极致；只那一点，便足注定庄子在文学中的地位。朱熹说庄子“是他见得方说到”，一句极平淡极敷泛的断语，严格的讲，古今有几个人当得起？其实在庄子，“见”与“说”之间并无因果的关系，那譬如一面花，一面字，原来只是一颗钱币。世界本无所谓真纯的思想，除了托身在文学里，思想别无存在的余地；同时，是一个字，便有它的涵义，文字等于是思想的躯壳，然而说来又觉得矛盾，一拿单字连缀成文章，居然有了缺乏思想的文字，或文字表达不出的思想。比方我讲自然现象中有一种无光的火，或无火的光，你肯信吗？在人工的制作里确乎有那种文字与思想不碰头的偏枯的现象，不是辞不达意，便是辞浮于理。我们且不讲言情的文，或状物的文。言情状物要作到文辞与意义兼到，固然不容易，纯粹说理的文做到那地步尤其难，几乎不可能。也许正因那是近乎不可能的境地，有人便要把说理文根本排出文学的范围外，那真是和狐狸吃不着葡萄，说葡萄酸一样的可笑。要反驳那种谬论，最好拿《庄子》给他读。即使除了庄子，你抬不出第二位证人来，那也不妨。就算庄子造了一件灵异的奇迹，一件化工罢了——就算庄子是单身匹马给文学开拓了一块新领土，也无不可。读《庄子》的人，定知道那是多层的愉快。你正在惊异那思想的奇警，在那踌躇的当儿，忽然又发觉一件事，你问那精微奥妙的思想何以竟有那样凑巧的，曲达圆妙的辞句来表现它，你更惊异；再定神一看，又不知道那是思想那是文字了，也许甚么也不是，而是经过化合作用的第三种东西，于是你尤其惊异。这应接不暇的惊异，便使你加倍的愉快，乐不可支。这境界，无论如何，在庄子以前，绝对找不到，以后，遇着的机会确实也不多。

四

如果你要的是纯粹的文学，在庄子那素净的说理文的背景上，也有着你看不完的花团锦簇的点缀——断素，零纨，珠光，剑气，鸟语，花香——诗，赋，传奇，小说，种种的原料，尽够你欣赏的，采撷的。这可以证明如果庄子高兴做一个通常所谓的文学家，他不是不能。

他是一个抒情的天才。宋祁刘辰翁杨慎等极赏的

送君者皆自厓而返，君自此远矣！

果然是读了"令人萧寥有遗世之意"。《则阳篇》也有一段极有情致的文字：

旧国旧都，望之畅然，虽使丘陵草木之缗，入之者十九，犹之畅然，况见见闻闻者也？以十仞之台悬众间者也？

明人吴世尚曰"《易》之妙妙于象，《诗》之妙妙于情；《老》之妙得于易，《庄》之妙得于诗。"这里果然是一首妙绝的诗——外形同本质都是诗：

天其运乎？地其处乎？日月其争于所乎？孰主张是？孰维纲是？孰居无事推而行是？意者其有机缄而不得已邪？意者其运转而不能自止邪？云者为雨乎？雨者为云乎？孰隆施是？孰居无事淫乐而劝是？风起北方，一西一东，有上彷徨——孰嘘吸是？孰居无事而披拂是？

这比屈原的《天问》何如？欧阳修说"参差奇诡而近于物情，兴者比者俱不能得其仿佛也，"只讲对了作者的一种"百战不许持寸铁"的妙技，至于他那越世高谈的神理，后世除了李白，谁追上他的踪尘？李白仿这意思作了一首《日出入行》，我们也录来看看：

日出东方隈似从地底来，历天又入海，六龙所舍安在哉？其始与终古不息，人非元气安得与之久徘徊！草不谢荣于春风，木不怨落于秋天。谁挥鞭策驱四运？万物兴歇皆自然。……

古来最善解《庄子》的莫如宋真宗。张端义《贵耳集》载着一件轶事，说他"宴近臣，语及《庄子》，忽命《秋水》，至则翠鬟绿衣，一小女童，诵《秋水》一篇"。这真是一种奇妙批评《庄子》的方法。清人程庭鹭说"向秀郭象应逊此女童全具《南华》神理"，所谓"神理"正指诗中那种最飘忽的，最高妙的抒情的趣味。

庄子又是一位写生的妙手。他的观察力往往胜过旁人百倍，正如刘辰翁所谓"不随人观物，故自有见"。他知道真人"凄然似秋，暖然似春"或则"尸居而龙见，渊默而雷声"。他知道"生物之以息相吹"；他形容马"喜则交颈相靡，怒则分背相踶"；又看见"泽雉十步一啄，百步一饮"。他又知道"槐之生也，入季春

五日而兔目，十日而鼠耳，更旬而始规，二旬而叶成”。[1]一部《庄子》中，这类的零星的珍玩，搜罗不尽。可是能刻画具型的物件，还不算一回事，风是一件不容易描写的东西，你看《齐物论》里有一段奇文：

夫大块噫气，其名为风，是唯无作，作则万窍怒号。而独不闻之翏翏乎？山林之畏佳，大木百围之窍穴——似鼻，似口，似耳，似枅，似圈，似臼，似洼者，似污者——激者，謞者，叱者，吸者，叫者，譹者，宎者，咬者，前者唱于而随者唱喁，泠风则小和，飘风则大和，厉风济、则众窍为虚，而独不见之调调之刁刁乎？

注意那写的是风的自身，不像著名的宋玉《风赋》只写了风的表象。

五

讨论庄子的文学，真不好从那里讲起，头绪太多了，最紧要的例如他的谐趣，他的想像；而想像中，又有怪诞的，幽渺的，新奇的，秾丽的各种方向，有所谓“建设的想像”，有幻想；就谐趣讲，也有幽默，诙谐，讽刺，谑弄等等类别。这些其实都用得着专篇的文字来讨论，现在我们只就他的寓言连带的谈谈。

寓言本也是从辞令演化来的，不过庄子用得最多，也最精；寓言成为一种文艺，是从庄子起的。我们试想《桃花源记》，《毛颖传》等作品对于中国文学的贡献，便明了庄子的贡献。往下再不必问了，你可以一直推到《西游记》，《儒林外史》等等，都可以说是庄子的赐予。《寓言篇》明讲“寓言十九”。一部《庄子》几乎全是寓言，[1]我们暂时无需举例。此刻急待解决的，倒是何以庄子的寓言便是文学。讲到这里，我只提到前面提出的谐趣与想像两点，你便恍然了；因为你知道那两种质素在文艺作品中所占的位置，尤其在中国文学中，更是那样凤毛麟角似的珍贵。若不是充满了他那隽永的谐趣，奇肆的想像，庄子的寓言当然和晏子，孟子以及一般游士说客的寓言，没有区别。谐趣和想像打成一片，设想愈奇幻，趣味愈滑稽，结果便愈能发人深省——这才是庄子的寓言。

---

① 万希槐辑《庄子逸文》引《御览》。
② 近人胡远濬曰“庄子自别其言有寓重卮三者，其实重言皆卮言也，亦即寓言也”。按所见甚是。

有国于蜗之左角者，曰触氏，有国于蜗之右角者曰蛮氏，时相与争地而战。伏尸数万，逐北，旬有五日而后反。

今之大冶铸金，金踊跃日“我必且为镆铘”，大冶必以为不祥之金，今一犯人之形，而曰“人耳，人耳”！夫造化者，必以为不祥之人。

庄子的寓言竟有快变成唐宋人的传奇的。他的“母题”固在故事所象征的意义，然而对于故事的本身——结构、描写、人格的分析，“氛围”的布置，……他未尝不感觉兴味。

儒以诗礼发冢，大儒胪传曰“东方作矣，事之何若？”小儒曰“未解裙襦，口中有珠，诗固有之，曰：青青之麦，生于陵陂，生不布施，死何含珠为！”接其鬓，擪其频，儒以金椎控基颐，徐别其颊，无伤口中珠。……[1]

以及叙庖丁解牛时的细密的描写，还有其他的许多例，都足见庄子那小说家的手腕。至于书中各种各色的人格的研究，尤其值得注意，藐姑射山的神人，支离疏，庖丁，庚桑楚，都是极生动，极有个性的人物。

支离疏者，颐隐于脐，肩高于顶，会撮指天，五管在上，两髀为胁；挫针治繲，足以糊口，鼓筴播精，足以食十人。上征武士，则支离攘臂而游于其间；上有大役，则支离以有常疾不受功；上与病者粟，则受三钟与十束薪。

文中之支离疏，画中的达摩，是中国艺术里最特色的两个产品。正如达摩是画中有诗，文中也常有一种“清丑入图画，视之如古铜古玉”[2]的人物，都代表中国艺术中极高古、极纯粹的境界；而文学中这种境界的开创者，则推庄子。诚然《易经》的“载鬼一车”，《诗经》的“牂羊坟首”早已开创了一种荒怪丑恶的趣味，但没有庄子用得多而且精。这种以丑为美的兴趣，多到庄子那程度，或许近于病态；可是谁知道，文学不根本便犯着那嫌疑呢！并且庄子也有健全的时候。

藐姑射之山，有神人居焉，肌肤若冰雪，淖约若处子，不食五谷，吸风饮露，乘云气，御飞龙，而游乎四海之外，其神凝，使物不疵疠，而年谷熟。……之人也，物莫之伤，大浸稽天而不溺，大旱金石流，土山焦而不热。

---

① 按此下疑有脱文。
② 语见龚自珍《书金佺》。

讲健全有能超过这样的吗？单看“肌肤若冰雪”一句，我们现在对于最高超也是最健全的美的观念，何尝不也是二千年前庄子给定下的标准？其实我们所谓健全不是庄子的健全，我们讲的是形骸，他注重的是精神。叔山无趾“犹有尊足者存，”[①]王骀“且不知耳目之所宜，而游心于法之和，物视其所一，而不见其所丧，视丧其足，犹遗土也”。庄子自有他所谓的健全，似乎比我们的眼光更高一等。即令退一百步讲，认定精神不能离开形骸而单独存在；那么，你又应注意，庄子的病态中是带着几分诙谐的，因此可以称为病态，却不好算作堕落。

思考与讨论：

1.《逍遥游》是《庄子》的第一篇。“逍遥游”的核心是什么？庄子是如何描绘的？

2. 体会庄子文章的“汪洋辟阖，仪态万方”（鲁迅语），谈谈你的感受。

拓展阅读：

《庄子今注今译》，陈鼓应，中华书局，1983年。

《庄子诠评：全本庄子汇注汇评》，方勇、陆永品，巴蜀书社，1998年。

《解读庄子》，傅佩荣，三联书店，2007年。

《庄子的享受》，王蒙，安徽教育出版社，2010年。

① 宣颖释曰“有尊于足者，不在形骸”。

离骚[①]（节选）

屈　原

帝高阳之苗裔兮[②]，朕皇考曰伯庸[③]。摄提贞于孟陬兮[④]，惟庚寅吾以降[⑤]。皇览揆余于初度兮[⑥]，肇锡余以嘉名[⑦]；名余曰正则兮[⑧]，字余曰灵均[⑨]。

纷吾既有此内美兮[⑩]，又重之以修能[⑪]。扈江离与辟芷兮[⑫]，纫秋兰以为佩[⑬]。汩

---

① 节选自《楚辞·离骚》。《离骚》是屈原的代表作，是我国古典文学中最长的一篇抒情诗。离骚：一说，离：别；骚：忧。另说，离骚即牢骚，抑郁不平之感。屈原的作品有《离骚》、《九歌》、《九章》、《天问》、《招魂》等篇，后人称之为"楚辞"。这些诗歌具有浓烈的浪漫主义特色，对后世文学的影响极为深远。

② 高阳：传说古代部族首领颛顼(zhuān xū)，号高阳氏。相传楚国的君主和屈原同属于颛顼的后代。苗裔：后代子孙。

③ 朕：在秦始皇以前，不论贵贱，都可自称"朕"，秦始皇始定为皇帝专用。皇：美。考：父亲，父死称考。皇考：对亡父的敬称。

④ 摄提：摄提格的简称。古代把木星称为岁星。岁星运转中每年的位置不同，岁星在寅宫的那一年就叫摄提格，即寅年。贞：正当。孟：开始。陬(zōu)：正月。

⑤ 惟：句首语气词。庚寅：正月初七。降：降生。这两句是说，屈原是在寅年寅月寅日降生的。

⑥ 皇：即上文"皇考"的省称。览：观看。揆(kuí)：衡量。初度：初生时节。后世称生日为初度。

⑦ 肇：始。锡：古同"赐"，给。嘉名：美好的名字。

⑧ 名余曰：名：取名字，动词。正则：意思是公正而有法度。屈原名"平"，正则，包含"平"的意思。

⑨ 灵：善；均：平。屈原字"原"，灵均，隐含"原"的意思。

⑩ 纷：众多。内美：内在的美好素质。

⑪ 重(chóng)：加。修能：很有才能。修：长。能：才能。

⑫ 扈(hù)：披上。江离：生在江边的香草，又名蘼芜。辟：同僻，幽僻的地方。芷：白芷，也是一种香草，可做药材。

⑬ 纫：绳索，做动词用，贯穿联缀的意思。秋兰：香草名。佩：带。做名词用，指佩带在身上的香草。

山鬼图

余若将不及兮[①]，恐年岁之不吾与[②]。朝搴阰之木兰兮[③]，夕揽洲之宿莽[④]。日月忽其不淹兮[⑤]，春与秋其代序[⑥]。惟草木之零落兮[⑦]，恐美人之迟暮[⑧]。

不抚壮而弃秽兮[⑨]，何不改乎此度[⑩]？乘骐骥以驰骋兮[⑪]，来吾导夫先路[⑫]！

……

跪敷衽以陈词兮[⑬]，耿吾既得此中正[⑭]。驷玉虬以乘鹥兮[⑮]，溘埃风余上征[⑯]。朝发轫于苍梧兮[⑰]，夕余至乎县圃[⑱]；欲少留此灵琐兮[⑲]，日忽忽其将暮。吾令羲和弭节兮[⑳]，望崦嵫而勿迫[㉑]。路曼曼其修远兮[㉒]，吾将上下而求索[㉓]。饮余马于咸池兮[㉔]，总余辔乎扶桑[㉕]。折若木以拂日兮[㉖]，聊逍遥以相羊[㉗]。前望舒使先驱兮[㉘]，后飞廉使奔属[㉙]。鸾皇为余先戒兮[㉚]，雷师告余以未具[㉛]。吾令凤鸟飞腾兮[㉜]，继之以日夜；飘

---

① 汩(yù)：水流很快的样子，这里形容时光过得快。
② 不吾与：时不我待的意思。与：等待。
③ 搴(qiān)：拔取。阰(pí)：山名，在楚南。一说阰同陂，意即大山坡。木兰：香木名。
④ 揽：采。宿莽：经冬不死的草。
⑤ 忽：速。日月：指时光。淹：久留。
⑥ 代序：古序、谢同声相通，即代谢，轮换的意思。
⑦ 惟：思，念及，动词。零落：飘零、凋落。
⑧ 美人：喻君主。一说是自喻。迟暮：指年老。
⑨ 抚：持。壮：少壮。弃：扬弃。秽：邪恶小人。一说秽政。
⑩ 此度：指气度、胸襟。改乎此度即改变旧习气。一说指法度。
⑪ 骐骥：骏马，比喻贤才。这句是说任用贤才来治理国家，就可以在广阔的天地里纵横驰骋，有远大的前途。
⑫ 来：随我来吧。这句是说，我为君王在前面引路。
⑬ 敷：铺开。衽(rèn)：衣襟。
⑭ 耿：光明。中正：正确的做人之道。
⑮ 驷：四马驾的车子，此做动词。用，指驾车。玉虬(qiú)：白色的无角龙。鹥(yì)：凤凰一类的鸟。
⑯ 溘(kè)：迅疾，快。埃：当为"竢"之误，竢即俟，等待。一说为尘埃。上征：向天上飞行。
⑰ 发轫：启动轫木，意为动身、启程。轫(rèn)：撑住车轮的木头。
⑱ 县：同"悬"，县圃：神话中的地名，在昆仑山中层。
⑲ 灵琐、指神灵境界中的门。灵，神灵。琐：门扇上所刻的花纹。这里做门的代称。
⑳ 羲和：神话中给太阳驾车的神。弭(mǐ)节：停止加鞭的意思。弭：止。节：鞭，策。
㉑ 崦嵫(yān zī)神话中西方神山，相传是日落的地方。迫：迫近。
㉒ 曼曼：遥远的样子。修：长。
㉓ 求索：寻求、求取。
㉔ 咸池：神话中的水名，相传是太阳洗浴的地方。
㉕ 总：系结。辔(pèi)：马缰绳。乎同"于"。扶桑：神话中的树名，传说太阳从它上面掠过。
㉖ 若木：即扶桑。一说也是神话中树名，生在昆仑山西极，青叶红花，光华下照。拂：拂拭。
㉗ 聊：暂且。逍遥：舒散，自由自在。相羊(cháng yáng)同"徜徉"，徘徊。
㉘ 望舒：神话中的人物。给月亮赶车的。先驱：在前面开路。
㉙ 飞廉：风伯，风神名。属(zhǔ)：跟随。
㉚ 鸾皇：鸾，鸟名，一说初生的凤凰。皇，即凰，雌凤叫皇。先戒：在前面开路。戒：戒备。
㉛ 雷师：雷神，名丰隆。未具：指出行准备尚未齐全。
㉜ 飞腾：展翅高飞。

风屯其相离兮①，帅云霓而来御②。纷总总其离合兮③，斑陆离其上下④；吾令帝阍开关兮⑤，倚阊阖而望予⑥。时暧暧其将罢兮⑦，结幽兰而延伫⑧；世溷浊而不分兮⑨，好蔽美而嫉妒⑩。

朝吾将济于白水兮⑪，登阆风而绁马⑫；忽反顾以流涕兮⑬，哀高丘之无女⑭。溘吾游此春宫兮⑮，折琼枝以继佩⑯；及荣华之未落兮⑰，相下女之可诒⑱。吾令丰隆乘云兮⑲，求宓妃之所在⑳；解佩纕以结言兮㉑，吾令蹇修以为理㉒。纷总总其离合兮，忽纬繣其难迁㉓；夕归次于穷石兮㉔，朝濯发乎洧盘㉕。保厥美以骄傲兮㉖，日康娱以淫游；虽信美而无礼兮，来违弃而改求㉗。览相观于四极兮㉘，周流乎天余乃下㉙。望瑶台之偃蹇兮㉚，见有娀之佚女㉛。吾令鸩为媒兮㉜，鸩告余以不好；雄鸠之鸣逝

---

① 飘风：旋风。屯：积聚、聚合。离：同丽，依附。
② 帅：同率，率领。云霓(ní)：雨后，天上有时出现两道虹，里圈的叫虹，外圈的叫霓。云霓，指云霞。御(yà)：音义同“迓”，迎接。
③ 总总：丛聚的样子，指天空中云霓之多。离合：忽离忽合指飘风和云霓的动态。
④ 斑：杂色。形容五光十色。陆离：参差不齐、错综的样子。上下：忽高忽低。
⑤ 帝阍(hūn)：替天帝守门的人。关：门栓。
⑥ 倚：靠。阊阖(chāng hé)：天门。
⑦ 时：时光。暧暧(ài)：昏暗的样子。罢(pí)：尽、终了。
⑧ 幽兰：生在幽深地方的兰草。延伫：逗留。
⑨ 溷(hùn)：同混。溷浊：混浊，喻世道混乱。
⑩ 蔽美：抹煞人家的优点。
⑪ 白水：神话中源于昆仑山的河流。
⑫ 阆(lǎng)风：神话中的山名，传说在昆仑山上。绁(xiè)马：把马栓住。绁，系。
⑬ 反顾：回头看。
⑭ 高丘：高的山丘，这里指阆风。一说高丘为楚山名。女：神女。比喻与己同心的贤人。
⑮ 春宫：相传为春神青帝所居的神宫。
⑯ 琼枝：玉树的枝。琼：美玉。继佩：加添在玉佩上。佩：玉佩。
⑰ 荣华：花朵的通称，这里指容颜。荣：草本植物开的花。华：木本植物开的花。落：衰落。
⑱ 相：察看。下女：下界(人间)的女子。诒(yí)：同贻，赠送。
⑲ 丰隆：云神。
⑳ 宓(fú)妃：传说是伏羲氏的女儿，溺死于洛水，成为洛水的女神。
㉑ 佩纕(xiāng)：佩饰的丝带。结言：订结盟誓。
㉒ 蹇修：相传是伏羲氏之臣。理：使者，媒人。
㉓ 纬繣(wěi huà)：性情乖戾。难迁：指宓妃的意志难以改变。
㉔ 次：住宿。穷石：山名，在今甘肃境内，弱水的发源地。
㉕ 濯：洗。洧(wěi)盘：神话中的山名，传说发源于崦嵫山。
㉖ 保：恃，仗恃。厥美：她(宓妃)的美貌。
㉗ 信美：实在美丽。来：乃，于是。
㉘ 览相观：三字义同，加强语气。都是看的意思。四极：指四方遥远的地方。
㉙ 周流：回环，周游。余乃下：我又降临人间。
㉚ 瑶台：用美玉砌的高台，极言其美丽庄严。偃蹇：高耸。
㉛ 有娀(sōng)：古代国名。相传有娀氏有二美女，居住在高台上。一个名叫简狄，后嫁给帝喾(kù)，生契，为商代始祖，另一名建疵。佚：美女。
㉜ 鸩(zhèn)：传说中恶鸟。其羽毛有毒，放至酒内，为鸩酒，饮之则死。

兮[1]，余犹恶其佻巧[2]。心犹豫而狐疑兮[3]，欲自适而不可[4]；凤凰既受诒兮[5]，恐高辛之先我[6]。欲远集而无所止兮[7]，聊浮游以逍遥[8]；及少康之未家兮[9]，留有虞之二姚[10]。理弱而媒拙兮[11]，恐导言之不固[12]；世溷浊而嫉贤兮[13]，好蔽美而称恶。闺中既已邃远兮[14]，哲王又不寤[15]；怀朕情而不发兮[16]；余焉能忍与此终古[17]！

……

乱曰[18]：已矣哉[19]！国无人莫我知兮[20]，又何怀乎故都[21]，既莫足与为美政兮[22]，吾将从彭咸之所居[23]。

---

① 雄鸠：斑鸠。鸣逝：叫着飞去。
② 恶(wù)：讨厌。佻(tiāo)巧：轻薄，轻佻巧诈。
③ 犹豫狐疑：对举成文，都是踌躇不决的意思。
④ 自适：自己去。
⑤ 受诒：受委托。
⑥ 高辛：高辛氏、即帝喾。
⑦ 远集：到远处去栖息。无所止：没有可停留的地方。
⑧ 浮游：飘荡、漫游。
⑨ 少康：夏后相的儿子，夏代中兴的君主。未家：未成家。
⑩ 有虞：国名，舜后裔，姓姚。二姚：有虞君长的两个女儿。
⑪ 理弱：指提亲的人软弱无力。媒拙：媒人笨拙。
⑫ 导言：指媒人撮合的言词。不固：不可靠。
⑬ 溷(hún)浊：混浊，这里比喻世道混乱不清。
⑭ 蔽美称恶：隐善扬恶。闺中：女子所居之处，一说以上诸美女的代称。邃(suì)远：深远。比喻美女不易追求。
⑮ 哲王：贤明的君主。这里指怀王。寤：同“悟”：觉醒。
⑯ 不发：不得抒发。发，伸，表达。
⑰ 焉：何，怎么。终古：永久。
⑱ 乱：有两重意义，就作品的内容来说，乱是全篇思想的总结和概括。就音乐节奏来说，乱是终了的乐章，即尾声。
⑲ 已矣哉：算了吧！
⑳ 国无人：泛指楚国统治集团内没有贤明的人。莫我知：莫知我的倒装，即没有人了解我。
㉑ 故都：楚国都城郢都。
㉒ 莫足：不足以。美政：清明美好的政治，即屈原理想的政治。
㉓ 从：追随。彭咸之所居：像彭咸那样为保持清白、坚守理想情操而献身。彭咸：般贤大夫，谏其君不听，投水而死。

屈子文学之精神

王国维

我国春秋以前，道德政治上之思想可分之为二派：一帝王派，一非帝王派。前者称道尧舜禹汤文武，后者则称其学出于上古之隐君子（如庄周所称广成子之类），或托之于上古之帝王；前者近古学派，后者远古学派也；前者贵族派，后者平民派也；前者入世派，后者遁世派（非真遁世派，知其主义之终不能行于世而遁焉者也。）也；前者热性派，后者冷性派也；前者国家派，后者个人派也；前者大成于孔子、墨子，而后者大成于老子；（老子楚人，在孔子后，与孔子问礼之老聃系二人，说见汪容甫《述学·老子考异》）故前者北方派，后者南方派也。此二派者，其主义常相反对，而不能相调和。观孔子与接舆、长沮桀溺、荷篠丈人之关系可知之矣。战国后之诸学派，无不直接出于此二派，或出于混合此二派，故虽谓吾国固有之思想不外此二者可也。

夫然，故吾国之文学，亦不外发表二种之思想。然南方学派，则仅有散文的文学，如老子、庄、列是已。至诗歌的文学，则为北方学派之所专有，诗三百篇大抵表北方学派之思想者也。虽其中如“考槃”、“衡门”等篇，略近南方之思想，然北方学者所谓“用之则行，舍之则藏”，“有道则见，无道则隐”者，亦岂有异于是哉？故此等谓之南北公共之思想则可，必非南方思想之特质也。然则诗歌的文学，所以独出于北方之学派中者，又何故乎？诗歌者，描写人生者也（用德国大诗人希尔列尔之定义）。此定义未免太狭，今更广之曰：描写自然及人生，可乎？然人类之兴味，实先人生而后自然，故纯粹之模山范水、流连光景之作，自建安以前，殆未之见。而诗歌之题目，皆以描写自己之感情为主；其写景物也，亦必以自己深邃之感情为之素地，而始得于特别之境遇中，用特别之眼观之。故古代之诗所描写者，特人生之主观的方面，而对人生之客观的方面，及纯处于客观界之自然，断不能以全力注之也。故对古代之诗，前之定义，宁苦其广，而不苦其隘也。

诗之为道，既以描写人生为事；而人生者，非孤立之生活，而在家族、国家及社会中之生活也。北方派之理想，置于当日之社会中；南方派之理想，则树于当日之社会外。易言以明之，北方派之理想，在改作旧社会；南方派之理想，在创造新社会。然改作与创造，皆当日社会之所不许也。南方之人，以长于思辩而短于实行，故知实践之不可能，而即于其理想中求其安慰之地，故有遁世无闷，嚣然自得以没齿者矣。若北方之人，则往往以坚忍之志，强毅之气，持其改作之理想，以与当日之社会争。而社会之仇视之也，亦与其仇视南方学者无异，或有甚焉。故彼之视社会也，一时以为寇，一时以为亲，如此循环，而遂生欧穆亚（Humour）之人生观。《小雅》中之杰作，皆此种竞争之产物也。且北方之人，不为离世绝俗之举，而日周旋于君臣父子夫妇之间，此等在在界以诗歌之题目，与以作诗之动机。此诗歌的文学，所以独产于北方学派中，而无与于南方学派者也。

然南方文学中又非无诗歌的原质也。南人想像力之伟大丰富，胜于北人远甚。彼等巧于比类，而善于滑稽，故言大则有若北溟之鱼，语小则有若蜗角之国，语久则大椿冥灵，语短则蟪蛄朝菌。至于襄城之野，七圣皆迷；汾水之阳，四子独往，此种想像，决不能于北方文学中发见之。故庄、列书中之某部分，即谓之散文诗无不可也。夫儿童想像力之活泼，此人人公认之事实也。国民文化发达之初期亦然，古代印度及希腊之壮丽之神话，皆此等想像之产物。以我中国论，则南方之文化发达较后于北方，则南人之富于想像亦自然之势也，此南方文学中之诗歌的特质之优于北方文学者也。

由此观之，北方人之感情，诗歌的也，以不得想像之助，故其所作遂止于小篇。南方人之想像，亦诗歌的也，以无深邃之感情之后援，故其想像亦散漫而无所丽，是以无纯粹之诗歌。而大诗歌之出，必须俟北方人之感情与南方人之想像合而为一，即必通南北之驿骑而后可，斯即屈子其人也。

屈子南人，而学北方之学者也。南方学派之思想，本与当时封建贵族之制度不能相容，故虽南方之贵族，亦常奉北方之思想焉。观屈子之文，可以征之。其所称之圣王，则有若高辛、尧、舜、禹、汤、少康、武丁、文、武；贤人则有若皋陶、挚说、彭咸、（谓彭祖、巫咸，商之贤臣也。与“巫咸将夕降兮”之巫咸自是二人，《列子》所谓“郑有神巫名李咸”者也。）比干、伯夷、吕望、宁戚、百里、介推、子胥；暴君则有若夏启、羿浞、桀纣。皆北方学者之所常称道，而于南方学者所称黄帝、广成等，不一及焉。虽《远游》一篇似专述南方之思想，然此实屈子愤激之词，如孔子之居夷浮海，非其志也。《离骚》之卒章，其旨亦与《远游》同，然卒曰：“陟升皇之赫戏兮，忽临睨夫旧乡，仆夫悲余马怀兮，蜷局顾而不行”。《九章》中之《怀沙》，乃其绝笔，然犹称重华汤禹，足知屈子固彻头彻尾抱北方之思想，虽欲为南方之学者，而终有所不慊者也。

屈子之自赞曰：“廉贞”。余谓屈子之性格，此二字尽之矣。其廉固南方学者之所优为，其贞则其所不屑为，亦不能为者也。女媭之詈，巫咸之占，渔父之歌，皆代表南方学者之思想，然皆不足以动屈子，而知屈子者，唯詹尹一人。盖屈子之于楚，亲则肺腑，尊则大夫，又尝筦内政外交上之大事矣。其于国家，既同累世之休戚；其于怀王，又有一日之知遇。一疏再放，而终不能易其志，于是其性格与境遇相待而使之成一种之欧穆亚，《离骚》以下诸作，实此欧穆亚所发表者也。使南方之学者处此，则贾谊（“吊屈原文”）、扬雄（“反离骚”）是，而屈子非矣，此屈子之文学所负于北方学派者也。

然就屈子文学之形式言之，则所负于南方学派者，抑又不少。彼之丰富之想像力，实与庄、列为近。《天问》、《远游》，凿空之谈，求女谬悠之语，庄语之不足，而继之以谐，于是思想之游戏更为自由矣。变三百篇之体而为长句，变短什而为长篇，于是感情之发表更为宛转矣。此皆古代北方文学之所未有，而其端自屈子开之。然所以驱使想像而成此大文学者，实由其北方之肫挚的性格，此庄周等之所以仅为哲学家，而周秦间之大诗人，不能不独数屈子也。

要之，诗歌者，感情的产物也，虽其中之想像的原质（即知力的原质），亦须有肫挚之感情为之素地，而后此原质乃显。故诗歌者，实北方文学之产物，而非儇薄冷淡之夫所能托也。观后世之诗人，若渊明，若子美，无非受北方学派之影响者，岂独一屈子然哉！岂独一屈子然哉！

思考与讨论：

1.《离骚》中强烈的爱国主义情感，对后世具有深远的影响，你从中感受到怎样的精神特质？

2. 王国维所论“屈子文学之精神”，概而言之是什么？

拓展阅读：

《屈原研究》，郭沫若《沫若文集》，人民文学出版社，1959年。

《离骚纂义》，游国恩主编，中华书局，1980年。

《楚辞通故》，姜亮夫，齐鲁书社，1986年。

《楚辞研究集成》，（《楚辞注释》、《楚辞要籍解题》、《楚辞研究论文选》、《楚辞评论资料选》、《楚辞研究海外编》），马茂元主编，湖北人民出版社，1985年。

《楚辞鉴赏集》，人民文学出版社，1988年1月。

李将军列传

司马迁

李将军广者，陇西成纪人也[①]。其先曰李信[②]，秦时为将，逐得燕太子丹者也[③]。故槐里，徙成纪[④]。广家世世受射[⑤]。孝文帝十四年[⑥]，匈奴大入萧关[⑦]，而广以良家子从军击胡[⑧]，用善骑射[⑨]，杀首虏多[⑩]，为汉中郎[⑪]。广从弟李蔡亦为郎[⑫]，皆为武骑常侍[⑬]，秩八百石[⑭]。尝从行[⑮]，有所冲陷折关及格猛兽[⑯]，而文帝曰："惜

① 陇西成纪：成纪是汉县名，在今甘肃省秦安县北，汉初属陇西郡（今甘肃省东部），故称陇西成纪。至武帝时，置天水郡，成纪县改属天水郡。
② "其先"句：他的祖先名叫李信。李信，战国末期秦将。
③ 逐得：追获。燕太子丹：战国末期燕王喜之子，曾派荆轲刺秦王。事败，李信率兵入燕，追捕丹。燕王喜令使者杀丹，将首级献给秦。
④ 故槐里：原住槐里。槐里，即秦时废丘，汉改槐里县（今陕西省兴平县东南）。
⑤ 世世受射：代代都传授射法。受，学习，传授。
⑥ 孝文帝十四年：即公元前一六六年。孝文帝，汉高祖子刘恒。
⑦ 萧关：在今甘肃省环县西北，为当时关中四关之一。
⑧ 良家子：指家世清白人家的子弟。汉代当兵的人有两种，一种是"良家子"，一种是罪犯，李广属于前一种，所以说"以良家子从军击胡"。
⑨ 用：因为。
⑩ 杀首虏多：斩敌人首级多。
⑪ 中郎：汉宫廷中官名，也称"郎"，管车、骑、门户，内充侍卫，外从作战。
⑫ 从弟，堂弟。郎：中郎。
⑬ 武骑(jì)常侍：郎官的补加官衔。
⑭ 秩：官职品级，俸禄。汉宫俸禄之制共十五等，最高万石，最低一百石。
⑮ 尝从行：曾随从文帝出行。
⑯ 冲陷：冲锋陷阵。折关：抵御防守。格：斗。

乎，子不遇时，如令子当高帝时[①]，万户侯岂足道哉[②]！”及孝景初立[③]，广为陇西都尉[④]，徙为骑郎将[⑤]。吴、楚军时[⑥]，广为骁骑都尉[⑦]，从太尉亚夫击吴[⑧]、楚军，取旗，显功名昌邑下[⑨]。以梁王授广将军印，还，赏不行[⑩]。徙为上谷太守[⑪]，匈奴日以合战[⑫]。典属国公孙昆邪为上泣曰[⑬]：“李广才气，天下无双，自负其能，数与虏敌战[⑭]，恐亡之[⑮]。”于是乃徙为上郡太守[⑯]。后广转为边郡太守，徙上郡[⑰]。尝为陇西、北地、雁门、代郡、云中太守[⑱]，皆以力战为名。

匈奴大入上郡[⑲]，天子使中贵人从广勒习兵击匈奴[⑳]。中贵人将骑数十纵[㉑]，见匈奴三人，与战。三人还射[㉒]，伤中贵人，杀其骑且[㉓]尽，中贵人走广[㉔]。广曰：“是必射雕者也[㉕]。”广乃遂从百骑往驰三人[㉖]。三人亡马步行[㉗]，行数十里。广令其骑张左右翼，而广身自射彼三人者，杀其二人，生得一人，果匈奴射雕者也。已缚之上马，望匈奴有数千骑，见广，以为诱骑，皆惊，上山陈[㉘]。广之百骑皆

---

① 高帝时：指汉高祖刘邦打天下之时。
② “万户”句：做个万户侯算不得什么，即很容易封为万户侯。万户侯，食邑万户的列侯。
③ 孝景：即孝景帝，文帝子刘启。
④ 陇西都尉：即陇西郡尉，景帝时改为都尉，掌握该郡武事。
⑤ 骑郎将：统帅骑郎（骑马保卫皇帝车驾的郎官）的将领。俸千石。
⑥ 吴、楚军时：指景帝刘启三年（公元前154），吴、楚七王勾结匈奴、闽越，打着“清君侧”的旗号，举兵叛乱。
⑦ 骁（xiāo）骑都尉：统帅骁骑（轻骑兵）的都尉。
⑧ 太尉亚夫：即周亚夫，征讨吴、楚七国之乱的主帅，当时任太尉（中央最高军事长官）。
⑨ 昌邑：今山东省金乡县西北，为梁国要邑。下：城下。
⑩ “以梁王”三句：李广身为汉将，私受梁王授给的将军印，所以还朝后，被认为功不抵过，未受封赏。
⑪ 上谷：秦置郡名，在今河北省西北大部和中部一部分地方。汉时以沮阳县为郡治，故城在今河北省怀来县南。太守：郡的行政长官。
⑫ “匈奴”句：匈奴每天来与李广交战。
⑬ 典属国：主管向汉称臣的外族事务的官。公孙昆邪（hūnyé）：人名，姓公孙，名昆邪。为上：对皇帝。
⑭ 数（shuò）：屡次。虏：指匈奴。
⑮ 亡：阵亡。
⑯ 上郡：在今陕西省北部及内蒙古自治区部分地方。
⑰ “后广转为”二句：此为追述语，言他迁移上郡之前，历转沿边诸郡，然后才迁为上郡太守。
⑱ 尝为：曾任。北地：郡名，今甘肃省东北部和宁夏回族自治区。雁门：郡名，今山西省西北部。代郡：今山西、河北两省的北部。云中：郡名，今山西省西北部和内蒙古自治区部分地区。
⑲ 大入：大举入侵。
⑳ 天子：指汉景帝。中贵人：指宫中受宠幸的太监。勒习兵：受军事约束，随军习练。
㉑ 将：率领。纵：放纵驰骋。
㉒ 还（xuán）射：转身射箭。
㉓ 且：将。
㉔ 走广：逃到李广处。走，逃跑。
㉕ 射雕者：射雕的能手。雕，鸟名，似鹫，飞翔迅猛。
㉖ 从（zòng）：带领。往驰：疾驰追奔。
㉗ 亡：同“无”。
㉘ 陈（zhèn）：同“阵”，这里指部署阵势。

大恐，欲驰还走[①]。广曰："吾去大军数十里[②]，今如此以百骑走，匈奴追射我立尽。今我留，匈奴必以我为大军诱之，必不敢击我。"广令诸骑曰："前！"前未到匈奴陈二里所[③]，止，令曰："皆下马解鞍！"其骑曰："虏多且近，即有急，奈何？"广曰："彼虏以我为走，今皆解鞍以示不走，用坚其意[④]。"于是胡骑遂不敢击。有白马将出护其兵[⑤]，李广上马与十余骑奔射杀胡白马将，而复还至其骑中[⑥]，解鞍，令士皆纵马卧[⑦]。是时会暮[⑧]，胡兵终怪之，不敢击。夜半时，胡兵亦以为汉有伏军于旁欲夜取之，胡皆引兵而去，平旦[⑨]，李广乃归其大军。大军不知广所之[⑩]，故弗从[⑪]。

居久之[⑫]，孝景崩[⑬]。武帝立[⑭]，左右以为广名将也，于是广以上郡太守为未央卫尉[⑮]，而程不识亦为长乐卫尉[⑯]。程不识故与李广俱以边太守将军屯[⑰]。及出击胡，而广行无部伍行陈[⑱]，就善水草屯[⑲]，舍止人人自便[⑳]，不击刀斗以自卫[㉑]，莫府省约文书籍事[㉒]，然亦远斥候[㉓]，未尝遇害。程不识正部曲行伍营陈[㉔]，击刀斗，士

---

① 欲驰还走：打算加鞭逃还。
② 去：离。
③ 所：许，表约数。
④ 用坚其意：以不走坚定他们的猜疑（以为我们是诱骑）。用，以。
⑤ 白马将：骑白马的胡将。
⑥ "而复"句：而又回到自己的队伍中。
⑦ 纵马：把马放开。
⑧ 会：适逢。
⑨ 平旦：天明。
⑩ 所之：所往之处。之，往。
⑪ 弗从：不发兵接应。
⑫ 居久之：过了好久。
⑬ 崩：天子死叫崩。
⑭ 武帝：景帝子刘彻，在位五十四年（公元前141—公元前87）。
⑮ 未央卫尉：未央宫禁卫军的长官。未央，汉宫名。
⑯ 长乐卫尉：长乐宫禁卫军的长官。
⑰ 故：从前。俱：皆，都。以边太守：以边郡太守的身份。将：率领。屯：驻防。
⑱ "而广行"句：李广（治军尚于简易）行军时不立部曲，不讲究行阵。部伍，《汉书》作"部曲"，部队的编制。刘昭《补汉百官志》说，将军领军皆有部曲，大将军营五部，部有校尉一人，部下有曲，曲有军侯一人，曲下有屯，屯有屯长一人。行陈：行列阵势。
⑲ 善水草：好的水草。屯：驻扎。
⑳ "舍止"句：居处休息时人人自寻方便。《会注考证》将"舍止"二字断在上句，即"就善水草屯舍止"，亦通。
㉑ 刀斗：即"刁斗"，铜锅，行军时白天用做炊具，夜间敲着它巡更。
㉒ 莫府：即"幕府"，是将帅行军途中临时搭起的营帐，后世引申为大将或地方长官的官署。莫，音义同"幕"。省约：简化。文书籍事：军队内文书簿籍等事项。
㉓ 远：这里作使动词用，"远设"的意思。斥候：侦察敌情的哨兵。
㉔ "程不识"句：指程不识严格约束手下的部队，使部队的编制排列阵势都合乎规定。正，使……正规化。

吏治军簿至明[①]，军不得休息，然亦未尝遇害。不识曰："李广军极简易[②]，然虏卒犯之无以禁也[③]，而其士卒亦佚乐[④]，咸乐为之死[⑤]。我军虽烦扰[⑥]，然虏亦不得犯我。"是时汉边郡李广，程不识皆为名将，然匈奴畏李广之略[⑦]，士卒亦多乐从李广而苦程不识。程不识孝景时以数直谏为太中大夫[⑧]。为人廉，谨于文法[⑨]。

后汉以马邑城诱单于[⑩]，使大军伏马邑旁谷，而广为骁骑将军领属护军将军[⑪]，是时单于觉之，去，汉军皆无功。其后四岁，广以卫尉为将军，出雁门击匈奴，匈奴兵多，破败广军，生得广[⑫]。单于素闻广贤，令曰："得李广必生致之[⑬]！"胡骑得广，广时伤病，置广两马间，络而盛卧广[⑭]。行十余里，广详死[⑮]，睨其旁有一胡儿骑善马，广暂腾而上胡儿马[⑯]，因推堕儿，取其弓，鞭马南驰数十里，复得其余军，因引而入塞[⑰]。匈奴捕者骑数百追之，广行取胡儿弓[⑱]，射杀追骑，以故得脱。于是至汉，汉下广吏[⑲]。吏当广所失亡多[⑳]，为虏所生得，当斩，赎为庶人[㉑]。

顷之[㉒]，家居数岁。广家与故颖阴侯孙屏野居蓝田南山中射猎[㉓]。尝夜从一

---

① 治军簿至明：办理公文直到天亮。
② 简易：简约不烦琐。
③ 卒(cù)，同"猝"，突然。禁：防御。
④ 佚(yì)乐：安逸快乐。佚，音义同"逸"。
⑤ 咸乐为之死：都甘愿替他拼命。咸，都。
⑥ 烦扰：事情繁多忙乱。
⑦ 略：战略，计策。
⑧ 太中大夫：郎中令属官，职掌论议。
⑨ 谨于文法，严守文书法度。按，司马迁作《史记》时，常把某些次要人物的事迹插入与其有关的人物传记中。本文这一段，既是有意以李、程对比，也是附一程不识小传。
⑩ "后汉"句：后来汉朝用马邑城引诱匈奴单于。武帝元光二年(前133)用马邑人聂壹之谋引诱单于。聂骗单于说："吾能斩马邑令丞，以城降，财物可尽得。"单于信以为真，带十万骑兵入武州塞(今山西省朔县西)。马邑，今山西省朔县。单(chán)于，匈奴王称单于。
⑪ "而广为"句：李广为骁骑将军，受护军将军(指韩安国)统领与节制。骁骑、护军，都是将军的头衔。此类冠号不常设，有征伐时才任命，事过就取消。
⑫ 生得：活捉。
⑬ 必生致之：指必须活捉李广押送到单于那里。
⑭ "络而"句：让李广躺在绳子结成的络子里。
⑮ 详：通"佯"，读如"佯"，假装。
⑯ 暂腾：突然跳起。暂，刹那间。
⑰ 入塞：进入雁门关。
⑱ "广行取"句：李广边行边取胡儿弓箭。
⑲ 下广吏：把李广交给执法官审判。
⑳ 吏当(dàng)广：执法官判决李广。当，判决。
㉑ 赎：纳金赎罪。庶人：平民。
㉒ 顷之：不久。
㉓ 故颖阴侯孙：已故的颖阴侯灌婴之孙，名强。屏(bǐng)野：退隐田野。蓝田南山：今陕西省蓝田县终南山。

骑出，从人田间饮[1]。还至霸陵亭[2]，霸陵尉醉，呵止广[3]。广骑曰[4]："故李将军[5]。"尉曰："今将军尚不得夜行，何乃故也[6]！"止广宿亭下。居无何[7]，匈奴入杀辽西太守[8]，败韩将军[9]，后韩将军徙右北平[10]。于是天子乃召拜广为右北平太守。广即请霸陵尉与俱，至军而斩之。广居右北平，匈奴闻之，号曰："汉之飞将军"，避之数岁，不敢入右北平。

广出猎，见草中石，以为虎而射之，中石没镞[11]，视之石也。因复更射之，终不能复入石矣。广所居郡闻有虎，尝自射之。及居右北平射虎，虎腾伤广，广亦竟射杀之。

广廉，得赏赐辄分其麾下[12]，饮食与士共之。终广之身，为二千石四十余年[13]，家无余财，终不言家产事。广为人长[14]，猿臂[15]，其善射亦天性也，虽其子孙他人学者，莫能及广。广讷口少言[16]，与人居则画地为军陈[17]，射阔狭以饮[18]。专以射为戏，竟死[19]。广之将兵，乏绝之处[20]，见水，士卒不尽饮，广不近水；士卒不尽食，广不尝食。宽缓不苛[21]，士以此爱乐为用[22]。其射，见敌急，非在数十步之内，度不

---

① "从人"句：跟人家在田间一起饮酒。
② 霸陵亭：守护霸陵的驿亭。霸陵是文帝陵墓，在今陕西省长安县东。
③ 霸陵尉：霸陵亭的尉官，该处守官相当于县尉。呵止：呵斥和阻止。
④ 广骑：李广的骑马随从。
⑤ 故：旧任。
⑥ 何乃：何况。
⑦ 居无何：过了不久。
⑧ "匈奴入杀"句：匈奴杀辽西太守，事在武帝元朔元年（前128）。辽西，郡名，约在今河北省东北部，内蒙古自治区昭乌达盟和辽宁省西部。
⑨ 韩将军：指韩安国，当时以卫尉为材官将军（杂号将军之一），守渔阳，为匈奴所败。
⑩ 右北平：郡名，今河北省蓟县以东及辽宁省部分地区。汉武帝怒韩安国为匈奴所败，使人责之，迁移右北平，安国更被疏远，忧愧呕血而死。
⑪ 没（mò）镞（zú）：箭头陷了进去。镞，箭头。
⑫ 麾（huī）下：将帅的部下，这里指自己指挥的部队。
⑬ "终广"二句：李广一生做了俸禄二千石级的官四十多年。
⑭ 为人长：为人身材高大。
⑮ 猿臂：说他的两臂可以灵活伸展，像古代传说的通臂猿一样（传说通臂猿两臂能通过两肩，彼此可以自由伸缩）。
⑯ 讷（nà）口少言：拙于口才，不多讲话。讷，出言迟钝。
⑰ 画地为军陈：画地假作军阵。陈，同"阵"。
⑱ 射阔狭以饮：比赛射程的远近，深浅，失败者被罚饮酒。射阔狭，指在地上画出宽窄不同的行列，从高处向行列射箭，射中窄的行列而且箭立地上者胜。
⑲ 竟死：指以射为戏，一直至死。
⑳ 乏绝之处：指粮食缺乏，水源断绝的困难处境。
㉑ 宽缓不苛：治军宽松不苛刻。
㉒ 爱乐为用：爱戴李广，乐于为他所用。

中不发[1]，发即应弦而倒。用此[2]，其将兵数困辱，其射猛兽亦为所伤云[3]。

居顷之，石建卒[4]，于是上召广代建为郎中令。元朔六年[5]，广复为后将军[6]，从大将军军[7]，出定襄击匈奴[8]，诸将多中首虏率，以功为侯者[9]，而广军无功。后二岁，广以郎中令将四千骑出右北平，博望侯张骞将万骑与广俱[10]，异道[11]。行可数百里[12]，匈奴左贤王将四万骑围广[13]。广军士皆恐，广乃使其子敢往驰之[14]。敢独与数十骑驰，直贯胡骑，出其左右而还[15]，告广曰："胡虏易与耳[16]。"军士乃安。广为圜陈外向[17]，胡急击之，矢下如雨。汉兵死者过半，汉矢且尽。广乃令士持满毋发[18]，而广身自以大黄射其裨将[19]，杀数人，胡虏益解[20]。会日暮，吏士皆无人色，而广意气自如[21]，益治军。军中自是服其勇也。明日，复力战，而博望侯军亦至，匈奴军乃解去。汉军罢[22]，弗能追，是时广军几没，罢归。汉法，博望侯留迟后期[23]，当死，赎为庶人。广军功自如，无赏[24]。

初，广之从弟李蔡与广俱事孝文帝。景帝时，蔡积功劳至二千石，孝武帝时，

---

① 度(duó)不中(zhòng)：估计射不着目标。
② 用此：因此。
③ 云：语助词，有"据说如此"的意思。
④ 石建：武帝时任郎中令，统领郎官。
⑤ 元朔六年：公元前123年。
⑥ 后将军：当时有前、后、左、右四将军，位次于上卿。
⑦ 从大将军军：从属于大将军的军中。大将军，军中最高勋衔。这里指任此职的卫青，他是武帝卫皇后的同母弟，以出征匈奴著称。
⑧ 定襄：汉郡名，今山西省右玉县以北及内蒙古自治区西南部。
⑨ "诸将"二句：众将多有因斩敌首级足数，按军功而被封侯的。中(zhòng)，符合。首虏率，指根据杀敌斩首数量而规定的封赏标准，写入军中律令里。
⑩ 张骞：汉中人，武帝初为郎，应募出使西域，因功封博望侯(博望在今河南省南阳县东北六十里)。
⑪ 异道：不同路，指李、张分路进兵。
⑫ 可：大约。
⑬ 左贤王：匈奴单于下置左右贤王，左贤王居东方，广出右北平，恰在左贤王管辖境内。
⑭ 往驰之，驰往匈奴队伍中。
⑮ "直贯"二句：一直穿过匈奴的包围阵，从敌人的左右两侧到自己的阵地。
⑯ 易与(yù)：容易对付。与，干预。
⑰ 圜(yuán)陈外向：把队伍列成圆形，面向外。圜，同"圆"。
⑱ 持满毋发：张满弓弦，但留箭不放。
⑲ 大黄：弓弩名，体大色黄，是当时射程最远的大号弓弩。裨(pí)将：协助主将作战的副将。
⑳ 益解：渐渐放松包围。
㉑ 意气自如：神色不变，同平常一样。
㉒ 罢(pí)：同"疲"。
㉓ 留迟后期：行军迟延，未能如期赶到，以至落后。
㉔ "广军"二句：李广功过相抵，没有加赏。如，当。

至代相①，以元朔五年为轻车将军从大将军击右贤王②，有功中率，封为乐安侯③。元狩二年中，代公孙弘为丞相④。蔡为人在下中⑤，名声出广下甚远，然广不得爵邑⑥，官不过九卿⑦，而蔡为列侯⑧，位至三公⑨。诸广之军吏及士卒或取封侯⑩。广尝与望气王朔燕语曰⑪："自汉击匈奴而广未尝不在其中，而诸部校尉以下，才能不及中人⑫，然以击胡军功取侯者数十人，而广不为后人⑬，然无尺寸之功以得封邑者⑭，何也？岂吾相不当侯邪⑮？且固命也⑯？"朔曰："将军自念，岂尝有所恨乎⑰？"广曰："吾尝为陇西守，羌尝反⑱，吾诱而降，降者八百余人，吾诈而同日杀之⑲，至今大恨独此耳。"朔曰："祸莫大于杀已降，此乃将军所以不得侯者也。"

后二岁⑳，大将军，骠骑将军大出击匈奴㉑，广数自请行㉒。天子以为老，弗许；良久乃许之㉓，以为前将军。是岁㉔，元狩四年也。广既从大将军青击匈奴，既出塞，青捕虏知单于所居，乃自以精兵走之㉕，而令广并于右将军军㉖，出东

---

① 代相：代国(代郡一度改为侯国)的相(侯国最高长官)。
② 以：于。元朔五年：公元前124年。轻车将军：杂号将军之一。大将军：指卫青。右贤王：匈奴单于王部下的统帅，驻在西部。
③ 乐安侯：乐安，汉县名，在今山东省博兴县北。
④ "代公孙弘"句：元狩二年(前121)，公孙弘死，李蔡代他为丞相。公孙弘，字季，元朔中为丞相。
⑤ 下中：当时以九品论人(上上、上中、上下、中上、中中、中下、下上、下中、下下)，下中当为第八等。
⑥ 广不得爵邑：李广未被封侯，所以没有爵位和封邑。
⑦ 九卿：汉时以太常、光禄勋、卫尉、太仆、廷尉、鸿胪、宗正、大司农、少府为九卿。李广官只做到卫尉、郎中令，所以说官不过九卿。
⑧ 列侯：汉代指异姓群臣中有功封侯的。
⑨ 三公：汉时以丞相、太尉、御史大夫为三公。
⑩ "诸广"句：许多李广手下的军吏和士卒往往取得了封侯之赏。
⑪ 望气：即占候(候测星象，占卜吉凶的人)。王朔：当时著名的天文学家，善于占候。燕语：私下交谈。
⑫ 中人：中等之人。
⑬ 不为后人：不算落在别人的后面。
⑭ 尺寸之功：指微小的功劳。邑：城邑。
⑮ 相：骨相。
⑯ 且固命也，还是本来命该如此？且，选择连词。
⑰ 有所恨：可遗憾的事。
⑱ 羌：这里指汉时陇西一带少数民族，曾起兵反汉。
⑲ 诈：指用计欺骗。
⑳ 后二岁：即元狩四年(前119)。
㉑ 大将军：指卫青。骠骑将军：官位仅次于大将军。这里指霍去病(卫青姐姐的儿子)。
㉒ "广数(shuò)自"句：李广屡次自动地请求随大军出征。数，屡次。
㉓ 良久：很久。
㉔ 是岁：这一年。
㉕ 走(zòu)：趋，追逐。
㉖ 右将军：指赵食(yì)其(jī)。

道[①]。东道少回远[②]，而大军行水草少，其势不屯行[③]。广自请曰：“臣部为前将军，今大将军乃徙令臣出东道，且臣结发而与匈奴战[④]，今乃一得当单于[⑤]，臣愿居前，先死单于[⑥]。”大将军青亦阴受上诫[⑦]，以为李广老，数奇[⑧]，毋令当单于，恐不得所欲[⑨]。而是时公孙敖新失侯[⑩]，为中将军从大将军[⑪]，大将军亦欲使敖与俱当单于，故徙前将军广[⑫]。广时知之，固自辞于大将军[⑬]。大将军不听，令长史封书与广之莫府曰[⑭]：“急诣部，如书[⑮]！”广不谢大将军而起行[⑯]，意甚愠怒而就部[⑰]，引兵与右将军食其合军出东道。军亡导[⑱]，或失道[⑲]，后大将军[⑳]。大将军与单于接战，单于遁走，弗能得而还，南绝幕[㉑]，遇前将军、右将军。广已见大将军，还入军。大将军使长史持糒醪遗广[㉒]，因问广食其失道状[㉓]，——青欲上书报天子军曲折[㉔]。广未对，大将军使长史急责广之莫府对簿[㉕]。广曰：“诸校尉无罪，乃我自失道，吾今自上簿[㉖]。”至莫府，广谓其麾下曰：“广结发与匈奴大小七十余战，今

---

① 出东道：从东路出兵，迎对匈奴左面军。
② 东道少回远：东路稍稍迂回绕远些。少，通“稍”。回，迂回。
③ “而大军”二句：卫青所率部队的行军路线上，水草很少，地理形势不适宜在中途多停留。屯行，群聚而行。
④ 结发：古代男子二十岁结发于顶。
⑤ 一得当单于：得到一次亲自与单于正面对敌的机会。
⑥ 先死单于：先和单于拼一死战。
⑦ 阴受上诫：暗中得到武帝的告诫。
⑧ 数奇(jī)：命运不好。数，命运的定数。奇，本指单数，与“偶”相对。古时迷信，以奇为凶，以偶为吉。
⑨ “毋令”二句：不让李广军去当单于军的正面，恐怕不能达到我们的愿望(指擒捉单于)。
⑩ 公孙敖：义渠人，与卫青友好。卫青微贱时，因事几乎丧命，被公孙敖搭救。公孙敖曾三次从青出击匈奴有功，封合骑侯。元狩二年，率兵击匈奴，由于与骠骑将军霍去病约会，而不能如期，畏怯当斩，赎为庶人，所以说“新失侯”。
⑪ 中将军：与前、后、左、右将军职位相同。按，据《汉书》，公孙敖这次以校尉的职衔从征。
⑫ “故徙”句：意思是说卫青一方面听从武帝行前告诫，同时又欲使公孙敖抵敌单于使有功封侯，以报其私恩，所以把前将军李广迁徙并入右将军的军中。
⑬ 固：坚决。辞：辞免，指拒绝徙并右将军军。
⑭ “令长史”句：命长史下一道文书给李广的幕府。长史，大将军秘书。
⑮ “急诣(yì)”二句：这是送文书的人捎带的卫青的命令，意思是让李广迅速到右将军军中，按文书命令执行。诣，往。
⑯ 谢：辞别。
⑰ 愠(yùn)怒：怨愤。就部：到达右将军军部。
⑱ 亡导：没有向导。亡，音义同“无”。
⑲ 或失道：往往迷失道路。
⑳ 后大将军：落在大将军的后边。
㉑ 南绝幕：横渡沙漠南归。绝，横渡。幕，音义同“漠”。
㉒ 糒(bèi)：干粮。醪(láo)：醇酒。遗(wèi)：赠送。
㉓ 失道状：迷路误期的情况。
㉔ 军曲折：军情的曲折，即详细军情。
㉕ 对簿：受审问时以文簿对证。
㉖ 吾今自上簿：我亲自去对质受审。上簿，即对簿。

幸从大将军出接单于兵，而大将军又徙广部行回远，而又迷失道，岂非天哉！且广年六十余矣，终不能复对刀笔之吏[①]。”遂引刀自刭[②]。广军士大夫一军皆哭。百姓闻之，知与不知，无老壮皆为垂涕。而右将军独下吏，当死，赎为庶人。

广子三人：曰当户、椒、敢，为郎。

天子与韩嫣戏，嫣少不逊，当户击嫣，嫣走[③]。于是天子以为勇。当户早死；拜椒为代郡太守，皆先广死。

当户有遗腹子，名陵。

广死军时，敢从骠骑将军。

广死明年，李蔡以丞相坐侵孝景园壖地[④]，当下吏治。蔡亦自杀，不对狱[⑤]，国除[⑥]。

李敢以校尉从骠骑将军击胡左贤王，力战，夺左贤王鼓旗，斩首多，赐爵关内侯，食邑二百户，代广为郎中令。

顷之，怨大将军青之恨其父，乃击伤大将军。大将军匿讳之。

居无何，敢从上雍[⑦]，至甘泉宫猎。骠骑将军去病与青有亲，射杀敢。去病时方贵幸，上讳云鹿触杀之。

居岁余，去病死，而敢有女为太子中人，爱幸。敢男禹有宠于太子，然好利。李氏陵迟衰微矣[⑧]。

李陵既壮，选为建章监[⑨]，监诸骑；善射，爱士卒。天子以为李氏世将[⑩]，而使将八百骑。尝深入匈奴二千余里，过居延[⑪]，视地形，无所见虏而还。拜为骑都尉，将丹阳楚人五千人，教射酒泉、张掖以屯卫胡。

---

① 刀笔之吏：掌管文书的官吏。古时记事于竹简之上，有谬误时用刀削去它。笔是书写的工具，刀是削物的工具，称“刀笔吏”，有“添减从心，舞文弄法”的含义。
② 自刭(jǐng)：自杀。
③ 走：逃跑。
④ 坐：因为。壖(ruǎn)地：空地、余地。
⑤ 对狱：对簿公堂。
⑥ 国除：废除侯国封地。
⑦ 从上雍：随皇上到雍。雍：地名，在今陕西凤翔南。
⑧ 陵迟：衰微。
⑨ 建章监：建章宫的护卫首领。
⑩ 世将：世代为将。
⑪ 居延：在今内蒙古额济纳旗。

数岁，天汉二年秋，贰师将军李广利将三万骑击匈奴右贤王于祁连天山，而使陵将其射士步兵五千人，出居延北可千余里；欲以分匈奴兵，毋令专走贰师也①。陵既至期还，而单于以兵八万围击陵军。陵军五千人，兵矢既尽②，士卒死者过半，而所杀伤匈奴亦万余人。且引且战③，连斗八日。还，未到居延百余里，匈奴遮狭绝道④。陵食乏而救兵不到，虏急击，招降陵。陵曰："无面目报陛下！"遂降匈奴。其兵尽没，余亡散得归汉者四百余人。

单于既得陵，素闻其家声；及战，又壮，乃以其女妻陵而贵之。汉闻，族陵母妻子。

自是之后，李氏名败，而陇西之士居门下者，皆用为耻焉⑤。

太史公曰⑥："传曰⑦：'其身正，不令而行；其身不正，虽令不从⑧。'其李将军之谓也⑨？余睹李将军，悛悛如鄙人⑩，口不能道辞⑪。及死之日，天下知与不知⑫，皆为尽哀。彼其忠实心诚信于士大夫也⑬！谚曰：'桃李不言，下自成蹊。'此言虽小，可以喻大也。"

---

① 走：奔。
② 兵矢：兵器和箭枝。
③ 引：退。
④ 遮狭绝道：截断狭窄的绝路。
⑤ 皆用为耻：都以此为耻。
⑥ 太史公曰：表示以下是作者司马迁评论的话。
⑦《传》：意谓古书上说，此指《论语》。
⑧"其身"四句：出自《论语·子路》，意思是在上位的人，自己行为端正，不发命令，事情也行得通；如果自己行为不正当，即使三令五申，百姓也不信从。
⑨"其李将军"句：大概说的就是李将军这样的人啊！其，表测度语气。
⑩ 悛(xún)悛：同"恂恂"，形容为人诚谨。鄙人：乡野之人。
⑪ 口不能道辞：不善于讲话。
⑫ 知：认识。
⑬ 信于士大夫，使士大夫信任。

读《史记·李将军列传》

吴小如

传记文有各种不同情况。《史记·魏公子列传》头绪比较简单，矛盾也比较集中。有些传记就比较复杂。最典型的如《项羽本纪》，人物多，情节多，时间虽只有几年工夫，可头绪纷繁。《李将军列传》可以说跟《项羽本纪》是同一类型的。人物多，情节也不算少，其叙述贯穿李广的一生，比《项羽本纪》所叙述的时间还要长。遇到这样作品，根据我的经验，要注意三个方面：一、为什么要给这个人物立传？二、这篇传里有多少人物出现？三、全篇有多少故事情节？这叫作“理头绪”。读传记文要这样做，读长篇小说也要这样做，而且作品越长越要这样做。不能嫌麻烦。托尔斯泰的《战争与和平》，曹雪芹的《红楼梦》，读起来会比读《史记》更不容易理头绪。但一旦理清头绪，对作品的理解就前进了不知多少步。这里姑举《李将军列传》为例。

司马迁写李广，用意是很深刻的。他最集中要表现的，也是最重要的一点，就是写李广是将才，本领很大，但一生不得志——“数奇”。刻画这个人物有本领，司马迁写了李广的善射、有勇、有智、爱部下、忠于国家，不计个人私利等等。有些是写李广的品质好，但写品质好主要也是为了写他是个将才，有真本领和大将风度。刻画李广“数奇”，则写他生在什么时代，遇到什么皇帝，受什么样的上级统帅领导，为什么死去。前一方面是写李广的为人；后一方面则写出了时代面貌，历史环境。这两方面综合到一处，读者对李广固然有所了解，而对他所处的时代以及他之所以遇到某些不利的因素也就有了一定的认识。这就使读者既了解了“点”，又了解了“面”。史传文学中的优秀作品，大都是这样写的，因此我们也就根据具体作品进行具体分析。当然，通过分析和了解，我们也就看出作者在传记中所反映出的思想感情——作者对这些人物，首先是传中主要人物，和他们所处的时代与环境是怎样看的。

还要再说几句老生常谈。传记文学同以“记事”或“记言”为主的史籍不一样，它以一个主要人物为中心。这个人必然是重点人物，而且必须与当时重大事件有联系，更必须与其同时代的其他重要人物有联系。因此我们有必要统计一下全传的人物。这可以帮助我们认识主题，发现问题。《李将军列传》中的人物，照我的理解可以分为四大类：

第一类，是作为从属于李广这个中心人物而出现的，实际上就是说这些人有的够不上独立一个“户头”为之写传，因之作为“附传”人物列入李广的《传》中。《史记》之称“列传”，这也是一个原因。这一类如李蔡、程不识、李敢（霍去病）、李当户（韩嫣）以及李椒、李敢女、李禹等，最后还有李陵（括号中的人物是同括号外的人有关系的，与李广无关）。

第二类，是与李广这个主要人物一生命运有关的，计有：汉文帝（知而不用）、公孙昆邪（惜其才而不知所以用）、匈奴单于（知而欲用，但属于李广对立面，无法使其为之所用）、汉武帝、卫青（对李广不但不用，反而间接进行迫害，以满足其个人的权势欲）。在这一类中，可以附带列入霸陵尉（因李广失势而有意以法绳之，竟为李广所杀）和王朔（对李广“数奇”的原因做出解释的人），但都非重要人物。

第三类，是在李广行动范围内与之发生联系的陪衬人物，成为李广进行活动的缔因者或对象，如中贵人、射雕者、白马将、有一匹好马的胡儿，以及长史、军士等。

第四类，只是一些社会关系，在传里没有什么活动的人，如韩安国、石建、张骞、赵食其、颍阴侯等。

我们读本传只须注意前两类。第一类中的人物大都起到与李广相对照的作用。如李蔡平庸而身为三公（当然李蔡也并未落得好下场，那是他本身的问题），而李广有才智和勇敢而一生不得志；程不识与李广在治军方面的不同作风；李广本人的德与才同他子孙德与才的对比，以及他本人命运与其子孙的命运的对比等。第二类人物，则看出整个时代的面貌和动向，说明李广之不遇与无功，不是偶然的，而是受那个大时代所制约的。李广既是将才，又长期在军中，他一生接触最多的事件是同匈奴作战（他自己说一生同匈奴大大小小打了七十几仗），其才智、勇敢、爱部下、忠于汉王朝、公而忘私这些突出的本领和美德，无一不与同匈奴作战有联系；而其“数奇”，或打败仗，或无功，或虽胜而不得应有的封赏，以及最后的“自刭”，也都与同匈奴作战紧密相连。同匈奴作战的是非问题这里姑不讨论；但既要对外用兵，李广就有资格受到重用，也值得重用，而且如果他受到重用，对作战肯定有利。这都是明摆着的。可是事实却恰恰相反。从这里我们就十分清楚地看出作者对李广是同情的，与此同时，也十分清楚地看出作者对左右李广命运的那些人，对控制当时整个国家形势的当权者，如汉武帝、卫青等人是不满的。这是整个传记的主导思想，是作者作《传》的鲜明的倾向性，从而我们也就了解司马迁本人的思想感情。当然，“人无完人，金无足赤”，霸陵尉和王朔这两个人物，是由于作者对李广的批判而出现的。作者对李广的睚眦必报和诱杀降虏并没有采取回护态度。

再看这篇传记中写出了哪些故事情节。不算最后“太史公”的评语，本文共分四大段，第一大段又有若干自然段。今但举其荦荦大端。

第一大段写李广早年战功，着重描绘他的智和勇。但也透露了全篇总的主旨，即“数奇”。这是通过汉文帝对李广的惋惜，汉景帝的封赏不加于李广，以及公孙昆邪对皇帝的涕泣等细节来体现的。而写杀射雕者，用计退胡兵，杀白马将等，无一不写出李广的有勇有谋，是良将之才。这些都是他早年的故事，必须先写。

第二大段多写生活琐事，主要写出李广的四个方面的事件：一、爱部下战士；二、善射（透过善射写智勇双全）；三、被斥与杀霸陵尉；四、射石和射虎。从“广廉”以下，写得很琐碎，仿佛很零散。但这是司马迁用笔因小以见大的地方，主要还是写他有勇有谋和爱部下战士，不能只把一件一件的事分开来看，而要看它总的涵义。为什么这些琐事要在这一段写呢？因为李广在右北平太守任上的“数岁”之中，匈奴“避之”，很长时间“不敢入右北平”，恰好在李广的一生中是“空白”比较多的一段时间。所以有些琐事都在这里叙述了。这给我们以启发，即写记叙文和人物传记必须懂得找机会安排“闲”笔。

第三大段主要写三件事：一是与张骞共同出兵匈奴而以寡不敌众被围，写其突围过程之才智和勇敢；二是插入与王朔闲谈，自悔杀降的过失；三是从卫青出征，在卫青的威压命令下导致“失道”而终于被迫自杀。这一大段仍是以写李广的才智和“数奇”为主要内容的。

第四段写李广的子孙，有广生前事，但主要是写李广身后的事。在这一段里突出地写了李敢的死和李陵的被迫投降匈奴。关于李陵的事，要参看《汉书·李广苏建传》和司马迁本人的《报任安书》。但从《传》文叙述的内容看，作者写李敢的被暗害显然表示了他的反对外戚当政的观点，而汉王朝（特别是汉武帝）对李广家族既如此无情，那么李陵的降匈奴并受到宠遇也就不足为怪了。结尾处作者强调“李氏名败”，而当初居于李家的门下士“皆用为耻”，正写出当时上层社会的世态炎凉，而作者对此是十分不平的，其看法乃是反传统的，然而却没有明说。这就暗示给读者，李广的“数奇”不仅使本人终身受到委屈，也使他的子孙同样受到不公平的待遇。而李敢、李陵又恰好是李氏子孙中比较有作为的。这样，这最末一段虽已不涉及李广本人，即仍未离开他写全篇的主旨。司马迁就是这样通过同一时代若干人物的传记来反映他对那个时代的思想感情和看法的。

从以上这样简单的分析来看，本篇的叙事特点是：以好整以暇的手法写紧张急迫的事件，以参差错落、千头万绪的场面来代替平铺直叙。似乱而实整，似疏而实密。所谓“整”，即无一事不是扣紧李广的才智、勇敢及其“数奇”来写的，除了杀霸陵尉带有批判意味，李广后悔杀降一事带有自我批判意味外，可以说没有一件事是与作者所要写的主要内容和中心思想无干的。换言之，凡与此无干者作者一事未写。所谓“密”，即写李广之智勇有统一写法，写李广的“数奇”也有统一的写法，既有共同性，又有一贯性。

比如写李广的“智”和“勇”，用发现射雕者一事来体现，是败中取胜，转危为安；写李广被俘逃脱，同样是败中取胜，转危为安；写与张骞“异道”而不得不突围，仍旧是败中取胜，转危为安。这一点，《三国演义》受《史记》影响较为突出。如“长坂坡”一役，刘备分明被曹操打得大败，却反衬出赵云的英勇无敌；又如“空城计”，诸葛亮分明居于被动地位，却终于化险为夷，从被动转化为主动。只有这样写，才见出作者所要写的主要人物智勇兼备，密不可分。此即是似疏而实密的最好说明。再如写李广的“数奇”，其一贯与共同之点，即无论是哪一件事，其咎都不在李广。换言之，李广在他所遭遇的每一战役或每一事件中，无论是不幸的还是不利的结局，李广都不应负主要责任，他是无辜的。《传》的开头以汉文帝的话引起全篇，而以汉武帝的话做为《传》的结束，极见作者的匠心。最后导致李广自杀，作者写得十分详尽，而“春秋笔法”体现得也最鲜明、最深刻。可见李广是死在卫青和汉武帝的手里的。作者的倾向性也很明显：痛惜李广怀才不遇而死，憎恶汉武帝和卫青之以私心逼死了一位有勇有谋的将军。

以上只是从大处作笼统分析，再举一二细节来具体分析一下作者的描写艺术。

先看中贵人遇射雕手一段。一、从人数的对比就可看出问题。射雕手只有三人，中贵人则带着几十个骑兵卫士。但这三人却“伤中贵人，杀其骑且尽”。然后是李广带着一百骑兵去追这三个射雕手，看起来人数对比有了变化。实际上那百骑只起到助威防敌的作用，而射死二人，生擒一人，都是李广一人之功。及至最后，对方以千人来对付这一百人，而李广却安全返回驻地。二、李广一连说了三个“必”；先说“是必射雕者也”，然后又接着说，“令我留，匈奴必以我为大军诱之，必不敢击之”。不仅写李广料事如神，而且也写透了李广的智和勇。三、写李广令骑兵全部“解鞍”，这已经很冒险了，还要“令士卒纵马卧”，简直使人提心吊胆。然而惟其如此，才能转危为安。不过中间插入李广率领十余骑“奔射杀胡白马将”，然后“复还至其骑中”一节，这是以攻为守，出其不意，让敌人认为李广肯定不是毫无准备地等死。这种变化多端的手法，称得起神来之笔。然而一切都是着力在写李广的智勇兼全，知己知彼。这就万变不离其宗，始终是为总的中心思想服务的。

再看李广以石为虎、射虎而矢入石的一节。这可能是传说，因为早于《史记》的《韩诗外传》已有类似的记载。但《李将军列传》的内容更脍炙人口，这就归功于文章写得精彩，使人念念不忘了。但金代学者王若虚在《滹南遗老集》里对这一段描写提出了批评，认为语言欠简练，可以省掉几个“石”字。我以为王说似是而非。司马迁所以连用四个“石”字，正是为了突出说明李广所射入的不是虎而是“石”，才这样写的。《史记》的文章不是为简而简，而是以摹写传神为目的。王若虚只从语言角度去考虑，却忘了《史记》本身不仅是历史，还是“文学”。

又如写李广、程不识的对比，二人的优劣由程不识口中点出，这是一种很经济的手法。更如李广同王朔对话，自我批判的话由李广本人口中先说出来，不仅写得活，而且体现了李广的性格。其实李广之所以至死没有封侯，并不在杀降与否，而在李广的为人正直，无论朝廷内外都没有人援引提拔，更缺乏裙带关系，加上不善于阿谀上级，才导致终身郁郁不得志。这一点不必多说，只从最后李广所以自杀的原因中一看便都明白。但作者还怕读者不明白，在《传》文最末一段补叙了李敢被害的内幕，这就说明卫青、霍去病的战功是靠裙带关系才有机会建立的。特别有趣的是，作者还写了李敢的女儿“为太子中人，爱幸”，儿子李禹因之也“有宠于太子”；可是作者紧接着说了一句“然好利”，并加以评论道：“李氏陵迟衰微矣。”可见作者的矛头所向正是当时的一伙外戚。外戚是靠了裙带关系才同皇帝或太子搭上关系的，那么司马迁对于最高统治者的态度如何也就不言而喻了。这就不仅是为了写李广，而且也写出了那个时代统治阶级黑暗腐朽的一个侧面。李陵的孤军作战，被迫降敌，不也是由于李广利（他是汉武帝另一宠妃李夫人的哥哥）的外因促成的么！

总之，这篇文章很能代表司马迁写传记文学的特色，是《史记》中有数的名篇之一。其特点在于给当代人物作传而能写到这样一种深度，实在难能可贵。由于避免与上篇讲《魏公子列传》的文章重复，我没有过于细致地剖析；不过主要的方面都提到了，还留一些余地给读者，请同志们自己试着进一步探索研究吧。

思考与讨论：

1. 请细细体会司马迁寓褒贬于叙事，寄感慨于插笔的妙处。
2. 你知道司马迁是在怎样的情况下写成了《史记》？
3. 司马迁给中国史传文学留下了怎样的精神财富？

拓展阅读：

《司马迁之人格与风格》，李长之，三联书店，1984年。

《史记考索》，朱东润，华东师范大学出版社，1996年。

《史记通论》，韩兆奇，广西师范大学出版社，1996年。

《〈史记〉名篇述论稿·至今犹忆李将军》，陈桐生，汕头大学出版社，1996年。

归去来兮辞（并序）

陶渊明

余家贫，耕植不足以自给①。幼稚盈室②，缾无储粟③，生生所资④，未见其术⑤。亲故多劝余为长吏⑥，脱然有怀⑦，求之靡途⑧。会有四方之事⑨，诸侯以惠爱为德⑩；家叔以余贫苦⑪，遂见用于小邑⑫。于时风波未静，心惮远役⑬。彭泽去家百里，公田之利⑭，足以为酒，故便求之。及少日，眷然有归与之情⑮。何则？质性自

---

① 耕植：耕种，指农桑之事。
② 幼稚：幼子，此指小孩。
③ 缾(píng)：通“瓶”，此指盛谷物的坛。
④ 生生所资：维持生计所需。前一“生”字用为使动词，后一“生”字用为名词。资，需要。
⑤ 术：办法。
⑥ 长吏：县府中职位较高的丞、尉之类。此泛指做官。
⑦ 脱然：畅适的样子。有怀：指有了作长吏的念头。怀，念头。
⑧ 靡途：没有门路。
⑨ 会有：恰逢。四方之事：指军阀之间的争战。四方，原指诸侯之国，此指各地方军阀势力。
⑩ 侯诸以惠爱为德：各地军阀以爱惜人才为德。惠爱，仁爱。此指爱惜人才。
⑪ 家叔：指陶夔。夔当时任太常卿。
⑫ 见用：被任用。小邑：指彭泽。邑，县之别称。
⑬ 远役：指任参军时随军远出。
⑭ 公田：公家之田，用以辅助官俸。参见《宋书·陶潜传》。
⑮ 眷然：怀恋，向往的样子。归与之情：辞官归去的念头。归与，回去吧！语本《论语·公冶长》。与，同“欤”，语气词。

然，非矫厉所得[①]；饥冻虽切，违己交病[②]。尝从人事[③]，皆口腹自役[④]。于是怅然慷慨[⑤]，深愧平生之志。犹望一稔[⑥]，当敛裳宵逝。寻程氏妹丧于武昌[⑦]，情在骏奔[⑧]，自免去职。仲秋至冬，在官八十余日。因事顺心命篇[⑨]，曰归去来兮。乙巳岁十一月也。

归去来兮，田园将芜胡不归[⑩]！既自以心为形役[⑪]，奚惆怅而独悲[⑫]。悟已往之不谏[⑬]，知来者之可追[⑭]。实迷途其未远，觉今是而昨非。舟遥遥以轻飏[⑮]，风飘飘而吹衣。问征夫以前路[⑯]，恨晨光之熹微[⑰]。乃瞻衡宇[⑱]，载欣载奔[⑲]。僮仆欢迎，稚子候门。三径就荒[⑳]，松菊犹存。携幼入室，有酒盈罇[㉑]。引壶觞以自酌[㉒]，眄庭柯以怡颜[㉓]。倚南窗以寄傲[㉔]，审容膝之易安[㉕]。园日涉以成趣，门虽设而常关。策扶老以流憩[㉖]，时矫首而遐观[㉗]。云无心以出岫[㉘]，鸟倦飞而知还。景翳翳以将入[㉙]，抚

---

① 矫厉：造作，勉强。矫，矫正。厉，磨练。
② 交病：言身心都很痛苦。交，俱，一齐。一说，近。病，苦。
③ 人事：官场的人事交往。
④ 口腹自役：为生活而驱使自己。
⑤ 怅然慷慨：言因失意而感情激动。
⑥ 一稔(rěn)：谷物一熟为一稔。
⑦ 寻：不久。程氏妹：嫁给程姓之妹。
⑧ 骏奔：急赴。
⑨ 因：就。顺心命篇：敷陈心意，执笔为文。
⑩ 芜：荒芜。胡：怎么。
⑪ 既自以心为形役：既然我自己使我的内心为身躯所役使。形，指身体。
⑫ 奚(xī)：为何。
⑬ 谏：纠正。
⑭ 追：补救。
⑮ 飏：飘动。这里形容船缓行的样子。
⑯ 征夫：行人。
⑰ 恨：埋怨。熹微：微明。熹，光明。
⑱ 衡宇：犹衡门，指简陋的房屋。"衡"即"横"，横木为门。
⑲ 载：起连结作用的虚词。
⑳ "三径"句：纵然院内小路荒芜了，好在松树和菊花仍旧活着。三径，据《三辅决录》载：汉蒋诩隐居后，舍中开三径，只与求仲、羊仲二人交往。就，纵然，推拓连词。一说，"已经"的意思。
㉑ 罇：古代盛酒的器具，同"樽"。
㉒ 觞(shāng)：酒杯。酌：斟酒喝。
㉓ 眄(miǎn)：闲视。柯(kē)：枝茎。这里泛指树木。怡颜：脸上流露出快乐的神情。
㉔ 寄傲：寄托自己傲岸的情怀。
㉕ 审：体察。容膝：只能容膝的小屋。极言居室狭小。易安：易于安身。
㉖ 策：拄着。扶老：原为竹名，可为杖，故称手杖为扶老。流憩(qì)：或漫步，或歇息，表示悠闲。
㉗ 矫首：抬头。遐观：远望。
㉘ 云无心以出岫(xiù)：云气自然地飘浮出山谷。岫，有洞穴的山。
㉙ 景：日光。翳翳(yì)：暗淡的样子。

(清)石涛·采菊图

孤松而盘桓[①]，归去来兮，请息交以绝游[②]。世与我而相违，复驾言兮焉求[③]！悦亲戚之情话[④]，乐琴书以消忧。农人告余以春及，将有事于西畴[⑤]。或命巾车[⑥]，或棹孤舟[⑦]。既窈窕以寻壑[⑧]，亦崎岖而经丘。木欣欣以向荣，泉涓涓而始流[⑨]。羡万物之得时，感吾生之行休[⑩]。已矣乎[⑪]，寓形宇内复几时[⑫]，曷不委心任去留[⑬]。胡为乎遑遑欲何之[⑭]？富贵非吾愿，帝乡不可期[⑮]。怀良辰以孤往，或植杖而耘耔[⑯]。登东皋以舒啸[⑰]，临清流而赋诗。聊乘化以归尽[⑱]，乐夫天命复奚疑[⑲]！

---

① 盘桓：徘徊。
② 请：此为请人允许的意思。表敬副词。息交以绝游：断绝往来。
③ 驾言：指出游，《诗经》："驾言出游"。驾，驾车。言，语助词，无义。焉求：何求。
④ 情话：指知心的话。
⑤ 有事：指耕作。
⑥ 命：躯，使用。巾车：有布篷的小车。
⑦ 棹(zhào)：划船的工具。这里作动词用。
⑧ 窈窕：这里指山路深远曲折。壑(hè)：山沟。
⑨ 涓涓：细水慢流的样子。
⑩ 行休：将要结束。行，将要。休，完。
⑪ 已矣乎：算了吧。
⑫ 寓形宇内：寄形体在天地间。宇，宇宙。
⑬ 曷(hé)不：何不。委心任去留：随心意自由行止。
⑭ 遑遑：急急忙忙，心神不安。欲何之：想到哪儿去。之，往。
⑮ 帝乡：仙境。
⑯ 植杖：把手杖放在一边。植，同"置"。耘：除草。耔(zǐ)：以土培苗。
⑰ 皋(gāo)：田泽旁的高地。舒啸：放声长啸。
⑱ 聊：姑且。乘化：随顺着大自然的运转变化。尽：指死亡。
⑲ 夫：彼，那个。

陶渊明

朱光潜

一、他的身世、交游、阅读和思想

大诗人先在生活中把自己的人格涵养成一首完美的诗，充实而有光辉，写下来的诗是人格的焕发。陶渊明是这个原则的一个典型的例证。正和他的诗一样，他的人格最平淡也最深厚。凡是稍涉猎他的作品的人们对他不致毫无了解，但是想完全了解他，却也不是易事。我现在就个人所见到的陶渊明来作一个简单的画像。

他的时代是在典午大乱之后，正当刘裕篡晋的时候。他生在一个衰落的世家，是否是陶侃的后人固有问题，至少是他的近房裔孙。当时讲门第的风气很盛，从《赠长沙公》和《命子》诸诗看，他对于他自己的门第素很自豪。他的祖父还做过不大不小的官。他的父亲似早就在家居闲（据《命子》诗，安城太守之说似不确。他序他的先世都提到官职，到了序他的父亲只有“淡焉虚止，寄迹风云，冥兹愠喜”数语）。他的母亲是当时名士孟嘉的女儿。他还有一个庶母，弟敬远和程氏妹都是庶出。他的父亲和庶母都早死，生母似活得久些。弟妹也都早死，留下有侄儿靠他抚养。他自己续过弦，原配在他三十岁左右死去。继娶翟氏，帮他做农家操作。他有五个儿子，似还有“弱女”，不同母。他在中年遭了几次丧事，还遭了一次火，家庭担负很不轻，算是穷了一生。他从早年就爱生病，一直病到老。他死时年才五十余（旧传渊明享年六十三，吴汝纶定为五十一，梁启超定为五十六，古直定为五十二，从作品的内证看，五十一二之说较胜），却早已“白发被两鬓”，可见他的身体衰弱。

当时一般社会情形很不景气，他住在江西浔阳柴桑，和一般衰乱时代的乡下读书人一样，境况非常窘迫。在乡下无恒业的读书人大半还靠种田过活，渊明也是如此。但是田薄岁歉（看“炎火屡焚如，螟蜮恣中田，风雨纵横至，收敛不盈廛”诸句可知），人口又多，收入不能维持极简单的生活，以致“冬无蕴葛，夏渴瓢箪”。渊明世家子，本有些做官的亲戚朋友，迫于饥寒，只得放下犁头去求官。他的第一任官是京口镇军参军，那时他才二十三岁左右（晋安帝隆安三年己亥），过了两年，他奉使到江陵（辛丑），那时镇江陵的是桓玄，正上表请求带兵进京（建康）解孙恩之围，恰逢孙恩的兵已退，安帝下诏书阻止桓玄入京，渊明到江陵很可能就是奉诏止玄。就在这年冬天，他的母亲去世。他居了两年忧，到了二十八岁那年（甲辰），又起来做建威参军，第二年三月奉使入都，八月补彭泽令，冬十一月就因为不高兴束带见督邮，解印绶归田。以后他就没有出来做官。总计起来，他做官的时候前后不过六年，除去中间丁忧两年，实际只有四年。他再起那一年，天下正大乱，桓玄造反，刘裕平了他。此后十五六年之中，刘裕在继续扩充他的势力。到了渊明四十四岁那年（庚申）刘裕便篡位，晋便改成宋。从渊明二十九岁弃官，到他五十一岁死，二十余年中，他都在家乡种田，生活依然极苦，虽然偶得朋友的资助，还有挨饿乞食的时候。晚年刘裕有诏征他做著作郎，他没有就。

一个人的性格成就和他所常往来的朋友亲戚们很有关系。渊明生平常往来的人大约可分四种。第一种是政治上的人物。有的是他的上司。他做镇军参军时，那镇军可能为刘牢之；做建威参军时，那建威可能是刘敬宣；他奉使江陵时，镇江陵的是桓玄，有人还疑心他在桓玄属下做过官。有的是仰慕他而想结交他的。第一是江州刺史王宏，想结交他，苦无路可走，听说他要游庐山，于是请他的朋友庞通之备酒席候于路中，二人正欢饮时，王宏才闯到席间，因而结识了他。此后两人常有来往，王宏常送他酒，资助他的家用。集中《于王抚军座送客一首》大概就是在王宏那里写的。其次是继王宏做江州刺史的檀道济，亲自去拜访渊明，劝他做官，他不肯，并且退回道济所带来的礼物。但是这一类人与渊明大半说不上是朋友，真正够上做朋友的只有颜延之。延之做始安太守过浔阳时，常到渊明那里喝酒，临别时留下二万钱。渊明把这笔款子全送到酒家。延之在当时也是一位大诗人，名望比渊明高得多。他和渊明交谊甚厚，渊明死后，他做了一篇有名的诔文。

第二种朋友是集中载有赠诗的，象庞参军、丁柴桑、戴主簿、郭主簿、羊长史、张常侍那一些人，大半官阶不高，和渊明也相知非旧，有些是柴桑的地方官，有些或许是渊明做官时的同僚，偶接杯酒之欢的。这批人事迹不彰，对渊明也似没有多大影响。

最有趣味而也最难捉摸他们与渊明关系的是第三种人，就是在思想情趣与艺术方面可能与渊明互相影响的。头一个当然是莲社高僧慧远。他瞧不起显达的谢灵运，而结社时却特别写信请渊明，渊明回信说要准他吃酒才去，慧远居然为他破戒置酒，渊明到了，忽“攒眉而去”。他对莲社所持奉的佛教显然听到了一些梗概，却也显然不甚投机。其次就是慧远的两个居士弟子，与渊明号称“浔阳三隐”的周续之和刘遗民。这三隐中只有渊明和遗民隐到底，遗民讲禅，渊明不喜禅，二人相住虽不远，集中只有两首赠刘柴桑的诗，此外便没有多少往来的痕迹。续之到宋朝应召讲学，陪讲的有祖企谢景夷，也都是渊明的故友，渊明做了一首诗送他们三位，警告他们“马队非讲肆，校书亦已勤”，结尾劝他们“从我颖水滨”，可见他们与渊明也是“语默异势”。最奇怪的是谢灵运。在诗史上陶、谢虽并称，在当时谢的声名远比陶大。慧远嫌谢“心乱”，不很理睬他，但他还是莲社中要角。渊明和他似简直不通声气，虽然灵运在江西住了不少的时候，二人相住很近。这其实也不足怪，灵运不但“心乱”而讲禅，名位势利的念头很重，以晋室世家大臣改节仕宋，弄到后来受戮辱。总之，渊明和当时名士学者算是彼此“相遗”，在士大夫的圈子里他很寂寞，连比较了解他的颜延之也是由晋入宋，始终在忙官。

和渊明往来最密，相契最深的倒是乡邻中一些田夫野老。他是一位富于敏感的人，在混乱时代做过几年小官，便发誓终身不再干，他当然也尝够了当时士大夫的虚伪和官场的恶浊，所以宁肯回到乡间和这班比较天真的人们“把酒话桑麻”。看“农务各自归，闲暇辄相思。相思则披衣，言笑无厌时”几句诗，就可以想见他们中间的真情和乐趣。他们对渊明有时“壶浆远见候”，渊明也有时以“只鸡招近局”。从各方面看，渊明是一个富于热情的人，甘淡泊则有之，甘寂寞则未必，在归田后二十余年中，他在田夫野老的交情中颇得到一些温慰。

渊明的一生生活可算是“半耕半读”。他说读书的话很多：“少学琴书，偶爱闲静，开卷有得，便欣然忘食”；“好读书，不求甚解，每有会意，便欣然忘食”；“乐琴书以销忧”；“委怀在琴书”等等，可见读书是他的一个重要的消遣。他对于书有很深的信心，所以说“得知千载上，正赖古人书”。他读的是一些什么书呢？颜延之在诔文里说他“心好异书”，不过从他的诗里看，所谓“异书”主要的不过是《山海经》之类。他常提到的却大半是儒家的典籍，例如“少年罕人事，游好在六经”，“诗书敦宿好”，“言谈无俗调，所说圣人篇”。在《饮酒诗》最后一首里，他特别称赞孔子删诗书，嗟叹狂秦焚诗书，汉儒传六经，而终致慨“如何绝世下，六籍无一亲”。从他这里援引的字句或典故看，他摩挲最熟的是《诗经》、《楚辞》、《庄子》、《列子》、《史记》、《汉书》六部书；从偶尔谈到隐逸神仙的话看，他读过皇甫谧的《高士传》和刘向的《列仙传》那一类书。他很爱读传记，特别流连于他所景仰的人物，如伯夷、叔齐、荆轲、四皓、二疏、杨伦、邵平、袁安、荣启期、张仲蔚等，所谓“历览千载书，时时见遗烈”者指此。

渊明读书大抵采兴趣主义，我们不能把他看成一个有系统的专门学者。他自己明明说：“好读书，不求甚解”，颜延之也说他“学非称师”。趁此我们可略谈他的思想。这是一个古今聚讼的问题。朱晦庵说：“靖节见趣多是老子”，“旨出于老庄”。真西山却不以为然，他说：“渊明之学正自经术中来。”最近陈寅恪先生在《陶渊明之思想与清谈之关系》一文里作结论说：

渊明之思想为承袭魏晋清谈演变之结果，及依据其家世信仰道教之自然说而创设之新自然说。惟其为主自然说者，故非名教说，并以自然与名教不相同。但其非名教之意仅限于不与当时政治势力合作，而不似阮籍、刘伶辈之佯狂任诞。盖主新自然说者不须如旧自然说之积极抵触名教也。又新自然说不似旧自然说之养此有形之生命，或别学神仙，惟求融合精神于运化之中，即与大自然为一体。因其如此，既无旧自然说形骸物质之滞累，自不至与周孔入世之名教说有所触碍。故渊明之为人实外儒而内道，舍释迦而宗天师者也。

这些话本来都极有见地，只是把渊明看成有意地建立或皈依一个系统井然、壁垒森严的哲学或宗教思想，像一个谨守绳墨的教徒，未免是“求甚解”，不如颜延之所说的“学非称师”，他不仅曲解了渊明的思想，而且他也曲解了他的性格。渊明是一位绝顶聪明的人，却不是一个拘守系统的思想家或宗教信徒。他读各家的书，和各人物接触，在于无形中受他们的影响，象蜂儿采花酿蜜，把所吸收来的不同的东西融会成他的整个心灵。在这整个心灵中我们可以发现儒家的成分，也可以发现道家的成分，不见得有所谓内外之分，尤其不见得渊明有意要做儒家或道家。假如说他有意要做某一家，我相信他的儒家的倾向比较大。

至于渊明是否受佛家的影响呢？寅恪先生说他绝对没有，我颇怀疑。渊明听到莲社的议论，明明说过它“发人深省”，我们不敢说“深省”的究竟是什么，“深省”却大概是事实。寅恪先生引《形影神》诗中“甚念伤吾生，正宜委运去，纵浪大化中，不喜亦不惧，应尽便须尽，无复独多虑”几句话，证明渊明是天师教信徒。我觉得这几句话确可表现渊明的思想，但是在一个佛教徒看，这几句话未必不是大乘精义。此外渊明的诗里不但提到“冥报”而且谈到“空无”（“人生似幻化，终当归空无”）。我并不敢因此就断定渊明有意地援引佛说，我只是说明他的意识或下意识中可能有一点佛家学说的种子，而这一点种子，可能象是熔铸成就他的心灵的许多金属物中的寸金片铁；在他的心灵焕发中，这一点小因素也可能偶尔流露出来。我们到下文还要说到，他的诗充满着禅机。

二、他的情感生活

诗人与哲学家究竟不同，他固然不能没有思想，但是他的思想未必是有方法系统的逻辑的推理，而是从生活中领悟出来，与感情打成一片，蕴藏在他的心灵的深处，到时机到来，忽然迸发，如灵光一现，所以诗人的思想不能离开他的情感生活去研究。渊明诗中如“结庐在人境，而无车马喧。问君何能尔，心远地自偏”，

“即事如已高，何必升华嵩”，“贫富常交战，道胜无戚颜”，“形迹凭化往，灵府长独闲”诸句都含有心为物宰的至理；儒家所谓“浩然之气”，佛家所谓“澄圆妙明清净心”，要义不过如此；儒佛两家费许多言语来阐明它，而渊明灵心迸发，一语道破，我们在这里所领悟的不是一种学说，而是一种情趣，一种胸襟，一种具体的人格。再如“有风自南，翼彼新苗”，“平畴交远风，良苗亦怀新”，“鸟弄欢新节，冷风送余善”，“众鸟欣有托，吾亦爱吾庐”，“采菊东篱下，悠然见南山，山气日夕佳，飞鸟相与还”，诸句都含有冥忘物我，和气周流的妙谛；儒家所谓“赞天地之化育，与天地参”，梵家谓“梵我一致”，斯宾诺莎的泛神观，要义都不过如此；渊明很可能没有受任何一家学说的影响，甚至不曾象一个思想家推证过这番道理，但是他的天资与涵养逐渐使这么一种“鱼跃鸢飞”的心境生长成熟，到后来触物即发，纯是一片天机。了解渊明第一须了解他的这种理智渗透情感所生的智慧，这种物我默契的天机。这智慧，这天机，让染着近代思想气息的学者们拿去当作“思想”分析，总不免是隔靴搔痒。

诗人的思想和感情不能分开，诗主要地是情感而不是思想的表现。因此，研究一个诗人的感情生活远比分析他的思想还更重要。谈到感情生活，正和他的思想一样，渊明并不是一个很简单的人。他和我们一般人一样，有许多矛盾和冲突；和一切伟大诗人一样，他终于达到调和静穆。我们读他的诗，都欣赏他的“冲澹”，不知道这“冲澹”是从几许辛酸苦闷得来的，他的身世如我们在上文所述的，算是饱经忧患，并不象李公麟诸人所画的葛巾道袍，坐在一棵松树下，对着无弦琴那样悠闲自得的情境。我们须记起他的极端的贫穷，穷到“夏日长抱饥，寒夜无被眠，造夕思鸡鸣，及晨愿乌迁”。他虽不怨天，却坦白地说“离忧凄目前”；自己不必说，叫儿子们“幼而饥寒”，他尤觉“抱兹苦心，良独内愧”。他逼得要自己种田，自道苦衷说：“田家岂不苦？弗获辞此难！”他逼得去乞食，一杯之惠叫他图“冥报”。穷还不算，他一生很少不在病中，他的诗集满纸都是忧生之嗟。《形影神》那三首诗就是在思量生死问题：“一世异朝世，此语良不虚”，“未知从今去，当复如此不”？“求我胜年欢，一毫无复意”，“民生鲜长在，矧伊愁苦缠”，“从古皆有没，念之中心焦”，以及许多其他类似的诗句都可以见出迟暮之感与生死之虑无日不在渊明心中盘旋。尤其是刚到中年，不但父母都死了，元配夫人也死了，不能不叫他“既伤逝者，行自念也”。这世间人有谁能给他安慰呢？他对于子弟，本来“既见其生实欲其可”，而事实上“虽有五男儿，总不爱纸笔”，使他嗟叹“天运”。至于学士大夫中的朋友，我们前已说过，大半和他“语默殊势”，令他起“息交绝游”的念头。连比较知己的象周续之、颜延之一班人也都转到刘宋去忙官，他送行说：“语默自殊势，亦知当乖分”，“路若经商山，为我稍踌躇”，这语音中有多少寂寞之感！

这里也可以见出一般人所常提到的“耻事二姓”的问题虽不必过于着重，却也不可一笔抹煞。他心里痛恨刘裕篡晋，这是无疑的，不但《述酒》、《拟古》、《咏荆轲》诸诗可以证明，就是他对于伯夷、叔齐那些“遗烈”的景仰也决不是无所为而发。加以易姓前后几十年中——渊明的大半生中——始而有王恭、孙恩之乱，继而有桓玄、刘裕之哄，终而刘裕推翻晋室，兵戈扰攘，几无宁日。渊明一个穷病书生，进不足以谋国，退不足以谋生，也很叫他忧愤。我们稍玩索“八表同昏，平路伊阻”、“终日驰车走，不见所问津”、“鳌舟无须臾，引我不得住”诸诗的意味，便可领略到渊明的苦闷。

渊明诗篇篇有酒，这是尽人皆知的，象许多有酒癖者一样，他要借酒压住心头极端的苦闷，忘去世间种种不称心的事。他尝说：“常恐大化尽，气力不及衰，拨置且莫念，一觞聊可挥”，“泛此忘忧物，远我遗世情”，“数斟已复醉，不觉知有我，安知物为贵”，“天运苟如此，且进杯中物”，酒对于他仿佛是一种武器，他拿在手里和命运挑战，后来它变成一种沉痼，不但使他“多谬误”，而且耽误了他的事业，妨害他的病体。从《荣木》诗里“志彼不舍（学业），安此日富（酒），我之怀矣，怛焉内疚”那几句话看，他有时颇自悔，所以曾有一度“止酒”。但是积习难除，到死还恨在世时“饮酒不得足”。渊明和许多有癖好的诗人们（例如阮籍、李白、波斯的奥马康颜之类）的这种态度，在近代人看来是“逃避”，我们不能拿近代人的观念去责备古人，但是“逃避”确是事实。逃避者自有苦心，让我们庆贺无须饮酒的人们的幸福，同时也同情于“君当恕醉人”那一个沉痛的呼声。

世间许多醉酒的人们终止于刘伶的放诞，渊明由冲突达到调和，并不由于饮酒。弥补这世间缺陷的有他的极丰富的精神生活，尤其是他的极深广的同情。我们一般人的通病是囿在一个极狭小的世界里活着，狭小到时间上只有现在，在空间上只有切身利害相关系的人与物；如果现在这些切身利害关系的人与物对付不顺意，我们就活活地被他们扼住颈项，动弹不得，除掉怨天尤人以外，别无解脱的路径。渊明象一切其他大诗人一样，有任何力量不能剥夺的自由，在这“樊笼”以外，发现一个“天空任鸟飞”的宇宙。第一是他打破了现在的界限而游心于千载，发现许多可“尚友”的古人。《咏贫士》诗中有两句话透漏此中消息：“何以慰吾怀，赖古此多贤。”这就是说，他的清风亮节在当时虽无同调，过去有同调的人们正复不少，使他自慰“吾道不孤”。他好读书，就是为了这个缘故，他说“历览千载书，时时见遗烈”，而这些“遗烈”可以使他感发兴起。他的诗文不断地提到他所景仰的古人，《述酒》与《扇画赞》把他们排起队伍来，向他们馨香祷祝，更可以见出他的志向。这队伍里不外两种人，一是固穷守节的隐士，如荷篠丈人、长沮桀溺、张长公、薛孟尝、袁安之类，一是亡国大夫积极或消极地抵抗新朝，替故主复仇的，如伯夷、叔齐、荆轲、韩非、张良之类，这些人们和他自己在身世和心迹上多少相类似。

在这里我们不妨趁便略谈渊明带有侠气、存心为晋报仇的看法。渊明侠气则有之，存心报仇似未必，他不是一个行动家，原来为贫而仕，未尝有杜甫的“致君尧舜上，再使风俗醇”那种近于夸诞的愿望，后来解组归田，终身不仕，一半固由于不肯降志辱身，一半也由于他惯尝了“樊笼”的滋味，要“返自然”，庶几落得一个清闲。他厌恶刘宋是事实，不过他无力推翻已成之局，他也很明白。所以他一方面消极地不合作，一方面寄怀荆轲、张良等“遗烈”，所谓“刑天舞干戚”，虽无补于事，而“猛志固常在”。渊明的心迹不过如此，我们不必妄为捕风捉影之谈。

渊明打破了现在的界限，也打破了切身利害相关的小天地界限，他的世界中人与物以及人与我的分别都已化除，只是一团和气，普运周流，人我物在一体同仁的状态中各徜徉自得，如庄子所说的“鱼相与忘于江湖”。他把自己的胸襟气韵贯注于外物，使外物的生命更活跃，情趣更丰富；同时也吸收外物的生命与情趣来扩大自己的胸襟气韵。这种物我的回响交流，有如佛家所说的“千灯相照”，互映增辉。所以无论是微云孤岛，时雨景风，或是南皋斜川，新苗秋菊，都到手成文，触目成趣。渊明人品的高妙就在有这样深广的同情；他没有由苦闷而落到颓唐放诞者，也正以此。中国诗人歌咏自然的风气由陶、谢开始，后来王、孟、储、韦诸家加以发挥光大，遂至几无诗不状物写景。但是写来写去，自然诗终让渊明独步。许多自然诗人的毛病在只知雕绘声色，装点的作用多，表现的作用少，原因在缺乏物我的混化与情趣的流注。自然景物在渊明诗中向来不是一种点缀或陪衬，而是在情趣的戏剧中扮演极生动的角色，稍露面目，便见出作者的整个的人格。这分别的原因也在渊明有较深厚的人格的涵养，较丰富的精神生活。

渊明的心中有许多理想的境界。他所景仰的“遗烈”固然自成一境，任他“托契孤游”；他所描写的桃花源尤其是世外乐土。欧阳公尝说晋无文章，只有陶渊明的《归去来辞》。依我的愚见，《桃花源记》境界之高还在《归去来辞》之上。渊明对于农业素具信心，《劝农》、《怀古田舍》、《西田获早稻》诸诗已再三表明他的态度。《桃花源记》所写是一个理想的农业社会，无政府组织，甚至无诗书历志，只“有良田美池桑竹之属，阡陌交通，鸡犬相闻，其中往来种作，男女衣著，悉如外人，黄发垂髫，并怡然自乐”。这境界颇类似卢梭所称羡的“自然状况”。渊明身当乱世，眼见所谓典章制度徒足以扰民，而农业国家的命脉还是系于耕作，人生真正的乐趣也在桑麻闲话，樽酒消忧，所以寄怀于“桃花源”那样一个淳朴的乌托邦。

渊明未见得瞧得起莲社诸贤的“文字禅”，可是禅宗人物很少有比渊明更契于禅理的。渊明对于自然的默契，以及他的言语举止，处处都流露着禅机。比起他来，许多谈禅的人们都是神秀，而他却是惠能。姑举一例以见梗概。据晋书《隐逸传》：“他性不解音，而蓄素琴一张，弦徽不具。每朋酒之会，则抚而和之，曰：‘但识琴中趣，何劳弦上声’。”这故事所指示的，并不是一般人所谓“风雅”，而是极高智慧的超脱。他的胸中自有无限，所以不拘泥于一切迹象，在琴如此，在其他事物还是如此。昔人谓“不着一字，尽得风流”为诗的胜境，渊明不但在诗里，而且在生活里，处处表现出这个胜境，所以我认为他达到最高的禅境。慧远特别敬重他，不是没有缘由的。

总之，渊明在情感生活上经过极端的苦闷，达到极端的和谐肃穆。他的智慧与他的情感融成一片，酿成他的极丰富的精神生活。他的为人和他的诗一样，都很淳朴，却都不很简单，是一个大交响曲而不是一管一弦的清妙的声响。

三、他的人格与风格

渊明是怎样一个人，上文已略见梗概。有一个普通的误解我们须打消。自钟嵘推渊明为“隐逸诗人之宗”，一般人都着重渊明的隐逸一方面；自颜真卿做诗表白渊明眷恋晋室的心迹以后，一般人又看重渊明的忠贞一方面。渊明是隐士，却不是一般人所想象的孤高自赏、不食人间烟火气，象《红楼梦》里妙玉性格的那种隐士；渊明是忠臣，却也不是他自己所景仰的荆轲、张良那种忠臣。在隐与侠以外，渊明还有极实际极平常的一方面。这是一般人所忽视而本文所特别要表明的。隐与侠有时走极端，“不近人情”；渊明的特色是在处处都最近人情，胸襟尽管高超而却不唱高调。他仍保持着一个平常人的家常便饭的风格。法国小说家福楼拜认为人生理想在“和寻常市民一样过生活，和半神人一样用心思”，渊明算是达到了这个理想。他的高妙处我们不可仰攀，他的平常处我们却特别觉得亲切。他尽管是隐士，尽管有侠气，在大体上还是“我辈中人”。他很看重衣食以及经营衣食的劳作，不肯象一般隐者做了社会的消耗者，还在唱“不事家人生产”的高调。他一则说：“衣食终须纪，力耕不吾欺。”再则说：“人生归有道，衣食固其端；孰是都不营，而以求自安？”本着这个主张，他从幼到老，都以种田为恒业。他实实在在自己动手，不象一般隐士只是打“躬耕”的招牌。种田不能过活，他不惜出去做小官，他坦白地自供做官是“为饥所驱”，“倾身营一饱”，也不象一般求官者有治国平天下的大抱负。种田做官都不能过活，他索性便求邻乞食，以为施既是美德，受也就不是丑事。在《有会而作》那首诗里，他引《檀弓》里饿者不食嗟来之食以至于饿死的故事，深觉其不当，他说：“常善粥者心，深恨蒙袂非；嗟来何足吝？徒没空自遗。”在这些地方我们觉得渊明非常率真，也非常近人情。他并非不重视廉洁与操守，可是不象一般隐者矫情立异、沾沾自喜那样讲廉洁与操守。他只求行吾心之所安，适可而止，不过激，也不声张。他很有儒家的精神。

不过渊明最能使我们平常人契合的还是在他对人的热情。他对于平生故旧，我们在上文已经说过，每因“语默殊势”而有不同调之感，可是他觉得“故者无失其为故”，赠诗送行，仍依依不舍，殷殷属望，一片忠厚笃实之情溢于言表，两《答庞参军》、《示周祖谢》、《与晋殷安别》、《赠羊长史》诸诗最足见出他于朋友的厚道。在家人父子兄弟中，他尤其显得是一个富于热情的人。他的父亲早弃世，他在《命子》诗中有“瞻望弗及”之叹。他的母亲年老，据颜延之的诔文，他的出仕原为养母（“母老子幼，就养勤匮，远惟田生致亲之义，追悟毛子棒檄之怀”）。他出去没有多久，就回家省亲，从《阻风于规林》那两首诗看，他对于老母时常眷念，离家后致叹于“久游念所生”，回家时“计日望旧居”，到家后“一欣侍温颜”，语言虽简，情致却极深挚。弟敬远和程氏妹都是异母生的，程氏妹死了，渊明弃官到武昌替她料理后事，在祭妹文与祭弟文中，他追念早年共甘苦患难的情况，焦虑遗孤们将来的着落，句句话都从肺腑中来，渊明天性之厚从这两篇祭文、自祭文以及与子俨等疏最足以见出，这几篇都是绝妙文字，可惜它们的名声为诗所掩。

渊明在诗中表现最多的是对于子女的慈爱。“大欢惟稚子”，“弱女虽非男，慰情聊胜无”，“稚子戏我侧，学语未成音，此事真复乐，聊用忘华簪”，随便拈几个例子，就可以令人想象到渊明怎样了解而且享受家庭子女团聚的乐趣。如果对于儿童没有深厚的同情，或是自己没有保持住儿童的天真，都决说不出这样简单而深刻的话。渊明的长子初生时，他自述心事说：“厉夜生子，遽而求火，凡百有心，奚特于我？既见其生，实欲其可”，可见其属望之殷。他做了官，特别遣一个工人给儿子，写信告诉他说：“汝旦夕之费，自给为难，今遗此力，助汝薪水之劳。此亦人子也，可善遇之。”寥寥数语，既可以见出做父母的仔细，尤可见出人道主义者的深广的同情。“此亦人子也，可善遇之”，这是何等心肠！它与“落地成兄弟，何必骨肉亲”那两句诗都可以摆在释迦或耶稣的口里。谈到他的儿子，他们似不能副他的期望，他半诙谐半伤心地说：“天运苟如此，且进杯中物！”他临死时还向他们叮咛嘱咐：“汝辈稚小家贫，每役柴水之劳，何时可免，念之在心，若何可言！然汝等虽不同生，当思四海皆兄弟之义”，最后以兄弟同居同财的故事劝勉他们。杜甫为着渊明这样笃爱儿子，在《遣兴》诗里讥诮他说：“陶潜避俗翁，未必能达道。……有子贤与愚，何其挂怀抱？”其实工部开口便错，渊明所以异于一般隐士的正在不“避俗”，因为他不必避俗，所以真正地“达道”。所谓“不避俗”是说“不矫情”，本着人类所应有的至性深情去应世接物。渊明的伟大处就在他有至性深情，而且不怕坦白地把它表现出来。趁便我们也可略谈一般人所聚讼的《闲情赋》。昭明太子认为这篇是“白璧微瑕”，在这篇赋里渊明对于男女眷恋的情绪确是体会得细腻之极，给他的冲淡朴素的风格渲染了一点异样的鲜艳的色彩；但是也正在这一点上我们可以看出渊明是一个有血肉的人，富于人所应有的人情。

总之，渊明不是一个简单的人，这就是说，他的精神生活很丰富。他的《时运》诗序中最后一句话是“欣慨交心”，这句话可以总结他的精神生活。他有感慨，也有欣喜；惟其有感慨，那种欣喜是由冲突调和而彻悟人生世相的欣喜，不只是浅薄的嬉笑；惟其有欣喜，那种感慨有适当的调剂，不只是奋激佯狂，或是神经质的感伤。他对于人生悲喜剧两方面都能领悟。他的性格大体上很冲和平淡，但是也有它的刚毅果敢的一方面，从不肯束带见督邮、听莲社的议论攒眉而去、却退檀道济的礼物诸事可以想见。他的隐与侠都与这方面性格有关。他有时很放浪不拘形迹，做彭泽令“公田悉令吏种秫稻（酿酒用的谷）”；王宏叫匠人替他做鞋，请他量一量脚的大小，“他便于坐伸脚令度”；醉了酒，便语客：“我醉欲眠卿可去。”在这些地方他颇有刘伶、阮籍的气派。但是他不耻事家人生产，据宋书《隐逸传》：“他弱年薄宦，不洁去就之迹”，可能在桓玄下面做过宫；他孝父母，爱弟妹，爱邻里朋友尤其酷爱子女；他的大愿望是“亲戚共一处，子孙还相保”。他的高超的胸襟并不损于他的深广的同情；他的隐与侠也无害于他的平常人的面貌。

因为渊明近于人情，而且富于热情，我相信他的得力所在，儒多于道。陈寅恪先生把魏晋人物分名教与自然两派，以为渊明“既不尽同稽向之自然，更有异何曾之名教，且不主名教自然相同之说如山（涛）王（戎）辈之所为。盖其己身之创解乃一种新自然说”，“新自然说之要旨在委运任化”，并且引“立善常所欣，谁当为汝誉”两句诗证明渊明“非名教”。他的要旨在渊明是道非儒。我觉得这番话不但过于系统化，而且把渊明的人格看得太单纯，不免歪曲事实。渊明尚自然，宗老庄，这是事实；但是他也并不非名教，薄周孔，他一再引“先师遗训”（他的“先师”是孔子，不是老庄，更不是张道陵），自称“游好在六经”，自勉“养真衡门下，庶以善自名”，遗嘱要儿子孝友，深致慨于“如何绝世下，六籍无一亲”——这些都是铁一般的事实，却不是证明渊明“非名教”的事实。

我们解释了渊明的人格，就已经解释了他的诗，所以关于诗本身的话不必多说，他的诗正和他的人格一致，也不很单纯，我们姑择一点来说，就是它的风格。一般人公认渊明的诗平淡。陈后山嫌它“不文”，颇为说诗者所惊怪。其实杜工部早就有这样看法，他赞美“陶谢不枝梧”，却又说，“观其著诗篇，颇亦恨枯槁”。大约欢喜雕绘声色锻炼字句者，在陶诗中找不着雕绘锻炼的痕迹，总不免如黄山谷所说的“血气方刚时，读此如嚼枯木”。阅历较深，对陶诗咀嚼较勤的人们会觉得陶诗不但不枯，而且不尽平淡。苏东坡说它“质而实绮，癯而实腴”，刘后村说它“外枯而中膏，似淡而实美”，姜白石说它“散而庄，淡而腴”，释惠洪引东坡说，它“初视若散缓，熟视有奇趣”，都是对陶诗作深一层的看法。总合各家的评语来说，陶诗的特点在平、淡、枯、质，又在奇、美、腴、绮。这两组恰恰相反的性质如何能调和在一起呢？把他们调和在一起，正是陶诗的奇迹；正如他在性格方面把许多不同的性质调和在一起，是同样的奇迹。

把诗文风格分为平与奇、枯与腴、质与绮两种，其实根于一种错误的理论，仿佛说这两种之中有一个中和点（如磁铁的正负两极之中有一个不正不负的部分），没有到这一点就是平、枯、质；超过了这一点便是奇、腴、绮。诗文实在不能有这种分别，它有一种情感思想，表现于恰到好处的意象语言，这恰到好处便是“中”，有过或不及便是毛病。平、枯、淡固是“不文”，奇、腴、绮也还是失当，蓬首垢面与涂脂敷粉同样不能达到真正的美。大约诗文作者内外不能一致时，总想借脂粉掩饰，古今无须借脂粉掩饰者实在寥寥。这掩饰有时做过火，可以引起极强烈的反感，于是补偏救弊者不免走到蓬首垢面的另一极端，所以在事实上平、枯、质与奇、腴、绮这种的分别确是存在，而所指的却都是偏弊，不能算是诗文的胜境。陶诗的特色正在不平不奇、不枯不腴、不质不绮，因为它恰到好处，适得其中；也正因为这个缘故，它一眼看去，却是亦平亦奇、亦枯亦腴、亦质亦绮。这是艺术的最高境界。可以说是“化境”，渊明所以达到这个境界，因为象他做人一样，有最深厚的修养，又有最率真的表现。“真”字是渊明的唯一恰当的评语。“真”自然也还有等差，一个有智慧的人的“真”和一个头脑单纯的人的“真”并不可同日而语，这就是spontaneous与naive的分别。渊明的思想和情感都是蒸馏过、洗炼过的。所以在做人方面和在做诗方面，都做到简炼高妙四个字。工部说他“不枝梧”，这三个字却下得极有分寸，意思正是说他简炼高妙。

渊明在中国诗人中的地位是很崇高的。可以和他比拟的，前只有屈原，后只有杜甫。屈原比他更沉郁，杜甫比他更阔大多变化，但是都没有他那么醇，那么炼。屈原低徊往复，想安顿而终没有得到安顿，他的情绪、想象与风格都带着浪漫艺术的崎岖突兀的气象；渊明则如秋潭月影，澈底澄莹，具有古典艺术的和谐静穆。杜甫还不免有意雕绘声色，锻炼字句，时有斧凿痕迹，甚至有笨拙到不很妥贴的句子；渊明则全是自然本色，天衣无缝，到艺术极境而使人忘其为艺术。后来诗人苏东坡最爱陶，在性情与风趣上两人确有许多类似，但是苏爱逞巧智，缺乏洗炼，在陶公面前终是小巫见大巫。

思考与讨论：

1. 陶渊明为什么要弃官归隐？
2. 魏晋时代有什么被后人所称道的文人精神？
3. 在现代社会的环境下读陶渊明的诗文，你会有怎样的感受？

拓展阅读：

《中古文学史论集·关于陶渊明》，王瑶，上海古籍出版社，1982年。

《汉魏六朝文学论集》第二编，逯钦立，陕西人民出版社，1984年。

《陶渊明研究》，袁行霜，北京大学出版社，1997年。

唐诗（三首）

蜀道难

李白

噫吁戏[①]，危乎高哉！蜀道之难，难于上青天！蚕丛及鱼凫，开国何茫然。尔来四万八千岁，不与秦塞通人烟[②]。西当太白有鸟道[③]，可以横绝峨眉巅[④]。地崩山摧壮士死，然后天梯石栈相钩连[⑤]。上有六龙回日之高标，下有冲波逆折之回川[⑥]。黄鹤之飞尚不得过，猿猱欲度愁攀援[⑦]。青泥何盘盘，百步九折萦岩峦[⑧]。扪参历

---

① 噫吁(xū)戏(hū)：蜀地方言，惊叹声。
② 蚕丛、鱼凫(fú)：传说中古代的两个蜀王的名字。茫然：渺茫。这里指开国年代久远，事迹难考。尔来：从那以来。四万八千岁：极言年代之久。塞(sè)：险要的地方。
③ 太白：太白山，又名太乙山，在今陕西郿县、太白县一带。因太白山在长安之西，故称“西当太白”。鸟道：只有鸟能飞过的小路。形容山路极其陡窄。
④ 横绝：横渡。峨眉：峨眉山，在今四川省峨眉县西南。
⑤ 地崩山摧壮士死：相传秦惠王许嫁五个美女给蜀王，蜀王派了五个力士去迎娶。回到梓潼，见一条大蛇钻入穴中。五个力士抓住蛇尾向外拉，结果山被拉塌，五个力士及五个美女均被压死，山也分为五岭。石栈，即栈道。
⑥ 六龙回日：传说羲和每天驾着六龙拉着太阳座车运行，走到蜀地，也为高标所阻，只好把车子倒转回去。高标：指蜀山中可作一方标识的最高峰。逆折：水流回旋。回川：有旋涡的河流、流水。
⑦ 猱(náo)：一名狨，蜀地深山中最善攀援的猿猴。
⑧ 青泥：青泥岭，在今甘肃省徽县东南，是甘、陕入蜀要道。以岭高多云雨泥泞路滑得名。盘盘：曲折貌。九折：极言转折之多。

田夫荷锄至，相见语依依

井仰胁息，以手抚膺坐长叹[①]。问君西游何时还，畏途巉岩不可攀[②]。但见悲鸟号古木[③]，雄飞雌从绕林间，又闻子规啼夜月[④]，愁空山。蜀道之难，难于上青天！使人听此凋朱颜[⑤]。连峰去天不盈尺，枯松倒挂倚绝壁。飞湍瀑流争喧豗[⑥]，砯压转石万壑雷[⑦]。其险也如此，嗟尔远道之人胡为乎来哉[⑧]！剑阁峥嵘而崔嵬[⑨]，一夫当关，万夫莫开。所守或匪亲[⑩]，化为狼与豺。朝避猛虎，夕避长蛇。磨牙吮血，杀人如麻[⑪]。锦城虽云乐[⑫]，不如早还家。蜀道之难，难于上青天！侧身西望长咨嗟[⑬]。

渭川田家

王 维

斜光照墟落[⑭]，穷巷牛羊归[⑮]。野老念牧童[⑯]，倚杖候荆扉[⑰]。
雉雊麦苗秀[⑱]，蚕眠桑叶稀[⑲]。田夫荷锄至[⑳]，相见语依依[㉑]。
即此羡闲逸[㉒]，怅然吟式微[㉓]。

---

① 参(shēn)井：星宿名。“参”是蜀的分野，“井”是秦的分野(古人认为地上某些地区与天上某些星宿相应，叫分野)。胁息：屏息，不敢出气。膺(yīng)：胸。
② 巉(chán)岩：高峻的山峰。
③ 号(háo)：大声啼叫。
④ 子规：即杜鹃鸟，蜀地最多，鸣声悲切，从夜叫到天明，好像在说“不如归去”。
⑤ 凋朱颜：指容貌为之憔悴。一说变貌失色。
⑥ 喧豗(huī)：水流相冲击的轰响声。
⑦ 砯(pēng)：水撞石的声音。
⑧ 胡为：为什么。
⑨ 剑阁：在今四川省剑阁县北，指大小剑山之间的一条栈道，又名剑门关。峥嵘、崔嵬(wéi)：形容山势高峻的样子。
⑩ 或：假如。匪：通“非”。
⑪ 吮(shǔn)：用口吸。
⑫ 锦城：即锦官城，今四川省成都市。
⑬ 咨(zī)嗟：叹息。
⑭ 斜光：指夕阳。一本作“阳光”。墟落：村落。
⑮ 穷巷：偏僻的里巷。
⑯ 野老：农村的老人。
⑰ 倚杖：拄着拐杖。荆扉：柴门。
⑱ 雉雊(gòu)：野鸡叫。秀：麦子吐花。
⑲ 蚕眠：蚕蜕皮时，不吃不动，像睡眠一样。
⑳ 田夫：农民。荷(hè)：扛着。
㉑ 语：谈论。依依：依恋不舍的样子。
㉒ 羡：羡慕。闲逸：农村安闲自在的生活。
㉓ 怅然：惆怅失意的样子。式微：《诗经·邶风·式微》：“式微，式微，胡不归。”这里用其“胡不归”之意，表示作者欲归隐田园的心情。

走马川行奉送出师西征

岑参

君不见走马川，雪海边[①]，平沙莽莽黄入天[②]。轮台九月风夜吼[③]，一川碎石大如斗，随风满地石乱走[④]。匈奴草黄马正肥[⑤]，金山西见烟尘飞[⑥]，汉家大将西出师[⑦]。将军金甲夜不脱[⑧]，半夜军行戈相拨[⑨]，风头如刀面如割。马毛带雪汗气蒸[⑩]，五花连钱旋作冰[⑪]，幕中草檄砚水凝[⑫]。虏骑闻之应胆慑[⑬]，料知短兵不敢接[⑭]，车师西门伫献捷[⑮]。

---

① “君不见”二句：原作“君不见走马川行雪海边”，“行”字当是衍文。全诗逐句用韵，三句一转，这里的“川”、“边”、“天”为韵，与全文用韵例完全相合。雪海：泛指西北苦寒之地。

② 黄入天：一片黄色，一直弥漫延伸到天边。

③ 轮台：今新疆维吾尔自治区轮台县，当时属庭州，隶属北庭都护府，置有静塞军。

④ 走：滚动。

⑤ 匈奴：汉朝对北方少数民族的统称，这里借指播仙部族。草黄马正肥：游牧民族作战以骑兵为主，秋天草盛马肥，正是他们进行掠夺战争的有利时机。

⑥ 金山：即阿尔泰山，这里泛指塞外山脉。烟尘飞：这里指战争已经发生。

⑦ 汉家大将：指封常清。唐代诗人常常借汉指唐。

⑧ 金甲：金属制的铠甲。

⑨ 戈相拨：武器互相碰撞。戈，古代兵器的一种。

⑩ 蒸：蒸腾。

⑪ 五花连钱：指名贵的马。五花，是指将鬃毛剪成五瓣花纹的马。连钱，良马名，是连钱骢的简称。一说，五花和连钱，都是指斑驳的毛色。旋作冰：马身上的汗和雪随即就结成了冰。旋，立刻。

⑫ 草檄：起草声讨敌人的文书。

⑬ 虏骑：指播仙部族的敌军。慑(shè)：害怕。

⑭ 短兵：指刀、剑一类的短兵器。接：交锋。

⑮ 车师：唐代安西都护府所在地，今新疆维吾尔自治区吐鲁番县。伫：等候。献捷：报捷。

盛唐气象（节选）

林　庚

盛唐是中国古典诗歌的全盛时期，这全盛并不是由于量多，而是由于质高。当然盛唐比起初唐来，诗的数量是较多的，但是比起中晚唐来，它却是较少的。《全唐诗》所收诗的比例，除五代及生平不明的作家（这些人一般的作品也都很少）外，初唐诗人约为二七〇人，作品约二七五七首；盛唐诗人约为二七四人，作品约六三四一首；中唐诗人约为五七八人；作品约一九〇二〇首；晚唐诗人约为四四一人，作品约一四七四四首。按照这个数字，如果画成曲线，中唐显然在人数和作品数量上都是高峰，然而我们却说盛唐时代是唐诗的最高峰，这里正是就质量而言。

盛唐时代前后约半世纪，初唐时代则前后约一世纪。从发展上看，盛唐时代的诗坛盛况对于初唐说乃是加速飞跃的；而中唐的八十年，虽然数量增多了，在某些方面，并且也取得了新的成就，但从发展上看却是在减速中，是在深入与浅出难以统一的过程中。这样，到了晚唐便自然地更为无力了。如果事物发展速度可以说明它本质的一面，那么盛唐时代的诗歌发展就正是处于最蓬勃健旺的时刻。

……

四、盛唐气象是一个具有时代性格的艺术形象

什么叫做盛唐气象呢？或者先说什么叫做气象呢？唐皎然《诗式》说，

气象氤氲，由深于体势。

而其《明势篇》又说：

高手述作，如登荆巫，觌三湘、鄢、郢之盛，萦回盘礴，千变万态。或极天高峙，崒焉不群，气盛势飞，合沓相属，或修江耿耿，万里无波，欲出高深重复之状。古今逸格，皆造其极。

“明势”就是阐明体势的，所谓“气盛势飞”也就是气象与体势的关系。而“高手述作，如登荆巫，觌三湘，鄢，郢之盛，萦回盘礴，千变万态”，正是盛唐气象的概念了。皎然与殷璠约为同时人，所谓“气象氤氲”的概念正是在盛唐诗歌的基础上形成的，而后人向往于盛唐也就是向往于这个气象。姜夔在《白石道人诗说》里说：

气象欲其浑厚，其失也俗；体面欲其宏大，其失也狂。

这里所说的“体面”约同于《诗式》所说的“体势”，所谓“其失也狂”也正可以说明所谓“宏大”乃是“气盛势飞”的，所以其“失”才会“狂”。而这里所说的“气象欲其浑厚”也就是《诗式》的“气象氤氲”，因其是“浑厚氤氲”的，所以似浅而实深，似俗而实高。《沧浪诗话》说：“盛唐人有似粗而非粗处，似拙而非拙处”，若竟是粗拙便是俗了；这正是盛唐诗歌“深入浅出”的造诣。使得三言两语就抵得无尽的言说，这也就是“氤氲”与“浑厚”了。因此《诗式》中序说：

至如天真挺拔之句，与造化争衡，可以意会，难以言状。

《白石道人诗说》则引东坡的话：

言有尽而意无穷，天下之至言也。

他们都强调诗歌的最高造诣就是丰富到不可尽说，完整到天真自然。而我们今天应当进一步的了解，能达到这样造诣，固然有待于诗歌的艺术修养，而更主要的还是诗歌的生活内容。没有丰富而深厚的生活内容，艺术修养也是无法提高的。而盛唐诗歌中普遍存在的“浑厚”“氤氲”的气象，证明它不单是属于某一个诗人的，而

乃是整个时代精神面貌的反映。

蓬勃的朝气，青春的旋律，这就是“盛唐气象”与“盛唐之音”的本质。朱彝尊的《静志居诗话》里所以引有这样的一段话：

唐诗色泽鲜妍，如旦晚脱笔砚者；今诗才脱笔砚，已是陈言。

这一个富于创造性的解放的时代，它孕育了鲜明的性格，解放了诗人的个性，使得那些诗篇永远是生气勃勃的，如旦晚才脱笔砚那么新鲜，它丰富到只能用一片气象来说明。当然“气象”二字是一个更为抽象的概念，不象风骨本身那么具体，然而“盛唐气象”却与“建安风骨”同样是具体的，它是古代诗歌中理想的艺术形象。它之所以用了一个比风骨更为抽象的概念，正因其内涵的更为丰富，而当这个抽象的概念得到了具体的说明，它就具有更为广泛的典型意义。这就是“盛唐气象”所以在“建安风骨”之后成为古代诗人们普遍向往的造诣。

五、《沧浪诗话》论盛唐气象

论“盛唐气象”最集中的，莫过于严羽的《沧浪诗话》。这一部批评名著，其中心命题就是高倡“盛唐气象”。

《沧浪诗话》的见解事实上也是继承了“建安风骨”到“盛唐气象”这一传统的认识，集中了自《诗品》以至《诗式》各家的见解，而最后得出了结论：

推原汉魏以来，而截然谓当以盛唐为法。虽获罪于世之君子不辞也。

他说：

论诗如论禅，汉魏晋与盛唐之诗则第一义也。

这里所谓汉、魏、晋也就是指的建安风骨，他说：

黄初之后，惟阮籍《咏怀》之作极为高古，有建安风骨。

又说：

晋人舍陶渊明、阮嗣宗外，惟左太冲高出一时。

而钟嵘《诗品》论陶渊明则说他·“兼协左思风力”（钟嵘称“建安风力”与“建安

风骨”实为一义）。《沧浪诗话》之所以在传统的“汉魏风骨”的概念中又加上了晋，也就是认为阮籍、左思、陶渊明是具有建安风骨的。这一优良的传统，到了盛唐乃发展得更为理想更为丰富，所以说：“盛唐人诗，无不可观者”，“推原汉魏以来，而截然谓当以盛唐为法”。

《沧浪诗话》说：“诗之法有五：曰体制、曰格力、曰气象、曰兴趣、曰音节。”这里分开来说则为五，合起来说则都可以说是气象，如曰：

《西清诗话》载晁文元家所藏陶诗，有《问来使》一篇云：“尔从山中来，早晚发天目。我屋南山下，今生几丛菊？蔷薇叶已抽，秋兰气当馥。归去来山中，山中酒应熟。”余谓此篇诚佳，然其体制气象，与渊明不类，得非太白逸诗，后人谩取以入陶集耶？

曰“体制气象”则正如《诗式》所云：“气象氤氲由深于体势。”二者乃是密切相关的。而《沧浪诗话》之论诗体则有“建安体”、“正始体”、“盛唐体”、“晚唐体”、“少陵体”、“太白体”等，则所谓“体制”，这里正是时代或作家的风格。至于“音节”，则《沧浪诗话》说：

下字贵响，造语贵圆。

孟浩然之诗，讽咏之久，有金石宫商之声。

则所谓“音节”也正如《河岳英灵集》所说：“开元十五年后，声律风骨始备矣。”所指绝非仅在于平上去入，双声叠韵的追求而已。（《河岳英灵集》对于专意追求这些的人，认为是“攻异端、妄穿凿”“虽满箧笥，何以用之！”）而《白石道人诗说》说：“一家之语，自有一家之风味，如乐之二十四调，各有韵声。”风味也就是风格，而比之“声”“调”，这一传统用法盖早源于《典论论文》，则《沧浪诗话》的“音节”也仍指的是形象风格。我们无妨说《沧浪诗话》所举的五项之中，“体制”，“音节”是比较外在的部分，而“格力”、“气象”、“兴趣”则是其中心环节。《诗式》鄴中集一节论代表建安风骨的曹植、刘桢时说：

语与兴驱，势逐情起。不由作意，气格自高。

这里的“兴”“情”，也即《沧浪诗话》的“兴趣”，这里的“气格”，也即《沧浪诗话》的“格力”。它们与“风骨”、“气象”本质上实为一物。所以《沧浪诗话》说：

诗者，吟咏情性也，盛唐诸人，惟在兴趣。

而用之以全面概括诗人风格造诣的，于《沧浪诗话》中则是“气象”，如曰：

唐人与本朝诗，未论工拙，直是气象不同。

所谓：

大历以前分明别是一副言语，晚唐分明别是一副言语，本朝诸公分明别是一副言语。

又如说：

“迎旦东风骑蹇驴”绝句，决非盛唐人气象。

这里更突出的是《沧浪诗话》不但用“气象”来说明盛唐诗歌，而且也用“气象”来说明汉、魏、建安或其他时代的诗作，则“气象”乃是最具有概括性的了。如曰：

汉魏古诗，气象混沌，难以句摘。

又说：

建安之作，全在气象，不可寻枝摘叶。

虽谢康乐拟鄴中诸子之诗，亦气象不同。

然则建安风骨也正是一种气象。而《沧浪诗话》的《答出继叔临安吴景仙书》又说：

盛唐诸公之诗，如颜鲁公书，既笔力雄壮，又气象浑厚。

然则气象最高的标准就要达于浑厚，这也是《诗式》、《诗说》所共同的，《诗式》说：

要气足而不怒张。

《诗说》说：

体面欲其宏大，其失也狂；血脉欲其贯穿也，其失也露。

《答出继叔临安吴景仙书》论对于“盛唐之诗”的按语时说：

于诗则用“健”字不得，不若诗辩“雄浑”、“悲壮”之语，为得诗之体也。毫厘之差，不可不辨。坡、谷诸公之诗，如米元章之字，虽笔力劲健，終有子路未事夫子时气象。……只此一字，便见我叔脚根未点地处。

“雄浑”、“悲壮”是《沧浪诗话》中所谓“诗有九品”之中的二品，这“品”也即风格的意思，而这里又说“得诗之体”，可见体实兼有风格之意，而风格的中心则归之于气象，气象的标准则要达于浑厚。盛唐气象既是气象的最高理想，所以“用健字不得”，因为“健”字有“怒张”、“狂”、“露”的倾向，所以说“终有子路未事夫子时气象”，唐司空图《二十四诗品》第一篇就是“雄浑”，所谓：

反虚入浑，积健为雄，具备万物，横绝太空。

古人以为“健”要累积起来才够得上“雄”，则“健”的概念还是不够深厚的，而“盛唐气象”之所以是“浑厚”、“雄浑”，正因其是“具备万物，横绝太空”，这就是“盛唐气象”的本质。

《沧浪诗话》说：“汉魏古诗，气象混沌，难以句摘”，那么与“盛唐气象”的“浑厚”又有什么区别呢？这就还要从它另一个论诗的角度来理解，那就是《沧浪诗话》论“悟”的地方。“悟”原是禅宗的说法，有“渐悟”，“顿悟”之分。《沧浪诗话》实是借其“顿悟”的说法来说诗。所谓：

谓之直截根源，谓之顿门，谓之单刀直入也。

《沧浪诗话》借用了这个“悟”字说诗，吴景仙曾表示反对，所以《答出继叔临安吴景仙书》说：“我叔谓说禅非文人儒者之言。本意但欲说得诗透彻，初无意于为文，其合文人儒者之言与否，不问也。”那么《沧浪诗话》所说的“悟”到底是什么呢？其实就是对于形象的捕逐。韩愈诗：“我愿生两翅，捕逐出八荒。精诚忽交感，百怪入我肠。”诗人们凭着丰富的想象翅膀在广阔的空间中飞翔，捕逐他要塑造的形象；这正是所谓“文章本天成，妙手偶得之”了，所以《沧浪诗话》说：

且孟襄阳学力下韩退之远甚，而其诗独出退之之上者，一味妙悟而已。

“悟”既是“捕逐”，“妙悟”也就是“妙手偶得之”。而形象乃是最直接的感受，这也就是“直截根源”、“单刀直入”，这个意见也是本于锺嵘《诗品》的说法。《诗品》说：

至于吟咏情性，亦何贵于用事：“思君如流水”，既是即目；“高台多悲风”，亦惟所见；“清晨登陇首”，羌无故实；“明月照积雪”，讵出经史？观古今胜语，多非补假，皆由直寻。

《诗品》这里所说的“直寻”，也就是要捕逐“高台多悲风”、“明月照积雪”这么鲜明直接的形象。而《沧浪诗话》又有与《诗品》如出一辙的大段论述。他说：

诗者吟咏情性也，盛唐诸公……言有尽而意无穷。近代诸公乃作奇特解会。遂以文字为诗，以才学为诗，以议论为诗，夫岂不工，终非古人之诗也。盖于一唱三叹之音，有所歉焉！且其作务多使事，不问兴致。用字必有来历，押韵必有出处。读之反复终篇，不知着到何处！

《诗品》的“羌无故实”、“讵出经史”“皆由直寻”，正是《沧浪诗话》的“一味妙悟”、“直截根源”，“单刀直入”。《诗品》反对的“补假”，也就是《沧浪诗话》所反对的“以文字为诗”，“以才学为诗”。至于“以议论为诗”，又见于他所说的：

夫诗有别裁，非关书也；诗有别趣，非关理也。然非多读书，多穷理，则不能极其至。所谓不涉理路，不落言筌者，上也。

他以为诗人要有高度的艺术成就则需要平时多读书，多穷理，然而到了写诗时，却又要“不涉理路，不落言筌”，正因为诗所要捕逐的乃是最直接的形象，而这个形象应当自然含有平时所“读”的“书”、所“穷”的“理”在内，所以说“唐人尚意兴，而理在其中”。而这个“意兴”，到了汉魏则是：

汉魏之诗，词理意兴，无迹可求。汉魏古诗，气象混沌，难以句摘。

我们若再证之以《沧浪诗话》的另一段话：

惟悟乃为当行，乃为本色。然悟有深浅，有分限，有透彻之悟，有但得一知半解之悟，汉魏尚矣，不假悟也……盛唐诸公透彻之悟也。他虽有悟，皆非第一义也。

盛唐诗人，惟在兴趣。羚羊挂角，无迹可求。故其妙处，透彻玲珑，不可凑泊。

总结上面的话就是说，汉魏是：“气象混沌”，“不假悟也”，“词理意兴，无迹可求”。盛唐是：“气象浑厚”，“透彻之悟”，“尚意兴而理在其中”，“惟在兴趣……玲珑透彻”。如果“悟”是对于形象的捕逐，那么，汉魏就是还不曾有意去捕逐，而是听其自来的，所以说“不假悟也”；盛唐则是认识到捕逐而且达于深入浅出的造诣，所以是“透彻之悟”。汉魏既然还没有致力去捕逐形象，所以形象是淳朴的，又是完整的，因此“难以句摘”；如同还没有开采的矿山，这也就是“气象混沌”。而盛唐则由于致力捕逐而获得最直接鲜明的形象，它好像是已经展开来真金美玉的矿藏，美不胜收的放出异样的光彩，这就不能说是混沌，只能说是浑厚了。然则《沧浪诗话》所说的“悟”就是形象的捕逐。所说的“意兴”或“兴趣”就是“想象”的飞翔。所说的“透彻”就是深入浅出直接了当；所以他说：“诗贵透彻，不可隔靴搔痒。”所说的“气象”就是风格形象。而所谓的“浑厚”则在于说明这个风格形象的蓬勃饱满，这也就是盛唐时代精神面貌的反映。

六、盛唐气象的艺术特征

盛唐气象正是凭借着生活中丰富的想象力，结合着自建安以来诗歌在思想上与艺术上成熟的发展，飞翔在广阔的朝气蓬勃的开朗的空间，而塑造出那个时代性格的鲜明的形象。那么这个形象的艺术特征，就不可能离开那个时代而存在，它的艺术特征与时代特征因此是不可分割的。

盛唐气象最突出的特点就是朝气蓬勃，如旦晚才脱笔砚的新鲜，这也就是盛唐时代的性格。它是思想感情，也是艺术形象，在这里思想性与艺术性获得了高度的统一，我们如果以为只有揭露黑暗才是有思想性的作品，这说法是不全面的，我们只能说属于人民的作品是有思想性的作品，而人民不一定总是描述黑暗的。以艺术的重要渊泉民歌为例，绝大多数的民歌是歌唱爱情的，以《国风》而论，像《硕鼠》一类的篇章究竟是占少数的。人民要求幸福的生活，当然就形成与黑暗面敌对的力量，这里为什么没有思想性呢？它的思想性就因为它是属于人民的。有人又以为唐诗中的积极浪漫主义精神是不满足于现状的，因此它必然是在揭露黑暗，这说法也是不合逻辑的；不满足于现状固然可以是揭露黑暗的，但也可以是追求理想的，而积极浪漫主义精神一般的理解，特别是表现在中国古典诗歌中，往往正是属于后者；屈原的《九歌》不用说，没有具体揭露什么黑暗面，就是屈原最有代表性的《离骚》，给我们最深刻的印象也是强烈的追求理想追求光明的性格形象，很少具体黑暗面的描述。当然追求光明就会与黑暗面形成敌对，这原是矛盾的两面；可是作者究竟是带着更多黑暗的重压，还是带着更多光明的展望来歌唱，这在形象上是有所不同的，这里事实上正是一个时代精神面貌的反映，当现实中光明的力量被压抑而黑暗势力横行的时候，揭露黑暗就成为主要的手法；当光明的力量得到发展，而黑暗势力不得不退让的时候，热情的追求理想就成为最直接的歌唱。屈原的时代正是先秦迅速发展的时代，也是中国古代经济，政治，文化，各方面跃进得最澎湃的时代，屈原作品中华采缤纷的形象正是这一时代的写照；这与他具有积极的浪漫主义精神，以及浪漫主义的创作方法乃是一致的。而李白出现在盛唐时代的高潮中，其情形也正复相似。李白《古风》中少数揭露黑暗的诗篇，只是李白诗歌成就的一方面，而李白诗歌上主要的成就，李白在诗歌史上典型的形象，却是他的“斗酒诗百篇”的那些豪迈的乐府篇章，这里追求理想乃是它的主要方面。李白之所以被目为是具有积极浪漫主义精神的诗人，李白诗歌之表现为采取了浪漫主义的创作方法，主要也表现在这方面的作品上，而不是他那较少的《古风》中。李白是盛唐时代最典型的诗人，整个盛唐气象正是歌唱了人民所喜爱的正面的东西，这里反映了这时代中人民力量的高涨，这也就是盛唐气象所具有的时代性格特征；它是属于人民的，它是人民所喜爱的，它是与黑暗力量、保守势力相敌对的，这就是它的思想性。

盛唐时代是一个统一的时代，是一个和平生活繁荣发展的时代，它不同于战国时代生活中那么多的惊险变化。因此在性格上也就更为平易开朗。《楚辞》比起《国风》来要复杂得多，曲折得多，而唐诗则反而与《国风》更为接近；这一个深入浅出而气象蓬勃的风格，正是盛唐诗歌所独有的。王维的《少年行》；

新丰美酒斗十千，咸阳游侠多少年。相逢意气为君饮，系马高楼垂柳边。

高适的《营州歌》：

营州少年厌原野，狐裘蒙茸猎城下；虏酒千锺不醉人，胡儿十岁能骑马。

李白的《望天门山》：

天门中断楚江开，碧水东流直北迴，两岸青山相对出，孤帆一片日边来。

以及他的《庐山谣》：

庐山秀出南斗傍，屏风九叠云锦张，……登高壮观天地间，大江茫茫去不还，黄云万里动风色，白波九道流雪山。

一种青春的旋律，无限的展望，就是盛唐诗歌普遍的特征。他的《横江词》：

人道横江好，侬道横江恶；一风三日吹倒山，白浪高于瓦官阁。

在风浪的险恶中，却写出了如此壮观的局面，这与《蜀道难》的惊心动魄，乃同为时代雄伟的歌声。而这一首民歌似的短诗，它究竟是说"横江恶"还是在更深入的礼赞"横江好"呢？这就是现实生活中丰富的歌唱。在现实生活中矛盾是不可能没有的，然而那压倒一切的辉煌的形象，它说明了一个经得起风浪的时代性格的成长。李白的诗歌因此是盛唐气象的典型。这一时代性格事实上无往而不存在。杜甫的《后出塞》：

朝进东门营，暮上河阳桥；落日照大旗，马鸣风萧萧。平沙列万幕，步伍各见招；中天悬明月，令严夜寂寥。悲笳数声动，壮士惨不骄；借问大将谁，恐是霍嫖姚。

这真是"雄浑悲壮"的诗篇了，在中国古典诗歌中它只能是属于盛唐的。而王昌龄的《塞下曲》：

饮马渡河水，水寒风似刀；平沙日未暮，黯黯见临洮。昔日长城战，咸言意气豪，黄尘足今古，白骨乱蓬蒿。

其深厚、朗爽、典型、形象，正是最饱满有力的歌声，至如李白的《将进酒》：

黄河之水天上来，奔流到海不复回。……五花马，千金裘，呼儿将出换美酒，与尔同销万古愁！

如果单从字面上看，那么已经是"万古愁"了，感情还不沉重吗？然而正是这"万古愁"才够得上盛唐气象，才能说明它与"前不见古人，后不见来者。念天地之悠悠，独怆然而涕下"的气象可以匹敌，有着联系；才能说明盛唐的诗歌高潮比陈子昂的时代更为气象万千。然而我们如果以为"白发三千丈"，"同销万古愁"仅仅是由于说愁之多，愁之长，也还是停留在字面之上，更深入的理解是这个形象的充沛饱满，这才是盛唐气象真正的造诣。李后主《虞美人》：

问君能有几多愁，恰似一江春水向东流。

也是说愁多、愁长，也是形象的名句；然而这个形象绝不是盛唐气象；它说愁多、愁长，却说得那么可怜相；它的“一江春水向东流”与“黄河之水天上来”，在形象上简直是无法比拟的全然不同的性格。难道长江不比黄河更大些吗？难道一定要用“长江”“大河”才能构成“盛唐气象”吗？王昌龄《芙蓉楼送辛渐》：

寒雨连江夜入吴，平明送客楚山孤，洛阳亲友如相问，一片冰心在玉壶。

这也是典型的盛唐气象。盛唐气象是饱满的、蓬勃的，正因其在生活的每个角落都是充沛的；它夸大到“白发三千丈”时不觉得夸大，它细小到“一片冰心在玉壶”时不觉得细小；正如一朵小小的蒲公英，也耀眼地说明了整个春天的世界。它玲珑透彻而仍然浑厚，千愁万绪而仍然开朗；这是植根于饱满的生活热情、新鲜的事物的敏感，与时代的发展中人民力量的解放而成长的，它带来的如太阳一般的丰富而健康的美学上的造诣，这就是历代向往的属于人民的盛唐气象。

盛唐气象是一个时代的性格形象，是盛唐诗歌普遍的基调。然而这并不妨碍盛唐个别诗篇不同于这个气象或基调，也不妨碍盛唐之后的诗篇中偶然出现这个气象。如刘方平也是曾生活于盛唐时代的人，但是他的诗《月夜》：

更深月色半人家，北斗阑干南斗斜，今夜偏知春气暖，虫声新透绿窗纱。

又《春怨》：

纱窗日落渐黄昏，金屋无人见泪痕；寂寞空庭春欲晚，梨花满地不开门。

都宛然是中晚唐的气象了。而大历时期的诗人卢纶，他的《塞下曲》：

林暗草惊风，将军夜引弓；平明寻白羽，没在石棱中。

月黑雁飞高，单于夜遁逃；欲将轻骑逐，大雪满弓刀。

则依然是盛唐气象。所以《沧浪诗话》说：“大历之诗高者尚不失盛唐，下者渐入晚唐矣。”又说“盛唐人诗亦有一二滥觞晚唐者，晚唐人诗亦有一二可入盛唐者，要当论其大概耳。”因为这既然是一个时代的性格，当然只能论其大概了。盛唐气象因此又是一个诗歌时代总的成就，无数优秀的诗人们都为这一气象凭添了春色。它也是中国古典诗歌造诣的理想，因为它鲜明、开朗、深入浅出；那形象的飞动，想象的丰富，情绪的饱满，使得思想性与艺术性在这里统一为丰富无尽的言说。这也就是传统上誉为“浑厚”的盛唐气象的风格。

历史上不知有多少诗人们在追求着向往着这个盛唐气象，然而这到底是一个时代的产物和反映；盛唐以后，宋、元、明、清各代，中国长期的陷在封建社会没落阶段的泥淖中，这一个如日之方中的美好的成就，也就成为千百年来古典诗歌中可望而不可及的赞叹。

结 语

今天我们来说盛唐气象，它是作为诗歌史上的现象来理解的，也是作为文学遗产中丰富的宝藏而接受的。我们今天正欢欣鼓舞的进入了一个完全属于人民的更为豪迈的时代，当我们回顾祖国诗歌史上曾经有过如此辉煌的时代，我们是含着微笑的；让古典诗歌优秀的成就，丰富我们今天的创作，鼓舞我们塑造出自己时代的更为辉煌的性格形象。

1958年1月27日

思考与讨论：

1. 你还能背出其他的唐诗吗？
2. 说说本节所选三首唐诗的不同特点。
3. 何谓“盛唐气象”？

拓展阅读：

《诗国高潮与盛唐文化》，葛晓音，北京大学出版社，1998年。

《盛唐诗》，宇文所安，三联书店，2004年。

宋词（二首）

水调歌头

苏 轼

丙辰中秋[①]，欢饮达旦大醉[②]，作此篇兼怀子由[③]

明月几时有？把酒问青天[④]。不知天上宫阙[⑤]，今夕是何年？我欲乘风归去，又恐琼楼玉宇[⑥]，高处不胜寒。起舞弄清影[⑦]，何似在人间？

转朱阁[⑧]，低绮户[⑨]，照无眠[⑩]。不应有恨，何事长向别时圆[⑪]？人有悲欢离合，月有阴晴圆缺，此事古难全。但愿人长久，千里共婵娟[⑫]。

---

① 丙辰：神宗熙宁九年(1076)。
② 旦：早晨。
③ 子由：苏轼之弟苏辙，字子由。
④ 把酒：举酒。
⑤ 天上宫阙：指传说的月中宫殿。
⑥ 琼楼玉宇：形容宫殿的富丽堂皇。
⑦ “起舞”句：起舞时清影随人。
⑧ 朱阁，华丽的楼阁。朱，红色。
⑨ 低绮户：月光低低地照进雕饰华丽的门窗。
⑩ 照无眠：月光照着不能安眠的人。
⑪ “何事”句：月亮为什么偏偏在人们离别的时候圆了呢？长向，一作“偏向”。何事，为什么。
⑫ 婵娟：美好的样子。此处指月色。

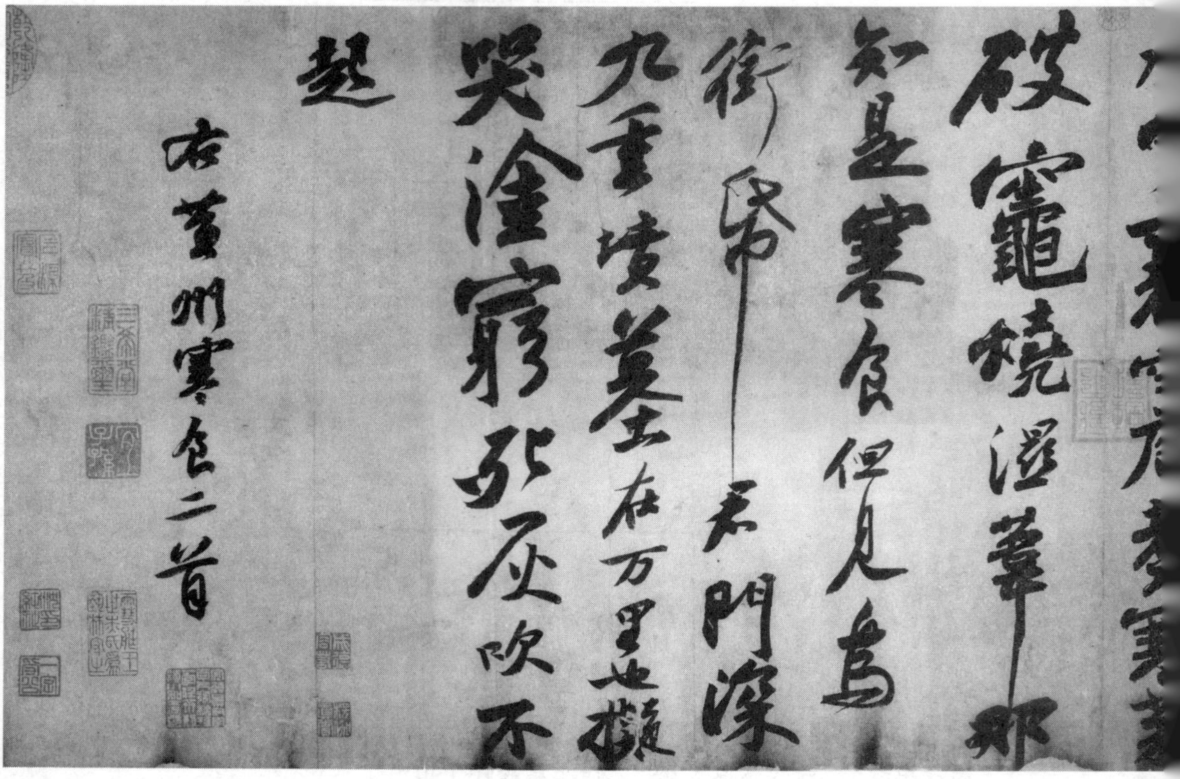

(宋)苏轼·寒食帖

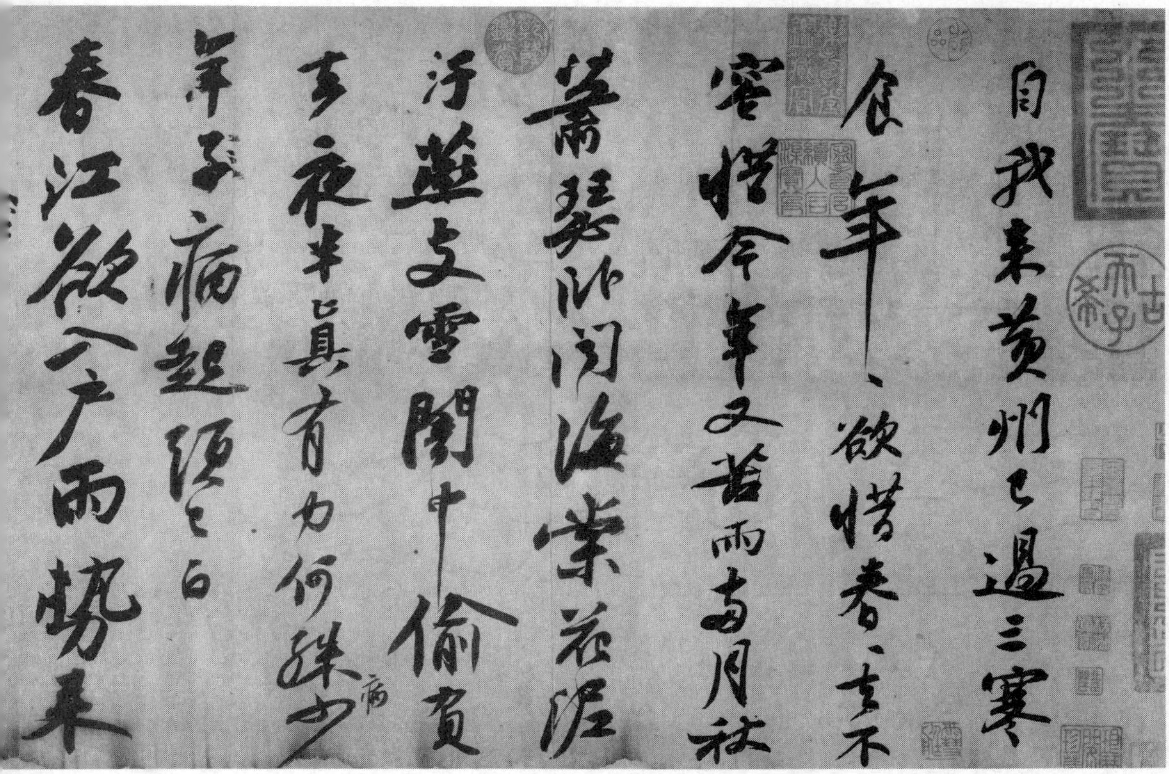

玉蝴蝶

柳永

望处雨收云断[①]，凭阑悄悄，目送秋光。晚景萧疏，堪动宋玉悲凉[②]。水风轻、蘋花渐老[③]，月露冷、梧叶飘黄。遣情伤[④]，故人何在？烟水茫茫。

难忘，文期酒会[⑤]，几孤风月[⑥]，屡变星霜[⑦]。海阔山遥，未知何处是潇湘[⑧]？念双燕、难凭音信，指暮天、空识归航。黯相望，断鸿声里，立尽斜阳。

---

① 雨收云断：雨住天晴。断：止。
② 宋玉悲凉：宋玉《九辩》中有“悲哉秋之为气也”，表达了他对秋天肃杀之气的悲伤情绪。
③ 蘋花：白蘋，一种较大的开小白花的浮萍。这里暗喻作者对漂泊无定的生活及时光易逝的感慨。
④ 遣：使。
⑤ 文期：与朋友约定吟诗作文的日期。
⑥ 几孤：几度辜负。孤：同“辜”，辜负。风月：指良辰美景。
⑦ 星霜屡变：几年过去了。星霜：岁星(木星)一年一周天，霜每年而降，因称一年为一星霜。
⑧ 潇湘：潇水和湘水的合称。后泛指所思恋的地方。这里虚指故友所居之地。

《词选》序

胡 适

《词选》的工作起于三年之前，中间时有间断，然此书费去的时间却已不少。我本想还搁一两年，等我的见解更老到一点，方才出版。但今年匆匆出国，归国之期遥遥不可预定，有些未了之事总想作一结束，使我在外国心里舒服一点。所以我决计把这部书先行付印。有些地方，本想改动；但行期太匆忙，我竟无法细细修改，只好留待将来再版时候了。

我本想作一篇长序，但去年写了近两万字，一时不能完工，只好把其中的一部分——"词的起源"——抽出作一个附录，其余的部分也须待将来补作了。

今天从英国博物院里回来，接着王云伍先生的信，知道此书已付印，我想趁此机会写一篇短序，略略指出我选词的意思。有许多见解，已散见于各词人的小传之中了；我在此地要补说的，只是我这部书里选择去取的大旨。

我深信，凡是文学的选本都应该表现选家个人的见解。近年朱强村先生选了一部《宋词三百首》，那就代表朱先生个人的见解；我这三百多首的五代宋词，就代表我个人的见解。我是一个有历史癖的人，所以我的《词选》就代表我对于词的历史的见解。

我以为词的历史有三个大时期：

第一时期：自晚唐到元初（八五〇至一二五〇），为词的自然演变时期。

第二时期：自元到明清之际（一二五〇至一六五〇），为曲子时期。

第三时期：自清初到今日（一六二〇至一九〇〇），为模仿填词时期。

第一个时期是词的“本身”的历史。第二个时期是词的“替身”的历史，也可说是它“投胎再世”的历史。第三个时期是词的“鬼”的历史。

词起于民间，流传于娼女歌伶之口，后来才渐渐被文人学士采用，体裁渐渐加多，内容渐渐变丰富。但这样一来，词的文学就渐渐和平民离远了。到了宋末的词，连文人都看不懂了，词的生气全没有了。词到了宋末，早已死了。但民间的娼女歌伶仍旧继续变化他们的歌曲，他们新翻的花样就是“曲子”。他们先有“小令”，次有“双调”，次有“套数”。套数一变就成了“杂剧”；“杂剧”又变为明代的剧曲。这时候，文人学士又来了；他们也做“曲子”，也做剧本；体裁又变复杂了，内容又变丰富了。然而他们带来的古典，搬来的书袋，传染来的酸腐气味，又使这一类新文学渐渐和平民离远，渐渐失去生气，渐渐死下去了。

清朝的学者读书最博，离开平民也最远。清朝的文学，除了小说之外，都是朝着“复古”的方面走的。他们一面作骈文，一面做“词的中兴”的运动。陈其年、朱彝尊以后，二百多年之中很出了不少的词人。他们有学花间的，有学北宋的，有学南宋的，有学苏辛的，有学白石、玉田的，有学清真的，有学梦窗的。他们很有用全力做词的人，他们也有许多很好的词，这是不可完全抹杀的。然而词的时代早过去了，过去了四百年了。天才与学力终归不能挽回过去的潮流。三百年的清词，终逃不出模仿宋词的境地。所以这个时代可说是词的鬼影的时代；潮流已去，不可复返，这不过是一点之回波，一点之浪花飞沫而已。

我的本意想选三部长短句的选本：第一部是《词选》，表现词的演变；第二部是《曲选》，表现第二时期的曲子；第三部是《清词选》，代表清朝一代才人借词体表现的作品。

这部《词选》专表现第一个大时期。这个时期，也可分作三个段落。

一、歌者的词，

二、诗人的词，

三、词匠的词。

苏东坡以前，是教坊乐工与娼家妓女歌唱的词；东坡到稼轩后村，是诗人的词；白石以后，直到宋末元初，是词匠的词。

《花间集》五百首，全是为娼家歌者作的，这是无可疑的。不但《花间集序》明明如此说；即看其中许多科举的鄙词，如《喜迁莺》、《鹤冲天》之类，便可明白。此风直到北宋盛时，还不曾衰歇。柳耆卿是长住在娼家，专替妓女乐工作词的。晏小山的词集自序也明明说他的词是作了就交与几个歌妓去唱的。这是词史的第一段落。这个时代的词有一个特征：就是这二百年的词都是无题的，内容都很简单，不是相思，便是离别，不是绮语，便是醉歌，所以用不着标题；题底也许别有寄托，但题面仍不出男女的艳歌，所以也不用特别标出题目。南唐李后主与冯延巳出来之后，悲哀的境遇与深刻的感情自然抬高了词的意境，加浓了词的内容；但他们的词仍是要给歌者去唱的，所以他们的作品始终不曾脱离平民文学的形式。北宋的词人继续这个风气，所以晏氏父子与欧阳永叔的词都还是无题的。他们在别种文艺作品上，尽管极力复古，但他们作词时，总不能不采用乐工娼女的语言声口。

这时代的词还有一个特征：就是大家都接近平民的文学，都采用乐工娼女的声口，所以作者的个性都不充分表现，所以彼此的作品容易混乱。冯延巳的词往往混作欧阳修的词；欧阳修的词也往往混作晏氏父子的词。（周济选词，强作聪明，说冯延巳小人，决不能作某首某首〔蝶恋花〕！这是主观的见解；其实“几日行云何处去”一类的词可作忠君解，也可作患得患失解。）

到了十一世纪的晚年，苏东坡一班人以绝顶的天才，采用这新起的词体，来作他们的“新诗”。从此以后，词便大变了。东坡作词，并不希望拿给十五六岁的女郎在红氍毹上袅袅婷婷地去歌唱。他只是用一种新的诗体来作他的“新体诗”。词体到了他手里，可以咏古，可以悼亡，可以谈禅，可以说理，可以发议论。同时的王荆公也这样做；苏门的词人黄山谷、秦少游、晁补之，也都这样做。山谷、少游都还常常给妓人作小词，不失第一时代的风格。稍后起的大词人周美成也能作绝好的小词。但风气已开了，再关不住了；词的用处推广了，词的内容变复杂了，词人的个性也更显出了。到了朱希真与辛稼轩，词的应用的范围，越推越广大；词人的个性的风格，越发表现出来。无论什么题目，无论何种内容，都可以入词。悲壮，苍凉，哀艳，闲逸，放浪，颓废，讥弹，忠爱，游戏，诙谐……这种种风格都呈现在各人的词里。

这一段落的词是“诗人的词”。这些作者都是有天才的诗人；他们不管能歌不能歌，也不管协律不协律；他们只是用词体作新诗。这种“诗人的词”，起于荆公、东坡，至稼轩而大成。

这个时代的词也有它的特征。第一，词的题目不能少了，因为内容太复杂了。第二，词人的个性出来了：东坡自是东坡，稼轩自是稼轩，希真自是希真，不能随便混乱了。

但文学史上有一个逃不了的公式。文学的新方式都是出于民间的。久而久之，文人学士受了民间文学的影响，采用这种新体裁来做他们的文艺作品。文人的参加自有他的好处：浅薄的内容变丰富了，幼稚的技术变高明了，平凡的意境变高超了。但文人把这种新体裁学到手之后，劣等的文人便来模仿；模仿的结果，往往学得了形式上的技术，而丢掉了创作的精神。天才堕落而为匠手，创作堕落而为机械。生气剥丧完了，只剩下一点小技巧，一堆烂书袋，一套烂调子！于是这种文学方式的命运便完结了，文学的生命又须另向民间去寻新方向发展了。

四言诗如此，楚辞如此，乐府如此。词的历史也是如此。词到了稼轩，可算是到了极盛的时期。姜白石是个音乐家，他要向音律上去做功夫。从此以后，词便转到音律的专门技术上去。史梅溪、吴梦窗、张叔夏都是精于音律的人，他们都走到这条路上去。他们不惜牺牲词的内容，来迁就音律上的和谐。例如张叔夏《词源》里说，他的父亲作了一句“琐窗深”，觉得不协律，遂改为“琐窗幽”，还觉得不协律，后来改为“琐窗明”，才协律了。“深”改为“幽”，还不差多少；“幽”改为“明”，便是恰相反的意义了。究竟那窗子是“幽暗”呢，还是“明敞”呢？这上面，他们全不计较！他们只求音律上的谐婉，不管内容的矛盾！这种人不是词人，不是诗人，只可叫做“词匠”。

这个时代的词，叫做“词匠”的词。这个时代的词，也有几种特征。第一，重音律而不重内容。词起于歌，而词不必可歌，正如诗起于乐府，而诗不必都是乐府，又正如戏剧起于歌舞，而戏剧不必都是歌舞。这种单有音律而没有意境与情感的词，全没有文学上的价值。第二，这时代的词侧重“咏物”，又多用古典。他们没有情感，没有意境，却要作词，所以只好作“咏物”的词。这种词等于文中的八股，诗中的试帖；这是一班词匠的笨把戏，算不得文学。在这个时代，张叔夏以南宋功臣之后，身遭亡国之痛，还偶然有一两首沉痛的词（如《高阳台》）。但“词匠”的风气已成，音律与古典压死了天才与情感，词的末运已不可挽救了。

这是我对于词的历史的见解，也就是我选词的标准。我的去取也许有不能尽满人意之处，也许有不能尽满我自己意思之处。但我自信我对于词的四百年历史的见地是根本不错的。

这部《词选》里的词，大都是不用注解的。我加的注解大都是关于方言或文法的。关于分行及标点，我要负完全责任。《词律》等书，我常用作参考，但我往往不依他们的句读。有许多人的词，例如东坡，是不能依《词律》去点读的。

顾颉刚先生为我校读一遍，并替我加上一些注，我很感谢他的好意。

一九二六年九月三十夜，伦敦

思考与讨论：

1. 你知道苏轼的人生经历吗？

2. 宋词中有豪放和婉约之分，能说说其中的不同之处吗？

拓展阅读：

《宋词研究》，胡云翼，巴蜀书社，1989年。

《宋词赏析》，沈祖棻，上海古籍出版社，1980年。

《灵谿词说》，缪钺、叶嘉莹，上海古籍出版社，1987年。

赵氏孤儿大报仇[①]（节选）

纪君祥

楔　子

*（净扮屠岸贾领卒子上，诗云）*人无害虎心，虎有伤人意；当时不尽情，过后空淘气。某乃晋国大将屠岸贾是也。俺主灵公在位，文武千员，其信任的只有一文一武：文者是赵盾，武者即某矣。俺二人文武不和，常有伤害赵盾之心，争奈不能入手。那赵盾儿子唤做赵朔现为灵公驸马。某也曾遣一勇士鉏麑，仗着短刀，越墙而过，要刺杀赵盾，谁想鉏麑触树而死。那赵盾为劝农，出到郊外，见一饿夫在桑树下垂死，将酒饭赐他饱餐了一顿，其人不辞而去。后来西戎国进贡一犬，呼曰神獒，灵公赐与某家；自从得了那个神獒，便有了害赵盾之计。将神獒锁在净房中，三五日不与饮食。于后花园中扎下一个草人，紫袍玉带，象简乌靴，与赵盾一般打扮，草人腹中悬一付羊心肺。某牵出神獒来，将赵盾紫袍剖开，着神獒饱餐一顿，依旧锁入净房中。又饿了三五日，复行牵出，那神獒扑着便咬，剖开紫袍，将羊心肺又饱

① 赵氏孤儿大报仇：明·钟嗣成《录鬼簿》题作《冤报冤赵氏孤儿》，《也是园书目》、《元曲选》作《赵氏孤儿大报仇》，元刊本作《赵氏孤儿》，因作为其简名。一七三五年曾有法文译本演出，后又有英、俄、德等文译本。此剧本事，大体上系根据《左传》、《国语》、《史记》及《新序》、《说苑》诸书所载有关诸事，编缀增饰而成。"孤儿"，即赵朔之子赵武。明人又据而编为《八义记》。此剧现存《元刊三十种》本、《元曲选》本及《酹江集》本。此据《元曲选》本。

餐一顿。如此试验百日，度其可用，某因人见灵公，只说今时不忠不孝之人，甚有欺君之意。灵公一闻其言，不胜大恼，便向某索问其人，某言西戎国进来的神獒，性最灵异，他便认的。灵公大喜，说："当初尧、舜之时，有獬豸能触邪人，谁想我晋国有此神獒，今在何处？"某牵上那神獒去，其时赵盾紫袍玉带，正立在灵公坐榻之边，神獒见了，扑着他便咬。灵公言："屠岸贾，你放了神獒，兀的不是谗臣也？"某放了神獒，赶着赵盾，绕殿而走。争奈傍边恼了一人，乃是殿前太尉提弥明，一瓜捶打倒神獒，一手揪住脑杓皮，一手掀住下嗑子，只一劈，将那神獒分为两半。赵盾出的殿门，便寻他原乘的驷马车；某已使人将驷马摘了二马，双轮去了一轮，上的车来，不能前去。傍边转过一个壮士，一臂扶轮，一手策马，逢山开路，救出赵盾去了。你道其人是谁？就是那桑树下饿夫灵辄。某在灵公根前说过，将赵盾三百口满门良贱，诛尽杀绝。止有赵朔与公主在府中，为他是个驸马，不好擅杀。某想剪草除根，萌芽不发；乃诈传灵公的命，差一使臣将着三般朝典，是弓弦，药酒，短刀，着赵朔服那一般朝典身亡。某已分付他疾去早来，回我的话。（诗云）三百家属已灭门，止有赵朔一亲人；不论那般朝典死，便教剪草尽除根。（下）（冲末扮赵朔同旦公主上）（赵朔云）小官赵朔，官拜都尉之职。谁想屠岸贾与我父文武不和，搬弄灵公，将俺三百口满门良贱，诛尽杀绝了也。公主，你听我遗言：你如今腹怀有孕，若是你添个女儿，更无话说；若是个小厮儿呵，我就腹中与他个小名，唤做"赵氏孤儿"，待他长立成人，与俺父母雪冤报仇也。（旦儿哭科，云）兀的不痛杀我也！（外扮使命领从人上，云）小官奉主公的命，将三般朝典，是弓弦，药酒，短刀，赐与驸马赵朔，随他服那一般朝典，取速而亡；然后将公主囚禁府中。小官不敢久停久住，即刻传命走一遭去，可早来到他府门首也。（见科，云）赵朔跪者，听主公的命："为您一家不忠不孝，欺公坏法，将您满门良贱，尽行诛戮，尚有馀辜。姑念赵朔有一脉之亲，不忍加诛，特赐三般朝典，随意取一而死。其公主囚禁在府，断绝亲疏，不许往来。兀那赵朔！圣命不可违慢，你早早自尽者。

（赵朔云）公主，似此可怎了也？（唱）

【仙吕赏花时】枉了我报主的忠良一旦休，只他那蠹国的奸臣权在手；他平白地使机谋，将俺云阳市斩首，兀的是出气力的下场头。

(旦儿云)天那，可怜害的俺一家死无葬身之地也。(赵朔唱)

【幺篇】落不的身埋在故丘。(云)公主，我嘱咐你的说话，你牢记者。(旦儿云)妾身知道了也。(赵朔唱)分付了，腮边雨泪流，俺一句一回愁。待孩儿他年长后，着与俺这三百口可兀的报冤仇。(死科，下)

(旦儿云)驸马，则被你痛杀我也！(下)(使命云)赵朔用短刀身亡了也，公主已囚在府中，小官须回主公的话去来。(诗云)西戎当日进神獒，赵家百口命难逃；可怜公主犹囚禁，赵朔能无决短刀？(下)

第 一 折

(屠岸贾上，云)某屠岸贾，只为公主怕他添了个小厮儿，久以后成人长大，他不是我的仇人？我已将公主囚在府中，这些时该分娩了，怎么差去的人，去了许久，还不见来回报？(卒子上报科，云)报的元帅得知，公主囚在府中，添了个小厮儿，唤做赵氏孤儿哩。(屠岸贾云)是真个唤做赵氏孤儿？等一月满足，杀这小厮，也不为迟。令人，传我的号令去，着下将军韩厥把住府门，不搜进去的，只搜出来的。若有盗出赵氏孤儿者，全家处斩，九族不留。一壁与我张挂榜文，遍告诸将，休得违误，自取其罪。(词云)不争晋公主怀孕在身，产孤儿是我仇人；待满月钢刀铡死，才称我削草除根。(下)(旦儿抱倈儿上，诗云)天下人烦恼，都在我心头，犹如秋夜雨，一点一声愁。妾身晋室公主，被奸臣屠岸贾将俺赵家满门良贱，诛尽杀绝。今日所生一子，记的驸马临亡之时，曾有遗言："若是添个小厮儿，唤做赵氏孤儿，待他久后成人长大，与父母雪冤报仇。"天那，怎能够将这孩儿送出的这府门去，可也好也。我想起来，目下再无亲人，只有俺家门下程婴，在家属上无他的名字。我如今只等程婴来时，我自有个主意。(外扮程婴背药箱上，云)自家程婴是也，元是个草泽医人，向在驸马府门下，蒙他十分优待，与常人不同。可奈屠岸贾贼臣，将赵家满门良贱，诛尽杀绝；幸得家属上无有我的名字，如今公主囚在府中，是我每日传茶送饭。那公主眼下虽然生的一个小厮，取名赵氏孤儿，等他长立成人，与父母报仇雪冤；只怕出不得屠贼之手，也是枉然。闻的公主呼唤，想是产后要什么汤药，须索走一遭去。可早来到府门首，也不必报复，径自过去。(程婴见科，云）公主，呼唤程婴有何事？（旦儿云）俺赵家一门，好死的苦楚也。程婴，唤你来别无甚事，我如今添了个孩儿，他父临亡之时，取下他一个小名，唤做赵氏孤儿。程婴，你一向在俺赵家门下走动，也不曾歹看承你，你怎生将这个孩儿掩藏出去，久后成人长大，与他赵氏报仇。（程婴云）公主，你还不知道，屠岸贾贼臣，闻知你产下赵氏孤儿，四城门张挂榜文，但有掩藏孤儿的，全家处斩，九族不留，我怎么掩藏的他出去？（旦儿云）程婴！（诗云）可不道：遇急思亲戚，临危托故人。你若是救出亲生子，便是俺赵家留得这条根。（做跪科，云）程婴，你则可怜见俺赵家三百口，都在这孩儿身上哩。（程婴云）公主请起。假若是我掩藏出小舍人去，屠岸贾得知，问你要赵氏孤儿，你说道"我与了程婴也"。俺一家儿便死了也罢，这小舍人休想是活的。（旦儿云）罢罢罢。程婴，我教你去的放心。（诗云）程婴心下且休慌，听吾说罢泪千行；他父亲身在刀头死，（做拿裙带缢死科，云）罢罢罢，为母的也相随一命亡。（下）（程婴云）谁想公主自缢死了也，我不敢久停久住，打开这药厢，将小舍人放在里面，再将些生药遮住身子。天也，可怜见赵家三百余口，诛尽杀绝，止有一点点孩儿。我如今救的他出去，你便有福，我便成功；若是搜将出来呵，你便身亡，俺一家儿都也性命不保。（诗云）程婴心下自裁划，赵家门户实堪哀；只要你出的九重帅府连环寨，便是脱却天罗、地网灾。（下）（正末扮韩厥领卒子上，云）某下将军韩厥是也，佐于屠岸贾麾下，著某把守公主的府门，可是为何？只因公主生下一子；唤做赵氏孤儿，恐怕有人递盗将去，著某在府门上搜出来时，将他全家处斩，九族不留。小校，将公主府门把的严整者。嗨，屠岸贾，都似你这般损坏忠良，几时是了也呵！（唱）

【仙吕点绛唇】列国纷纷，莫强于晋；才安稳，怎有这屠岸贾贼臣，他则把忠孝的公卿损！

【混江龙】不甫能风调雨顺太平年，宠用着这般人；忠孝的在市曹中斩首，奸佞的在帅府内安身。现如今全作威来全作福，还说甚半由君也半由臣？他他他，把爪和牙布满在朝门，但违拗的，早一个个诛夷尽。多咱是人间恶煞，可什么阃外将军[①]？

---

① 阃外将军：统兵在国门以外的将军；阃，指国门。《史记·冯唐传》："阃以内者，寡人治之。阃以外者，将军治之。"《晋书·桓冲传》："臣司存阃外。"

（云）我想屠岸贾与赵盾两家儿结下这等深仇，几时可解也？（唱）

【油葫芦】他待要剪草防芽绝祸根，使著俺把府门。俺也是于家为国旧时臣，那一个藏孤儿的便不合将他隐，这一个杀孤儿的你可也心何忍？（带云）屠岸贾，你好狠也！（唱）有一日怒了上苍，恼了下民，怎不怕沸腾腾万口争谈论？天也显着个青脸儿不饶人。

【天下乐】却不道远在儿孙近在身？哎，你个贼也波臣，和赵盾岂可二十载同僚，没些儿义分？便兴心，使歹心，指贤人，作歹人；他两个细评论，还是那个狠？

（云）令人，门首觑者，看有甚么人出府门来，报复某家知道。（卒子云）理会的。（程婴做慌走上，云）我抱着这药厢，里面有赵氏孤儿，天也可怜，喜的韩厥将军把住府门。他须是我老相公抬举来的，若是撞的出去，我与小舍人性命都得活也。（做出门科）（正末云）小校，拿回那抱药厢儿的人来。你是甚么人？（程婴云）我是个草泽医人，姓程，是程婴。（正末云）你在那里去来？（程婴云）我在公主府内煎汤下药来。（正末云）你下甚么药？（程婴云）下了个益母汤。（正末云）你这厢儿里面甚么物件？（程婴云）都是生药。（正末云）是甚么生药？（程婴云）都是桔梗，甘草，薄荷。（正末云）可有什么夹带？（程婴云）并无夹带。（正末云）这等，你去。（程婴做走，正末叫科，云）程婴回来，这厢儿里面是甚么物件？（程婴云）都是生药。（正末云）可有什么夹带？（程婴云）并无夹带。（正末云）你去。（程婴做走，正末叫科，云）程婴回来，你这其中必有暗昧。我著你去呵，似弩箭离弦；叫你回来呵，便似毡上拖毛。程婴，你则道我不认的你哩？（唱）

【河西后庭花】你本是赵盾家堂上宾，我须是屠岸贾门下人，你便藏着那未满月麒麟种[①]。（带云）程婴你见么？（唱）怎出的这不通风虎豹屯[②]？我不是下将军，也不将你来盘问。（云）程婴，我想你多曾受赵家恩来。（程婴云）是知恩报恩，何必要说？（正末唱）你道是既知恩合报恩，只怕你要脱身难脱身。前和后把住门，地和天那处奔？若拿回审个真，将孤儿往报闻，生不能，死有准。

---

① 麒麟种：陈·徐陵早慧，被称为“天上石麒麟”。（见《陈书·徐陵传》）。杜甫《徐卿二子歌》：“并是天上麒麟儿。”此指赵氏孤儿。

② 虎豹屯：古代兵书《六韬》中，有《虎韬》、《豹韬》。元稹《哭吕衡州诗》：“家藏虎豹韬。”“虎豹屯”，屯，屯聚，指围守赵家的军队。

(云)小校靠后，唤恁便来，不唤恁休来。(卒子云)理会的。(正末做揭厢子见科，云)程婴，你道是桔梗、甘草、薄荷，我可搜出人参来也。(程婴做慌跪伏科)(正末唱)

【金盏儿】见孤儿额颅上汗津津，口角头乳食歕，骨碌碌睁一双小眼儿将咱认，悄促促厢儿里似把声吞，紧绑绑难展足，窄狭狭怎翻身。他正是：成人不自在，自在不成人①。

(程婴词云)告大人停嗔息怒，听小人从头分诉：想赵盾晋室贤臣，屠岸贾心生嫉妒；遣神獒扑害忠良，出朝门脱身逃去，驾单轮灵辄报恩，入深山不知何处。奈灵公听信谗言，任屠贼横行独步。赐驸马伏剑身亡，灭九族都无活路。将公主囚禁冷宫，那里讨亲人照顾？遵遗嘱唤做孤儿，子共母不能完聚。才分娩一命归阴，著程婴将他掩护。久以后长立成人，与赵家看守坟墓。肯分的遇着将军，满望你拔刀相助；若再剪除了这点萌芽，可不断送他灭门绝户？(正末云)程婴，我若把这孤儿献将出去，可不是一身富贵？但我韩厥是一个顶天立地的男儿，怎肯做这般勾当？(唱)

【醉中天】我若是献出去图荣进，却不道利自己损别人？可怜他三百口亲丁尽不存，着谁来雪这终天恨？(带云)那屠岸贾若见这孤儿呵，(唱)怕不就连皮带筋捻成齑粉？我可也没来由立这样没眼的功勋。

(云)程婴，你抱的这孤儿出去，若屠岸贾问呵，我自与你回话。(程婴云)索谢了将军。(做抱厢儿走出，又回跪科)(正末云)程婴，我说放你去，难道耍你？可快出去。(程婴云)索谢了将军。(做走又回跪科)(正末云)程婴，你怎生又回来？(唱)

【金盏儿】敢猜着我调假不为真？那知道蕙叹惜芝焚②？去不去我几回家将伊尽③，可怎生到门前兜的又回身？(带云)程婴，(唱)你既没包身胆，谁着你强做保孤人？可不道忠臣不怕死，怕死不忠臣？

(程婴云)将军，我若出的这府门去，你报与屠岸贾知道，别差将军赶来，拿住

---

① 成人不自在，自在不成人：意谓要有所成就，必须刻苦努力，不可放任。宋·罗大经《鹤林玉露》九引朱熹语云："谚云：'成人不自在，自在不成人。'此言虽浅，然实切至之论，千万勉之！"
② 蕙叹惜芝焚：比喻同类相感相惜。晋·陆机《叹逝赋》："嗟芝焚而蕙叹。"蕙、芝，均指香草。
③ 尽：有放任、随意等义。现在口语中还有这种用法，如说："尽他去"。就是随他去、让他去的意思。

我程婴，这个孤儿万无活理。罢罢罢，将军，你拿将程婴去，请功受赏，我与赵氏孤儿情愿一处身亡便了。(正末云)程婴，你好去的不放心也。(唱)

【醉扶归】你为赵氏存遗胤，我于屠贼有何亲？却待要乔做人情，遣众军打一个回风阵[①]？你又忠，我可也又信，你若肯舍残生，我也愿把这头来刎。

【青歌儿】端的是一言一言难尽，(带云)程婴，(唱)你也忒眼内眼内无珍[②]。将孤儿好去深山深处隐，那其间教训成人，演武修文，重掌三军，拿住贼臣，碎首分身；报答亡魂，也不负了我和你硬踹着[③]是非门，担危困。

(带云)程婴，你去的放心者。(唱)

【赚煞尾】能可[④]在我身儿上讨明白，怎肯向贼子行捱推问？猛拼着撞阶基图个自尽，便留不得香名万古闻，也好伴鉏麑共做忠魂。你你你，要殷勤，照觑晨昏，他须是赵氏门中一命根。直等待他年长进，才说与从前话本，是必教报仇人，休忘了我这大恩人。(自刎下)

(程婴云)呀，韩将军自刎了也。则怕军校得知，报与屠岸贾知道，怎生是好？我抱着孤儿，须索逃命去来。(诗云)韩将军果是忠良，为孤儿自刎身亡。我如今放心前去，太平庄再做商量。(下)

---

① 回风阵：回风，旋风，吹过去又回转过来。《古诗十九首》："回风动地起。"这里比喻假意叫他走，又让军士捉回来之意。

② 眼内无珍：或作眼内无珠；比喻虽有眼但不识好人。

③ 踹(chuài)着：践踏着。

④ 能可：宁可。

中国孤儿·作者献词（节选）

伏尔泰

献给

法兰西世卿，宫廷副官长，朗格道克省督军，法兰西学院院士，黎希留公爵元帅

……

这篇悲剧，我是不久前读《赵氏孤儿》想起来的，这是篇中国悲剧，曾由马若瑟神父译出来，载在杜哈德神父出版的通志里。这个中国剧本作于十四世纪，就是在成吉思汗朝：这又是一个新的证据，证明鞑靼的胜利者不改变战败民族的风俗；他们保护着在中国建立起来的一切艺术；他们接受着它的一切法规。

这是一个伟大的实例，说明理性与天才对盲目、野蛮的暴力所具有的优越性；而且鞑靼已经两次提供这个例证了，因为，当他们上世纪初又征服了这个庞大帝国的时候，他们再度降服于战败者的文德之下；两国人民只构成了一个民族，由世界上最古的法制治理着；这个引人注目的大事就是我的作品的最初目标。

称为《孤儿》的这篇中国悲剧是从这个国家的一个庞大的戏剧总集里抽出来的：这个民族三千多年来就研究这种用言行周旋来妙呈色相、用情节对话来劝世说

法的艺术了，这个艺术，稍迟一点又被希腊人发明出来。因此，诗剧只是在这与世隔绝的庞大中国和在那唯一的雅典城市里才长期地受到崇敬。罗马只是在四百年后才讲求诗剧。如果你要在那些号称善发明的民族如波斯人、印度人那里去找，你会找不到的；戏剧从来没有在他们那里发展起来。亚洲只满足于皮尔贝[①]和罗克曼[②]的寓言，这些寓言就包括着一切道德，用比喻来教育着一切民族、一切时代。

从表面上看，在使禽兽说话之后，再使人说话，把人搬上舞台，构成戏剧艺术，其间只不过一步之差：然而，这些奇巧的民族却根本不曾想到这样做。由此可以推断，只有中国人、希腊人、罗马人是古代具有真正社会精神的民族。可不是么，要发展人的社会性，柔化他们的风俗，促进他们的理性，任何方法也比不上把他们集合起来，使他们共同领略着纯粹的精神乐趣：此所以，我们看到，彼得大帝刚一开化了俄罗斯，建成了彼得堡，就建设了许多剧院。德意志越进步，我们就看到它越接受我们的戏剧：上世纪没有接受戏剧的少数国家都是被遗弃于文明国家之外的。

《赵氏孤儿》是一篇宝贵的大作，它使人了解中国精神，有甚于人们对这个庞大帝国所曾作和所将作的一切陈述。诚然，这个剧本和我们今天的那些好作品比起来，蛮气十足；然而，和我们十四世纪的剧本相较，却是一个杰作。我们的行吟诗人，我们的“法吏剧社”、“莫愁儿剧团”、“傻婆子剧团”，[③]都断然抵不上这个中国作家。我们还要注意到一点：这个剧本是以官话写成的，这种官话至今未变，而我们路易十二和查理八世时代的语言，我们今天几乎是无法听懂了。

人们只能拿《赵氏孤儿》和十七世纪的英国和西班牙的悲剧相比，这些悲剧今天在比利牛斯山那边和英吉利海峡那边还照旧受人欢迎。中国剧本的情节延长到二十五年，正如人们称为悲剧的莎士比亚和洛卜·德·维加的那些畸形的杂剧一样；那是许多令人难以置信的事变的堆砌。赵氏的敌人先想谋杀赵氏的家长，放出一匹獒犬去扑他，诡称这獒犬能辨别忠奸，就像在我们国度里雅克·艾玛尔[④]能用魔棒辨识窃贼。然后他诈称皇帝的命令，送给他的仇人赵氏一根绳子、一剂毒药、一把短刀：赵就照

---

① 皮尔贝(Pilpay)，印度传说中的婆罗门，是印度最早的寓言的作者。
② 罗克曼(Lokman)，阿拉伯传说中的君主。有寓言传世，伊索曾模拟过他。
③ “法吏剧社”、“莫愁儿剧团”、“傻婆子剧团”，都是法国十四、十五世纪的民间戏班。
④ 雅克·艾玛尔，法国当时的江湖卫士。

例唱起来，刎颈自杀，因为世上任何人对中国皇帝都天定地是要服从的。迫害者杀死了赵氏三百口。公主变成寡妇了，就生下了孤儿。因为那迫害者在盛怒之下，既杀绝了全家，还要就摇篮里消灭这唯一的孽子，所以有人就把这个婴儿藏起了。这个殄灭者就命令人杀尽附近村庄的一切儿童，以便孤儿也包括在这场普遍屠杀之中。

人们简直以为看到《一千零一夜》搬上舞台了；但是，尽管令人难以置信，剧中却趣味横生；尽管变化多端，全剧却极其明畅：这在任何时代、任何国家都是两大优点；而这种优点，我们现代剧本很多都是没有的。诚然，这篇中国戏剧并没有其他的美：时间和剧情的统一、情感的发挥、风俗的描绘、雄辩、理性、热情，这一切都没有：然而，如我已经说过，这部作品依然优于我们在那相同的时代所作的一切。

中国人在十四世纪，并且在长久以前，就会写出比一切欧洲人都更好的诗剧，怎么他们就一直停留在艺术的这种粗劣的幼稚阶段，而我们民族则由于肯钻研，肯下功夫，竟产生了一打左右的剧本，虽不能算完美，却超过全世界所曾产生的一切戏剧呢？中国人和其他的亚洲人一样，对于诗、雄辩、物理、天文、绘画，都早在我们之前就已经知道了，但是一直停滞在基本知识上面，他们有能力在各方面都比别的民族开始得早些，但是到后来没有任何进步。他们曾像埃及人，先做希腊人的老师，后来连做希腊人的徒弟都不够了。

这些中国人，我们在他们国度里旅行要冒多少危险，这些民族，我们要把欧洲的金钱送给他们，要来教导他们，都那么不容易得到他们的允许，他们还不知道我们在哪一点上比他们较胜一筹哩；他们实在不够进步，连想摹仿我们的胆量都没有。我们已经在他们的历史里汲取了些悲剧题材了，而他们竟还不知道我们是否有一个历史。

著名的麦塔斯塔西约长老曾为他的一篇诗剧选了一个差不多和我相同的题材，就是说一个孤儿从全家惨遭杀戮中逃出来了；他这个故事是从公元九百年前的一个朝代中汲取来的[①]。

中国剧《赵氏孤儿》是另一个题材。我又选了一个题材与二者不相同，只有名称相似。我抓住了成吉思汗的那个伟大的时代，想描写鞑靼人和中国人的风俗。最

① 即《国语》召公舍子救宣王的故事。

有趣的故事，如果不描绘风俗，也是等于零的；而这种风俗的描绘，虽是艺术的最大秘诀之一，如果不引起人们的道德感，也还只是一种无谓的消遣。

我敢说，从《亨利亚得》直到《查意尔》，直到这篇中国剧，不论写得好坏，却始终是这个原则启发了我的文思；我敢说，在路易十四时代那部历史里，我赞扬了我的君主和我的祖国，却也不曾对君主或祖国有所阿谀。我四十多年的光阴就是在这种工作中消耗了。然而，请看由那著名的那伐莱特译成西班牙文的这一个中国作家所说的这一段话吧：

如果你有所著作，你只能把你的著作拿给你的朋友们看：你应该对公众和你的同行怀着戒心；因为会有人冒名伪造，在你写的东西里注进毒素，你没做的事也把责任推到你头上来。诬蔑之神具有无数的传声筒，它将利用这无数的传声筒来害得你万劫不复，而真理则是无言的，它将留在你的身边。著名的闵(Ming)曾被人指控为不尊天(Tien)理(Li)，不敬王皇帝(Empere Vang)；结果人家发现那个垂死的老者正在写成王皇帝赞和天与理的颂诗①。

（范希衡　译）

思考与讨论：

1. 元杂剧中还有哪些名著？
2.《赵氏孤儿大报仇》为何在欧洲有巨大的影响？
3. 你还知道哪些中外文化交流的事例？

拓展阅读：

《牡丹亭》，汤显祖，人民文学出版社，2011年。

《宋元戏曲史》，王国维，上海古籍出版社，1998年。

《元剧研究ABC》，吴梅《吴梅全集》，河北教育出版社，2002年。

《赵氏孤儿与中国孤儿》，范希衡，台北学海出版社，1993年。

① 暗指当时有人攻击《奥尔良女杰》中的若干诗句和《风俗论》里的某些词语。这段话，很明显，完全是作者杜撰。所谓出于“著名的那伐莱特”的译笔，也是假托之词。

红楼梦（第一回）

曹雪芹

甄士隐梦幻识通灵　贾雨村风尘怀闺秀

此开卷第一回也。作者自云曾历过一番梦幻之后，故将真事隐去，而借“通灵”说此《石头记》一书也；故曰“甄士隐”云云。但书中所记何事何人？——自己又云：“今风尘碌碌，一事无成，忽念及当日所有之女子，一一细考较去，觉其行止见识皆出我之上；我堂堂须眉，诚不若彼裙钗；我实愧则有余，悔又无益，大无可如何之日也！当此日，欲将已往所赖天恩祖德，锦衣纨袴之时，饫甘餍肥之日，背父兄教育之恩，负师友规训之德，以致今日一技无成、半生潦倒之罪，编述一集，以告天下：知我之负罪固多，然闺阁中历历有人，万不可因我之不肖，自护己短，一并使其泯灭也。所以蓬牖茅椽，绳床瓦灶，并不足妨我襟怀；况那晨风夕月，阶柳庭花，更觉得润人笔墨；我虽不学无文，又何妨用假语村言，敷演出来，亦可使闺阁昭传，复可破一时之闷，醒同人之目，不亦宜乎？故曰‘贾雨村’云云。更于篇中间用‘梦’‘幻’等字，却是此书本旨，兼寓提醒阅者之意。”

看官：你道此书从何而起？——说来虽近荒唐，细玩颇有趣味。却说那女娲氏炼石补天之时，于大荒山无稽崖炼成高十二丈、见方二十四丈大的顽石三万六千五百零一块，那娲皇只用了三万六千五百块，单单剩下一块未用，弃在青埂峰下。谁知此石自经锻炼之后，灵性已通，自去自来，可大可小；因见众石俱得补天，独自己无才，不得入选，遂自怨自愧，日夜悲哀。

一日，正当嗟悼之际，俄见一僧一道，远远而来，生得骨格不凡，丰神迥异，来到这青埂峰下，席地坐谈。见着这块鲜莹明洁的石头，且又缩成扇坠一般，甚属可爱；那僧托于掌上，笑道："形体倒也是个灵物了！只是没有实在的好处，须得再镌上几个字，使人人见了便知你是件奇物，然后携你到那昌明隆盛之邦、诗礼簪缨之族、花柳繁华地、温柔富贵乡那里去走一遭。"石头听了大喜，因问："不知可镌何字？携到何方？望乞明示。"那僧笑道："你且莫问，日后自然明白。"说毕，便袖了，同那道人飘然而去，竟不知投向何方。

又不知过了几世几劫，因有个空空道人访道求仙，从这大荒山无稽崖青埂峰下经过，忽见一块大石，上面字迹分明，编述历历；空空道人乃从头一看，原来是无才补天、幻形入世、被那茫茫大士渺渺真人携入红尘、引登彼岸的一块顽石；上面叙着堕落之乡，投胎之处，以及家庭琐事，闺阁闲情，诗词谜语，倒还全备。只是朝代年纪，失落无考。后面又有一偈云：

无才可去补苍天，枉入红尘若许年；此系身前身后事，倩谁记去作奇传？

空空道人看了一回，晓得这石头有些来历，遂向石头说道："石兄，你这一段故事，据你自己说来，有些趣味，故镌写在此，意欲闻世传奇；据我看来，第一件，无朝代年纪可考，第二件，并无大贤大忠、理朝廷、治风俗的善政，其中只不过几个异样女子，或情或痴，或小才微善，我纵然抄去，也算不得一种奇书。"石头果然答道："我师何必太痴！我想历来野史的朝代，无非假借'汉''唐'的名色；莫如我这石头所记，不借此套，只按自己的事体情理，反倒新鲜别致。况且那野史中，或讪谤君相，或贬人妻女，奸淫凶恶，不可胜数；更有一种风月笔墨，其淫秽污臭，最易坏人子弟。至于才子佳人等书，则又开口'文君'，满篇'子建'，千部一腔，千人一面，且终不能不涉淫滥。——在作者不过要写出自己的两首情诗艳赋来，故假捏出男女二人名姓，又必旁添一小人拨乱其间，如戏中的小丑一般。更可厌者，'之乎者也'，非理即文，大不近情，自相矛盾。竟不如我这半

(清)红楼梦插图

世亲见亲闻的几个女子，虽不敢说强似前代书中所有之人，但观其事迹原委，亦可消愁破闷；至于几首歪诗，也可以喷饭供酒；其间离合悲欢，兴衰际遇，俱是按迹循踪，不敢稍加穿凿，至失其真。只愿世人当那醉余睡醒之时，或避事消愁之际，把此一玩，不但是洗旧翻新，却也省了些寿命筋力，不更去谋虚逐妄了。我师意为如何？”

空空道人听如此说，思忖半晌，将这《石头记》再检阅一遍，因见上面大旨不过谈情，亦只是实录其事，绝无伤时诲淫之病，方从头至尾抄写回来，闻世传奇。从此空空道人因空见色，由色生情，传情入色，自色悟空，遂改名情僧，改《石头记》为《情僧录》。东鲁孔梅溪题曰《风月宝鉴》。后因曹雪芹于悼红轩中，披阅十载，增删五次，纂成目录，分出章回，又题曰《金陵十二钗》；并题一绝。——即此便是《石头记》的缘起。诗云：

满纸荒唐言，一把辛酸泪！都云作者痴，谁解其中味？

《石头记》缘起既明，正不知那石头上面记着何人何事，看官请听——

按那石上书云：当日地陷东南，这东南有个姑苏城，城中阊门，最是红尘中一二等富贵风流之地。这阊门外有个十里街，街内有个仁清巷，巷内有个古庙，因地方狭窄，人皆呼作“葫芦庙”。庙旁住着一家乡宦，姓甄名费，字士隐；嫡妻封氏，性情贤淑，深明礼义；家中虽不甚富贵，然本地也推他为望族了。因这甄士隐禀性恬淡，不以功名为念，每日只以观花种竹、酌酒吟诗为乐，倒是神仙一流人物；只是一件不足：年过半百，膝下无儿；只有一女，乳名英莲，年方三岁。

一日炎夏永昼，士隐于书房闲坐，手倦抛书，伏几盹睡，不觉蒙胧中走至一处，不辨是何地方。忽见那厢来了一僧一道，且行且谈，只听道人问道：“你携了此物，意欲何往？”那僧笑道：“你放心！如今现有一段风流公案，正该了结，这一干风流冤家尚未投胎入世，趁此机会，就将此物夹带于中，使他去经历经历。”那道人道：“原来近日风流冤家又将造劫历世，但不知起于何处？落于何方？”那僧道：“此事说来好笑。只因当年这个石头，娲皇未用，自己却也落得逍遥自在，各处去游玩，一日来到警幻仙子处，那仙子知他有些来历，因留他在赤霞宫中，名他为赤霞宫神瑛侍者。他却常在西方灵河岸上行走，看见那灵河岸上三生石畔有棵

'绛珠仙草'，十分娇娜可爱，遂日以甘露灌溉，这'绛珠草'始得久延岁月。后来既受天地精华，复得甘露滋养，遂脱了草木之胎，幻化人形，仅仅修成女体，终日游于'离恨天'外；饥餐'秘情果'，渴饮'灌愁水'。只因尚未酬报灌溉之德，故甚至五内郁结着一段缠绵不尽之意，常说'自己受了他雨露之惠，我并无此水可还，他若下世为人，我也同去走一遭，但把我一生所有的眼泪还他，也还得过了。'因此一事，就勾出多少风流冤家都要下凡，造历幻缘；那'绛珠仙草'也在其中。今日这石正该下世，我来特地将他仍带到警幻仙子案前，给他挂了号，同这些情鬼下凡，一了此案。"那道人道："果是好笑，从来不闻有'还泪'之说！趁此你我何不也下世度脱几个，岂不是一场功德？"那僧道："正合吾意。你且同我到警幻仙子宫中，将这'蠢物'交割清楚，待这一干风流孽鬼下世，你我再去。——如今有一半落尘，然犹未全集。"道人道："既如此，便随你去来。"

却说甄士隐俱听得明白，遂不禁上前施礼，笑问道："二位仙师请了。"那僧道也忙答礼相问。士隐因说道："适闻仙师所谈因果，实人世罕闻者；但弟子愚拙，不能洞悉明白，若蒙大开痴顽，备细一闻，弟子洗耳谛听，稍能警省，亦可免沉沦之苦了。"二仙笑道："此乃玄机，不可预泄。到那时只不要忘了我二人，便可跳出火坑矣。"士隐听了，不便再问，因笑道："玄机固不可泄露，但适云'蠢物'，不知为何？或可得见否？"那僧说："若问此物，倒有一面之缘。"说着取出递与士隐。

士隐接了看时，原来是块鲜明美玉，上面字迹分明，镌着"通灵宝玉"四字。后面还有几行小字，正欲细看时，那僧便说"已到幻境"，就强从手中夺了去，和那道人竟过了一座大石牌坊，——上面大书四字，乃是"太虚幻境"；两边又有一副对联道：

假作真时真亦假，无为有处有还无。

士隐意欲也跟着过去，方举步时，忽听一声霹雳，若山崩地陷，士隐大叫一声，——定睛看时，只见烈日炎炎，芭蕉冉冉，梦中之事，便忘了一半。又见奶母抱了英莲走来。士隐见女儿越发生得粉装玉琢，乖觉可喜，便伸手接来，抱在怀中，斗他玩耍一回，又带至街前看那过会的热闹。方欲进来时，只见从那边来了一僧一道：那僧癞头跣足，那道跛足蓬头，疯疯癫癫，挥霍谈笑而至。及到了他门前，看见士隐抱着英莲，那僧便大哭起来，又向士隐道："施主，你把这有命无运、累及爹娘之物抱在怀内作甚？"士隐听了，知是疯话，也不睬他；那僧还说："舍我罢！舍我罢！"士隐不耐烦，便抱着女儿转身。才要进去，那僧乃指着他大笑，口内念了四句言词，道是：

惯养娇生笑你痴，菱花空对雪澌澌；好防佳节元宵后，便是烟消火灭时。

士隐听得明白，心下犹豫，意欲问他来历，只听道人说道："你我不必同行，就此分手，各干营生去罢，三劫后我在北邙山等你，会齐了，同往太虚幻境销号。"那僧道："最妙，最妙！"说毕，二人一去，再不见个踪影了。

士隐心中此时自忖：这两个人必有来历，很该问他一问，如今后悔却已晚了。这士隐正在痴想，忽见隔壁葫芦庙内寄居的一个穷儒——姓贾名化、表字时飞、别号雨村的走来。这贾雨村原系湖州人氏，也是诗书仕宦之族，因他生于末世，父母祖宗根基已尽，人口衰丧，只剩得他一身一口，在家乡无益，因进京求取功名，再整基业。自前岁来此，又淹蹇住了，暂寄庙中安身，每日卖文作字为生，故士隐常与他交接。

当下雨村见了士隐，忙施礼陪笑道："老先生倚门伫望，敢街市上有甚新闻么？"士隐笑道："非也，适因小女啼哭，引他出来作耍，——正是无聊的很，贾兄来得正好。请入小斋，彼此俱可消此永昼。"说着，便令人送女儿进去，自携了雨村，来至书房中，小童献茶，——方谈得三五句话，忽家人飞报："严老爷来拜。"士隐慌忙起身谢道："恕诓驾之罪，且请略坐，弟即来奉陪。"雨村起身也让道，"老先生请便。晚生乃常造之客，稍候何妨。"说着士隐已出前厅去了。

这里雨村且翻弄诗籍解闷，忽听得窗外有女子嗽声，雨村遂起身往外一看，原来是一个丫鬟在那里掐花儿：生的仪容不俗，眉目清秀，虽无十分姿色，却也有动人之处，雨村不觉看得呆了。那甄家丫鬟掐了花儿，方欲走时，猛抬头见窗内有人：敝巾旧服，虽是贫窘，然生得腰圆背厚，面阔口方，更兼剑眉星眼，直鼻方腮。这丫鬟忙转身回避，心下自想："这人生的这样雄壮，却又这样褴褛：我家并无这样贫窘亲友，想他定是主人常说的什么贾雨村了，——怪道又说他必非久困之人，每每有意帮助周济他，只是没什么机会。”如此一想，不免又回头一两次。雨村见他回头，便以为这女子心中有意于他，遂狂喜不禁，自谓此女子必是个巨眼英豪，风尘中之知已。

一时小童进来，雨村打听得前面留饭，不可久待，遂从夹道中自便门出去了。士隐待客既散，知雨村已去，便也不去再邀。

一日到了中秋佳节，士隐家宴已毕，又另具一席于书房，自己步月至庙中来邀雨村。

原来雨村自那日见了甄家丫鬟曾回顾他两次，自谓是个知已，便时刻放在心上，今又正值中秋，不免对月有怀，因而口占五言一律云：

未卜三生愿，频添一段愁；闷来时敛额，行去几回头。

自顾风前影，谁堪月下俦？蟾光如有意，先上玉人楼。

雨村吟罢，因又思及平生抱负，苦未逢时，乃又搔首对天长叹，复高吟一联云：

玉在匮中求善价，钗于奁内待时飞。

恰值士隐走来听见，笑道：“雨村兄真抱负不凡也！”雨村忙笑道：“不敢，不过偶吟前人之句，何期过誉如此。”因问：“老先生何兴至此？”士隐笑道：“今夜中秋，俗谓‘团圆之节’，想尊兄旅寄僧房，不无寂寥之感，故特具小酌，邀兄到敝斋一饮，不知可纳芹意否？”雨村听了，并不推辞，便笑道：“既蒙谬爱，何敢拂此盛情。”说着便同士隐复过这边书院中来了。

须臾茶毕，早已设下杯盘，那美酒佳肴，自不必说。二人归坐，先是款酌慢饮，渐次谈至兴浓，不觉飞觥献斝起来。当时街坊上家家箫管，户户笙歌，当头一轮明月，飞彩凝辉，二人愈添豪兴，酒到杯干。雨村此时已有七八分酒意，狂兴不禁，乃对月寓怀，口占一绝云：

时逢三五便团圞，满把清光护玉栏；天上一轮才捧出，人间万姓仰头看。

士隐听了大叫，“妙极！弟每谓兄必非久居人下者，今所吟之句，飞腾之兆已见，不日可接履于云霄之上了。可贺，可贺！”乃亲斟一斗为贺。雨村饮干，忽叹道：“非晚生酒后狂言，若论时尚之学，晚生也或可去充数挂名，只是如今行李路费，一概无措，神京路远，非赖卖字撰文即能到得——”士隐不待说完，便道，

"兄何不早言，弟已久有此意，但每遇兄时，并未谈及，故未敢唐突。今既如此，弟虽不才，义利二字，却还识得；且喜明岁正当大比，兄宜作速入都，春闱一捷，方不负兄之所学。其盘费余事，弟自代为处置，亦不枉兄之谬识矣。"当下即命小童进去速封五十两白银并两套冬衣，又云："十九日乃黄道之期，兄可即买舟西上，待雄飞高举，明冬再晤，岂非大快之事！"雨村收了银衣，不过略谢一语，并不介意，仍是吃酒谈笑。那天已交三鼓，二人方散。

士隐送雨村去后，回房一觉，直至红日三竿方醒，因思昨夜之事，意欲写荐书两封与雨村带至都中去，使雨村投谒个仕宦之家为寄身之地，因使人过去请时，那家人回来说："和尚说：'贾爷今日五鼓已进京去了，也曾留下话与和尚转达老爷，说："读书人不在'黄道''黑道'，总以事理为要，不及面辞了。"'"士隐听了，也只得罢了。

真是闲处光阴易过，倏忽又是元宵佳节。士隐令家人霍启抱了英莲去看社火花灯，半夜中，霍启因要小解，便将英莲放在一家门槛上坐着，待他小解完了来抱时，那有英莲的踪影？急的霍启直寻了半夜，至天明不见，那霍启也不敢回来见主人，便逃往他乡去了。

那士隐夫妇见女儿一夜不归，便知有些不好，再使几人去找寻，回来皆云影响全无。夫妻二人半世只生此女，一旦失去，何等烦恼，因此昼夜啼哭，几乎不顾性命。看看一月，士隐已先得病，夫人封氏也因思女构疾，日日请医问卦。

不想这日三月十五，葫芦庙中炸供，那和尚不小心，油锅火逸，便烧着窗纸：此方人家俱用竹篱木壁，——也是劫数应当如此，——于是接二连三，牵五挂四，将一条街烧得如"火焰山"一般；彼时虽有军民来救，那火已成了势了，如何救得下，直烧了一夜方息，也不知烧了多少人家。只可怜甄家在隔壁，早成了一堆瓦砾场了，——只有他夫妇并几个家人的性命不曾伤了，急的士隐惟跌足长叹而已。与妻子商议且到田庄上去住，偏值近年水旱不收，贼盗蜂起，官兵剿捕，田庄上又难以安身，只得将田地都折变了，携了妻子与两个丫鬟，投他岳丈家去。

他岳丈名唤封肃，本贯大如州人氏，虽是务农，家中却还殷实，今见女婿这等狼狈而来，心中便有些不乐，幸而士隐还有折变田产的银子在身边，拿出来托他随便置买些房地，以为后日衣食之计；那封肃便半用半赚的，略与他些薄田破屋。士隐乃读书之人，不惯生理稼穑等事，勉强支持了一二年，越发穷了。封肃见面时，便说些现成话儿，且人前人后，又怨他不会过、只一味好吃懒做。士隐知道了，心中未免悔恨，再兼上年惊唬，急忿怨痛，暮年之人，那禁得贫病交攻，竟渐渐的露出了那下世的光景来。可巧这日拄了拐扎挣到街前散散心时，忽见那边来了一个跛足道人，疯狂落拓，麻鞋鹑衣，口内念着几句言词道：

世人都晓神仙好，惟有功名忘不了！古今将相在何方：荒冢一堆草没了。

世人都晓神仙好，只有金银忘不了！终朝只恨聚无多，及到多时眼闭了。

世人都晓神仙好，只有娇妻忘不了！君生日日说恩情，君死又随人去了。

世人都晓神仙好，只有儿孙忘不了！痴心父母古来多，孝顺子孙谁见了？

士隐听了，便迎上来道："你满口说些什么？——只听见些'好了''好了'。"那道人笑道："你若果听见'好了'二字，还算你明白：可知世上万般，好便是了，了便是好；若不了，便不好；若要好，须是了。——我这歌儿便叫《好了歌》。"士隐本是有夙慧的，一闻此言，心中早已悟彻，因笑道："且住！待我将你这《好了歌》注解出来何如？"道人笑道："你就请解。"士隐乃说道：

陋室空堂，当年笏满床；衰草枯杨，曾为歌舞场；蛛丝儿结满雕梁，绿纱今又在蓬窗上。说甚么脂正浓、粉正香，如何两鬓又成霜？昨日黄土陇头埋白骨，今宵红绡帐底卧鸳鸯。金满箱，银满箱，转眼乞丐人皆谤；正叹他人命不长，那知自己归来丧？训有方，保不定日后作强梁。择膏粱，谁承望流落在烟花巷！因嫌纱帽小，致使锁枷扛；昨怜破袄寒，今嫌紫蟒长：乱烘烘你方唱罢我登场，反认他乡是故乡；甚荒唐，到头来都是为他人作嫁衣裳。

那疯跛道人听了，拍掌大笑道："解得切！解得切！"士隐便说一声"走罢"，将道人肩上的搭裢抢过来背上，竟不回家，同着疯道人飘飘而去。

当下哄动街坊，众人当作一件新闻传说。封氏闻知此信，哭个死去活来，只得与父亲商议，遣人各处访寻。那讨音信？无奈何，只得依靠着他父母度日；幸而身边还有两个旧日的丫鬟伏侍，主仆三人，日夜作些针线，帮着父亲用度。那封肃虽然每日抱怨，也无可奈何了。

这日那甄家的大丫鬟在门前买线，忽听得街上喝道之声，众人都说："新太爷到任了！"丫鬟隐在门内看时，只见军牢快手，一对一对过去，俄而大轿内抬着一个乌帽猩袍的官府来了。那丫鬟倒发了个怔，自思："这官儿好面善，倒象在那里见过的。"于是进入房中，也就丢过，不在心上。至晚间正待歇息之时，忽听一片声打的门响，许多人乱嚷，说，"本县太爷的差人来传人问话！"封肃听了，唬得目瞪口呆。不知有何祸事，且听下回分解。

对宝钗、黛玉的抑扬

俞平伯

此书描写诸女子以黛玉为中心，以宝钗为敌体，而黛玉虽为第一人，书中写黛玉并不多用正面的夸赞法。我昔年曾藏有嘉庆九年（一八〇四）耘香阁重梓本《红楼梦》，上有批语：

《会真记》穿一套缟素衣裳[①]，全评精细固也，然尚说出缟素来。此但从宝玉心中忖度用超逸字，不觉黛玉全身缟素，活跳纸上。《红楼》用笔之灵，往往如此。（第十六回“宝玉心中品度黛玉，越发出落的超逸了”旁夹批）

他说得很好，本书描写黛玉往往如此。——在这里来点岔笔，本书正面描写缟素的也有，却不是黛玉，请看凤姐：

只见头上皆是素白银器，身上月白缎袄，青缎披风，白绫素裙。眉弯柳叶，高吊两梢；目横丹凤，神凝三角。（第六十八回）

试问比黛玉如何？若说这里就有了褒贬予夺固亦未必，但一个楚楚可怜，一个浑身煞气，岂无仙凡之别？这些地方正不必多费笔墨，只是情文相生，而我们已不禁为

① 《西厢记》第二折《借厢》“小梁州”曲曰：“可喜娘的庞儿浅淡妆，穿一套缟素衣裳。”

之神往矣。

《红楼梦》写黛玉，不但正面说她的美不多，而且有时似乎并不说她美，且仿佛不如宝钗。这儿举三个例：

不想如今忽然来了一个薛宝钗，年纪虽大不多，然品格端方，容貌丰美，人多谓黛玉所不及。（第五回）

写众人看法如此。又如：

袭人笑道："他们说薛大姑娘的妹妹更好，三姑娘看着怎么样？"探春道："果然的话。据我看，连他姐姐并这些人，总不及他。"（第四十九回）

据探春说连宝钗都不如她，实际上以宝钗为群芳的领袖。再看上文宝玉的话：

更奇在你们成日家只说宝姐姐是绝色的人物，你们如今瞧瞧他这妹子，还有大嫂子这两个妹子，我竟形容不出了。老天，老天，你有多少精华灵秀，生出这些人上之人来！可知我井底之蛙，成日家只说现在的这几个人是有一无二的，谁知不必远寻，就是本地风光，一个赛似一个。

宝玉说大家的看法如此。至后文的叙述，有借花喻人者，如第六十三回"寿怡红群芳开夜宴"，宝钗掣的签是牡丹，题着"艳冠群芳"四字，下文又叙"众人说：巧的很，你也原配牡丹花"，及轮到黛玉，她就想到："不知还有什么好的被我掣着方好。"后来她掣的是芙蓉花。这段文章写得轻妙，而且暗示她们的结局比第五回所载更加细致，那些且不谈。就真的花说，无论色、香、品种，牡丹都远胜于芙蓉，此人人所共见者，像《红楼梦》这样的写法，不免出于我们的意外了。即脂砚斋对于钗黛容色的批评也仿佛这样：

按黛玉、宝钗二人，一如姣花，一如纤柳，各极其妙者……（甲戌本第五回夹批）

一如姣花，一如纤柳，谁是姣花，谁是纤柳？林黛玉本来够得上比姣花，宝钗却不能比纤柳；黛玉既只得为纤柳，而宝钗比姣花矣。花儿好看，还是杨柳好看？脂砚斋此评盖神似《红楼梦》六十三回之文也。

作者或有深意，脂评或在模拟作者，但表面上看，一般地说，宝钗要比黛玉更好看。至于性格方面，书中说宝钗胜过黛玉的尤多，这儿只能引两条，其第一条即上引第五回之下文：

而且宝钗行为豁达，随分从时，不比黛玉孤高自许，目无下尘，故比黛玉大得下人之心。（第五回）

其第二段见于第三十五回：

宝玉笑道："这就是了，我说大嫂子倒不大说话呢，老太太也是和凤姐姐一样的看待。若是单是会说话的可疼，这些姊妹里头也只是凤姐姐和林妹妹可疼了。"贾母道："提起姊妹，不是我当着姨太太的面奉承，千真万真，从我们家四个女孩儿算起，全不如宝丫头。"薛姨妈听说，忙笑道："这话是老太太说偏了。"王夫人忙又笑道："老太太时常背地里和我说宝丫头好，这倒不是假话。"宝玉勾着贾母，原为赞林黛玉的，不想反赞起宝钗来，倒也意出望外，便看着宝钗一笑。宝钗早扭过头去，和袭人说话去了。（第三十五回）

《红楼梦》在这些地方实在写得过于灵活了，例如此处很容易使人想到贾母喜欢宝钗而不怎么喜欢黛玉，读者一般会有这样的印象，我却以为其中也有世故人情的关系，这儿且不能谈了。

《红楼梦》写宝钗，其性格、容貌、言语、举止、学识、才能无一不佳，合于过去封建家庭中女子的"德、容、言、工"四德兼备的标准。本书虽肯定黛玉为群芳中的第一人，却先用第一等的笔墨写了宝钗，又用什么笔墨来写黛玉呢？

作者是用双管齐下的方法来写钗、黛的，然而这两枝笔却能够有差别，表现作者的倾向来。双管齐下并不妨碍他的"一面倒"，反而使这"一面倒"更艺术化，也更加复杂深刻了。《红楼梦》有些地方既表示黛玉不如宝钗，却又要使我们觉得宝钗还不如黛玉，他用什么方法呢？其一，直接出于作者的笔下；其二，也出于作者的笔下，却间接地通过宝玉的心中眼中。先谈其二。

请回看上引第五回、第四十九回：一曰"人多谓"，二曰"探春道"，三曰："你们成日家只说"；"你们"如此，那么我呢？宝玉也不曾回答这问题。不妨具体地看宝玉眼中的钗、黛。于黛玉这样说：

两弯似蹙非蹙笼烟眉，一双似喜非喜含情目。（第三回）

于宝钗那样说：

唇不点而红，眉不画而翠，脸若银盆，眼如水杏。（第八回）

容貌二人谁美，文章两句孰佳，不待注解，已分明矣。

再看上引第三十五回，贾母虽然夸赞了宝钗，而宝玉原意是要引起贾母夸赞黛玉的。宝之于黛，情有独钟，意存偏袒，原因本不止一个，有从思想方面来的，如第三十六回："独有林黛玉自幼不曾劝他去立身扬名等话，所以深敬黛玉"是也；有从总角交谊来的，如第五回："其中因与黛玉同随贾母一处坐卧，故略比别个姊妹熟惯些；既熟惯，则更觉亲密"是也；主要的当由于情恋，依本书所载其情恋有前因，从太虚幻境来，亦即所谓"木石盟"、"露泪缘"是也。在这里宝玉对钗、黛的看法除一些思想性分的因素外，恐还谈不到批判。我们再看作者的笔下，以牵涉范围太广，这里也只能谈一点，仍从本书的作意说起。

就本书的作意，大观园中的女子都是聪明美丽的，故有怀念之情，传人之意，否则他就不必写"金陵十二钗"了。宝钗、黛玉为其中的领袖，自更不用说。但钗、黛虽然并秀，性格却有显著不同：如黛玉直而宝钗曲，黛玉刚而宝钗柔，黛玉热而宝钗冷，黛玉尖锐而宝钗圆浑，黛玉天真而宝钗世故。……综合这些性格的特点，她们不仅是两个类型而且是对立的；因此她们对所处环境所发生的反应便有了正反拗顺的不同，一个是封建家庭的孤臣孽子，一个是它的肖子宠儿。面对了这样的现实，在作者的笔下自不得不于双提并论中更分别地加以批判。这是本书的倾向性之一。书中对大观园中的人物每有褒贬，以钗黛为首，却不限于钗黛。

作者借了抑扬褒贬进行批判，对于钗黛有所抑扬。其扬黛抑钗，他的意思原是鲜明的；因为是小说，不同于一般的论文传记，于是就有种种的艺术手法，少用直接的评论，多用间接的暗示，从含蓄微露，到叙而不议，以至于变化而似乎颠倒，对黛玉似抑，对宝钗反扬等等。虽经过这样曲折的表现，用了如第二回总评所谓"反逆隐回之笔"，但始终不曾迷路失向，在二百年来的读者方面仍然达到了近黛而远钗；同情黛玉而不喜欢宝钗这类的预期效果，仿佛狮子滚绣球，露出浑身的解数来。而这些解数围绕一个中心在转，不离这"球"的前后左右也。

话虽如此，读者对作者之意，是否亦有误会处呢，我想恐也不免。他的生花之笔，随物寓形，"既因方而为圭，亦遇圆而成璧"，如黛玉直，《红楼梦》写法也因之而多直；宝钗曲，《红楼梦》写法也因而多曲。读者对宝钗的误会，也较之黛玉为多。且误会似有两种：其一种把作者的反语认作真话了，真以为宝钗好，过去评家也有个别如此的。其另一极端又把反语看得太重、太死板了，超过了这褒贬应有的限度。这两种情况，以第二种更容易发生。

《红楼梦》的许多笔墨，虽似平淡，却关于火候，关于尺寸。作者的写法真到了炉火纯青之候，又如古赋所谓："增之一分则太长，减之一分则太短"也。褒贬抑扬都不难，难在怎样褒贬怎样抑扬，今传续书每若不误而实甚误，盖由于不曾掌握这火候与尺寸故耳。

关于钗、黛可谈的还很多，下文于说晴雯、袭人时当再提起她们。

思考与讨论：

1. 曹雪芹是在怎样的情况下写作《红楼梦》的？
2. 为什么说《红楼梦》是中国古典小说的高峰？
3. 你如何评价黛玉和宝钗的性格特点？

拓展阅读：

《王国维〈红楼梦评论〉笺注》，俞晓红，中华书局，2004年。

《俞平伯论红楼梦》，俞平伯，上海古籍出版社，1988年。

《红楼梦新证》，周汝昌，人民文学出版社，1976年。

《红楼梦导读》，邓云乡，巴蜀书社，1991年。

第二篇 中国现代文学

少年中国说

梁启超

日本人之称我中国也，一则曰老大帝国，再则曰老大帝国。是语也，盖袭译欧西人之言也。呜呼！我中国其果老大矣乎？任公曰：恶，是何言！是何言！吾心目中有一少年中国在！

欲言国之老少，请先言人之老少。老年人常思既往，少年人常思将来。惟思既往也，故生留恋心；惟思将来也，故生希望心。惟留恋也，故保守；惟希望也，故进取。惟保守也，故永旧；惟进取也，故日新。惟思既往也，事事皆其所已经者，故惟知照例；惟思将来也，事事皆其所未经者，故常敢破格。老年人常多忧虑，少年人常好行乐。惟多忧也，故灰心；惟行乐也，故盛气。惟灰心也，故怯懦；惟盛气也，故豪壮。惟怯懦也，故苟且；惟豪壮也，故冒险。惟苟且也，故能灭世界；惟冒险也，故能造世界。老年人常厌事，少年人常喜事。惟厌事也，故常觉一切事无可为者；惟好事也，故常觉一切事无不可为者。老年人如夕照，少年人如朝阳；老年人如瘠牛，少年人如乳虎；老年人如僧，少年人如侠；老年人如字典，少年人如戏文；老年人如鸦片烟，少年人如泼兰地酒；老年人如别行星之陨石，少年人如大洋海之珊瑚岛；老年人如埃及沙漠之金字塔，少年人如西伯利亚之铁路；老年人如秋后之柳，少年人如春前之草；老年人如死海之潴为泽，少年人如长江之初发源。此老年与少年性格不同之大略也。梁启超曰：人固有之，国亦宜然。

任公曰：伤哉，老大也。浔阳江头琵琶妇，当明月绕船，枫叶瑟瑟，衾寒于铁，似梦非梦之时，追想洛阳尘中春花秋月之佳趣。西宫南内，白发宫娥，一灯如穗，三五对坐，谈开元、天宝间遗事，谱霓裳羽衣曲。青门种瓜人，左对孺人，顾弄孺子，忆侯门似海，珠履杂遝之盛事。拿破仑之流于厄蔑，阿剌飞之幽于锡兰，与三两监守吏，或过访之好事者，道当年短刀匹马，驰骋中原，席卷欧洲，血战海楼，一声叱咤，万国震恐之丰功伟烈，初而拍案，继而抚髀，终而揽镜。呜呼，面皴齿尽，白头盈把，颓然老矣！若是者，舍幽郁之外无心事，舍悲惨之外无天地，舍颓唐之外无日月，舍叹息之外无音声，舍待死之外无事业。美人豪杰且然，而况于寻常碌碌者耶？生平亲友，皆在墟墓，起居饮食，待命于人，今日且过，遑知他日，今年且过，遑恤明年。普天下灰心短气之事，未有甚于老大者。于此人也，而欲望以拏云之手段，回天之事功，挟山超海之意气，能乎不能？

呜呼，我中国其果老大矣乎？立乎今日，以指畴昔，唐虞三代，若何之郅治；秦皇汉武，若何之雄杰；汉唐来之文学，若何之隆盛；康乾间之武功，若何之烜赫！历史家所铺叙，词章家所讴歌，何一非我国民少年时代、良辰美景、赏心乐事之陈迹哉！而今颓然老矣，昨日割五城，明日割十城；处处雀鼠尽，夜夜鸡犬惊；十八省之土地财产，已为人怀中之肉；四百兆之父兄子弟，已为人注籍之奴。岂所谓“老大嫁作商人妇”者耶？呜呼！凭君莫话当年事，憔悴韶光不忍看！楚囚相对，岌岌顾影；人命危浅，朝不虑夕。国为待死之国，一国之民为待死之民，万事付之奈何，一切凭人作弄，亦何足怪！

任公曰：我中国其果老大矣乎？是今日全地球之一大问题也。如其老大也，则是中国为过去之国，即地球上昔本有此国，而今渐澌灭，他日之命运殆将尽也。如其非老大也，则是中国为未来之国，即地球上昔未现此国，而今渐发达，他日之前程且方长也。欲断今日之中国为老大耶？为少年耶？则不可不先明“国”字之意义。夫国也者，何物也？有土地，有人民，以居于其土地之人民，而治其所居之土地之事，自制法律而自守之；有主权，有服从，人人皆主权者，人人皆服从者。夫如是，斯谓之完全成立之国。地球上之有完全成立之国也，自百年以来也。完全成立者，壮年之事也；未能完全成立而渐进于完全成立者，少年之事也。故吾得一言以断之曰：欧洲列邦在今日为壮年国，而我中国在今日为少年国。

夫古昔之中国者，虽有国之名，而未成国之形也，或为家族之国，或为酋长之国，或为诸侯封建之国，或为一王专制之国。虽种类不一，要之，其于国家之体质也，有其一部而缺其一部，正如婴儿自胚胎以迄成童，其身体之一二官支，先行长成，此外则全体虽粗具，然未能得其用也。故唐虞以前为胚胎时代，殷周之际为乳哺时代，由孔子而来至于今为童子时代，逐渐发达，而今乃始将入成童以上少年之界焉。其长成所以若是之迟者，则历代之民贼有窒其生机者也。譬犹童年多病，转类老态，或且疑其死期之将至焉，而不知皆由未完全、未成立也，非过去之谓，而未来之谓也。

且我中国畴昔，岂尝有国家哉？不过有朝廷耳。我黄帝子孙，聚族而居，立于此地球之上者既数千年，而问其国之为何名，则无有也。夫所谓唐、虞、夏、商、周、秦、汉、魏、晋、宋、齐、梁、陈、隋、唐、宋、元、明、清者，则皆朝名耳。朝也者，一家之私产也；国也者，人民之公产也。朝有朝之老少，国有国之老少，朝与国既异物，则不能以朝之老少而指为国之老少明矣。文、武、成、康，周朝之少年时代也。幽、厉、桓、赧，则其老年时代也。高、文、景、武，汉朝之少年时代也。元、平、桓、灵，则其老年时代也。自余历朝，莫不有之。凡此者，谓为一朝廷之老也则可，谓为一国之老也则不可。一朝廷之老且死，犹一人之老且死也，于吾所谓中国者何与焉？然则吾中国者，前此尚未出现于世界，而今乃始萌芽云尔。天地大矣，前途辽矣，美哉，我少年中国乎！

玛志尼者，意大利三杰之魁也。以国事被罪，逃窜异邦，乃创立一会，名曰“少年意大利”。举国志士，云涌雾集以应之，卒乃光复旧物，使意大利为欧洲之一雄邦。夫意大利者，欧洲第一之老大国也。自罗马亡后，土地隶于教皇，政权归于奥国，殆所谓老而濒于死者矣。而得一玛志尼，且能举全国而少年之，况我中国之实为少年时代者耶？堂堂四百余州之国土，凛凛四百余兆之国民，岂遂无一玛志尼其人者！

龚自珍氏之集有诗一章，题曰《能令公少年行》。吾尝爱读之，而有味乎其用意之所存。我国民而自谓其国之老大也，斯果老大矣；我国民而自知其国之少年也，斯乃少年矣。西谚有之曰：有三岁之翁，有百岁之童。然则国之老少，又无定形，而实随国民之心力以为消长者也。吾见乎玛志尼之能令国少年也，吾又见乎我国之官吏士民能令国老大也，吾为此惧。夫以如此壮丽浓郁、翩翩绝世之少年中国，而使欧西、日本人谓我为老大者何也？则以握国权者皆老朽之人也。非哦几十年八股，非写几十年白折，非当几十年差，非捱几十年俸，非递几十年手本，非唱几十年诺，非磕几十年头，非请几十年安，则必不能得一官，进一职。其内任卿贰以上、外任监司以上者，百人之中，其五官不备者，殆九十六七人也，非眼盲，则耳聋，非手颤，则足跛，否则半身不遂也。彼其一身饮食、步履、视听、言语，尚且不能自了，须三四人在左右扶之捉之，乃能度日，于此而乃欲责之以国事，是何异立无数木偶而使之治天下也。且彼辈者，自其少壮之时，既已不知亚细、欧罗为何处地方，汉祖、唐宗是那朝皇帝，犹嫌其顽钝腐败之未臻其极，又必搓磨之、陶冶之，待其脑髓已涸，血管已塞，气息奄奄，与鬼为邻之时，然后将我二万里山河，四万万人命，一举而畀于其手。呜呼！老大帝国，诚哉其老大也！而彼辈者，积其数十年之八股、白折、当差、捱俸、手本、唱诺、磕头、请安，千辛万苦，千苦万辛，乃始得此红顶花翎之服色，中堂大人之名号，乃出其全副精神，竭其毕生力量，以保持之。如彼乞儿，拾金一锭，虽轰雷盘旋其顶上，而两手犹紧抱其荷包，他事非所顾也，非所知也，非所闻也。于此而告之以亡国也，瓜分也，彼乌从而听之？乌从而信之？即使果亡矣，果分矣，而吾今年既七十矣八十矣，但求其一两年内，洋人不来，强盗不起，我已快活过了一世矣。若不得已，则割三头两省之土地奉申贺敬，以换我几个衙门；卖三几百万之人民作仆为奴，以赎我一条老命，有何不可？有何难办？呜呼，今之所谓老后、老臣、老将、老吏者，其修身、齐家、治国、平天下之手段，皆具于是矣。西风一夜催人老，凋尽朱颜白尽头。使走无常当医生，携催命符以祝寿。嗟乎痛哉！以此为国，是安得不老且死，且吾恐其未及岁而殇也。

任公曰：造成今日之老大中国者，则中国老朽之冤业也；制出将来之少年中国者，则中国少年之责任也。彼老朽者何足道，彼与此世界作别之日不远矣，而我少年乃新来而与世界为缘。如僦屋者然，彼明日将迁居他方，而我今日始入此室处。将迁居者，不爱护其窗栊，不洁治其庭庑，俗人恒情，亦何足怪？若我少年者前程浩浩，后顾茫茫，中国而为牛、为马、为奴、为隶，则烹脔鞭箠之惨酷，惟我少年当之。中国如称霸宇内、主盟地球，则指挥顾盼之尊荣，惟我少年享之。于彼气息奄奄、与鬼为邻者何与焉？彼而漠然置之，犹可言也；我而漠然置之，不可言也。使举国之少年而果为少年也，则吾中国为未来之国，其进步未可量也；使举国之少年而亦为老大也，则吾中国为过去之国，其澌亡可翘足而待也。故今日之责任，不在他人，而全在我少年。少年智则国智，少年富则国富，少年强则国强，少年独立则国独立，少年自由则国自由，少年进步则国进步，少年胜于欧洲，则国胜于欧洲，少年雄于地球，则国雄于地球。红日初升，其道大光；河出伏流，一泻汪洋；潜龙腾渊，鳞爪飞扬；乳虎啸谷，百兽震惶；鹰隼试翼，风尘吸张；奇花初胎，矞矞皇皇；干将发硎，有作其芒；天戴其苍，地履其黄；纵有千古，横有八荒；前途似海，来日方长。美哉，我少年中国，与天不老！壮哉，我中国少年，与国无疆！

“三十功名尘与土，八千里路云和月。莫等闲白了少年头，空悲切！”此岳武穆《满江红》词句也，作者自六岁时即口受记忆，至今喜诵之不衰。自今以往，弃“哀时客”之名，更自名曰“少年中国之少年”。

作者附识。

1900年2月10日

年华渐老——生命的旋律

林语堂

自然韵律有一道法则，由童年、青年到衰老和死亡，一直支配我们的身体。优雅的老化含有一份美感。我谈到《秋之歌》的那一段话最常被人引用。

我曾描写优雅的老化。下面就是我对“早秋精神”的感想。

无论国家和个人的生命，都会达到一个早秋精神弥漫的时期，翠绿夹着黄褐，悲哀夹着欢乐，希望夹着追忆。到了生命的某一个时期，春日的纯真已成回忆，夏日的繁茂余音袅袅，我们瞻望生命，问题已不在于如何成长，而在于如何真诚度日，不在于拼命奋斗，而在于享受仅余的宝贵光阴，不在于如何花费精力，而在于如何贮藏，等待眼前的冬天。自觉已到达某一境地，安下心来，找到自己追求的目标。也自觉有某一种成就，比起往日的灿烂显得微不足道，却值得珍惜，宛如一座失去夏日光彩的秋林，能保持经久的风貌。

我爱春天，但它太嫩了。我爱夏天，但它太傲了。所以我最爱秋天，因为秋叶泛黄，气度醇美，色彩富丽，还带着一点悲哀的色调，以及死亡的预感。它金黄的艳色不道出春天的无邪，不道出夏日的权威，却道出了晚年的成熟和温蔼智慧。它知道生命的期限，心满意足。由人生苦短的认识和丰足的经验中产生一支色彩的交响乐，比一切乐曲更充实，翠绿表现生命和力量，橘红表现黄金般的满足，紫色表现认命和死亡。月亮高挂头顶，秋天的眉毛仿佛泛着沉思的白色，但是落日余晖接触它的时候，它还能谈笑风生。一阵清早的山风吹过来，落叶随风飞舞，你不知道落叶之歌是笑歌还是挽歌。因为早秋精神正是宁静、智慧和成熟的精神，早秋之歌能对忧愁微笑，赞美爽快、锐利、清凉的空气——辛弃疾描写得最好：

少年不识愁滋味 爱上层楼 爱上层楼 为赋新词强说愁。

而今识尽愁滋味 欲说还休 欲说还休 却道天凉好个秋。

我觉得自己很“福气”，能活到这一把岁数。和我同一代的许多杰出人物都已作古。无论一般人的说法如何，能活到八九十岁的人可谓少之又少。胡适、梅贻琦、蒋梦麟和顾孟余都去世了。史达林、希特勒、邱吉尔和戴高乐亦然。那有什么关系呢？我只能尽量保养，让自己至少再活十年。生命，这个宝贵的生命太美了，我们恨不得长生不老。但是理智告诉我们，我们的生命就像风中的残烛，随时可以熄灭。寿命使大家平等如一——贫富贵贱都没有差别。生死造成平等。这时候，我们的儿孙长大了。他们有他们的人生，在无常的世间独立面对各种多变的情况。也许第三次世界大战还没有发生，他们还没遭遇人口过剩的压力，人类就数以百万纷纷死亡。比较起来，现在的世界倒像一个最平静、最繁荣的盛世。除非人类有先见之明。

我们回顾一生，觉得此生无论是成是败，我们都有权休息，悠哉游哉过日子，享一享儿孙绕膝的快乐，在近亲环绕中享受人生的最高福佑。

我有幸生得几个好孩子，孝顺我们，对我们真诚敬爱，每个人都一心尽责。我身边围满令我自傲的孙儿、侄儿和侄女。政治对我们没有多大的意义。朋友愈来愈少了，很多人都离开我们，长眠地下。最好的友伴也不可能生生世世在一起。我们死后，功过将留存世间。无论毁誉，我们都听不到了。不过奋发的精神减低，从事伟大任务的活力或驱力也减轻了。我若得再编一次汉英词典，也没有人能付我稿费呀。完成《当代汉英词典》的工作不如降低血压来得重要，甚至不如一张稳定的心电图来得重要。想当年我曾为那部字典忙得废寝忘食哩。

我写到几百万字厚书的最后一行，这最后的一行成为一条轻轻的轨迹。我有心脏病的初期征兆，医生叫我彻底休息两个月。

思考与讨论：

1. 梁启超“笔锋常带情感”的风格在《少年中国说》中是否得到体现？

2. 你对梁启超富有激情与活力的语言有什么看法？

拓展阅读：

《未央歌》，鹿桥，黄山书社，2008年。

《上学记》，何兆武，三联书店，2009年。

伤逝
——涓生的手记

鲁迅

如果我能够，我要写下我的悔恨和悲哀，为子君，为自己。

会馆里的被遗忘在偏僻里的破屋是这样地寂静和空虚。时光过得真快，我爱子君，仗着她逃出这寂静和空虚，已经满一年了。事情又这么不凑巧，我重来时，偏偏空着的又只有这一间屋。依然是这样的破窗，这样的窗外的半枯的槐树和老紫藤，这样的窗前的方桌，这样的败壁，这样的靠壁的板床。深夜中独自躺在床上，就如我未曾和子君同居以前一般，过去一年中的时光全被消灭，全未有过，我并没有曾经从这破屋子搬出，在吉兆胡同创立了满怀希望的小小的家庭。

不但如此。在一年之前，这寂静和空虚是并不这样的，常常含着期待；期待子君的到来。在久待的焦躁中，一听到皮鞋的高底尖触着砖路的清响，是怎样地使我骤然生动起来呵！于是就看见带着笑涡的苍白的圆脸，苍白的瘦的臂膊，布的有条纹的衫子，玄色的裙。她又带了窗外的半枯的槐树的新叶来，使我看见，还有挂在铁似的老干上的一房一房的紫白的藤花。

然而现在呢，只有寂静和空虚依旧，子君却决不再来了，而且永远，永远地！……

子君不在我这破屋里时，我什么也看不见。在百无聊赖中，随手抓过一本书来，科学也好，文学也好，横竖什么都一样；看下去，看下去，忽然自己觉得，已经翻了十多页了，但是毫不记得书上所说的事。只是耳朵却分外地灵，仿佛听到大门外一切往来的履声，从中便有子君的，而且橐橐地逐渐临近，——但是，往往又逐渐渺茫，终于消失在别的步声的杂沓中了。我憎恶那不像子君鞋声的穿布底鞋的长班的儿子，我憎恶那太像子君鞋声的常常穿着新皮鞋的邻院的搽雪花膏的小东西！

莫非她翻了车么？莫非她被电车撞伤了么？……

我便要取了帽子去看她，然而她的胞叔就曾经当面骂过我。

蓦然，她的鞋声近来了，一步响于一步，迎出去时，却已经走过紫藤棚下，脸上带着微笑的酒窝。她在她叔子的家里大约并未受气；我的心宁帖了，默默地相视片时之后，破房里便渐渐充满了我的语声，谈家庭专制，谈打破旧习惯，谈男女平等，谈伊孛生，谈泰戈尔，谈雪莱……她总是微笑点头，两眼里弥漫着稚气的好奇的光泽。壁上就钉着一张铜板的雪莱半身像。是从杂志上裁下来的，是他的最美的一张像。当我指给她看时，她却只草草一看，便低了头，似乎不好意思了。这些地方，子君就大概还未脱尽旧思想的束缚，——我后来也想，倒不如换一张雪莱淹死在大海里的记念像或是伊孛生的罢；但也终于没有换，现在是连这一张也不知那里去了。

“我是我自己的，他们谁也没有干涉我的权利！”

这是我们交际了半年，又谈起她在这里的胞叔和在家的父亲时，她默想了一会之后，分明地，坚决地，沉静地说了出来的话。其时是我已经说尽了我的意见，我的身世，我的缺点，很少隐瞒；她也完全了解的了。这几句话很震动了我的灵魂，此后许多天还在耳中发响，而且说不出的狂喜，知道中国女性，并不如厌世家所说那样的无法可施，在不远的将来，便要看见辉煌的曙色的。

送她出门，照例是相离十多步远；照例是那鲇鱼须的老东西的脸又紧帖在脏的窗玻璃上了，连鼻尖都挤成一个小平面；到外院，照例又是明晃晃的玻璃窗里的那小东西的脸，加厚的雪花膏。她目不邪视地骄傲地走了，没有看见；我骄傲地回来。

"我是我自己的，他们谁也没有干涉我的权利！"这彻底的思想就在她的脑里，比我还透澈，坚强得多。半瓶雪花膏和鼻尖的小平面，于她能算什么东西呢？

我已经记不清那时怎样地将我的纯真热烈的爱表示给她。岂但现在，那时的事后便已模胡，夜间回想，早只剩了一些断片了；同居以后一两月，便连这些断片也化作无可追踪的梦影。我只记得那时以前的十几天，曾经很仔细地研究过表示的态度，排列过措辞的先后，以及倘或遭了拒绝以后的情形。可是临时似乎都无用，在慌张中，身不由己地竟用了在电影上见过的方法了。后来一想到，就使我很愧恧，但在记忆上却偏只有这一点永远留遗，至今还如暗室的孤灯一般，照见我含泪握着她的手，一条腿跪了下去……

不但我自己的，便是子君的言语举动，我那时就没有看得分明；仅知道她已经允许我了。但也还仿佛记得她脸色变成青白，后来又渐渐转作绯红，——没有见过，也没有再见的绯红；孩子似的眼里射出悲喜，但是夹着惊疑的光，虽然力避我的视线，张皇地似乎要破窗飞去。然而我知道她已经允许我了，没有知道她怎样说或是没有说。

她却是什么都记得：我的言辞，竟至于读熟了的一般，能够滔滔背诵；我的举动，就如有一张我所看不见的影片挂在眼下，叙述得如生，很细微，自然连那使我不愿再想的浅薄的电影的一闪。夜阑人静，是相对温习的时候了，我常是被质问，被考验，并且被命复述当时的言语，然而常须由她补足，由她纠正，像一个丁等的学生。

这温习后来也渐渐稀疏起来。但我只要看见她两眼注视空中，出神似的凝想着，于是神色越加柔和，笑窝也深下去，便知道她又在自修旧课了，只是我很怕她看到我那可笑的电影的一闪。但我又知道，她一定要看见，而且也非看不可的。

然而她并不觉得可笑，即使我自己以为可笑，甚而至于可鄙的，她也毫不以为可笑。这事我知道得很清楚，因为她爱我，是这样地热烈，这样地纯真。

去年的暮春是最为幸福，也是最为忙碌的时光。我的心平静下去了，但又有别一部分和身体一同忙碌起来。我们这时才在路上同行，也到过几回公园，最多的是寻住所。我觉得在路上时时遇到探索，讥笑，猥亵和轻蔑的眼光，一不小心，便使我的全身有些瑟缩，只得即刻提起我的骄傲和反抗来支持。她却是大无畏的，对于这些全不关心，只是镇静地缓缓前行，坦然如入无人之境。

寻住所实在不是容易事，大半是被托辞拒绝，小半是我们以为不相宜。起先我们选择得很苛酷，——也非苛酷，因为看去大抵不像是我们的安身之所；后来，便只要他们能相容了。看了二十多处，这才得到可以暂且敷衍的处所，是吉兆胡同一所小屋里的两间南屋；主人是一个小官，然而倒是个明白人，自住着正屋和厢房。他只有夫人和一个不到周岁的女孩子，雇一个乡下的女工，只要孩子不啼哭，是极其安闲幽静的。

我们的家具很简单，但已经用去了我的筹来的款子的大半；子君还卖掉了她唯一的金戒指和耳环。我拦阻她，还是定要卖，我也就不再坚持下去了；我知道不给她加入一点股分去，她是住不舒服的。

和她的叔子，她早经闹开，至于使他气愤到不再认她做侄女；我也陆续和几个自以为忠告，其实是替我胆怯，或者竟是嫉妒的朋友绝了交。然而这倒很清静。每日办公散后，虽然已近黄昏，车夫又一定走得这样慢，但究竟还有二人相对的时候。我们先是沉默的相视，接着是放怀而亲密的交谈，后来又是沉默。大家低头沉思着，却并未想着什么事。我也渐渐清醒地读遍了她的身体，她的灵魂，不过三星期，我似乎于她已经更加了解，揭去许多先前以为了解而现在看来却是隔膜，即所谓真的隔膜了。

子君也逐日活泼起来。但她并不爱花，我在庙会时买来的两盆小草花，四天不浇，枯死在壁角了，我又没有照顾一切的闲暇。然而她爱动物，也许是从官太太那里传染的罢，不一月，我们的眷属便骤然加得很多，四只小油鸡，在小院子里和房主人的十多只在一同走。但她们却认识鸡的相貌，各知道那一只是自家的。还有一只花白的叭儿狗，从庙会买来，记得似乎原有名字，子君却给它另起了一个，叫作阿随。我就叫它阿随，但我不喜欢这名字。

这是真的，爱情必须时时更新，生长，创造。我和子君说起这，她也领会地点点头。

唉唉，那是怎样的宁静而幸福的夜呵！

安宁和幸福是要凝固的，永久是这样的安宁和幸福。我们在会馆里时，还偶有议论的冲突和意思的误会，自从到吉兆胡同以来，连这一点也没有了；我们只在灯下对坐的怀旧谭中，回味那时冲突以后的和解的重生一般的乐趣。

子君竟胖了起来，脸色也红活了；可惜的是忙。管了家务便连谈天的工夫也没有，何况读书和散步。我们常说，我们总还得雇一个女工。

这就使我也一样地不快活，傍晚回来，常见她包藏着不快活的颜色，尤其使我不乐的是她要装作勉强的笑容。幸而探听出来了，也还是和那小官太太的暗斗，导火线便是两家的小油鸡。但又何必硬不告诉我呢？人总该有一个独立的家庭。这样的处所，是不能居住的。

我的路也铸定了，每星期中的六天，是由家到局，又由局到家。在局里便坐在办公桌前钞，钞，钞些公文和信件；在家里是和她相对或帮她生白炉子，煮饭，蒸馒头。我的学会了煮饭，就在这时候。

但我的食品却比在会馆里时好得多了。做菜虽不是子君的特长，然而她于此却倾注着全力；对于她的日夜的操心，使我也不能不一同操心，来算作分甘共苦。况且她又这样地终日汗流满面，短发都粘在脑额上；两只手又只是这样地粗糙起来。

况且还要饲阿随，饲油鸡，……都是非她不可的工作。

我曾经忠告她：我不吃，倒也罢了；却万不可这样地操劳。她只看了我一眼，不开口。神色却似乎有点凄然；我也只好不开口。然而她还是这样地操劳。

我所豫期的打击果然到来。双十节的前一晚，我呆坐着，她在洗碗。听到打门声，我去开门时，是局里的信差，交给我一张油印的纸条。我就有些料到了，到灯下去一看，果然，印着的就是——

奉
局长谕史涓生着毋庸到局办事
秘书处启　十月九号

这在会馆里时，我就早已料到了；那雪花膏便是局长的儿子的赌友，一定要去

添些谣言，设法报告的。到现在才发生效验，已经要算是很晚的了。其实这在我不能算是一个打击，因为我早就决定，可以给别人去钞写，或者教读，或者虽然费力，也还可以译点书，况且《自由之友》的总编辑便是见过几次的熟人，两月前还通过信。但我的心却跳跃着。那么一个无畏的子君也变了色，尤其使我痛心；她近来似乎也较为怯弱了。

“那算什么。哼，我们干新的。我们……”她说。

她的话没有说完；不知怎地，那声音在我听去却只是浮浮的；灯光也觉得格外黯淡。人们真是可笑的动物，一点极微末的小事情，便会受着很深的影响。我们先是默默地相视，逐渐商量起来，终于决定将现有的钱竭力节省，一面登“小广告”去寻求钞写和教读，一面写信给《自由之友》的总编辑，说明我目下的遭遇，请他收用我的译本，给我帮一点艰辛时候的忙。

“说做，就做罢！来开一条新的路！”

我立刻转身向了书案，推开盛香油的瓶子和醋碟，子君便送过那黯淡的灯来。我先拟广告；其次是选定可译的书，迁移以来未曾翻阅过，每本的头上都满漫着灰尘了；最后才写信。

我很费踌躕，不知道怎样措辞好，当停笔凝思的时候，转眼去一瞥她的脸，在昏暗的灯光下，又很见得凄然。我真不料这样微细的小事情，竟会给坚决的，无畏的子君以这么显著的变化。她近来实在变得很怯弱了，但也并不是今夜才开始的。我的心因此更加缭乱，忽然有安宁的生活的影像——会馆里的破屋的寂静，在眼前一闪，刚刚想定睛凝视，却又看见了昏暗的灯光。

许久之后，信也写成了，是一封颇长的信；很觉得疲劳，仿佛近来自己也较为怯弱了。于是我们决定，广告和发信，就在明日一同实行。大家不约而同地伸直了腰肢，在无言中，似乎又都感到彼此的坚忍崛强的精神，还看见从新萌芽起来的将来的希望。

外来的打击其实倒是振作了我们的新精神。局里的生活，原如鸟贩子手里的禽鸟一般，仅有一点小米维系残生，决不会肥胖；日子一久，只落得麻痹了翅子，即使放出笼外，早已不能奋飞。现在总算脱出这牢笼了，我从此要在新的开阔的天空中翱翔，趁我还未忘却了我的翅子的扇动。

小广告是一时自然不会发生效力的；但译书也不是容易事，先前看过，以为已经懂得的，一动手，却疑难百出了，进行得很慢。然而我决计努力地做，一本半新的字典，不到半月，边上便有了一大片乌黑的指痕，这就证明着我的工作的切实。《自由之友》的总编辑曾经说过，他的刊物是决不会埋没好稿子的。

可惜的是我没有一间静室，子君又没有先前那样幽静，善于体帖了，屋子里总是散乱着碗碟，弥漫着煤烟，使人不能安心做事，但是这自然还只能怨我自己无力置一间书斋。然而又加以阿随，加以油鸡们。加以油鸡们又大起来了，更容易成为两家争吵的引线。

加以每日的"川流不息"的吃饭；子君的功业，仿佛就完全建立在这吃饭中。吃了筹钱，筹来吃饭，还要喂阿随，饲油鸡；她似乎将先前所知道的全都忘掉了，也不想到我的构思就常常为了这催促吃饭而打断。即使在坐中给看一点怒色，她总是不改变，仍然毫无感触似的大嚼起来。

使她明白了我的作工不能受规定的吃饭的束缚，就费去五星期。她明白之后，大约很不高兴罢，可是没有说。我的工作果然从此较为迅速地进行，不久就共译了五万言，只要润色一回，便可以和做好的两篇小品，一同寄给《自由之友》去。只是吃饭却依然给我苦恼。菜冷，是无妨的，然而竟不够；有时连饭也不够，虽然我因为终日坐在家里用脑，饭量已经比先前要减少得多。这是先去喂了阿随了。有时还并那近来连自己也轻易不吃的羊肉。她说，阿随实在瘦得太可怜，房东太太还因此嗤笑我们了，她受不住这样的奚落。

于是吃我残饭的便只有油鸡们。这是我积久才看出来的，但同时也如赫胥黎的论定"人类在宇宙间的位置"一般，自觉了我在这里的位置：不过是叭儿狗和油鸡之间。

后来，经多次的抗争和催逼，油鸡们也逐渐成为肴馔，我们和阿随都享用了十多日的鲜肥；可是其实都很瘦，因为它们早已每日只能得到几粒高粱了。从此便清静得多。只有子君很颓唐，似乎常觉得凄苦和无聊，至于不大愿意开口。我想，人是多么容易改变呵！

但是阿随也将留不住了。我们已经不能再希望从什么地方会有来信，子君也早没有一点食物可以引它打拱或直立起来。冬季又逼近得这么快，火炉就要成为很大的问题；它的食量，在我们其实早是一个极易觉得的很重的负担。于是连它也留不住了。

倘使插了草标到庙市去出卖，也许能得几文钱罢，然而我们都不能，也不愿这样做。终于是用包袱蒙着头，由我带到西郊去放掉了，还要追上来，便推在一个并不很深的土坑里。

我一回寓，觉得又清静得多多了；但子君的凄惨的神色，却使我很吃惊。那是没有见过的神色，自然是为阿随。但又何至于此呢？我还没有说起推在土坑里的事。

到夜间，在她的凄惨的神色中，加上冰冷的分子了。

"奇怪。——子君，你怎么今天这样儿了？"我忍不住问。

"什么？"她连看也不看我。

"你的脸色……"

"没有什么，——什么也没有。"

我终于从她言动上看出，她大概已经认定我是一个忍心的人。其实，我一个人，是容易生活的，虽然因为骄傲，向来不与世交来往，迁居以后，也疏远了所有旧识的人，然而只要能远走高飞，生路还宽广得很。现在忍受着这生活压迫的苦痛，大半倒是为她，便是放掉阿随，也何尝不如此。但子君的识见却似乎只是浅薄起来，竟至于连这一点也想不到了。

我拣了一个机会，将这些道理暗示她；她领会似的点头。然而看她后来的情形，她是没有懂，或者是并不相信的。

天气的冷和神情的冷，逼迫我不能在家庭中安身。但是往那里去呢？大道上，公园里，虽然没有冰冷的神情，冷风究竟也刺得人皮肤欲裂。我终于在通俗图书馆里觅得了我的天堂。

那里无须买票；阅书室里又装着两个铁火炉。纵使不过是烧着不死不活的煤的火炉，但单是看见装着它，精神上也就总觉得有些温暖。书却无可看：旧的陈腐；新的是几乎没有的。

好在我到那里去也并非为看书。另外时常还有几个人，多则十余人，都是单薄衣裳，正如我，各人看各人的书，作为取暖的口实。这于我尤为合式。道路上容易遇见熟人，得到轻蔑的一瞥，但此地却决无那样的横祸，因为他们是永远围在别的铁炉旁，或者靠在自家的白炉边的。

那里虽然没有书给我看，却还有安闲容得我想。待到孤身枯坐，回忆从前，这才觉得大半年来，只为了爱，——盲目的爱，——而将别的人生的要义全盘疏忽了。第一，便是生活。人必生活着，爱才有所附丽。世界上并非没有为了奋斗者而开的活路；我也还未忘却翅子的扇动，虽然比先前已经颓唐得多……

屋子和读者渐渐消失了，我看见怒涛中的渔夫，战壕中的兵士，摩托车中的贵人，洋场上的投机家，深山密林中的豪杰，讲台上的教授，昏夜的运动者和深夜的偷儿……子君，——不在近旁。她的勇气都失掉了，只为着阿随悲愤，为着做饭出神；然而奇怪的是倒也并不怎样瘦损……

冷了起来，火炉里的不死不活的几片硬煤，也终于烧尽了，已是闭馆的时候。又须回到吉兆胡同，领略冰冷的颜色去了。近来也间或遇到温暖的神情，但这却反而增加我的苦痛。记得有一夜，子君的眼里忽而又发出久已不见的稚气的光来，笑着和我谈到还在会馆时候的情形，时时又很带些恐怖的神色。我知道我近来的超过她的冷漠，已经引起她的忧疑来，只得也勉力谈笑，想给她一点慰藉。然而我的笑貌一上脸，我的话一出口，却即刻变为空虚，这空虚又即刻发生反响，回向我的耳目里，给我一个难堪的恶毒的冷嘲。

子君似乎也觉得的，从此便失掉了她往常的麻木似的镇静，虽然竭力掩饰，总还是时时露出忧疑的神色来，但对我却温和得多了。

我要明告她，但我还没有敢，当决心要说的时候，看见她孩子一般的眼色，就使我只得暂且改作勉强的欢容。但是这又即刻来冷嘲我，并使我失却那冷漠的镇静。

她从此又开始了往事的温习和新的考验，逼我做出许多虚伪的温存的答案来，将温存示给她，虚伪的草稿便写在自己的心上。我的心渐被这些草稿填满了，常觉得难于呼吸。我在苦恼中常常想，说真实自然须有极大的勇气的；假如没有这勇气，而苟安于虚伪，那也便是不能开辟新的生路的人。不独不是这个，连这人也未尝有！

子君有怨色，在早晨，极冷的早晨，这是从未见过的，但也许是从我看来的怨色。我那时冷冷地气愤和暗笑了；她所磨练的思想和豁达无畏的言论，到底也还是一个空虚，而对于这空虚却并未自觉。她早已什么书也不看，已不知道人的生活的第一着是求生，向着这求生的道路，是必须携手同行，或奋身孤往的了，倘使只知道捶着一个人的衣角，那便是虽战士也难于战斗，只得一同灭亡。

我觉得新的希望就只在我们的分离；她应该决然舍去，——我也突然想到她的死，然而立刻自责，忏悔了。幸而是早晨，时间正多，我可以说我的真实。我们的新的道路的开辟，便在这一遭。

我和她闲谈，故意地引起我们的往事，提到文艺，于是涉及外国的文人，文人的作品：《诺拉》，《海的女人》。称扬诺拉的果决……也还是去年在会馆的破屋里讲过的那些话，但现在已经变成空虚，从我的嘴传入自己的耳中，时时疑心有一个隐形的坏孩子，在背后恶意地刻毒地学舌。

她还是点头答应着倾听，后来沉默了。我也就断续地说完了我的话，连余音都消失在虚空中了。

"是的。"她又沉默了一会，说，"但是，——涓生，我觉得你近来很两样了。可是的？你，——你老实告诉我。"

我觉得这似乎给了我当头一击，但也立即定了神，说出我的意见和主张来：新的路的开辟，新的生活的再造，为的是免得一同灭亡。

临末，我用了十分的决心，加上这几句话——

"……况且你已经可以无须顾虑，勇往直前了。你要我老实说；是的，人是不该虚伪的。我老实说罢：因为，因为我已经不爱你了！但这于你倒好得多，因为你更可以毫无挂念地做事……”

我同时预期着大的变故的到来，然而只有沉默。她脸色陡然变成灰黄，死了似的；瞬间便又苏生，眼里也发了稚气的闪闪的光泽。这眼光射向四处，正如孩子在饥渴中寻求着慈爱的母亲，但只在空中寻求，恐怖地回避着我的眼。

我不能看下去了，幸而是早晨，我冒着寒风径奔通俗图书馆。

在那里看见《自由之友》，我的小品文都登出了。这使我一惊，仿佛得了一点生气。我想，生活的路还很多，——但是，现在这样也还是不行的。

我开始去访问久已不相闻问的熟人，但这也不过一两次；他们的屋子自然是暖和的，我在骨髓中却觉得寒冽。夜间，便蜷伏在比冰还冷的冷屋中。

冰的针刺着我的灵魂，使我永远苦于麻木的疼痛。生活的路还很多，我也还没有忘却翅子的扇动，我想。——我突然想到她的死，然而立刻自责，忏悔了。

在通俗图书馆里往往瞥见一闪的光明，新的生路横在前面。她勇猛地觉悟了，毅然走出这冰冷的家，而且，——毫无怨恨的神色。我便轻如行云，漂浮空际，上有蔚蓝的天，下是深山大海，广厦高楼，战场，摩托车，洋场，公馆，晴明的闹市，黑暗的夜……

而且，真的，我豫感得这新生面便要来到了。

我们总算度过了极难忍受的冬天，这北京的冬天；就如蜻蜓落在恶作剧的坏孩子的手里一般，被系着细线，尽情玩弄，虐待，虽然幸而没有送掉性命，结果也还是躺在地上，只争着一个迟早之间。

写给《自由之友》的总编辑已经有三封信，这才得到回信，信封里只有两张书券：两角的和三角的。我却单是催，就用了九分的邮票，一天的饥饿，又都白挨给于已一无所得的空虚了。

然而觉得要来的事，却终于来到了。

这是冬春之交的事，风已没有这么冷，我也更久地在外面徘徊；待到回家，大概已经昏黑。就在这样一个昏黑的晚上，我照常没精打采地回来，一看见寓所的门，也照常更加丧气，使脚步放得更缓。但终于走进自己的屋子里了，没有灯火；摸火柴点起来时，是异样的寂寞和空虚！

正在错愕中，官太太便到窗外来叫我出去。

“今天子君的父亲来到这里，将她接回去了。”她很简单地说。

这似乎又不是意料中的事，我便如脑后受了一击，无言地站着。

“她去了么？”过了些时，我只问出这样一句话。

“她去了。”

“她，——她可说什么？”

“没说什么。单是托我见你回来时告诉你，说她去了。”

我不信；但是屋子里是异样的寂寞和空虚。我遍看各处，寻觅子君；只见几件破旧而黯淡的家具，都显得极其清疏，在证明着它们毫无隐匿一人一物的能力。我转念寻信或她留下的字迹，也没有；只是盐和干辣椒，面粉，半株白菜，却聚集在一处了，旁边还有几十枚铜元。这是我们两人生活材料的全副，现在她就郑重地将这留给我一个人，在不言中，教我借此去维持较久的生活。

我似乎被周围所排挤，奔到院子中间，有昏黑在我的周围；正屋的纸窗上映出明亮的灯光，他们正在逗着孩子玩笑。我的心也沉静下来，觉得在沉重的迫压中，渐渐隐约地现出脱走的路径：深山大泽，洋场，电灯下的盛筵，壕沟，最黑最黑的深夜，利刃的一击，毫无声响的脚步……

心地有些轻松，舒展了，想到旅费，并且嘘一口气。

躺着，在合着的眼前经过的豫想的前途，不到半夜已经现尽；暗中忽然仿佛看见一堆食物，这之后，便浮出一个子君的灰黄的脸来，睁了孩子气的眼睛，恳托似的看着我。我一定神，什么也没有了。

但我的心却又觉得沉重。我为什么偏不忍耐几天，要这样急急地告诉她真话的呢？现在她知道，她以后所有的只是她父亲——儿女的债主——的烈日一般的严威和旁人的赛过冰霜的冷眼。此外便是虚空。负着虚空的重担，在严威和冷眼中走着所谓人生的路，这是怎么可怕的事呵！而况这路的尽头，又不过是——连墓碑也没有的坟墓。

我不应该将真实说给子君，我们相爱过，我应该永久奉献她我的说谎。如果真实可以宝贵，这在子君就不该是一个沉重的空虚。谎语当然也是一个空虚，然而临末，至多也不过这样地沉重。

我以为将真实说给子君，她便可以毫无顾虑，坚决地毅然前行，一如我们将要同居时那样。但这恐怕是我错误了。她当时的勇敢和无畏是因为爱。

我没有负着虚伪的重担的勇气，却将真实的重担卸给她了。她爱我之后，就要负了这重担，在严威和冷眼中走着所谓人生的路。

我想到她的死……我看见我是一个卑怯者，应该被摈于强有力的人们，无论是真实者，虚伪者。然而她却自始至终，还希望我维持较久的生活……

我要离开吉兆胡同，在这里是异样的空虚和寂寞。我想，只要离开这里，子君便如还在我的身边；至少，也如还在城中，有一天，将要出乎意表地访我，像住在会馆时候似的。

然而一切请托和书信，都是一无反响；我不得已，只好访问一个久不问候的世交去了。他是我伯父的幼年的同窗，以正经出名的拔贡，寓京很久，交游也广阔的。

大概因为衣服的破旧罢，一登门便很遭门房的白眼。好容易才相见，也还相识，但是很冷落。我们的往事，他全都知道了。

"自然，你也不能在这里了，"他听了我托他在别处觅事之后，冷冷地说，"但那里去呢？很难。——你那，什么呢，你的朋友罢，子君，你可知道，她死了。"

我惊得没有话。

"真的？"我终于不自觉地问。

"哈哈。自然真的。我家的王升的家，就和她家同村。"

"但是，——不知道是怎么死的？"

“谁知道呢。总之是死了就是了。”

我已经忘却了怎样辞别他，回到自己的寓所。我知道他是不说谎话的；子君总不会再来的了，像去年那样。她虽是想在严威和冷眼中负着虚空的重担来走所谓人生的路，也已经不能。她的命运，已经决定她在我所给与的真实——无爱的人间死灭了。

自然，我不能在这里了；但是，“那里去呢？”

四围是广大的空虚，还有死的寂静。死于无爱的人们的眼前的黑暗，我仿佛一一看见，还听得一切苦闷和绝望的挣扎的声音。

我还期待着新的东西到来，无名的，意外的。但一天一天，无非是死的寂静。

我比先前已经不大出门，只坐卧在广大的空虚里，一任这死的寂静侵蚀着我的灵魂。死的寂静有时也自己战栗，自己退藏，于是在这绝续之交，便闪出无名的，意外的，新的期待。

一天是阴沉的上午，太阳还不能从云里面挣扎出来，连空气都疲乏着。耳中听到细碎的步声和咻咻的鼻息，使我睁开眼。大致一看，屋子里还是空虚；但偶然看到地面，却盘旋着一匹小小的动物，瘦弱的，半死的，满身灰土的……

我一细看，我的心就一停，接着便直跳起来。

那是阿随。它回来了。

我的离开吉兆胡同，也不单是为了房主人们和他家女工的冷眼，大半就为着这阿随。但是，“那里去呢？”新的生路自然还很多，我约略知道，也间或依稀看见，觉得就在我面前，然而我还没有知道跨进那里去的第一步的方法。

经过许多回的思量和比较，也还只有会馆是还能相容的地方。依然是这样的破屋，这样的板床，这样的半枯的槐树和紫藤，但那时使我希望，欢欣，爱，生活的，却全都逝去了，只有一个虚空，我用真实去换来的虚空存在。

新的生路还很多，我必须跨进去，因为我还活着。但我还不知道怎样跨出那第一步。有时，仿佛看见那生路就像一条灰白的长蛇，自己蜿蜒地向我奔来，我等着，等着，看看临近，但忽然便消失在黑暗里了。

初春的夜，还是那么长。长久的枯坐中记起上午在街头所见的葬式，前面是纸人纸马，后面是唱歌一般的哭声。我现在已经知道他们的聪明了，这是多么轻松简截的事。

然而子君的葬式却又在我的眼前，是独自负着虚空的重担，在灰白的长路上前行，而又即刻消失在周围的严威和冷眼里了。

我愿意真有所谓鬼魂，真有所谓地狱，那么，即使在孽风怒吼之中，我也将寻觅子君，当面说出我的悔恨和悲哀，祈求她的饶恕；否则，地狱的毒焰将围绕我，猛烈地烧尽我的悔恨和悲哀。

我将在孽风和毒焰中拥抱子君，乞她宽容，或者使她快意……

但是，这却更虚空于新的生路；现在所有的只是初春的夜，竟还是那么长。我活着，我总得向着新的生路跨出去，那第一步，——却不过是写下我的悔恨和悲哀，为子君，为自己。

我仍然只有唱歌一般的哭声，给子君送葬，葬在遗忘中。

我要遗忘；我为自己，并且要不再想到这用了遗忘给子君送葬。

我要向着新的生路跨进第一步去，我要将真实深深地藏在心的创伤中，默默地前行，用遗忘和说谎做我的前导……

一九二五年十月二十一日毕

上　鲁迅浙江绍兴百草园故居

下　鲁迅上海故居

鲁迅先生记

萧　红

鲁迅先生家里的花瓶，好像画上所见的西洋女子用以取水的瓶子，灰蓝色，有点从瓷釉自然堆起的纹痕，瓶口的两边，还有两个瓶耳，瓶里种的是几棵万年青。

我第一次看到这花的时候，我就问过：

“这叫什么名字？屋中既不生火炉，也不冻死？”

第一次，走进鲁迅家里去，那是快近黄昏的时节，而且是个冬天，所以那楼下室稍微有一点暗，同时鲁迅先生的纸烟，当它离开嘴边而停在桌角的地方，那烟纹的卷痕一直升腾到他有一些白丝的发梢那么高。而且再升腾就看不见了。

“这花，叫‘万年青’，永久这样！”他在花瓶旁边的烟灰盒中，抖掉了纸烟上的灰烬，那红的烟火，就越红了，好像一朵小花似的，和他的袖口相距离着。

“这花不怕冻？”以后，我又问过，记不得是在什么时候了。

许先生说：“不怕的，最耐久！”而且她还拿着瓶口给我摇着。

我还看到了那花瓶的底边是一些圆石子，以后，因为熟识了的缘故，我就自己动手看过一两次，又加上这花瓶是常常摆在客厅的黑色长桌上；又加上自己是来在寒带的北方，对于这在四季里都不凋零的植物，总带着一点惊奇。

而现在这“万年青”依旧活着，每次到许先生家去，看到那花，有时仍站在那黑色的长桌上，有时站在鲁迅先生照像的前面。

花瓶是换了，用一个玻璃瓶装着，看得到淡黄色的须根，站在瓶底。

有时候许先生一面和我们谈论着，一面检查着房中所有的花草。看一看叶子是不是黄了？该剪掉的剪掉；该洒水的洒水，因为不停地动作是她的习惯。有时候就检查着这“万年青”，有时候就谈着鲁迅先生，就在他的照像前面谈着，但那感觉，却像谈着古人那么悠远了。

至于那花瓶呢？站在墓地的青草上面去了，而且瓶底已经丢失，虽然丢失了也就让它空空地站在墓边。我所看到的是从春天一直站到秋天；它一直站到邻旁墓头的石榴树开了花而后结成了石榴。

从开炮以后，只有许先生绕道去过一次，别人就没有去过。当然那墓草是长得很高了，而且荒了，还说什么花瓶，恐怕鲁迅先生的瓷半身像也要被荒了的草埋没到他的胸口。

我们在这边，只能写纪念鲁迅先生的文章，而谁去努力剪齐墓上的荒草？我们是越去越远了，但无论多么远，那荒草是总要记在心上的。

1938年

思考与讨论：

1.《伤逝》的爱情故事在今天还有现实意义吗？

2. 课外可以找鲁迅的《娜拉走后怎样》，与《伤逝》对照阅读，看看有什么体会。

拓展阅读：

《呐喊》，鲁迅，人民文学出版社，2006年。

《回忆鲁迅先生》，萧红，《萧红散文全编》，浙江文艺出版社，1994年。

我所知道的康桥

徐志摩

一

我这一生的周折，大都寻得出感情的线索。不论别的，单说求学。我到英国是为要从卢梭[①]。卢梭来中国时，我已经在美国。他那不确的死耗传到的时候，我真的出眼泪不够，还做悼诗来了。他没有死，我自然高兴。我摆脱了哥伦比亚[②]大博士衔的引诱，买船漂过大西洋，想跟这位二十世纪的福禄泰尔[③]认真念一点书去。谁知一到英国才知道事情变样了：一为他在战时主张和平，二为他离婚，卢梭叫康桥给除名了，他原来是Trinity College的fellow[④]，这来他的fellowship[⑤]也给取消了。他回英国后就在伦敦住下，夫妻两人卖文章过日子。因此我也不曾遂我从学的始愿。我在伦敦政治经济学院里混了半年，正感着闷想换路走的时候，我认识了狄更生[⑥]先生。狄更生——Goldsworthy Lowes Dickinson——是一个有名的作者，他的

---

① 卢梭，通译罗素（1872—1970），英国哲学家、逻辑学家，1921年曾来中国讲学。
② 哥伦比亚，这里指哥伦比亚大学，在美国纽约。
③ 福禄泰尔，通译伏尔泰（1694—1778），法国启蒙思想家、哲学家、作家。
④ Trinity College的fellow，即三一学院（属剑桥大学）的评议员。
⑤ fellowship，即评议员资格。
⑥ 狄更生，英国作家、学者。徐志摩在英国期间曾得到他的帮助。

《一个中国人通信》(Letters from John Chinaman)与《一个现代聚餐谈话》(A Modern Symposium)两本小册子早得了我的景仰。我第一次会着他是在伦敦国际联盟协会席上，那天林宗孟[①]先生演说，他做主席；第二次是宗孟寓里吃茶，有他。以后我常到他家里去。他看出我的烦闷，劝我到康桥去，他自己是王家学院(King's College)的fellow。我就写信去问两个学院，回信都说学额早满了，随后还是狄更生先生替我去在他的学院里说好了，给我一个特别生的资格，随意选科听讲。从此黑方巾、黑披袍的风光也被我占着了。初起我在离康桥六英里的乡下叫沙士顿地方租了几间小屋住下，同居的有我从前的夫人张幼仪女士与郭虞裳[②]君。每天一早我坐街车（有时自行车）上学，到晚回家。这样的生活过了一个春，但我在康桥还只是个陌生人谁都不认识，康桥的生活，可以说完全不曾尝着，我知道的只是一个图书馆，几个课室，和三两个吃便宜饭的茶食铺子。狄更生常在伦敦或是大陆上，所以也不常见他。那年的秋季我一个人回到康桥，整整有一学年，那时我才有机会接近真正的康桥生活，同时我也慢慢的"发见"了康桥。我不曾知道过更大的愉快。

二

"单独"是一个耐寻味的现象。我有时想它是任何发见的第一个条件。你要发见你的朋友的"真"，你得有与他单独的机会。你要发见你自己的真，你得给你自己一个单独的机会。你要发见一个地方（地方一样有灵性），你也得有单独玩的机会。我们这一辈子，认真说，能认识几个人？能认识几个地方？我们都是太匆忙，太没有单独的机会。说实话，我连我的本乡都没有什么了解。康桥我要算是有相当交情的，再次许只有新认识的翡冷翠[③]了。啊，那些清晨，那些黄昏，我一个人发疑似的在康桥！绝对的单独。

但一个人要写他最心爱的对象，不论是人是地，是多么使他为难的一个工作？你怕，你怕描坏了它，你怕说过分了恼了它，你怕说太谨慎了辜负了它。我现在想

---

① 林宗孟，即林长民，晚清立宪派人士，辛亥革命后曾出任司法总长。
② 郭虞裳，未详。
③ 翡冷翠，通译佛罗伦萨，意大利中部城市。

写康桥，也正是这样的心理，我不曾写，我就知道这回是写不好的——况且又是临时逼出来的事情。但我却不能不写，上期预告已经出去了。我想勉强分两节写：一是我所知道的康桥的天然景色；一是我所知道的康桥的学生生活。我今晚只能极简的写些，等以后有兴会时再补。

三

康桥的灵性全在一条河上；康河，我敢说是全世界最秀丽的一条水。河的名字是葛兰大(Granta)，也有叫康河 (River Cam)的，许有上下流的区别，我不甚清楚。河身多的是曲折，上游是有名的拜伦潭——“Byron's Pool”——当年拜伦常在那里玩的；有一个老村子叫格兰骞斯德，有一个果子园，你可以躺在累累的桃李树荫下吃茶，花果会掉入你的茶杯，小雀子会到你桌上来啄食，那真是别有一番天地。这是上游；下游是从骞斯德顿下去，河面展开，那是春夏间竞舟的场所。上下河分界处有一个坝筑，水流急得很，在星光下听水声，听近村晚钟声，听河畔倦牛刍草声，是我康桥经验中最神秘的一种：大自然的优美、宁静，调谐在这星光与波光的默契中不期然的淹入了你的性灵。

但康河的精华是在它的中权，著名的“Backs”，这两岸是几个最蜚声的学院的建筑。从上面下来是Pembroke，St. Katharine's, King's, Clare, Trinity, St. John's。最令人留连的一节是克莱亚与王家学院的毗连处，克莱亚的秀丽紧邻着王家教堂(King's Chapel)的宏伟。别的地方尽有更美更庄严的建筑，例如巴黎赛因河的罗浮宫一带，威尼斯的利阿尔多大桥的两岸，翡冷翠维基乌大桥的周遭；但康桥的“Backs”自有它的特长，这不容易用一二个状词来概括，它那脱尽尘埃气的一种清澈秀逸的意境可说是超出了画图而化生了音乐的神味。再没有比这一群建筑更调谐更匀称的了！论画，可比的许只有柯罗(Corot)的田野；论音乐，可比的许只有肖班[1](Chopin)的夜曲。就这，也不能给你依稀的印象，它给你的美感简直是神灵性的一种。

假如你站在王家学院桥边的那棵大椈树荫下眺望，右侧面，隔着一大方浅草

---

① 肖班，通译肖邦(1810—1849)，波兰作曲家、钢琴家。

剑桥日出

左　泛舟康河

右　剑桥圣约翰学院(St. John's College)

剑桥三一学院(Trinity College)

坪，是我们的校友居(fellows building)，那年代并不早，但它的妩媚也是不可掩的，它那苍白的石壁上春夏间满缀着艳色的蔷薇在和风中摇头，更移左是那教堂，森林似的尖阁不可浼的永远直指着天空；更左是克莱亚，啊！那不可信的玲珑的方庭，谁说这不是圣克莱亚(St. Clare)的化身， 哪一块石上不闪耀着她当年圣洁的精神？在克莱亚后背隐约可辨的是康桥最潢贵最骄纵的三一学院 (Trinity)，它那临河的图书楼上坐镇着拜伦神采惊人的雕像。

但这时你的注意早已叫克莱亚的三环洞桥魔术似的摄住。你见过西湖白堤上的西泠断桥不是？（可怜它们早已叫代表近代丑恶精神的汽车公司给铲平了，现在它们跟着苍凉的雷峰永远辞别了人间。）你忘不了那桥上斑驳的苍苔，木栅的古色，与那桥拱下泄露的湖光与山色不是？克莱亚并没有那样体面的衬托，它也不比庐山栖贤寺旁的观音桥，上瞰五老的奇峰，下临深潭与飞瀑；它只是怯伶伶的一座三环洞的小桥，它那桥洞间也只掩映着细纹的波粼与婆娑的树影，它那桥上栉比的小穿兰与兰节顶上双双的白石球，也只是村姑子头上不夸张的香草与野花一类的装饰；但你凝神的看着，更凝神的看着，你再反省你的心境，看还有一丝屑的俗念沾滞不？只要你审美的本能不曾汩灭时，这是你的机会实现纯粹美感的神奇！

但你还得选你赏鉴的时辰。英国的天时与气候是走极端的。冬天是荒谬的坏，逢着连绵的雾盲天你一定不迟疑的甘愿进地狱本身去试试；春天(英国是几乎没有夏天的)是更荒谬的可爱，尤其是它那四五月间最渐缓最艳丽的黄昏，那才真是寸寸黄金。在康河边上过一个黄昏是一服灵魂的补剂。啊！我那时蜜甜的单独，那时蜜甜的闲暇。一晚又一晚的，只见我出神似的倚在桥阑上向西天凝望：——

看一回凝静的桥影，

数一数螺钿的波纹：

我倚暖了石阑的青苔，

青苔凉透了我的心坎；……

还有几句更笨重的怎能仿佛那游丝似轻妙的情景：

难忘七月的黄昏，远树凝寂，

像墨泼的山形，衬出轻柔暝色

密稠稠，七分鹅黄，三分桔绿，

那妙意只可去秋梦边缘捕捉；……

四

这河身的两岸都是四季常青最葱翠的草坪。从校友居的楼上望去，对岸草场上，不论早晚，永远有十数匹黄牛与白马，胫蹄没在恣蔓的草丛中，从容的在咬嚼，星星的黄花在风中动荡，应和着它们尾鬃的扫拂。桥的两端有斜倚的垂柳与椈荫护住。水是澈底的清澄，深不足四尺，匀匀的长着长条的水草。这岸边的草坪又是我的爱宠，在清朝，在傍晚，我常去这天然的织锦上坐地，有时读书，有时看水；有时仰卧着看天空的行云，有时反扑着搂抱大地的温软。

但河上的风流还不止两岸的秀丽。你得买船去玩。船不止一种：有普通的双桨划船，有轻快的薄皮舟(canoe)，有最别致的长形撑篙船(punt)。最末的一种是别处不常有的：约莫有二丈长，三尺宽，你站直在船梢上用长竿撑着走的。这撑是一种技术。我手脚太蠢，始终不曾学会。你初起手尝试时，容易把船身横住在河中，东颠西撞的狼狈。英国人是不轻易开口笑人的，但是小心他们不出声的皱眉！也不知有多少次河中本来优闲的秩序叫我这莽撞的外行给搗乱了。我真的始终不曾学会；每回我不服输跑去租船再试的时候，有一个白胡子的船家往往带讥讽的对我说："先生，这撑船费劲，天热累人，还是拿个薄皮舟溜溜吧！"我哪里肯听话，长篙子一点就把船撑了开去，结果还是把河身一段段的腰斩了去。

你站在桥上去看人家撑，那多不费劲，多美！尤其在礼拜天有几个专家的女郎，穿一身缟素衣服，裙裾在风前悠悠的飘着，戴一顶宽边的薄纱帽，帽影在水草间颤动，你看她们出桥洞时的姿态，捻起一根竟像没有分量的长竿，只轻轻的，不经心的往波心里一点，身子微微的一蹲，这船身便波的转出了桥影，翠条鱼似的向前滑了去。她们那敏捷，那闲暇，那轻盈，真是值得歌咏的。

在初夏阳光渐暖时你去买一支小船，划去桥边荫下躺着念你的书或是做你的梦，槐花香在水面上飘浮，鱼群的唼喋声在你的耳边挑逗。或是在初秋的黄昏，近着新月的寒光，望上流僻静处远去。爱热闹的少年们携着他们的女友，在船沿上支着双双的东洋彩纸灯，带着话匣子，船心里用软垫铺着，也开向无人迹处去享他们的野福——谁不爱听那水底翻的音乐在静定的河上描写梦意与春光！

住惯城市的人不易知道季候的变迁。看见叶子掉知道是秋，看见叶子绿知道是春；天冷了装炉子，天热了拆炉子；脱下棉袍，换上夹袍，脱下夹袍，穿上单袍：不过如此吧了。天上星斗的消息，地下泥土里的消息，空中风吹的消息，都不关我们的事。忙着哪，这样那样事情多着，谁耐烦管星星的移转，花草的消长，风云的变幻？同时我们抱怨我们的生活、苦痛、烦闷、拘束、枯燥，谁肯承认做人是快乐？谁不多少间咒诅人生？

但不满意的生活大都是由于自取的。我是一个生命的信仰者，我信生活决不是我们大多数人仅仅从自身经验推得的那样暗惨。我们的病根是在“忘本”。人是自然的产儿，就比枝头的花与鸟是自然的产儿；但我们不幸是文明人，入世深似一天，离自然远似一天。离开了泥土的花草，离开了水的鱼，能快活吗？能生存吗？从大自然，我们取得我们的生命；从大自然，我们应分取得我们继续的资养。哪一株婆娑的大木没有盘错的根柢深入在无尽藏的地里？我们是永远不能独立的。有幸福是永远不离母亲抚育的孩子，有健康是永远接近自然的人们。不必一定与鹿豕游，不必一定回“洞府”去；为医治我们当前生活的枯窘，只要“不完全遗忘自然”一张轻淡的药方我们的病象就有缓和的希望。在青草里打几个滚，到海水里洗几次浴，到高处去看几次朝霞与晚照——你肩背上的负担就会轻松了去的。

这是极肤浅的道理，当然。但我要没有过过康桥的日子，我就不会有这样的自信。我这一辈子就只那一春，说也可怜，算是不曾虚度。就只那一春，我的生活是自然的，是真愉快的！（虽则碰巧那也是我最感受人生痛苦的时期）。我那时有的是闲暇，有的是自由，有的是绝对单独的机会。说也奇怪，竟像是第一次，我辨认了星月的光明，草的青，花的香，流水的殷勤。我能忘记那初春的睥睨吗？曾经有多少个清晨我独自冒着冷去薄霜铺地的林子里闲步——为听鸟语，为盼朝阳，为寻泥土里渐次苏醒的花草，为体会最微细最神妙的春信。啊，那是新来的画眉在那边凋不尽的青枝上试它的新声！啊，这是第一朵小雪球花挣出了半冻的地面！啊，这不是新来的潮润沾上了寂寞的柳条？

静极了，这朝来水溶溶的大道，只远处牛奶车的铃声，点缀这周遭的沉默。顺着这大道走去，走到尽头，再转入林子里的小径，往烟雾浓密处走去，头顶是交枝的榆荫，透露着漠楞楞的曙色；再往前走去，走尽这林子，当前是平坦的原野，望见了村舍，初青的麦田，更远三两个馒形的小山掩住了一条通道。天边是雾茫茫的，尖尖的黑影是近村的教寺。听，那晓钟和缓的清音。这一带是此邦中部的平原，地形像是海里的轻波，默沉沉的起伏；山岭是望不见的，有的是常青的草原与沃腴的田壤。登那土阜上望去，康桥只是一带茂林，拥戴着几处娉婷的尖阁。妩媚的康河也望不见踪迹，你只能循着那锦带似的林木想象那一流清浅。村舍与树林是这地盘上的棋子，有村舍处有佳荫，有佳荫处有村舍。这早起是看炊烟的时辰：朝雾渐渐的升起，揭开了这灰苍苍的天幕(最好是微霰后的光景)，远近的炊烟，成丝的、成缕的、成卷的、轻快的、迟重的、浓灰的、淡青的、惨白的，在静定的朝气里渐渐的上腾，渐渐的不见，仿佛是朝来人们的祈祷，参差的翳入了天听。朝阳是难得见的，这初春的天气。但它来时是起早人莫大的愉快。顷刻间这田野添深了颜色，一层轻纱似的金粉糁上了这草，这树，这通道，这庄舍。顷刻间这周遭弥漫了清晨富丽的温柔。顷刻间你的心怀也分润了白天诞生的光荣。“春”！这胜利的晴空仿佛在你的耳边私语。“春”！你那快活的灵魂也仿佛在那里回响。

伺候着河上的风光，这春来一天有一天的消息。关心石上的苔痕，关心败草里的花鲜，关心这水流的缓急，关心水草的滋长，关心天上的云霞，关心新来的鸟语。怯伶伶的小雪球是探春信的小使。铃兰与香草是欢喜的初声。窈窕的莲馨，玲珑的石水仙，爱热闹的克罗克斯，耐辛苦的蒲公英与雏菊——这时候春光已是烂缦在人间，更不须殷勤问讯。

瑰丽的春放。这是你野游的时期。可爱的路政，这里不比中国，哪一处不是坦荡荡的大道？徒步是一个愉快，但骑自转车是一个更大的愉快，在康桥骑车是普遍的技术；妇人、稚子、老翁，一致享受这双轮舞的快乐。(在康桥听说自转车是不怕人偷的，就为人人都自己有车，没人要偷)。任你选一个方向，任你上一条通道，顺着这带草味的和风，放轮远去，保管你这半天的逍遥是你性灵的补剂。这道上有的是清荫与美草，随地都可以供你休憩。你如爱花，这里多的是锦绣似的草原。你如爱鸟，这里多的是巧啭的鸣禽。你如爱儿童，这乡间到处是可亲的稚子。你如爱人情，这里多的是不嫌远客的乡人，你到处可以“挂单’借宿，有酪浆与嫩薯供你饱餐，有夺目的果鲜恣你尝新。你如爱酒，这乡间每“望”都为你储有上好的新酿，黑啤如太浓，苹果酒、姜酒都是供你解渴润肺的。……带一卷书，走十里路，选一块清静地，看天，听鸟，读书，倦了时，和身在草绵绵处寻梦去——你能想像更适情更适性的消遣吗？

陆放翁有一联诗句：“传呼快马迎新月，却上轻舆趁晚凉”；这是做地方官的风流。我在康桥时虽没马骑，没轿子坐，却也有我的风流：我常常在夕阳西晒时骑了车迎着天边扁大的日头直追。日头是追不到的，我没有夸父的荒诞，但晚景的温存却被我这样偷尝了不少。有三两幅画图似的经验至今还是栩栩的留着。只说看夕阳，我们平常只知道登山或是临海，但实际只须辽阔的天际，平地上的晚霞有时也是一样的神奇。有一次我赶到一个地方，手把着一家村庄的篱笆，隔着一大田的麦浪，看西天的变幻。有一次是正冲着一条宽广的大道，过来一大群羊，放草归来的，偌大的太阳在它们后背放射着万缕的金辉，天上却是乌青青的，只剩这不可逼视的威光中的一条大路，一群生物，我心头顿时感着神异性的压迫，我真的跪下了，对着这冉冉渐翳的金光。再有一次是更不可忘的奇景，那是临着一大片望不到头的草原，满开着艳红的罂粟，在青草里亭亭像是万盏的金灯，阳光从褐色云斜着过来，幻成一种异样紫色，透明似的不可逼视，刹那间在我迷眩了的视觉中，这草田变成了……不说也罢，说来你们也是不信的！

一别二年多了，康桥，谁知我这思乡的隐忧？也不想别的，我只要那晚钟撼动的黄昏，没遮拦的田野，独自斜倚在软草里，看第一个大星在天边出现！

十五年一月十五日

追悼志摩

胡　适

悄悄的我走了，

　正如我悄悄的来；

我挥一挥衣袖，

　不带走一片云彩

（《再别康桥》）

志摩这一回真走了！可不是悄悄的走。在那淋漓的大雨里，在那迷濛的大雾里，一个猛烈的大震动，三百四马力的飞机碰在一座终古不动的山上，我们的朋友额上受了一个致命的撞伤，大概立刻失去了知觉，半空中起了一团大火，像天上陨了一颗大星似的直掉下地去。我们的志摩和他的两个同伴就死在那烈焰里了！

我们初得着他的死信，却不肯相信，都不信志摩这样一个可爱的人会死的这么惨酷。但在那几天的精神大震撼稍稍过去之后，我们忍不住要想，那样的死法也许只有志摩最配。我们不相信志摩会“悄悄的走了”，也不忍想志摩会是一个“平凡的死”，死在天空之中，大雨淋着，大雾笼罩着，大火焚烧着，那撞不倒的山头在旁边冷眼瞧着，我们新时代的新诗人，就是要自己挑一种死法，也挑不出更合式，更悲壮的了。

志摩走了，我们这个世界里被他带走了不少的云彩。他在我们这些朋友之中，真是一片最可爱的云彩，永远是温暖的颜色，永远是美的花样，永远是可爱。他常说：

我不知道风

是在那一个方向吹——

我们也不知道风是在那一个方向吹，可是狂风过去之后，我们的天空变惨淡了，变寂寞了，我们才感觉我们的天上的一片最可爱的云彩被狂风卷去了，永远不回来了！

这十几天里，常有朋友到家里来谈志摩，谈起来常常有人痛哭。在别处痛哭他的，一定还不少。志摩所以能使朋友这样哀念他，只是因为他的为人整个的只是一团同情心，只是一团爱。叶公超先生说：

他对于任何人，任何事，从未有过绝对的怨恨，甚至于无意中都没有表示过一些憎嫉的神气。

陈通伯先生说：

尤其朋友里缺不了他。他是我们的连索，他是粘着性的，发酵性的。在这七八年中，国内文艺界里起了不少的风波，吵了不少的架，许多很熟的朋友往往弄的不能见面。但我没有听见有人怨恨过志摩。谁也不能抵抗志摩的同情心，谁也不能避开他的粘着性。他才是和事的无穷的同情，使我们老，他总是朋友中间的“连索”。他从没有疑心，他从不会妒忌。使这些多疑善妒的人们十分惭愧，又十分羡慕。

他的一生真是爱的象征。爱是他的宗教，他的上帝。

我攀登了万仞的高冈，

荆棘扎烂了我的衣裳，

我向飘渺的云天外望——

上帝，我望不见你！

……

我在道旁见一个小孩：

活泼，秀丽，褴褛的衣衫；

他叫声“妈”，眼里亮着爱——

上帝，他眼里有你！

（《他眼里有你》）

志摩今年在他的《〈猛虎集〉自序》里，曾说他的心境是“一个曾经有单纯信仰而流入怀疑的颓废”。这句话是他最好的自述。他的人生观真是一种“单纯信仰”，这里面只有三个大字：一个是爱，一个是自由，一个是美。他梦想这三个理想的条件能够会合在一个人生里，这是他的“单纯信仰”。他的一生的历史，只是他追求这个单纯信仰的实现的历史。

社会上对于他的行为，往往有不谅解的地方，都只因为社会上批评他的人不曾懂得志摩的“单纯信仰”的人生观。他的离婚和他的第二次结婚，是他一生最受社会严厉批评的两件事。现在志摩的棺已盖了，而社会上的议论还未定。但我们知道这两件事的人，都能明白，至少在志摩的方面，这两件事最可以代表志摩的单纯理想的追求。他万分诚恳的相信那两件事都是他实现那“美与爱与自由”的人生的正当步骤。这两件事的结果，在别人看来，似乎都不曾能够实现志摩的理想生活。但到了今日，我们还忍用成败来议论他吗？

我忍不住我的历史癖，今天我要引用一点神圣的历史材料，来说明志摩决心离婚时的心理。民国十一年三月，他正式向他的夫人提议离婚，他告诉她，他们不应该继续他们的没有爱情没有自由的结婚生活了，他提议“自由之偿还自由”，他认为这是“彼此重见生命之曙光，不世之荣业”。他说：

故转夜为日，转地狱为天堂，直指顾间事矣。……真生命必自奋斗自求得来，真幸福亦必自奋斗自求得来，真恋爱亦必自奋斗自求得来！彼此前途无限，……彼此有改良社会之心，彼此有造福人类之心，其先自作榜样，勇决智断，彼此尊重人格，自由离婚，止绝苦痛，始兆幸福，皆在此矣。

这信里完全是青年的志摩的单纯的理想主义，他觉得那没有爱又没有自由的家庭是可以摧毁他们的人格的，所以他下了决心，要把自由偿还自由，要从自由求得他们的真生命，真幸福，真恋爱。

后来他回国了，婚是离了，而家庭和社会都不能谅解他。最奇怪的是他和他已离婚的夫人通信更勤，感情更好。社会上的人更不明白了。志摩是梁任公先生最爱护的学生，所以民国十二年任公先生曾写一封很恳切的信去劝他。在这信里，任公提出两点：

其一，万不容以他人之苦痛，易自己之快乐。弟之此举，其于弟将来之快乐能得与否，殆茫如捕风，然先已予多数人以无量之苦痛。

其二，恋爱神圣为今之少年所乐道。……兹事盖可遇而不可求。……况多情多感之人，其幻想起落鹘突，而得满足得宁帖也极难。所梦想之神圣境界恐终不可得，徒以烦恼终其身已耳。

任公又说：

呜呼志摩！天下岂有圆满之宇宙？……当知吾侪以不求圆满为生活态度，斯可以领略生活之妙味矣。……若沉迷于不可必得之梦境，挫折数次，生意尽矣，郁邑佗傺以死，死为无名，死犹可也，最可畏者，不死不生而堕落至不复能自拔。呜呼志摩，可无惧耶！可无惧耶！(十二年一月二日信)

任公一眼看透了志摩的行为是追求一种“梦想的神圣境界”，他料到他必要失望，又怕他少年人受不起几次挫折，就会死，就会堕落。所以他以老师的资格警告他：“天下岂有圆满之宇宙？”

但这种反理想主义是志摩所不能承认的。他答复任公的信，第一不承认他是把他人的苦痛来换自己的快乐。他说：

我之甘冒世之不韪，竭全力以斗者，非特求免凶惨之苦痛，实求良心之安顿，求人格之确立，求灵魂之救度耳。

人谁不求庸德？人谁不安现成？人谁不畏艰险？然且有突围而出者，夫岂得已而然哉？

第二，他也承认恋爱是可遇而不可求的，但他不能不去追求。他说：

我将于茫茫人海中访我唯一灵魂之伴侣；得之，我幸；不得，我命，如此而已。

他又相信他的理想是可以创造培养出来的。他对任公说：

嗟夫吾师！我尝奋我灵魂之精髓，以凝成一理想之明珠，涵之以热满之心血，朗照我深奥之灵府。而庸俗忌之嫉之，辄欲麻木其灵魂，捣碎其理想，杀灭其希望，污毁其纯洁！我之不流入堕落，流入庸懦，流入卑污，其几亦微矣！

我今天发表这三封不曾发表过的信，因为这几封信最能表现那个单纯的理想主义者徐志摩。他深信理想的人生必须有爱，必须有自由，必须有美；他深信这种三位一体的人生是可以追求的，至少是可以用纯洁的心血培养出来的。——我们若从这个观点来观察志摩的一生，他这十年中的一切行为就全可以了解了。我还可以说，只有从这个观点上才可以了解志摩的行为；我们必须先认清了他的单纯信仰的人生观，方才认得清志摩的为人。

志摩最近几年的生活，他承认是失败。他有一首《生活》的诗，诗是暗惨的可怕：

阴沉，黑暗，毒蛇似的蜿蜒，
生活逼成了一条甬道：
一度陷入，你只可向前，
手扪索着冷壁的粘潮，

在妖魔的脏腑内挣扎，
头顶不见一线的天光，
这魂魄，在恐怖的压迫下，
除了消灭更有什么愿望？

（十九年五月二十九日）

他的失败是一个单纯的理想主义者的失败。他的追求，使我们惭愧，因为我们的信心太小了，从不敢梦想他的梦想。他的失败，也应该使我们对他表示更深厚的恭敬与同情，因为偌大的世界之中，只有他有这信心，冒了绝大的危险，费了无数的麻烦，牺牲了一切平凡的安逸，牺牲了家庭的亲谊和人间的名誉，去追求，去试验一个“梦想之神圣境界”，而终于免不了惨酷的失败，也不完全是他的人生观的失败。他的失败是因为他的信仰太单纯了，而这个现实世界太复杂了，他的单纯的信仰禁不起这个现实世界的摧毁；正如易卜生的诗剧Brand里的那个理想主义者，抱着他的理想，在人间处处碰钉子，碰的焦头烂额，失败而死。

然而我们的志摩"在这恐怖的压迫下"，从不叫一声"我投降了"！他从不曾完全绝望，他从不曾绝对怨恨谁。他对我们说：

你们不能更多的责备。我觉得我已是满头的血水，能不低头已算是好的。(《猛虎集自序》)

是的，他不曾低头。他仍旧昂起头来做人；他仍旧是他那一团的同情心，一团的爱。我们看他替朋友做事，替团体做事，他总是仍旧那样热心，仍旧那样高兴。几年的挫折，失败，苦痛，似乎使他更成熟了，更可爱了。

他在苦痛之中，仍旧继续他的歌唱。他的诗作风也更成熟了。他所谓"初期的汹涌性"固然是没有了，作品也减少了；但是他的意境变深厚了，笔致变淡远了，技术和风格都更进步了。这是读《猛虎集》的人都能感觉到的。

志摩自己希望今年是他的"一个真正的复活的机会"。他说：

抬起头居然又见到天了。眼睛睁开了，心也跟着开始了跳动。

我们一班朋友都替他高兴。他这几年来想用心血浇灌的花树也许是枯萎的了；但他的同情，他的鼓舞，早又在别的园地里种出了无数的可爱的小树，开出了无数可爱的鲜花。他自己的歌唱有一个时期是几乎消沉了；但他的歌声引起了他的园地外无数的歌喉，嘹亮的唱，哀怨的唱，美丽的唱。这都是他的安慰，都使他高兴。

谁也想不到在这个最有希望的复活时代，他竟丢了我们走了！他的《猛虎集》里有一首咏一只黄鹂的诗，现在重读了，好像他在那里描写他自己的死，和我们对他的死的悲哀：

等候他唱，我们静着望，
怕惊了他。但他一展翅，
冲破浓密，化一朵彩云：
他飞了，不见了，没了——
像是春光，火焰，像是热情。

志摩这样一个可爱的人，真是一片春光，一团火焰，一腔热情。现在难道都完了？

决不！决不！志摩最爱他自己的一首小诗，题目叫做“偶然”，在他的《卞昆冈》剧本里，在那个可爱的孩子阿明临死时，那个瞎子弹着三弦，唱着这首诗：

我是天空里的一片云，
偶尔投影在你的波心——
　　你不必讶异，
　　更无需欢喜——
在转瞬间消灭了踪影。
你我相逢在黑暗的海上，
你有你的，我有我的，方向。
　　你记得也好，
　　最好你忘掉，
在这交会时互放的光亮！

朋友们，志摩是走了，但他投的影子会永远留在我们心里，他放的光亮也会永远留在人间，他不曾白来了一世。我们有了他做朋友，也可以安慰自己说不曾白来了一世。我们忘不了，和我们

在那交会时互放的光亮！

二十年，十二月，三夜。

思考与讨论：

1. 胡适在《追悼志摩》里所写徐志摩的人格特征，从《我所知道的康桥》里能不能体会到？
2. 结合自己的课外阅读，具体说说徐志摩的人和文。

拓展阅读：

《剑桥与海德堡——欧游语丝》，金耀基，辽宁教育出版社，1995年。

《徐志摩散文全编》，徐志摩，学林出版社，2010年。

一九三四年一月十八日

沈从文

我仿佛被一个极熟的人喊了又喊，人清醒后那个声音还在耳朵边。原来我的小船已开行了许久，这时节正在一个长潭中顺风滑行，河水从船舷轻轻擦过，故把我弄醒了。

我的小船今天应当停泊到一个大码头，想起这件事，我就有点儿慌张起来了。小船应停泊的地方，照史籍上所说，出丹砂，出辰州符。事实上却只出胖人，出肥猪，出鞭炮，出雨伞。一条长长的河街，在那里可以见到无数水手柏子与无数柏子的情妇。长街尽头飘扬着税关的幡信，税关前停泊了无数上下行验关的船只。长街尽头油坊围墙如城垣，长年有油可打，打油人摇荡悬空油捶，訇的向前抛去时，莫不伴以摇曳长歌，由日到夜，不知休止。河中长年有大木筏停泊，每一木筏浮江而下时，同时四方角隅至少有三十个人举桡激水。沿河吊脚楼下泊定了大而明黄的船只，船尾高张，皆到两丈左右，小船从下面过身时，仰头看去恰如一间大屋。（**那上面必用金漆写得有福字同顺字！**）这个地方就是我一提及它时充满了感情的辰州地方。

小船去辰州还约三十里，两岸山头已较小，不再壁立拔峰，渐渐成为一堆堆黛色与浅绿相间的邱阜，山势既较和平，河水也温和多了。两岸人家渐渐越来越多，

上　沈从文湖南凤凰故居

下　沈从文青岛故居

随处皆可以见到毛竹林。山头已无雪，虽尚不出太阳，气候干冷，天空倒明明朗朗。小船顺风张帆向上流走去时，似乎异常稳定。

但小船今天至少还得上三个滩与一个长长的急流。

大约九点钟时，小船到了第一个长滩脚下了，白浪从船旁跑过快如奔马，在惊心眩目情形中小船居然上了滩。小船上滩照例并不如何困难，大船可不同了一点。滩头上就有四只大船斜卧在白浪中大石上，毫无出险的希望。其中一只货船大致还是昨天才坏事的，只见许多水手在石滩上搭了棚子住下，且摊晒了许多被水浸湿的货物。正当我那只小船上完第一滩时，却见一只大船，正搁浅在滩头激流里，只见一个水手赤裸着全身向水中跳去，想在水中用肩背之力使船只活动，可是人一下水后，就即刻为水带走了。在浪声哮吼里尚听到岸上人沿岸喊着，水中那一个大约也回答着一些遗嘱之类，过一会，人便不见了。这个滩共有九段。这件事从船上人看来可太平常了。

小船上第二段时，河流已随山势曲折，再不能张帆取风，我担心到这小小船只的安全问题，就向掌舵水手提议，增加一个临时纤手，钱由我出。得到了他的同意，一个老头子，牙齿已脱，白须满腮，却如古罗马人那么健壮，光着手脚蹲在河边那个大青石上讲生意来了。两方面皆大声嚷着而且辱骂着，一个要一千，一个却只出九百，相差那一百钱折合银洋约一分一厘。那方面既坚持非一千文不出卖这点气力，这一方面却以为小船根本不必多出这笔钱给一个老头子。我即或答应了不拘多少钱皆由我出，船上三个水手，一面与那老头子对骂，一面把船开到急流里去了。但小船已开出后，老头子方不再坚持那一分钱，却赶忙从大石上一跃而下，自动把背后纤板上短绳，缚定了小船的竹缆，躬着腰向前走去了。待到小船业已完全上滩后，那老头就赶到船边来取钱，互相又是一阵辱骂。得了钱，坐在水边大石上一五一十数着，我问他有多少年纪，他说七十七。那样子，简直是一个托尔斯太！眉毛那么长，鼻子那么大，胡子那么多，一切皆同画相上的托尔斯太相去不远。看他那数钱神气，人快到八十了，对于生存还那么努力执着，这人给我的印象真太深了。但这个人在他们看来，一个又老又狡猾的东西罢了。

小船上尽长滩后，到了一个小小水村边，有母鸡生蛋的声音，有人隔河喊人的声音，两山不高而翠色迎人。许多等待修理的小船，皆斜卧在岸上，有人在一只船边敲敲打打，我知道他们正用麻头与桐油石灰嵌进船缝里去。一个木筏上面还搁了一只小船，在平潭中溜着，忽然村中有炮仗声音，有唢呐声音，且有锣声；原来村中人正接媳妇，锣声一起，修船的，放木筏的，划船的，都停止了工作，向锣声起处望去。——多美丽的一幅画图，一首诗！但除了一个从城市中因事挤出的人觉得惊讶，难道还有谁看到这些光景瞿然神往。

下午二时左右，我坐的那只小船，已经把辰河由桃源到沅陵一段路程主要滩水上完，到了一个平静长潭里。天气转晴，日头初出，两岸小山作浅绿色，山水秀雅明丽如西湖。船离辰州只差十里，过不久，船到了白塔下再上个小滩，转过山岨，就可以见到税关上飘扬的长幡了。

想起再过两点钟，小船泊到泥滩上后，我就会如同我小说写到的那个柏子一样，从跳板一端摇摇荡荡的上了岸，直向有吊脚楼人家的河街走去，再也不能蜷伏在船里了。

我坐到后舱口日光下，向着河流清算我对于这条河水这个地方的一切旧账，原来我离开这地方已十六年。十六年的日子实在过得太快了一点。想起从这堆日子中所有人事的变迁，我轻轻的叹息了好些次。这地方是我第二个故乡。我第一次离乡背井，随了那一群肩扛刀枪向外发展的武士为生存而战斗，就停顿到这个码头上。这地方每一条街，每一处衙署，每一间商店，每一个城洞里作小生意的小担子，还如何在我睡梦里占据一个位置！这个河码头在十六年前教育我，给我明白了多少人事，帮助我作过多少幻想，如今却又轮到它来为我温习那个业已消逝的童年梦境来了。

望着汤汤的流水，我心中好像忽然彻悟了一点人生，同时又好像从这条河上，新得到了一点智慧。的的确确，这河水过去给我的是“知识”，如今给我的却是“智慧”。山头一抹淡淡的午后阳光感动我，水底各色圆如棋子的石头也感动我。我心中似乎毫无渣滓，透明烛照，对万汇百物，对拉船人与小小船只，皆那么爱着，十分温暖的爱着！我的感情早已融入这第二故乡一切光景声色里了。我仿佛很渺小很谦卑，对一切似乎皆在伸手，且微笑的轻轻的说：

"我来了，是的，我仍然同从前一样的来了。我们全是原来的样子，真令人高兴。你，充满了牛粪桐油气味的小小河街，虽稍稍不同了一点，我这张脸，大约也不同了一点。可是，很可喜的是我们还互相认识，只因为我们过去实在太熟习了！"

看到日夜不断千古长流的河水里石头和砂子，以及水面腐烂的草木，破碎的船板，使我触着了一个使人感觉惆怅的名词，我想起"历史"。一套用文字写成的历史，除了告给我们一些另一时代另一群人在这地面上相斫相杀的故事以外，我们决不会再多知道一些要知道的事情。但这条河流，却告给了我若干年来若干人类的哀乐！小小灰色的渔船，船舷船顶站满了黑色沉默的鹭鸶，向下游缓缓划去了。石滩上走着脊梁略弯的拉船人。这些东西于历史似乎毫无关系，百年前或百年后皆仿佛同目前一样。他们那么忠实庄严的生活，担负了自己那分命运，为自己，为儿女，继续在这世界中活下去。不问所过的是如何贫贱艰难的日子，却从不逃避为了求生而应有的一切努力。在他们生活爱憎得失里，也依然摊派了哭，笑，吃，喝。对于寒暑的来临，他们便更比其他世界上人感到四时交替的严肃。历史对于他们俨然毫无意义，然而提到他们这点千年不变无可记载的历史，却使人引起无言的哀戚。

我有点担心，地方一切虽没有什么变动，我或者变得太多了一点。

船到了税关前趸船旁泊定时，我想象那些税关办事人，因为见我是个陌生旅客，一定上船来盘问我，麻烦我。我于是便假定恰如数年前作的一篇文章上我那个样子，故意不大理会，希望引起那个公务员的愤怒，直到把我带局为止。我正想要那么一个人引路到局上去，好去见他们的局长！还很希望他们带我到当地驻军旅部去，因为若果能够这样，就使我进衙门去找熟人时，省得许多琐碎的手续了。

可是验关的来了，一个宽脸大身材的苗人，见到他头上那个盘成一饼的青布包头，引动了我一点乡情。我上岸的计划不得不变更了。他还来不及开口我就说：

"同年，你来查关！这是我坐的一只空船，你尽管看。我想问你，你局长姓什么！"

那苗人已上了小船在我面前站定，看看舱里一无所有，且听我喊他为"同年"，从乡音中得到了点快乐。便用着小孩子似的口音问我：

"你到哪那去，你从哪那来呀！"

"我从常德来——就到这地方。你不是梨林人吗？我是……我要会你局长！"

那关吏说："我是镇筸城人！你问局长，我们局长姓陈！"

第一个碰到的原就是自己的乡亲，我觉得十分激动，赶忙请他进舱来坐坐。可是这个人看看我的衣服行李，大约以为我是个什么代表，一种身分的自觉，不敢进舱里来了。就告我若要找陈局长，可以把船泊到下南门去。一面说着一面且把手中的粉笔，在船篷上画了个放行的记号，却回到大船上去："你们走！"他挥手要水手开船，且告水手应当把船停到下南门，上岸方便。

船开上去一点，又到了一个复查处。仍然来了一个头裹青布的乡亲，从舱口看看船中的我。我想这一次应当故意不理会这个公务人，使他生气方可到局里去。可是这个复查员看看我不作声的神气，一问水手，水手说了两句话，又挥挥手把我们放走了。

我心想：这不成，他们那么和气，把我想象的安排计划全给毁了，若到下南门起岸，水手在身后扛了行李，到城门边检查时，只需水手一句话又无条件通过，很无意思。我多久不见到故乡的军队了，我得看看他们对于职务上的兴味与责任，过去和现在有什么不同处。我便变更了计划，要小船在东门下傍码头停停，我一个人先上岸去，上了岸后小船仍然开到下南门，等等我再派人来取行李。我于是上了岸，不一会就到河街上了。当我打从那河街上过身时，做炮仗的，卖油盐杂货的，收买发卖船上一切零件的，所有小铺子皆牵引了我的眼睛，因此我走得特别慢些。但到进城时却使我很失望，城门口并无一个兵。原来地方既不戒严，兵移到乡下去驻防，城市中已用不着守城兵了。长街路上虽有穿着整齐军服的年青人，我却不便如何故意向他们生点事。看看一切皆如十六年前的样子，只是兵不同了一点。

我既从东门从从容容的进了城，不生问题，不能被带过旅部去，心想时间还早，不如早到我弟弟哥哥共同在这地方新建筑的"芸庐"新家里看看，那新房子全在山上。到了那个外观十分体面的房子大门前，问问工人谁在监工，才知道我哥哥来此刚三天。这就太妙了，若不来此问问，我以为我家中人还依然全在镇筸山城里！我进了门一直向楼边走去时，还有使我更惊异而快乐的，是我第一个见着的人，原来就正是五年来行踪不明的“虎雏”。这人五年前在上海从我住处逃亡后，一直就无他的消息，我还以为他早已腐了烂了。他把我引导到我哥哥住的房中，告给我哥哥已出门，过三点钟方能回来。在这三点钟之内，他在我很惊讶盘问之下，却告给了我他的全部历史，八岁时他就因为用石块砸死了人逃出家乡，做过玩龙头宝的助手，做过土匪，做过采茶人，做过兵。到上海发生了那件事情后，这六年中又是从一切想象不到的生活里，转到我军官兄弟手边来作一名“副爷”。

见到哥哥时，我第一句话说的是：“家中虎雏真是个了不起的人物，”我哥哥却回答得很妙：“了不起的人吗？这里比他了不起的人多着哪。”

到了晚上，我哥哥说的话，便被我所见到的五个青年军官证实了。

三姐夫沈二哥

张充和

我家“外子”逼我写点关于沈二哥同三姐的事，他说：“海外就是你一个亲人与他们过去相处最久，还不写！”我呢，同他们相别三十一年，听不完、也说不完的话，哪还有工夫执笔！虽回去过一次，从早到晚，亲友不断往来，也不过只见到他们三四次，一半还是在人群中见到的。

如何开始呢？虽是三十一年的点滴，倒也鲜明。关于沈二哥的独白情书的故事，似乎中外都已熟悉，有的加了些善意的佐料，于人情无不合之处，既无伤大雅，又能增加读者兴趣，就不在此加注加考，做煞风景的事了。

一九三三年暑假，三姐在中国公学毕了业回苏州，同姐妹兄弟相聚，我父亲与继母那时住在上海。有一天，九如巷三号的大门堂中，站了个苍白脸戴眼镜羞涩的客人，说是由青岛来的，姓沈，来看张兆和的。家中并没有一人认识他，他来以前，亦并未通知三姐。三姐当时在公园图书馆看书。他以为三姐有意不见他，正在进退无策之际，二姐允和出来了。问清了，原来是沈从文。他写了很多信给三姐，大家早都知道。于是二姐便请他到家中坐，说：“三妹看书去了，不久就回来，你进来坐坐等着。”他怎么也不肯，坚持回到已定好房间的中央饭店去了。二姐从小见义勇为，更爱成人之美，至今仍然如此。等三姐回来，二姐便劝她去看沈二哥。三姐说：“没有的事！去旅馆看他？不去！”二姐又说：“你去就说，我家兄弟姐妹多，很好玩，请你来玩玩。”于是三姐到了旅馆，站在门外(据沈二哥的形容)，一见到沈二哥便照二姐的吩咐，一字不改的如小学生背书似的：“沈先生，我家兄弟姐妹多，很好玩，你来玩！”背了以后，再也想不出第二句了。于是一同回到家中。

沈二哥带了一大包礼物送三姐，其中全是英译精装本的俄国小说。有托尔斯泰，妥斯陀也夫斯基，屠格涅夫等等著作。这些英译名著，是托巴金选购的。又有一对书夹，上面有两只有趣的长嘴鸟，看来是个贵重东西。后来知道，为了买这些礼品，他卖了一本书的版权。三姐觉得礼太重了，退了大部分书，只收下《父与子》与《猎人日记》。

来我们家中怎么玩呢？一个写故事的人，无非是听他讲故事。如何款待他，我不记得了。好像是五弟寰和，从他每月二元的零用钱中拿出钱来买瓶汽水，沈二哥大为感动，当下许五弟：“我写些故事给你读。”后来写了《月下小景》，每篇都附有“给张小五”字样。

第二次来苏州，是同年寒假，穿件蓝布面子的破狐皮袍。我们同他熟悉了些，便一刻不离的想听故事。晚饭后，大家围在炭火盆旁。他不慌不忙，随编随讲。讲怎样猎野猪，讲船只怎样在激流中下滩，形容旷野，形容树林。谈到鸟，便学各种不同的啼唤，学狼嗥，似乎更拿手。有时站起来转个圈子，手舞足蹈，像戏迷票友在台上不肯下台。可我们这群中小学生习惯是早睡觉的。我迷迷糊糊中忽然听一个男人叫：“四妹，四妹！”因为我同胞中从没有一个哥哥，惊醒了一看，原来是才第二次来访的客人，心里老大地不高兴。“你胆敢叫我四妹！还早呢！”这时三姐早已困极了，弟弟们亦都勉强打起精神，撑着眼听，不好意思走开。真有“我醉欲眠君且去”的境界。

那时我爸爸同继母仍在上海。沈二哥同三姐去上海看他们。会见后，爸爸同他很谈得来。这次的相会，的确有被相亲的意思。在此略叙叙我爸爸。

祖父给爸爸取名“武令”，字“绳进”。爸爸嫌这名字封建味太重，自改名

“冀牖”，又名“吉友”，望名思义，的确做到自赐嘉名的程度。他接受“五四”的新思潮。他一生追求曙光，惜人才，爱朋友。他在苏州曾独资创办男校“平林中学”和“乐益女中”。后因苏州男校已多，女校尚待发展，便结束平林，专办乐益女中。贫穷人家的女孩，工人们的女儿，都不收学费。乐益学生中有几个贫寒的，后都成了社会上极有用的人。老师中也有几位真正革命家，有的为革命贡献了他们可贵的生命，有的现在已成为当代有名的教育家或党的领导人。爸爸既是脑筋开明，对儿女教育，亦让其自由发展。儿女婚姻恋爱，他从不干涉，不过问。你告诉他，他笑嘻嘻的接受，绝不会去查问对方的如何如何。更不要说门户了。记得有一位“芳邻”曾遣媒来向爸爸求我家大姐，爸爸哈哈一笑说：“儿女婚事，他们自理，与我无干。”从此便无人向我家提亲事了。所以我家那些妈妈们向外人说：“张家儿女婚姻让他们‘自已’去‘由’，或是‘自已’‘由’来的。”

说爸爸与沈二哥谈得十分相投，亦彼此心照不宣。在此之前，沈二哥曾函请二姐允和询爸爸意见，并向三姐说：“如爸爸同意，就早点让我知道，让我这乡下人喝杯甜酒吧。”二姐给他拍发一个电报，简约的用了她自已名字“允”。三姐去电报中却说：“乡下人，喝杯甜酒吧。”电报员奇怪，问是什么意思，三姐不好意思地说：“你甭管，照拍好了。”

于是从第一封仅只一页、寥寥数语而分量极重的情书，到此时为止，算是告一大段落。

一九三三年初他们订婚同去青岛。那时沈二哥在青岛大学教书、写作。暑中杨振声先生约沈二哥编中小学教科用书，与三姐又同到北平，暂寄住杨家。一天杨家大司务送沈二哥裤子去洗，发现口袋里一张当票，即刻交给杨先生。原来当的是三姐一个纪念性的戒指。杨先生于是预支了五十元薪水给沈二哥。后来杨先生告诉我这件事，并说：“人家订婚都送给小姐戒指，哪有还没结婚，就当小姐的戒指之理。”

一九三三年九月九日，沈二哥三姐在北平中央公园的水榭结婚，没有仪式，没有主婚人、证婚人。三姐穿件浅豆沙色普通绸旗袍，沈二哥穿件蓝毛葛的夹袍，是大姐在上海为他们缝制的。客人大都是北方几个大学和文艺界朋友。家中除大姐元和，大弟宗和与我外，还有晴江三叔一家。沈家有沈二哥的表弟黄村生和他的九妹岳萌。

新居在西城达子营。小院落，有一枣一槐。正屋三间，有一厢，厢房便是沈二哥的书房兼客厅。记得他们结婚前，刚把几件东西搬进房那天夜晚，我发现有小偷在院中解网篮。便大声叫："沈二哥，起来！有贼！"沈二哥亦叫："大司务！有贼！"大司务亦大声答话，虚张一阵声势。及至开门赶贼，早一阵脚步，爬树上屋走了。后来发现沈二哥的手中紧紧拿了件武器——牙刷。

新房中并无什么陈设，四壁空空，不像后来到处塞满书籍与瓷器漆器。也无一般新婚气象。只是两张床上各罩一锦缎百子图的罩单有点办喜事气氛，是梁思成、林徽音送的。

沈二哥极爱朋友，在那小小的朴素的家中，友朋往来不断，有年长的，更多的是青年人。新旧朋友，无不热情接待。时常有穷困学生和文学青年来借贷。尤其到逢年过节，即使家中所剩无多余，总是尽其所有去帮助人家。没想到我爸爸自命名"吉友"，这女婿倒能接此家风。记得一次宗和大弟进城邀我同靳以去看戏，约定在达子营集中。正好有人来告急，沈二哥便向我们说："四妹，大弟，戏莫看了，把钱借给我。等我得了稿费还你们。"我们面软，便把口袋所有的钱都掏给他。以后靳以来了，他还对靳以说："他们是学生，应要多用功读书，你年长一些，怎么带他们去看戏。"靳以被他说得眼睛一眨一眨地，不好说什么。以后我们看戏，就不再经过他家了。一回头四十多年，靳以与宗和都已先后过世了。

七·七事变后，我们都集聚在昆明，北门街的一个临时大家庭是值得纪念的。杨振声同他的女儿杨蔚、老三杨起，沈家二哥、三姐、九小姐岳萌、小龙、小虎，刘康甫父女。我同九小姐住一间，中隔一大帷幕。杨先生俨然家长，吃饭时，团团一大桌子，他南面而坐，刘在其左，沈在其右，座位虽无人指定，却自然有个秩序。我坐在最下首，三姐在我左手边。汪和宗总管我们伙食饭账。在我窗前有一小路通山下，下边便是靛花巷，是中央研究院史语所所在地。时而有人由灌木丛中走上来，傅斯年、李济之、罗常培或来吃饭，或来聊天。院中养个大公鸡，是金岳霖寄养的，一到拉空袭警报时，别人都出城疏散，他却进城来抱他的大公鸡。

那时沈二哥除了教书、写作外，仍还继续兼编教科用书，地点在青云街六号。杨振声领首，但他不常来。朱自清约一周来一二次。沈二哥、汪和宗与我经常在那小楼上。沈二哥是总编辑，归他选小说，朱自清选散文，我选点散曲，兼做注解，汪和宗抄写。他们都兼别的，只有汪和宗和我是整工。后来日机频来，我们疏散在呈贡县的龙街。我同三姐一家又同在杨家大院住前后楼。周末沈二哥回龙街，上课编书仍在城中。

由龙街望出去，一片平野，远接滇池，风景极美，附近多果园，野花四季不断地开放。常有农村妇女穿着褪色桃红的袄子，滚着宽黑边，拉一道窄黑条子，点映在连天的新绿秧田中，艳丽之极。农村女孩子，小媳妇，在溪边树上拴了长长的秋千索，在水上来回荡漾。在龙街还有查阜西一家，杨荫浏一家，呈贡城内有吴文藻、冰心一家。我们自题的名胜有："白鹭林"、"画眉坪"、"马缨桥"等。

一九四一年后，我去重庆。胜利后我回苏州他们回北平。一九四七年我们又相聚在北平。他们住中老胡同北大宿舍，我住他家甩边一间屋中，这时他家除书籍漆盒外，充满青花瓷器。又大量收集宋明旧纸。三姐觉得如此买下去，屋子将要堆满，又加战后通货膨胀，一家四口亦不充裕，劝他少买，可是似乎无法控制，见到喜欢的便不放手，及至到手后，又怕三姐埋怨，有时劝我收买，有时他买了送我。所以我还有一些旧纸和青花瓷器，是那么来的，但也丢了不少。

在那宿舍院中，还住着朱光潜先生，他最喜欢同沈二哥出外看古董，也无伤大雅的买点小东西。到了过年，沈二哥去向朱太太说："快过年，我想邀孟实陪我去逛逛古董铺。"意思是说给几个钱吧。而朱先生亦照样来向三姐邀从文陪他。这两位夫人一见面，便什么都清楚了。我也曾同他们去过。因为我一个人，身边比他们多几文，沈二哥说，四妹，你应该买这个，应该买那个。我若买去，岂不是仍然塞在他家中，因为我住的是他们的屋子。

沈二哥最初由于广泛地看文物字画，以后渐渐转向专门路子。在云南专收耿马漆盒，在苏州北平专收瓷器，他收集青花，远在外国人注意之前。他虽喜欢收集，却不据为己有，往往是送了人；送了，再买。后来又收集锦缎丝绸，也无处不钻，从正统《大藏经》的封面到三姐唯一的收藏宋拓集王圣教序的封面。他把一切图案颜色及其相关处印在脑子里，却不像守财者一样，守住古董不放。大批大批的文物，如漆盒旧纸，都送给博物馆，因为真正的财富是在他脑子里。

这次见面后，不谈则已，无论谈什么题目，总归根到文物考古方面去。他谈得生动，快乐，一切死的材料，经他一说便活了，便有感情了。这种触类旁通，以诗书史籍与文物互证，富于想象，又敢于用想象，是得力于他写小说的结果。他说他不想再写小说，实际上他哪有工夫去写！有人说不写小说，太可惜！我认为他如不写文物考古方面，那才可惜！

一九八〇年十二月五日深夜

思考与讨论：

1. 反复阅读沈从文在船头看水而心有所悟的文字，谈谈他“彻悟了一点人生”是什么意思?
2. 课外了解一下沈从文的一生。

拓展阅读：

《从文自传》，沈从文，《沈从文全集》第13卷，北岳文艺出版社，2002年。

《湘行书简》，沈从文，《沈从文全集》第11卷，北岳文艺出版社，2002年。

雪落在中国的土地上

艾 青

雪落在中国的土地上，
寒冷在封锁着中国呀……

风，
像一个太悲哀了的老妇，
紧紧地跟随着
伸出寒冷的指爪
拉扯着行人的衣襟，
用着像土地一样古老的话
一刻也不停地絮聒着……

那从林间出现的，
赶着马车的
你中国的农夫
戴着皮帽
冒着大雪

雪落在中国的土地上……

你要到哪儿去呢？

告诉你

我也是农人的后裔——

由于你们的

刻满了痛苦的皱纹的脸

我能如此深深地

知道了

生活在草原上的人们的

岁月的艰辛。

而我

也并不比你们快乐啊

——躺在时间的河流上

苦难的浪涛

曾经几次把我吞没而又卷起——

流浪与监禁

已失去了我的青春的

最可贵的日子，

我的生命

也像你们的生命

一样的憔悴呀

雪落在中国的土地上，

寒冷在封锁着中国呀……

沿着雪夜的河流，

一盏小油灯在徐缓地移行，

那破烂的乌篷船里

映着灯光，垂着头
坐着的是谁呀？

——啊，你
蓬发垢面的少妇，
是不是
你的家
——那幸福与温暖的巢穴——
已被暴戾的敌人，
烧毁了么？
是不是
也像这样的夜间，
失去了男人的保护，
在死亡的恐怖里
你已经受尽敌人刺刀的戏弄？

咳，就在如此寒冷的今夜，
无数的
我们的年老的母亲，
都蜷伏在不是自己的家里，
就像异邦人
不知明天的车轮
要滚上怎样的路程……
——而且
中国的路
是如此的崎岖
是如此的泥泞呀。
雪落在中国的土地上，

寒冷在封锁着中国呀……

透过雪夜的草原
那些被烽火所啮啃着的地域，
无数的，土地的垦殖者
失去了他们所饲养的家畜
失去了他们肥沃的田地
拥挤在
生活的绝望的污巷里：
饥馑的大地
朝向阴暗的天
伸出乞援的
颤抖着的两臂。

中国的苦痛与灾难
像这雪夜一样广阔而又漫长呀！
雪落在中国的土地上
寒冷在封锁着中国呀……

中国
我的在没有灯光的晚上
所写的无力的诗句
能给你些许的温暖么？

一九三七年十二月二十八日夜间

麦地

麦　地

海　子

吃麦子长大的
在月亮下端着大碗
碗内的月亮
和麦子
一直没有声响

和你俩不一样
在歌颂麦地时
我要歌颂月亮

月亮下
连夜种麦的父亲
身上像流动金子

月亮下

有十二只鸟
飞过麦田
有的衔起一颗麦粒
有的则迎风起舞，矢口否认。

看麦子时我睡在地里
月亮照我如照一口井
家乡的风
家乡的云
收聚翅膀
睡在我的双肩

麦浪——
天堂的桌子
摆在田野上
一块麦地。

收割季节
麦浪和月光
洗着快镰刀。

月亮知道我
有时比泥土还要累
而羞涩的情人
眼前晃动着
麦秸。

我们是麦地的心上人
收麦这天我和仇人

握手言和
我们一起干完活
合上眼睛，命中注定的一切
此刻我们心满意足地接受。

妻子们兴奋地
不停用白围裙
擦手。
这时正当月光普照大地
我们各自领着
尼罗河、巴比伦或黄河
的孩子　在河流两岸
在群蜂飞舞的岛屿或平原
洗了手
准备吃饭。

就让我这样把你们包括进来吧
让我这样说
月亮并不忧伤
月亮下
一共有两个人
穷人和富人
纽约和耶路撒冷
还有我
我们三个人
一同梦到了城市外面的麦地
白杨树围住的
健康的麦地

健康的麦子

养我性命的麦子！

1985.6

思考与讨论：

1. 朗读《雪落在中国的土地上》，体会声音的美感。

2.《雪落在中国的土地上》传达出了什么样的忧郁情感？

3. 海子的诗你读到哪些？和同学交流一下感受。

拓展阅读：

《北岛诗歌集》，北岛，南海出版公司，2003年。

《海子的诗》，海子，人民文学出版社，1995年。

私语

张爱玲

“夜深闻私语，月落如金盆。”那时候所说的，不是心腹话也是心腹话了吧？我不预备装模作样把我这里所要说的当做郑重的秘密，但是这篇文章因为是被编辑先生催逼着，仓促中写就的，所以有些急不择言了，所写的都是不必去想它，永远在那里的，可以说是下意识的一部分背景。就当它是在一个“月落如金盆”的夜晚，有人嘁嘁切切絮絮叨叨告诉你听的吧！

今天早上房东派了人来测量公寓里热水汀管子的长度，大约是想拆下来去卖。我姑姑不由的感慨系之，说现在的人起的都是下流的念头，只顾一时，这就是乱世。

乱世的人，得过且过，没有真的家。然而我对于我姑姑的家却有一种天长地久的感觉。我姑姑与我母亲同住多年，虽搬过几次家，而且这些时我母亲不在上海，单剩下我姑姑，她的家对于我一直是一个精致完全的体系，无论如何不能让它稍有毁损。前天我打碎了桌面上的一块玻璃，照样赔一块要六百元，而我这两天刚巧破产，但还是急急的把木匠找了来。

近来不知为什么特别有打破东西的倾向。（杯盘碗匙向来不算数，偶尔我姑姑砸了个把茶杯，我总是很高兴地锐：“轮到姑姑砸了！”）上次急于到阳台上收衣裳，推玻璃门推不开，把膝盖在门上一抵，豁朗一声，一块玻璃粉粉碎了，膝盖上只擦破一点皮，可是流下血来，直溅到脚面上，擦上红药水，红药水循着血痕一路流下去，仿佛吃了大刀王五的一刀似的。给我姑姑看，她弯下腰去，匆匆一瞥，知道不致命，就关切地问起玻璃，我又去配了一块。

因为现在的家于它的本身是细密完全的，而我只是在里面撞来撞去打碎东西，而真的家应当是合身的，随着我生长的，我想起我从前的家了。

第一个家在天津。我是生在上海的，两岁的时候搬到北方去。北京也去过，只记得被佣人抱来抱去，用手去揪她颈项上松软的皮——她年纪逐渐大起来，颈上的皮逐渐下垂；探手到她颔下，渐渐有不同的感觉了。小时候我脾气很坏，不耐烦起来便抓得她满脸的血痕。她姓何，叫“何干”。不知是哪里的方言，我们称老妈子什么干什么干。何干很像现在时髦的笔名：“何若”、“何之”、“何心”。

有一本萧伯纳的戏，《心碎的屋》，是我父亲当初买的。空白上留有他的英文题识：

天津，华北。

一九二六。三十二号路六十一号。

提摩太·C·张。

我向来觉得在书上郑重地留下姓氏，注明年月、地址，是近于罗唆无聊，但是新近发现这本书上的几行字，却很喜欢，因为有一种春日迟迟的空气，像我们在天津的家。

院子里有个秋千架，一个高大的丫头，额上有个疤，因而被我唤做“疤丫丫”的，某次荡秋千荡到最高处，忽地翻了过去。后院子里养着鸡。夏天中午我穿着白地小红桃子纱短衫，红裤子，坐在板凳上，喝完满满一碗淡绿色、涩而微甜的六一散，看一本谜语书，唱出来，“小小狗，走一步，咬一口。”谜底是剪刀。还有一本是儿歌选，其中有一首描写最理想的半村半郭的隐居生活，只记得一句“桃枝桃叶作偏房”，似乎不大像儿童的口吻了。

天井的一角架着个青石砧，有个通文墨，胸怀大志的男底下人时常用毛笔蘸了水在那上面练习写大字。这人瘦小清秀，讲《三国志演义》给我听，我喜欢他，替他取了一个莫名其妙的名字叫“毛物”。毛物的两个弟弟就叫“二毛物”“三毛物”。毛物的妻叫“毛物新娘子”，简称“毛娘”。毛娘生着红扑扑的鹅蛋脸，水眼睛，一肚子“孟丽君女扮男装中状元”，是非常可爱的然而心计很深的女人，疤丫丫后来嫁了三毛物，很受毛娘的欺负。当然我那时候不懂这些，只知道他们是可爱的一家。他们是南京人，因此我对南京的小户人家一直有一种与事实不符的明丽丰足的感觉。久后他们脱离我们家，开了个杂货铺子，女佣领了我和弟弟去照顾他们的生意，努力地买了几只劣质的彩花热水瓶，在店堂楼上吃了茶和玻璃罐里的糖果，还是有一种丰足的感觉。然而他们的店终于蚀了本，境况极窘。毛物的母亲又怪两个媳妇都不给她添孙子，毛娘背地里抱怨说谁教两对夫妇睡在一间房里，虽然床上有帐子。

领我弟弟的女佣唤做“张干”，裹着小脚，伶俐要强，处处占先。领我的“何干”，因为带的是个女孩子，自觉心虚，凡事都让着她。我不能忍耐她的重男轻女的论调，常常和她争起来，她就说：“你这个脾气只好住独家村！希望你将来嫁得远远的——弟弟也不要你回来！”她能够从抓筷子的手指的地位上预卜我将来的命运，说：“筷子抓得近，嫁得远。”我连忙把手指移到筷子的上端去，说：“抓得远呢？”她道：“抓得远当然嫁得远。”气得我说不出话来。张干使我很早地想到男女平等的问题，我要锐意图强，务必要胜过我弟弟。

我弟弟实在不争气，因为多病，必须扣着吃，因此非常的馋，看见人嘴里动着便叫人张开嘴让他看看嘴里可有什么。病在床上，闹着要吃松子糖——松子仁舂成粉，掺入冰糖屑——人们把糖里加了黄连汁，喂给他，使他断念，他大哭，把只拳头完全塞到嘴里去，仍然要。于是他们又在拳头上擦了黄连汁。他吮着拳头，哭得更惨了。

松子糖装在金耳的小花瓷罐里。旁边有黄红的蟠桃式瓷缸，里面是痱子粉。下午的阳光照到那磨白了的旧梳妆台上。有一次张干买了个柿子放在抽屉里，因为太生了，先收在那里。隔两天我就去开抽屉看看，渐渐疑心张干是否忘了它的存在，然而不能问她，由于一种奇异的自尊心。日子久了，柿子烂成一泡水。我十分惋惜，所以至今还记得。

最初的家里没有我母亲这个人，也不感到任何缺陷，因为她很早就不在那里了。有她的时候，我记得每天早上女佣把我抱到她床上去，是铜床，我爬在方格子青锦被上，跟着她不知所云地背唐诗。她才醒过来总是不甚快乐的，和我玩了许久方才高兴起来。我开始认字块，就是伏在床边上，每天下午认两个字之后，可以吃两块绿豆糕。

后来我父亲在外面娶了姨奶奶，他要带我到小公馆去玩，抱着我走到后门口，我一定不肯去，拼命扳住了门，双脚乱踢，他气得把我横过来打了几下，终于抱去了。到了那边，我又很随和地吃了许多糖。小公馆里有红木家具，云母石心子的雕花圆桌上放着高脚银碟子，而且姨奶奶敷衍得我很好。

我母亲和我姑姑一同出洋去，上船的那天她伏在竹床上痛哭，绿衣绿裙上面钉有抽搐发光的小片子。佣人几次来催说已经到了时候了，她像是没听见，他们不敢开口了，把我推上前去，叫我说："婶婶，时候不早了。"（我算是过继给另一房的，所以称叔叔婶婶。）她不理我，只是哭。她睡在那里像船舱的玻璃上反映的海，绿色的小薄片，然而有海洋的无穷尽的颠波悲恸。

我站在竹床前面看着她，有点手足无措，他们又没有教给我别的话，幸而佣人把我牵走了。

母亲去了之后，姨奶奶搬了进来。家里很热闹，时常有宴会，叫条子。我躲在帘子背后偷看，尤其注意同坐在一张沙发椅上的十六七岁的两姊妹，打着前刘海，穿着一样的玉色袄裤，雪白的偎倚着，像生在一起似的。

姨奶奶不喜欢我弟弟，因此一力抬举我，每天晚上带我到起士林去看跳舞。我坐在桌子边，面前的蛋糕上的白奶油高齐眉毛，然而我把那一块全吃了，在那微红的黄昏里渐渐盹着，照例到三四点钟，背在佣人背上回家。

家里给弟弟和我请了先生，是私塾制度，一天读到晚，在傍晚的窗前摇摆着身子。读到"太王事獯于"，把它改为"太王嗜熏鱼"方才记住了。那一个时期，我时常为了背不出书而烦恼，大约是因为年初一早上哭过了，所以一年哭到头。——年初一我预先嘱咐阿妈天明就叫我起来看他们迎新年，谁知他们怕我熬夜辛苦了，让我多睡一会，醒来时鞭炮已经放过了。我觉得一切的繁华热闹都已经成了过去，我没有份了，躺在床上哭了又哭，不肯起来，最后被拉了起来，坐在小藤椅上，人家替我穿上新鞋的时候，还是哭——即使穿上新鞋也赶不上了。

姨奶奶住在楼下一间阴暗杂乱的大房里，我难得进去，立在父亲烟炕前背书。姨奶奶也识字，教她自己的一个侄儿读“池中鱼，游来游去”，恣意打他，他的一张脸常常肿得眼睛都睁不开，她把我父亲也打了，用痰盂砸破他的头。于是族里有人出面说话，逼着她走路。我坐在楼上的窗台上，看见大门里缓缓出来两辆塌车，都是她带走的银器家什。仆人们都说：“这下子好了！”

我八岁那年到上海来，坐船经过黑水洋绿水洋，仿佛的确是黑的漆黑，绿的碧绿，虽然从来没在书里看到海的礼赞，也有一种快心的感觉。睡在船舱里读着早已读过多次的《西游记》，《西游记》里只有高山与红热的尘沙。

到上海，坐在马车上，我是非常侉气而快乐的，粉红地子的洋纱衫裤上飞着蓝蝴蝶。我们住着很小的石库门房子，红油板壁。对于我，那也是有一种紧紧的朱红的快乐。

然而我父亲那时候打了过度的吗啡针，离死很近了。他独自坐在阳台上，头上搭一块湿手巾，两目直视，檐前挂下了牛筋绳索那样的粗而白的雨。哗哗下着雨，听不清楚他嘴里喃喃说些什么，我很害怕了。

女佣告诉我应当高兴，母亲要回来了。母亲回来的那一天我吵着要穿上我认为最俏皮的小红袄，可是她看见我第一句话就说：“怎么给她穿这样小的衣服？”不久我就做了新衣，一切都不同了。我父亲痛悔前非，被送到医院里去。我们搬到一所花园洋房里，有狗，有花，有童话书，家里陡然添了许多蕴藉华美的亲戚朋友。我母亲和一个胖伯母并坐在钢琴凳上模仿一出电影里的恋爱表演，我坐在地上看着，大笑起来，在狼皮褥子上滚来滚去。

我写信给天津的一个玩伴，描写我们的新屋，写了三张信纸，还画了图样。没得到回信——那样的粗俗的夸耀，任是谁也要讨厌吧？家里的一切我都认为是美的顶巅。蓝椅套配着旧的玫瑰红地毯，其实是不甚谐和的，然而我喜欢它，连带的也喜欢英国了，因为英格兰三个字使我想起蓝天下的小红房子，而法兰西是微雨的青色，像浴室的瓷砖，沾着生发油的香，母亲告诉我英国是常常下雨的，法国是晴朗的，可是我没法矫正我最初的印象。

我母亲还告诉我画图的背景最得避忌红色，背景看上去应当有相当的距离，红的背景总觉得近在眼前，但是我和弟弟的卧室墙壁就是那没有距离的橙红色，是我选择的，而且我画小人也喜欢给画上红的墙，温暖而亲近。

画图之外我还弹钢琴，学英文，大约生平只有这一个时期是具有洋式淑女的风度的。此外还充满了优裕的感伤，看到书里夹的一朵花，听我母亲说起它的历史，竟掉下泪来。我母亲见了就向我弟弟说："你看姊姊不是为了吃不到糖而哭的！"我被夸奖着，一高兴，眼泪也干了，很不好意思。

《小说月报》上正登着老舍的《二马》，杂志每月寄到了，我母亲坐在抽水马桶上看，一面笑，一面读出来，我靠在门框上笑。所以到现在我还是喜欢《二马》，虽然老舍后来的《离婚》、《火车》全比《二马》好得多。

我父亲把病治好之后，又反悔起来，不拿出生活费，要我母亲贴钱，想把她的钱逼光了，那时她要走也走不掉了。他们剧烈地争吵着，吓慌了的仆人们把小孩拉了出去，叫我们乖一点，少管闲事。我和弟弟在阳台上静静骑着三轮的小脚踏车，两人都不作声，晚春的阳台上，挂着绿竹帘子，满地密条的阳光。

父母终于协议离婚。姑姑和父亲一向也是意见不合的，因此和我母亲一同搬走了，父亲移家到一所弄堂房子里。（我父亲对于"衣食住"向来都不考究，单只注意到"行"，惟有在汽车上舍得花点钱。）他们的离婚，虽然没有征求我的意见，我是表示赞成的，心里自然也惆怅，因为那红的蓝的家无法维持下去了。幸而条约上写明了我可以常去看母亲。在她的公寓里第一次见到生在地上的瓷砖沿盆和煤气炉子，我非常高兴，觉得安慰了。

不久我母亲动身到法国去，我在学校里住读，她来看我，我没有任何惜别的表示，她也像是很高兴，事情可以这样光滑无痕迹地度过，一点麻烦也没有，可是我知道她在那里想："下一代的人，心真狠呀！"一直等她出了校门，我在校园里隔着高大的松杉远远望着那关闭了的红铁门，还是漠然，但渐渐地觉到这种情形下眼泪的需要，于是眼泪来了，在寒风中大声抽噎着，哭给自己看。

母亲走了，但是姑姑的家里留有母亲的空气，纤灵的七巧板桌子，轻柔的颜色，有些我所不大明白的可爱的人来来去去。我所知道的最好的一切，不论是精神上还是物质上的，都在这里了。因此对于我，精神上与物质上的善，向来是打成一片的，不是像一般青年所想的那样灵肉对立，时时要起冲突，需要痛苦的牺牲。

另一方面有我父亲的家，那里什么我都看不起，鸦片，教我弟弟做《汉高祖论》的老先生，章回小说，懒洋洋灰扑扑地活下去。像拜火教的波斯人，我把世界强行分作两半，光明与黑暗，善与恶，神与魔。属于我父亲这一边的必定是不好的，虽然有时候我也喜欢。我喜欢鸦片的云雾，雾一样的阳光，屋里乱摊着小报（直到现在，大叠的小报仍然给我一种回家的感觉），看着小报，和我父亲谈谈亲戚间的笑话——我知道他是寂寞的，在寂寞的时候他喜欢我。父亲的房间里永远是下午，在那里坐久了便觉得沉下去，沉下去。

在前进的一方面我有海阔天空的计划，中学毕业后到英国去读大学，有一个时期我想学画卡通影片，尽量把中国画的作风介绍到美国去。我要比林语堂还出风头，我要穿最别致的衣服，周游世界，在上海自己有房子，过一种干脆利落的生活。

然而来了一件结结实实的，真的事。我父亲要结婚了。我姑姑初次告诉我这消息，是在夏夜的小阳台上。我哭了，因为看过太多的关于后母的小说，万万没想到会应在我身上。我只有一个迫切的感觉：无论如何不能让这件事发生。如果那女人就在眼前，伏在铁栏干上，我必定把她从阳台上推下去，一了百了。

我后母也吸鸦片。结了婚不久我们搬家搬到一所民初式样的老洋房里去，本是自己的产业，我就是在那房子里生的。房屋里有我们家的太多的回忆，像重重叠叠复印的照片，整个的空气有点模糊。有太阳的地方使人瞌睡，阴暗的地方有古墓的清凉。房屋的青黑的心子里是清醒的，有它自己的一个怪异的世界。而在阴暗交界的边缘，看得见阳光，听得见电车的铃与大减价的布店里一遍又一遍次打着“苏三不要哭”，在那阳光里只有昏睡。

我住在学校里，很少回家，在家里虽然看到我弟弟与年老的“何干”受磨折，非常不平，但是因为实在难得回来，也客客气气敷衍过去了。我父亲对于我的作文很得意，曾经鼓励我学做诗。一共做过三首七绝，第二首咏“夏雨”，有两句经先生浓圈密点，所以我也认为很好了："声如羯鼓催花发，带雨莲开第一枝。"第三首咏花木兰，太不像样，就没有兴致再学下去了。

中学毕业那年，母亲回国来，虽然我并没觉得我的态度有显著的改变，父亲却觉得了。对于他，这是不能忍受的，多少年来跟着他，被养活，被教育，心却在那一边。我把事情弄得更糟，用演说的方式向他提出留学的要求，而且吃吃艾艾，是非常坏的演说。他发脾气，说我受了人家的挑唆。我后母当场骂了出来，说："你母亲离了婚还要干涉你们家的事。既然放不下这里，为甚么不回来？可惜迟了一步，回来只好做姨太太！"

沪战发生，我的事暂且搁下了。因为我们家邻近苏州河，夜间听见炮声不能入睡，所以到我母亲处住了两个礼拜。回来那天，我后母问我："怎样你走了也不在我跟前说一声？"我说我向父亲说过了。她说："噢，对父亲说了！你眼睛里哪儿还有我呢？"她刷地打了我一个嘴巴，我本能地要还手，被两个老妈子赶过来拉住了。我后母一路锐叫着奔上楼去："她打我！她打我！"在这一刹那间，一切都变得非常明晰，下着百叶窗的暗沉沉的餐室，饭已经开上桌了，没有金鱼的金鱼缸，白瓷缸上细细描出橙红的鱼藻。我父亲趿着拖鞋，拍达拍达冲下楼来，揪住我，拳足交加，吼道："你还打人！你打人我就打你！今天非打死你不可！"我觉得我的头偏到这一边，又偏到那一边，无数次，耳朵也震聋了。我坐在地下，躺在地下了，他还揪住我的头发一阵踢。终于被人拉开。我心里一直很清楚，记起我母亲的话："万一他打你，不要还手，不然，说出去总是你的错。"所以也没有想抵抗。他上楼去了，我立起来走到浴室里照镜子，看我身上的伤，脸上的红指印，预备立刻报巡捕房去。走到大门口，被看门的巡警拦住了说："门锁着呢，钥匙在老爷那儿。"我拭着撒泼，叫闹踢门，企图引起铁门外岗警的注意，但是不行，撒泼不是容易的事。我回到家里来，我父亲又炸了，把一只大花瓶向我头上掷来，稍微歪了一歪，飞了一房的碎瓷。他走了之后，何干向我哭，说："你怎么会弄到这样的呢？"我这时候才觉得满腔冤屈，气涌如山地哭起来，抱着她哭了许久。然而她心里是怪我的，因为爱惜我，她替我胆小，怕我得罪了父亲，要苦一辈子；恐惧使她变得冷而硬。我独自在楼下的一间空房里哭了一整天，晚上就在红木炕床上睡了。

第二天，我姑姑来说情，我后母一见她便冷笑："是来捉鸦片的么？"不等她开口我父亲便从烟铺上跳起来劈头打去，把姑姑也打伤了，进了医院，没有去报捕房，因为太丢我们家的面子。

我父亲扬言说要用手枪打死我。我暂时被监禁在空房里，我生在里面的这座房屋忽然变成生疏的了，像月光底下的，黑影中现出青白的粉墙，片面的，癫狂的。

Beverley Nichols[①]有一句诗关于狂人的半明半昧："在你的心中睡着月亮光"，我读到它就想到我们家楼板上的蓝色的月光，那静静地杀机。

我也知道我父亲决不能把我弄死，不过关几年，等我放出来的时候已经不是我了。数星期内我已经老了许多年。我把手紧紧捏着阳台上的木栏干，仿佛木头上可以榨出水来。头上是赫赫的蓝天，那时候的天是有声音的，因为满天的飞机。我希望有个炸弹掉在我们家，就同他们死在一起我也愿意。

何干怕我逃走，再三叮嘱："千万不可以走出这扇门呀！出去了就回不来了。"然而我还是想了许多脱逃的计划，《三剑客》、《基度山恩仇记》一齐到脑子里来了。记得最清楚的是《九尾龟》[②]里章秋谷的朋友有个恋人，用被单结成了绳子，从窗户里缒了出来。我这里没有临街的窗，惟有从花园里翻墙头出去。靠墙倒有一个鹅棚可以踏脚，但是更深人静的时候，惊动两只鹅，叫将起来，如何是好？

花园里养着呱呱追人啄人的大白鹅，唯一的树木是高大的白玉兰，开着极大的花，像污秽的白手帕，又像废纸，抛在那里，被遗忘了，大白花一年开到头。从来没有那样邋遢丧气的花。

正在筹划出路，我生了沉重的痢疾，差一点死了。我父亲不替我请医生，也没有药。病了半年，躺在床上看着秋冬的淡青的天，对面的门楼上挑起灰石的鹿角，底下累累两排小石菩萨——也不知道现在是哪一朝、哪一代……朦胧地生在这所房子里，也朦胧地死在这里么？死了就在园子里埋了。

---

① Beverley Nichols，通译贝弗利·尼科尔斯(1899—1983)，英国作家。著有小说《序曲》、《自我》、《无情的时刻》，自传《二十五周岁》、《父亲的形象》等。
② 《九尾龟》是近代作家张春帆(漱六山房)所著的狎邪小说。

然而就在这样想着的时候，我也倾全力听着大门每一次的开关，巡警咕滋咖滋抽出锈涩的门闩，然后呛啷啷一声巨响，打开了铁门。睡里梦里也听见这声音，还有通大门的一条煤屑路，脚步下沙子的吱吱叫。即使因为我病在床上他们疏了防，能够无声地溜出去么？

一等到我可以扶墙摸壁行走，我就预备逃。先向何干套口气打听了两个巡警换班的时间，隆冬的晚上，伏在窗子上用望远镜看清楚了黑路上没有人，挨着墙一步一步摸到铁门边，拔出门闩，开了门，把望远镜放在牛奶箱上，闪身出去。——当真立在人行道上了！没有风，只是阴历年左近的寂寂的冷，街灯下只看见一片寒灰，但是多么可亲的世界呵！我在街沿急急走着，每一脚踏在地上都是一个响亮的吻。而且我在距家不远的地方和一个黄包车夫讲起价钱来了——我真高兴我还没忘了怎样还价。真是发了疯呀！随时可以重新被抓进去。事过境迁，方才觉得那惊险中的滑稽。

后来知道何干因为犯了和我同谋的嫌疑，大大的被带累。我后母把我一切的东西分着给了人，只当我死了。这是我那个家的结束。

我逃到母亲家，那年夏天我弟弟也跟着来了，带了一只报纸包着的篮球鞋，说他不回去了。我母亲解释给他听她的经济力量只能负担一个人的教养费，因此无法收留他。他哭了，我在旁边也哭了。后来他到底回去了，带着那只篮球鞋。

何干偷偷摸摸把我小时的一些玩具私运出来给我做纪念，内中有一把白象牙骨子淡绿鸵鸟毛折扇，因为年代久了，一搧便掉毛，漫天飞着，使人咳呛下泪。至今回想到我弟弟来的那天，也还有类似的感觉。

我补习预备考伦敦大学。在父亲家里孤独惯了，骤然想学做人，而且是在窘境中做“淑女”，非常感到困难。同时看得出我母亲是为我牺牲了许多，而且一直在怀疑着我是否值得这些牺牲。我也怀疑着。常常我一个人在公寓的屋顶阳台上转来转去，西班牙式的白墙在蓝天上割出断然的条与块。仰脸向着当头的烈日，我觉得我是赤裸裸的站在天底下了，被裁判着像一切的惶惑的未成年的人，困于过度的自夸与自鄙。

这时候，母亲的家不复是柔和的了。

考进大学，但是因为战事，不能上英国去，改到香港，三年之后又因为战事，书没读完就回上海来。公寓里的家还好好的在那里，虽然我不是那么绝对地信仰它了，也还是可珍惜的。现在我寄住在旧梦里，在旧梦里做着新的梦。

写到这里，背上吹的风有点冷了，走去关上玻璃门，阳台上看见毛毛的黄月亮。

古代的夜里有更鼓，现在有卖馄饨的梆子，千年来无数人的梦的拍板：“托，托，托，托”——可爱又可哀的年月呵！

遥寄张爱玲

柯　灵

不见张爱玲三十年了。

“三十年前的上海，一个有月亮的晚上……我们也许没赶上看见三十年前的月亮。年轻的人想着三十年前的月亮该是铜钱大的一个红黄的湿晕，像朵云轩信笺上落了一滴泪珠，陈旧而迷糊。老年人回忆中的三十年前的月亮是欢愉的，比眼前的月亮大，圆，白；然而隔着三十年的辛苦路望回看，再好的月色也不免带点凄凉。”

这是《金锁记》里开头的一段。我现在正是带着满头的白发，回看那逝去的光阴，飞扬的尘土，掩映的云月。

七十年代末叶，我从一场恶梦中醒来，我的作品又可以享受灾梨祸枣的奢侈了。每当一本新书出版的时候，我照例兴冲冲地亲自签名包扎，跑邮政局，当作一种友情和尊敬的“念心儿”分送朋友。一九八〇年春，感谢香港昭明书店，给我印了一本装帧、排印、纸张都很漂亮的“选集”，多年的旧交刘以鬯兄，还写了长序，奖饰有加。我特地挑了一册精装本，在扉页郑重地写上“爱玲老友指正”，准备寄往美国。但我随即听说，张爱玲近年来杜门谢客，几乎摈绝交游。我这才猛然清醒：我们之间不但隔着浩浩荡荡的时空鸿沟，还横梗一道悠悠忽忽的心理长河。虽然我们沐着同一的月光，但是天各一方。我决定把这本书什袭珍藏，作为我暮年天真未泯的一个纪念。

国内实行对外开放以后，“海内存知己，天涯若比邻”，这一联唐诗忽然走红。但在外交场合杯酒言欢中滥用的结果，最好的诗也会变成爱伦堡所谓“磨光的二戈比”，我真有点替王勃叫屈。僭称“爱玲老友”，天外邮书，大概难免落谬托知己之讥。但彼此以文字交往始，已经整整四十年；阔别至今，她也未尝从我内心深处的“亲友题名录”中注销，却是事实。她的著作，四十年代在大陆出版的《传奇》、《流言》，我至今好好地保存着，她近三十年在台湾和香港出版的著作，也已经大体搜集完全，只是最近得到的三本来不及读。唐文标的《张爱玲研究》、《张爱玲资料大全集》等书，我手头都有。胡兰成的《今生今世》和《山河岁月》，我也找来读了。我自己忝为作家，如果也拥有一位读者——哪怕只是一位，这样对待我的作品，我也就心满意足了。

我最初接触张爱玲的作品和她本人，是一个非常严峻的时代。一九四三年，珍珠港事变已经过去一年多，离第二次世界大战结束和中国抗战胜利还有两年。上海那时是日本军事占领下的沦陷区。当年夏季，我受聘接编商业性杂志《万象》，正在寻求作家的支持，偶尔翻阅《紫罗兰》杂志，奇迹似的发现了《沉香屑——第一炉香》。张爱玲是谁呢？我怎么能够找到她，请她写稿呢？紫罗兰盒主人周瘦鹃，我是认识的，我踌躇再四，总感到不便请他作青鸟使。正在无计可施，张爱玲却出乎意外地出现了。出版《万象》的中央书店，在福州路昼锦里附近的一个小弄堂里，一座双开间石库门住宅，楼下是店堂，《万象》编辑室设在楼上厢房里，隔着一道门，就是老板平襟亚夫妇的卧室。好在编辑室里除了我，就只有一位助手杨幼生（即洪荒，也就是现在《上海抗战时期文艺丛书》的实际负责人之一），不至扰乱东家的安静。旧上海的文化，相当一部分就是这类屋檐下产生的。而我就在这间家庭式的厢房里，荣幸地接见了这位初露锋芒的女作家。那大概是七月里的一天，张爱玲穿着丝质碎花旗袍，色泽淡雅，也就是当时上海小姐普通的装束，胁下夹着一个报纸包，说有一篇稿子要我看看，那就是随后发表在《万象》上的小说《心经》，还附有她手绘的插图。会见和谈话很简短，却很愉快。谈的什么，已很难回忆，但我当时的心情，至今清清楚楚，那就是喜出望外。虽然是初见，我对她并不陌生，我诚恳地希望她经常为《万象》写稿。

张爱玲在写作上很快登上灿烂的高峰，同时转眼间红遍上海。这使我一则以喜，一则以忧。因为环境特殊，清浊难分，很犯不着在万牲园里跳交际舞。——那时卖力地为她鼓掌拉场子的，就很有些背景不干不净的报章杂志，兴趣不在文学而在于替自己撑场面。上海沦陷后，文学界还有少数可尊敬的前辈滞留隐居，他们大都欣喜地发现了张爱玲，而张爱玲本人自然无从察觉这一点。郑振铎隐姓埋名，典衣节食，正肆力于抢购祖国典籍，用个人有限的力量，挽救"史流他邦，文归海外"的大劫。他要我劝说张爱玲，不要到处发表作品，并具体建议：她写了文章，可以交给开明书店保存，由开明付给稿费，等河清海晏再印行。那时开明编辑方面的负责人叶圣陶已举家西迁重庆，夏丏尊和章锡琛老板留守上海，店里延揽了一批文化界耆宿，名为编辑，实际在那里韬光养晦，躲雨避风。王统照、王伯祥、周予同、徐调孚、周振甫、顾均正诸位，就都是的。可是我对张爱玲不便交浅言深，过于冒昧。也是事有凑巧，不久我接到她的来信，据说平襟亚愿意给她出一本小说集，承她信赖，向我征询意见。上海出版界过去有一种"一折八扣"书，专门翻印古籍和通俗小说之类，质量低劣，只是靠低价倾销取胜，中央书店即以此起家。我顺水推舟，给张爱玲寄了一份店里的书目，供她参阅，说明如果是我，宁愿婉谢垂青。我恳切陈词：以她的才华，不愁不见知于世，希望她静待时机，不要急于求成。她的回信很坦率，说她的主张是"趁热打铁"。她第一部创作随即诞生了，那就是《传奇》初版本，出版者是《杂志》社。我有点暗自失悔：早知如此，倒不如成全了中央书店。

《万象》上发表过一篇《论张爱玲的小说》，作者"迅雨"，是傅雷的化名，现在已不成为秘密，这是老一辈作家关心张爱玲明白无误的证据。他高度评价她艺术技巧的成就，肯定《金锁记》是"我们文坛最美的收获之一"，同时对《连环套》提出严格的指责。一褒一贬，从两个不同的站头出发，目标是同一终点——热情期待更大的成就。"没有《金锁记》；本文作者决不在下文把《连环套》批评得

上　张爱玲

下　张爱玲上海常德路故居

那么严厉，而且根本也不会写这篇文字。”如果我们对傅雷素昧平生，凭这几句话，也可以帮助了解他对人生和艺术的态度。张爱玲的反应，是写了一篇随笔，远兜远转，借题发挥，实质是不很礼貌地回答说：“不！”很久以前，文坛上流行过一句玩笑话：“老婆人家的好，文章自己的好。”张爱玲这篇随笔的题目，就叫做《自己的文章》，后来收在散文集《流言》里。现在经过迢迢四十年，张爱玲本人对《连环套》提出了比傅雷远为苛刻的批评。其实傅雷的议论，还有个更高的立足点，那就是以张爱玲之所长，见一般新文学作品之所短，指出“我们的作家一向对技巧抱着鄙夷的态度。‘五·四’以后，消耗了无数笔墨的是关于主义的论战。仿佛一有准确的意识就能立地成佛似的，区区艺术更不成问题”。一扬一抑，有一段还涉及巴金的作品。我以为未必公允恰当，利用编辑的权力，把原稿擅自删掉一段，还因此惹恼了傅雷，引起一场小风波。我在一九七八年写的《怀傅雷》一文中，已经提到这件事，这里不再重复。

唐文标在《张爱玲研究》一书中说到：傅雷的文章一经刊出，《连环套》就被“腰斩”，以后张爱玲也不再在《万象》出现。他看到了事实，却没有阐明真相。《连环套》的中断有别的因素，并非这样斩钉截铁。我是当事人，可惜当时的细节已经在记忆中消失，说不清楚了。但有一点确切无误：我和张爱玲接触不多，但彼此一直怀有友好的感情，不存在任何芥蒂。有事实为证。

张爱玲把小说《倾城之恋》改编为舞台剧本，又一次承她信赖，要我提意见，其间还有个反复的修改过程。我没有敷衍塞责，她也并不嫌我信口雌黄。后来剧本在大中剧团上演，我也曾为之居间奔走。剧团的主持人是周剑云，我介绍张爱玲和他在一家餐馆里见面。那时张爱玲已经成为上海的新闻人物，自己设计服装，表现出她惊世骇俗的勇气，那天穿的，就是一袭拟古式齐膝的夹袄，超级的宽身大袖，水红绸子，用特别宽的黑缎镶边，右襟下有一朵舒卷的云头——也许是如意。长袍短套，罩在旗袍外面。《流言》里附刊的相片之一，就是这种款式。相片的题词：“有一天我们的文明，不论是升华还是浮华，都要成为过去。然而现在还是清如水明如镜的秋天，我应当是快乐的。”周剑云战前是明星影片公司三巨头之一，交际场上见多识广，那天态度也显得有些拘谨，张爱玲显赫的文名和外表，大概给了他深刻的印象。

这台戏后来在新光大戏院上演了，导演是朱端钧，当年上海的四大导演之一，饰流苏的罗兰，饰范柳原的舒适，都是名重一时的演员。事后我因此得到张爱玲馈赠的礼物：一段宝蓝色的绸袍料。我拿来做了皮袍面子，穿在身上很显眼，桑弧见了，用上海话说："赤刮刺新的末。"桑弧是影片《不了情》的导演，张爱玲的熟朋友。——但这是后话。

一九四四年六月和一九四五年六月，我两次被日本沪南宪兵队所捕。第一次幸而没有受武士道精神文明的洗礼——严刑拷打，却听够了被害者受刑时那种锥心刺骨的号叫声。京剧《文昭关》里描写伍子胥一夜间须发变白，我此时才有些亲身的体会。宪兵队在贝当路，人们谈虎色变，讳言其名，称之为"贝公馆"。地点在美国学堂旧址，原来是雪白的建筑，碧绿的草地，纯洁得像天使；对门是庄严肃穆的国际教堂，紫酱色的斜屋顶，墙上爬满长春藤；贝当路幽雅安静，是情侣散步的好地方。日本人不知出于什么心理，挑选这么个环境来开设他们的现世地狱。我被释放时，恰像刚从死亡线上脱险。对那个环境感觉特别灵敏，觉得人世真是美好。回到家里，又看到张爱玲的留言，知道她在我受难时曾来存问，我立即用文言复了她一个短笺，寥寥数行，在记忆里是我最好的作品之一。原因是平常写作，很难有这种激动的心情。这事情过去整四十年了，直到去年，我有机会读到《今生今世》，发现其中有这样一段："爱玲与外界少往来，惟一次有个朋友被日本宪兵队逮捕，爱玲因《倾城之恋》改编舞台剧上演，曾得他奔走，由我陪同去慰问过他家里，随后我还与日本宪兵说了，要他们可释放则释放。"我这才知道，原来还有这样一回事。一时间我产生了难分难解的复杂情绪。在此以前，我刚好读过余光中针对胡兰成的人品与文品而发的《山河岁月话渔樵》。抗日战争是祖国生死存亡的关头，而胡兰成的言行，却达到了颠倒恩仇、混淆是非的极致，余光中对他严正的抨击，我有深切的共鸣。因为我个人的遭遇就提供了坚实的论据。但是对张爱玲的好心，我只有加倍的感激。

"出名要早呀！来得太晚的话，快乐也不那么痛快。""时代是仓促的，已经在破坏中，还有更大的破坏要求。"（《传奇》再版序言，1944年8月。）张爱玲是敏感的，预言弹指间成为现实。日本宣布无条件投降以后，战火依然弥漫神州大陆，的确是“更大的破坏”，但破坏不等于毁灭。古老中国和她的儿女，都在经受水深火热的考验。——张爱玲也在经受考验：内外交困的精神综合症，感情上的悲剧，创作的繁荣陡地萎缩，大片的空白忽然出现，就像放电影断了片。

一九四九年，在张爱玲看来，对她无疑是灾难。但事实不像她设想的那么坏。抗战胜利初期对她喧闹一时的指责早已沉静，天翻地覆的大变革吸引着亿万人的注意——没有什么比这更大的事了。一九五二年，上海召开第一次文学艺术界代表大会，张爱玲应邀出席。季节是夏天，会场在一个电影院里，记不清是不是有冷气，她坐在后排，旗袍外面罩了件网眼的白绒线衫，使人想起她引用过的苏东坡词句，“高处不胜寒”。那时全国最时髦的装束，是男女一律的蓝布和灰布中山装，后来因此在西方博得“蓝蚂蚁”的徽号。张爱玲的打扮，尽管由绚烂归于平淡，比较之下，还是显得很突出。（我也不敢想张爱玲会穿中山装，穿上了又是什么样子。）任何事物都有复杂性，不像一般观念所理解的那么简单。左翼阵营里也不乏张爱玲的读者，“左联”元老派的夏衍就是一个。抗战结束，夏衍从重庆回到上海，就听说沦陷期间出了个张爱玲，读了她的作品，解放后，他正好是上海文艺界第一号的领导人物。这就是张爱玲出现在文代会上的来龙去脉。夏衍从不讳言自己爱才，但用“左”视眼看起来，也就是“右倾”，“温情主义”。上海电影剧本创作所成立，夏衍亲自兼任所长，我被委任为他的副手。他告诉我，要邀请张爱玲当编剧，但眼前还有人反对，只好稍待一时。我来不及把消息透露给张爱玲，就听说她去了香港。夏衍一片惋惜之情，却不置一词。后来夏衍调到文化部当副部长，我还在上海书店的书库里，购了《传奇》和《流言》，寄到北京去送给他。

生活是个谜，自己切身的事，尚且包藏着许多秘密和未知数，何况是身外冷暖，背后文章；加上彩凤折翼，灵犀失明，大陆长期与世隔绝，被海外视为“铁幕”，彼此缺少了解，也就无怪其然了。

人没有未卜先知的本能，哪怕是一点一滴的经验，常要用痛苦作代价，这就是悲剧和喜剧的成因。时间蚕食生命，对老人来说，已经到了酒阑灯灺的当口；但是，感谢上帝，我们也因此能够看得宽一些，懂得多一些了。——真要明白，当然不见得，老糊涂多的是。专门研究张爱玲的唐文标教授，说“张爱玲写作在一个不幸的时代，她不能为同时代的中国人所认识，可说是阴差阳错，也许亦是她自己所决定的”。这话说得好，但也还可以推敲，因为同实际有距离，原因也是由于隔膜。我倒是想起了《倾城之恋》里的一段话：“香港的陷落成全了她。但是在这不可理喻的世界里，谁知道什么是因，什么是果？谁知道呢？也许就因为要成全她，一个大都市倾覆了。成千上万的人死去，成千上万的人痛苦着，跟着是惊天动地的大改革……流苏并不觉得她在历史上的地位有什么微妙之点。”如果不嫌拟于不伦，只要把其中的“香港”改为“上海”，“流苏”改为“张爱玲”，我看简直是天造地设。中国新文学运动从来就和政治浪潮配合在一起，因果难分。五四时代的文学革命——反帝反封建；三十年代的革命文学——阶级斗争；抗战时期——同仇敌忾，抗日救亡，理所当然是主流。除此以外，就都看作是离谱，旁门左道，既为正统所不容，也引不起读者的注意。这是一种不无缺陷的好传统，好处是与国家命运息息相关，随着时代亦步亦趋，如影随形；短处是无形中大大减削了文学领地。譬如建筑，只有堂皇的厅堂楼阁，没有回廊别院，池台竞胜，曲径通幽。我扳着指头算来算去，偌大的文坛，哪个阶段都安放不下一个张爱玲；上海沦陷，才给了她机会。日本侵略者和汪精卫政权把新文学传统一刀切断了，只要不反对他们，有点文学艺术粉饰太平，求之不得，给他们什么，当然是毫不计较的。天高皇帝远，这就给张爱玲提供了大显身手的舞台。抗战胜利以后，兵荒马乱，剑拔弩张，文学本身已经成为可有可无，更没有曹七巧、流苏一流人物的立足之地了。张爱玲的文学生涯，辉煌鼎盛的时期只有两年（1943—1945），是命中注定：千载一时，“过了这村，没有那店”。幸与不幸，难说得很。

张爱玲不见于目前的中国现代文学史，毫不足怪，国内卓有成就的作家，文学史家视而不见的，比比皆是。这绝不等于“不能为同时代的中国人所认识”，已经有足够的事实说明。往深处看，远处看，历史是公平的。张爱玲在文学上的功过得失，是客观存在；认识不认识，承认不承认，是时间问题。等待不是现代人的性格，但我们如果有信心，就应该有耐性。

今年一月，我在香港，以肾伉俪赏饭，座上有梅子、黄继持、郑树森，茶余酒后，谈到了张爱玲。我说她离开大陆，是很自然的事，对社会主义感到格格不入，不合则去，正是各行其是，各得其所。国内曾经“运动”成风，到“文化大革命”而达于顶点，张爱玲留在大陆，肯定逃不了，完全没有必要作这种无谓的牺牲，我为此代她庆幸。但对她的《秧歌》和《赤地之恋》，我坦率地认为是坏作品。不像出于《金锁记》和《倾城之恋》作者的手笔，我很代张爱玲惋惜。并不因为这两部小说的政治倾向，我近年来有一种越来越固执（也许可以说坚定）的信念：像政治、宗教这一类有关信仰的问题，应当彼此尊重，各听自便，不要强求，也决不能强求。谁如果确信自己的理想崇高美好，就孜孜以求地做去，不必害怕别人反对。《秧歌》和《赤地之恋》的致命伤在于虚假，描写的人、事、情、境，全都似是而非，文字也失去作者原有的美。无论多大的作家，如果不幸陷于虚假，就必定导致在艺术上缴械。张爱玲在这两部小说的序跋中，力称“所写的是真人实事”，而且不嫌其烦，缕述“故事的来源”，恰恰表现出她对小说本身的说服力缺乏自信，就像老式店铺里挂“真不二价”的金字招牌一样。事实不容假借，想象也须有依托，张爱玲一九五三年就飘然远引，平生足迹未履农村，笔杆不是魔杖，怎么能凭空变出东西来！这里不存在什么秘诀，什么奇迹。海外有些评论家把《秧歌》和《赤地之恋》赞得一朵如花，醉翁之意不在酒。——他们为小说暴露了“铁幕”后面的黑暗，如获至宝。但这种暴露也是肤浅而歪曲的，在国内读者看来，只觉得好笑。新社会不是天堂，却决非地狱。只要有点历史观点，新旧中华之间，荣枯得失，一加对照，明若观火。现在中国正在吸取过去的教训，满怀信心地走自己的路，这是可以告慰于真正悲天悯人、关心祖国休咎的海外同胞的。

三十年风驰电掣般过去了，作为张爱玲的忠实读者，我多么期待能看到她新的《金锁记》，新的《倾城之恋》。——“三十年前的月亮早已沉下去”，我希望，“三十年前的故事还没有完。”

我在北方湛蓝的初冬，万里外，长城边，因风寄意，向张爱玲致以良好的祝愿，亲切的问候。

一九八四年十一月二十二日，完稿于北京颐和园左近

思考与讨论：

1. 《私语》里面的人生经验后来被张爱玲反复书写，如长篇小说《小团圆》的部分即是《私语》的重写。有兴趣可以与《小团圆》对照一下，看看有什么异同。
2. 试回想自己的成长历程，如果用文字来表达的话，该如何处理？

拓展阅读：

《传奇》，张爱玲，人民文学出版社，1986年。

《小团圆》，张爱玲，北京十月文艺出版社，2009年。

诗八首

穆　旦

1

你底眼睛看见这一场火灾，
你看不见我，虽然我为你点燃；
唉，那燃烧着的不过是成熟的年代，
你底，我底。我们相隔如重山！

从这自然底蜕变底程序里，
我却爱了一个暂时的你。
即使我哭泣，变灰，变灰又新生，
姑娘，那只是上帝玩弄他自己。

2

水流山石间沉淀下你我，

而我们成长，在死底子宫里。
在无数的可能里一个变形的生命
永远不能完成他自己。

我和你谈话，相信你，爱你，
这时候就听见我底主暗笑，
不断地他添来另外的你我
使我们丰富而且危险。

3

你底年龄里的小小野兽，
它和春草一样地呼吸，
它带来你底颜色，芳香，丰满，
它要你疯狂在温暖的黑暗里。

我越过你大理石的理智殿堂，
而为它埋藏的生命珍惜；
你我底手底接触是一片草场，
那里有它底固执，我底惊喜。

4

静静地，我们拥抱在
用言语所能照明的世界里，
而那未成形的黑暗是可怕的，
那可能和不可能的使我们沉迷。

那窒息着我们的
是甜蜜的未生即死的言语，
它底幽灵笼罩，使我们游离，
游进混乱的爱底自由和美丽。

5

夕阳西下，一阵微风吹拂着田野，
是多么久的原因在这里积累。
那移动了景物的移动我底心
从最古老的开端流向你，安睡。

那形成了树林和屹立的岩石的，
将使我此时的渴望永存，
一切在它底过程中流露的美
教我爱你的方法，教我变更。

6

相同和相同溶为怠倦，
在差别间又凝固着陌生；
是一条多么危险的窄路里，
我制造自己在那上面旅行。

他存在，听从我底指使，
他保护，而把我留在孤独里，
他底痛苦是不断的寻求

你底秩序，求得了又必须背离。

7

风暴，远路，寂寞的夜晚，
丢失，记忆，永续的时间，
所有科学不能祛除的恐惧
让我在你底怀里得到安憩——

呵，在你底不能自主的心上，
你底随有随无的美丽的形象，
那里，我看见你孤独的爱情
笔立着，和我底平行着生长！

8

再没有更近的接近，
所有的偶然在我们间定型；
只有阳光透过缤纷的枝叶
分在两片情愿的心上，相同。

等季候一到就要各自飘落，
而赐生我们的巨树永青，
它对我们的不仁的嘲弄
（和哭泣）在合一的老根里化为平静。

1942年2月

诗人与矛盾

郑 敏

这篇文章有两个目的。一是纪念诗人穆旦逝世十周年。二是想在分析穆旦的诗的同时实践一下自己近来对于诗的结构的一些想法。

穆旦是一个充满对旧时代愤恨的诗人，他的诗以写矛盾和压抑痛苦为主。他的诗体现了第二次大战期间人们对暴力的反抗精神，对黑暗腐败的愤怒，和对未来带着困惑的执着追求。凡是诗，都是诗人的感性和知性的经历的记载。诗又总是围绕着一个或数个矛盾来展开的。因此在分析诗时，我想抓住作为它的主体的矛盾，代表着矛盾的几股力量，观察着这些力量在诗的进展中是如何行动的。为了便于解剖诗中的矛盾的动态，我借用一个句法概念，将一首诗看成一个句子，并分成下面三大组成部分，即：

主语：矛盾着的几股力量

+

谓语：矛盾的行动，即各力量间的冲突与亲和

+

宾语及补语：即行动的结果和矛盾的解决及对诗中人物的影响。

这样将诗的结构分解，观察其各部分之间的关系，动作，影响，便于理解一首诗的活力。它不再是没有生命的一堆字句。诗的动态得以呈现。美国黑山派诗人奥森有一个理论，他认为诗是一个“场”，它以放出能量的方式来影响读者。我想用上述的方法分析一首诗也许更能感受到诗的“场”上的各种力的活动方向，并且深刻地感受到诗的能量的释放和对自己的影响。这种体验会帮助读者理解深埋在诗的深层中的艺术能量。正是这种艺术能量使得诗能比论文更感动读者的心灵。也是这种艺术能量的不断释放使得诗能在无限的时空中获得不朽的存在，发挥着无边的魅力，使得不同时代，不同国籍的人们在接触它时都感到它的能量。

由于篇幅有限，我在下面的分析将主要集中在《春》和《诗八首》上，作为自己的一次分析诗的尝试。

(一)“一如那泥土做成的鸟的歌”——《春》(1942)

设想一个人走在钢索上，从青年到暮年。在索的一端是过去的黑暗，另一端是未来的黑暗：“在过去和未来两大黑暗间”（《三十诞辰有感》，1947）。黑暗也许是邪恶的，但未来的黑暗是未知数，因此孕育着希望、幻想、猜疑，充满了忐忑的心跳。而诗人“以不断熄灭的／现在，举起了泥土，思想和荣耀”（同上诗）。关键在于现在的“不断熄灭”，包含着不断再燃，否则，怎么能不断举起？这就是诗人的道路，走在熄灭和再燃的钢索上。绝望是深沉的：“而在每一刻的崩溃上，看见一个敌视的我，／枉然的挚爱和守卫，只有跟着向下碎落，没有钢铁和巨石不在它的手里化为纤粉。”（同上诗）然而诗人毕竟走了下去，在这条充满危险和不安的钢索上，直到突然颓然倒下（1977年），遗憾的是，他并没有走近未来，未来对于他将永远是迷人的“黑暗”。

诗的“场”总是建立在矛盾的力之网上。穆旦的诗有着强大的磁场。它充分地表达了他在生命中感受到的磁力的撕裂。他的诗基本上建立在一对对的矛盾着的力所造成的张力上。例如：泥制的鸟／歌唱；青春的冲动／传统的压抑；希望／幻灭；黑暗／难产的圣洁的感情；燃烧的现在／熄灭的现在；现在的光／过去与未来的黑暗；时间的创造／时间的毁灭；等等。

穆旦的诗，或不如说穆旦的精神世界是建立在矛盾的张力上，没有得到解决的和谐的情况上。穆旦不喜欢平衡。平衡只能是暂时的，否则就意味着静止，停顿。穆旦象不少现代作家，认识到突破平衡的困难和痛苦，但也象现代英雄主义者一样他并不梦想古典式的胜利的光荣，他准备忍受希望和幻灭的循环，一直到"……时间的沉重的呻吟就要坠落在／于诅咒里成形的／日光闪耀的岸沿上"。这里时间的呻吟和诅咒与日光闪耀的岸沿组成矛盾的张力，相反相成，在其上诗人忍受着"希望，幻灭"的磨炼，但他坚持要"再活下去"（《活下去》），也许这正是现代英雄主义和古典英雄主义的差别吧。英雄不再带有金色的光环，而是在现实的压力下变形，但坚持"活下去"。穆旦在这首诗的结尾写道："孩子们呀，请看黑夜中的我们正怎样孕育／难产的圣洁的感情。"圣洁的感情在经过黑夜和难产后也许不能像圣母像那样平静吧。

穆旦很少享受平静。他活下去，却是在一片"危险的土地上"，"他追求而跌进黑暗／四壁是传统"，他时时感到生的冲动和死的威胁并存，点燃和熄灭并存。年轻的诗人强烈地感到"新生的希望被压制，被扭转"，传统的扼制使他象一只"泥土做成的鸟"，他的歌怎样才能飞出喉咙？时间在创造，而时间又在毁灭，他的使命是改变现状，是追求明天，但他的追求使他跌进黑暗。他惊呼："那改变明天的已为今天所改变"（《裂纹》，1944），多么触目惊心的发现！诗人举着危险信号的红灯，向一切面临转变的时代，送出警告。

穆旦的诗充满了他的时代，主要是40年代，一个有良心的知识分子所尝到的各种矛盾和苦恼的滋味，惆怅和迷惘，感情的繁复和强烈形成诗的语言的缠扭，紧结。也许有人认为他的语言不符合汉语的典范。但是"形式是内容的延伸"（罗伯特·克利莱），没有理由要求一个为痛苦痉挛的心灵，一个包容着火山预震的思维和心态在语言中却化成欢唱、流畅的小溪，穆旦的语言只能是诗人界临疯狂边缘的强烈的痛苦、热情的化身。它扭曲，多节，内涵几乎要突破文字，满载到几乎超载，然而这正是艺术的协调。

青春对诗人的诱惑是异常强烈的。绿茵因此也能吐出火焰，在春天里满园是美丽的欲望，20岁的肉体要突破禁闭，只有反抗土地的花朵才能开在地上。矛盾是生命的表现，因此青春是痛苦和幸福的矛盾的结合。在这个阶段强烈的肉体敏感是幸福也是痛苦，哭和笑在片刻间转化。穆旦的爱情诗最直接地传达了这种感觉：爱的痛苦，爱的幸福。他对于生命的强烈感受，深度和广度，更令人惋惜他在人间经历过的坎坷，和早逝。在历史的巨轮下他的血有着超常的浓度。一个能爱，能恨，能诅咒而又常自责的敏感的心灵在晚期的作品里显得凄凉而驯服了。这是好事，还是……？因为死得早，他的创伤没有在阳光里得到抚慰和治疗。他只是把照亮他在停电之夜工作通宵的蜡烛收起：

我细看它，不但耗尽了油，

而且残流的泪挂在两旁：

这时我才想起，原来一夜间，

有许多阵风都要它抵挡。

于是我感激地把它拿开，

默念这可敬的小小坟场。(《停电之后》1976)

如果你仔细地听，他的诗页至今仍在呼吸，和轻轻自喃。

多写多说都只显露无能。我们失去了一个真正的诗人，真诚的诗人，痛苦的诗人，一个不懂得说谎的诗人，一个抹去了“诗”和“生命”的界线的诗人。

（二）《诗八首》分析

穆旦的《诗八首》是一组有着精巧的内在结构，而又感情强烈的情诗，这是一次痛苦不幸的感情经历。全组诗贯穿着三股力量的矛盾斗争。这三股力量“你”“我”和代表命运和客观世界的“上帝”。上帝在这里是冷酷无情的，他捉弄着这对情人，而就是在“你”和“我”之间，也是既相吸引而又相排斥的，他们之间有着不可逾越的距离，而又有着强烈的吸引力。

第一首

“你”的代表是“眼睛”，“我”的代表是“哭泣”。二人之间的距离表现在“你看不见我，虽然我为你点燃”、“我们相隔如重山”。因为这中间“上帝”这客观的外力让爱情失去真义，“火灾”不过是两个人“成熟的年代的燃烧”，不是心灵的相会，上帝的代表是隔离了情人们心灵的重山。上帝使万物在自然程序中不停地蜕变，“我”只能爱一个“暂时的你”，这不是有持久不变的力量的爱。暴君上帝玩弄着情人们让“我”多次生死，但“那只是上帝玩弄他自己”。这里是一个惊人的转折，因为“我”变成“上帝”自己，好象亚当是上帝所造，耶稣是上帝的儿子，上帝让“我”痛苦也就是玩弄他自己，这样暴君和奴隶都跌入同一的痛苦的关系网中，事情变得十分复杂了，诗的层次因此增加。

第二首

头两行是写创造“你”“我”，而又不允许他们成活的残暴行为。自然，这是上帝的残暴。在这第一节的四行中“生”与“死”并存，“希望”和“绝望”并存，两个相斗争的力量却被上帝同时运用着，这样就使情人受着不能忍受的刑罚。“水流”是活力，但成胎后却被监禁在“死的子宫里”，因此“永远不能完成自己”，这是上帝对自己的造物的惩罚。第二节写上帝在暗笑情人的真挚情感，使他们不断地变化，在变化中因为有新的发展而丰富起来，但也同时面临失去爱情的危险，这里又是矛盾的力的结合和相克，上帝、你、我在不可控制中相冲撞，好象落在轨道外的天体。

第三首

充满了爱情的感性形象。矛盾暂时平息或潜伏，好象交响乐第二章，多数以抒情为主，有着甜蜜的旋律和火焰样的热情。

第四首

沉醉在暂时的幸福里，距离暂时消失，但隐隐地意识到黑暗在未来等待着。甜蜜的语言没有说出就已经死去，这首表达了战争前夜的宁静，死亡前的幸福，沉醉停在表层，恐惧隐在底层，那表现出来的是假象，那隐藏的是真正的，爱情受到威胁，危险就在角落里等待，但字面上又是美丽、幸福的。一种不祥之感使读者感受着戏剧性的悬待，同时传达了情人们混乱的情绪，他们不自觉的陷入混乱的爱的自由和美丽中。多么有限而短暂的自由，然而正因此那幸福之感更非凡。全首诗集中在表达一种半睡眠的等待状态。矛盾不是爆发性的，但含蓄的矛盾比爆发出来的更有力量。暴君并没有远离，他在数着时间，等候出场的呼唤。

第五首

这首象一场"我"的独舞和独白。"上帝"和"你"都暂时隐退。舞台上只有"我"独自面对着他的"自我""上帝"的肉身（自然）暂时变得慈祥起来，它让微风"吹拂着田野"使疲于斗争和痛苦的我暂时得到喘息，享受着难能的宁静。而且"自然"在给这受伤的心灵以鼓励和慰藉。它让树木和岩石用它们的坚定而繁茂的姿态启发痛苦的恋人的信心。在"自然"和"我"之间达到了默契，而上帝因为爱他自己的形体——自然——而移爱于"我"，因此"我"感受到那神秘的力量的爱抚："那移动了景物的移动我底心／从最古老的开端流向你，安睡。"神圣的"自然"中的爱的力量充满了一切过程："一切在它底过程中流露的美，／教我爱你的方法。教我变更／。"

但这首诗也仍然是这场悲剧中一个暂时的充满柔情的过渡。危险并没有消失，这样就引来下一首的激昂的痛苦的呼声。

第六首

在无穷的变化和运转中"滞留"，就意味着丧失生命的魅力，因此诗人说："相同和相同溶为怠倦。"这是多么犀利的观察，而又是充满了勇气的自我剖析，对于一个在追求爱情的情人承认“怠倦”是需要比战士承认畏惧更大的勇气。然而追随着大千世界的运转，不断从差异到差异，又使一个凡人的心灵感到难以招架，因此诗人说：“在差别间又凝固着陌生”。陌生意味着不安宁。悬疑、顾虑、寂寞、寒冷。所以在疲怠和陌生的轮流交替之下，情人在一条危险的窄路上旅行。在第二节里出现了一个极不平常的现象。这就是“人格分裂”的手法。“我”忽然分裂成两个人格，于是我们第一次遇到一个“他”：“他存在，听我的指使，／他保护，而把我留在孤独里。／”这分裂的两个人格互相之间也是一种既矛盾又统一的关系。看来那“他”是外在的“我”，而“我”是将自己封锁在寂寞孤独里的那个人格。“他”，这外向行动的“我”不断地追寻“你”的规律，但在大千世界的急速运转中，那被寻得的秩序必然是过时的，因此“求得了又必须背离”，这就是外在的“我”的痛苦。在这首诗中变化无常的爱的规律被诗人将它和宇宙的不停运转串联起来，因而获得无限的深度。

第七首

在这首诗中情调又转向低沉。“我”的旅行是孤独而寂寞的。“我”象一个朝圣者，祈祷道：“所有科学不能祛除的恐惧／让我在你的怀里得到安憩——”这种恐惧不是外在的，而是被封锁在孤独的恋人心灵深处，无法医治的恐惧，只能祈求在“你”的怀里得到平息。“你”这里具有圣母般神圣而平静的形象，她的心灵上象光影样忽隐忽现地飘过她曾有的爱的美丽幻像，“你”的平静如净化了的塑像般的外形却含蕴着活着的爱的光影，这爱和“我”的爱平行生长。“你”和“我”是在“永续的时间”里透过云雾样朦胧的距离相神交。“我”的朝圣显然不容易到达圣地，到达他所渴望的圣像的怀里。第七首以不肯定的结尾结束。

第八首

第八首从戏剧性的矛盾冲击来看，有些力度不足之感。作者在比较不自然的情况下为他的诗寻找一个平静的结尾。“我”的悲诉和痛苦因为最后的绝望而显得有些放弃挣扎和斗争。由于“所有的偶然在我们间定型”，宿命论的色彩加深了，

“我”和“你”所能共享的命运只象透过枝叶落在两片叶子上的阳光那样短暂，更多的接近已经无望了。“上帝”的暴力统治是强大不可动摇的。这里赐给爱人生命的“永青巨树”——上帝的符号——接受爱人们最后一次诅咒，诅咒他对爱人们的“不仁的嘲弄”，但等冬季来临时造物将他对爱人们的嘲弄和爱人们的尸体（落叶）一起埋葬在它的根部。恨、诅咒与爱在合葬中化为平静。这种宗教式的结尾留下一种庄严肃穆的冷寂凄凉情调，有安魂曲式的美。

从上面的分析看出这八首套曲有着紧密的内在联系。首与首之间相呼应，始终贯穿在八首诗中的主题是既相矛盾又并存的生和死的力，幸福的允诺和接踵而至的幻灭的力。这是潜藏的一层结构，在表面的另一层的力的结构则是“我”“你”和“上帝”（或自然造物主）三种力量的矛盾与亲和。这三种力量出现在诗里经常由他们的化身来代表。以下各举他们的几种化身：

“上帝”：“火灾”，“重山”，“自然的蜕变程序”（1），“水流”，“死底子宫”，“我底主”（2），“黑暗”（4），“那移动了景物的”，“那形成了树木和屹立的岩石的”，“一切……流露的美”（5），“恐惧”（7），“阳光”，“巨树”，“老根”（8）。

“我”：“哭泣”，“变灰”（1），“变形的生命”（2），“他”（6），“树叶”。

“你”：“眼睛”（1），“变形的生命”（2），“小野兽”、“青草”、“草场”、“殿堂”（3），“美丽的形象”，“树叶”。

诗永远是一个磁力场，各条磁线从那里发出，诗之所以是有生命的，因为它的各条力线不断的在与其他的力起作用，并同时放出能量，它的能量在读者的心态上引起反响。这样形成了读者与诗之间的对话。诗的结构层次愈多，对话也愈丰富。有的诗给我们送来交响乐，有的是奏鸣曲，当然也有独奏。一首诗这种没有声音的音乐是需要知音者专注地聆听的。“诗八首”由于它的三股力量的交织，穿梭，呼应，冲击，使我觉得象听一首三重奏。

一般说来，自从20世纪以来诗人开始对思维的复杂化，情感的线团化，有更多的敏感和自觉。诗中表现的结构感也因此更丰富了。现代主义比起古典主义、浪漫主义更有意识地寻求复杂的多层的结构。以《诗八首》来看爱情的多变、复杂、纠缠，完全是通过它的双层，三条力的结构表达出来的，一首诗的结构正象一株大树的树干和枝条，那些悬在枝条上的累累果实常常是“意象”，《诗八首》的丰产的果实给它增添不少浓郁的果香。但这还只是它的有形结构，这些力的枝条的分布是精美的，但若要寻找诗的真正生命泉源，我们还得了解在那树干里和每条长枝里流着的树液，它们形成看不见的能量的网，使得这诗永远有生命力。有形的结构，和为这结构增加感性魅力的有着繁殖功能的意象，都需要这不可见的生命液的营养。如果以中国通俗的“形”“神”来论，一切有形的结构是诗的型体，而那使得有形的结构包括它的意象、暗喻、换喻，活起来的却是那无形而存在的“神”。在分析《诗八首》时我必须从它的力来入手，找出力的方向，与它们之间的结构关系，以及它们的化身（意象、暗喻、换喻），但最后我感觉到贯穿在整个结构中，使一切永远是活的，运动着的，还是诗人付给这组诗的无形的“神”。如果借用德国后结构主义奠基人德里达的理论，这就是他所谓的在作品后面起着总契机作用的“踪迹”（Trace）。德里达为了反对结构主义完全依赖有形的符号系统来分析作品，他提出这关于无形的“踪迹”的理论。当我接触《诗八首》时，我的步骤似乎是由“神”（整体感）到有“形”的结构，然后再回到“神”。最后这组诗留给我的影响不再是那枝节的精美，而是它的哲学高度，个人爱情经历与宇宙运转的联系，这个层次是不能单纯从对有形结构的分析中得到的，只有重新回到“神”（或踪迹）的高度时才能进入这一层的欣赏和理解，这是一层本质而无形的最高结构。至此我就走完了我对这组诗的理解和欣赏。

穆旦在40年代写出这类的感情浓烈、结构复杂的诗，说明中国新诗发展到40年代已经面临丰收和成熟。自“五·四”运动以来新诗和白话文运动、新文学运动一直在进行各种尝试来建立自己的新风格。“五·四”文学运动打开中国与世界文学的“文学之路”，通过翻译、访问，东西方的文学著作与世界大作家对于中国新诗的发展起着无法否认的影响，但是不管是浪漫主义、现实主义，还是象征主义，它们都在进入中国文学园地后结出具有中国特色的果实。在30年代我们有了中国式的浪漫主义和象征主义，中国式的自由体新诗。在40年代，虽然战争成为每个人生活中主要的一篇，国际文学交流并没有停止，在某种程度上也许比30年代更普通。40年代在西方是世纪初诞生的西方现代主义走向高峰的时代，到中国来访问的学者和诗人带来他们对20世纪诗的美学的理论创新。在清华大学和西南联大讲课的燕卜荪教授，访问中国的英国诗人奥登是这种诗歌交流的重要使者。中国女学者赵萝蕤的中译版《荒原》，也使得中国诗歌爱好者接触到被认为20世纪西方诗歌的里程碑的艾略特的划时代长诗，这些新诗在其创作理论上与20世纪人类的文史哲的新疆，新地平线息息相通，是人类20世纪文化的一个重要方面。他们的新美学理论迅速的反映在音乐、美术、建筑、文学各领域，人类的审美总是不断开发新边疆的。在文艺上不存在新的淘汰老的问题，这与科学发明不同，传统在不断的延伸、发展、丰富。但每个历史时期都会随着人的物质生活、哲学思想、科学知识的变革而提出其具有新时代风貌的美学，从而为人类的文学艺术增添新品种。因此在20世纪初，首先从音乐，图画开始了一场美学的新实验，接着庞德和艾略特及其他同时代的诗人就从理论和实践上拿出一批论文和作品，使得西方的诗歌面目一新。当然，后浪总是要超前浪，在50年代后，20世纪新诗又开始了一个新阶段。无疑这些理论和作品，正象19世纪的浪漫主义一样，都是西方资产阶级的文学和理论，对我们都是不可全搬，但也不可无所知的。奴隶社会、封建社会时期的世界和中国文学，至今仍有不少是经典必读，因为它们构成人类文化遗产的重要地层。而20世纪活的人类文化我们作为同时代人自然不能无所知。第一步是要“知”，第二步是批判地吸收，在创作中借鉴。这本是老生常谈，但在实践中却是十分困难的。40年代由于大学教育在中国与世界文化交流方面起了重要的桥梁作用，大学里的诗歌课、翻译课、诗人、教授们的创作实践对不少诗歌爱好者起了好作用，使他们渴望将中国新诗的发展向20世纪中期推进，而不是停留在19世纪的传统里。当时的香港、天津《大公报》副刊、《益世报》副刊，上海的《诗创造》、《中国新诗》及巴金先生主编的《文学丛刊》给这种新诗创作实践以大力支持。这种历史条件使得青年诗人得到鼓励。穆旦的诗歌成就正是在这种条件下获得的。他的诗，从上面的分析看来在美学实践上是具有20世纪的特点，当然那是一位中国青年诗人的创作实践。它必然自本质上是中国20世纪的诗歌实践。由于它的艺术不同于那在中国诗歌读者中间已经普及了的浪漫主义手法，及狭义现实主义手法，要理解穆旦的诗是需要一些新的理论知识和新的目光。这种对读者进行的准备工作是美学、诗学教育工作者的课题，也是文艺评论者对诗歌读者应尽的义务。如果古典诗词的欣赏需要进行基础知识和理论方面的准备，为什么对新诗的“新”的理解和欣赏不应要求读者有一些理论基础的准备呢。当一些读者抱怨看不懂新诗时，理论工作者和教育工作者应持的合理态度应当是帮助读者进行理论上的准备，而不是说“停止尝试吧！”要求作家不进行新的试验是对创作欲的最大压抑。当一个作家在创作时不敢在艺术上创新，其痛苦几乎相当于笼中鸟。等到作家已经习惯于按既定的形式创作时，他已经是一个驯服的笼鸟，丧失了飞翔在蓝空中的本能了。

不是所有创新都会产生杰作的，不成功的创新却会为下一次的成功开路。读者的层次很多，不能要求一个读者能欣赏各种作品，读者和诗人在艺术上都会各有所爱的，同样是来自现实的作品在艺术上却可以是千差万别的。我对于自己不欣赏的作品总是暂时把它搁置起来、保留为将来的阅读项目，经验证明，我的趣味和理解能力往往在时间里发展和转变。对于作家的受欢迎度进行民意测验只能说明在一个时期里读者的一种倾向。可以作为出版界的经济上的参考，却不能根据它作为艺术的评价。穆旦的诗和类似的作品在不同的中外“社会层”里测验会得到不同的数字，但他所已经得到的海内外的赞许是不能忽视的。让我们向世界的诗歌爱好者奉献这长绿的一叶吧。

思考与讨论：

1. 对照阅读穆旦的诗和郑敏的阐释，谈谈你对穆旦这首诗的认识。
2. 从《诗人与矛盾》一文中学习分析诗歌的方法。

拓展阅读：

《穆旦诗文集》，穆旦，人民文学出版社，2006年。

《雕虫纪历》，卞之琳，人民文学出版社，1984年。

受　戒

汪曾祺

明海出家已经四年了。

他是十三岁来的。

这个地方的地名有点怪，叫庵赵庄，赵，是因为庄上大都姓赵。叫做庄，可是人家住得很分散，这里两三家，那里两三家。一出门，远远可以看到，走起来得走一会，因为没有大路，都是弯弯曲曲的田埂。庵，是因为有一个庵。庵叫菩提庵，可是大家叫讹了，叫成荸荠庵。连庵里的和尚也这样叫。“宝刹何处？”——“荸荠庵。”庵本来是住尼姑的。“和尚庙”、“尼姑庵”嘛。可是荸荠庵住的是和尚。也许因为荸荠庵不大，大者为庙，小者为庵。

明海在家叫小明子。他是从小就确定要出家的。他的家乡不叫“出家”，叫“当和尚”。他的家乡出和尚。就像有的地方出劁猪的，有的地方出织席子的，有的地方出箍桶的，有的地方出弹棉花的，有的地方出画匠，有的地方出婊子，他的家乡出和尚。人家弟兄多，就派一个出去当和尚。当和尚也要通过关系，也有帮。这地方的和尚有的走得很远。有到杭州灵隐寺的、上海静安寺的、镇江金山寺的、扬州天宁寺的。一般的就在本县的寺庙。明海家田少，老大、老二、老三，就足够种的了。他是老四。他七岁那年，他当和尚的舅舅回家，他爹、他娘就和舅舅商议，决定叫他当和尚。他当时在旁边，觉得这实在是在情在理，没有理由反对。当和尚有很多好处。一是可以吃现成饭。哪个庙里都是管饭的。二是可以攒钱。只要学会了放瑜伽焰口，拜梁皇忏，可以按例分到辛苦钱。积攒起来，将来还俗娶亲也可以；不想还俗，买几亩田也可以。当和尚也不容易，一要面如朗月，二要声如钟磬，三要聪明记性好。他舅舅给他相了相面，叫他前走几步，后走几步，又叫他喊了一声赶牛打场的号子："格当得——"，说是"明子准能当个好和尚，我包了！"要当和尚，得下点本，——念几年书。哪有不认字的和尚呢！于是明子就开蒙入学，读了《三字经》、《百家姓》、《四言杂字》、《幼学琼林》、《上论、下论》、《上孟、下孟》，每天还写一张仿。村里都夸他字写得好，很黑。

舅舅按照约定的日期又回了家，带了一件他自己穿的和尚领的短衫，叫明子娘改小一点，给明子穿上。明子穿了这件和尚短衫，下身还是在家穿的紫花裤子，赤脚穿了一双新布鞋，跟他爹、他娘磕了一个头，就随舅舅走了。

他上学时起了个学名，叫明海。舅舅说，不用改了。于是"明海"就从学名变成了法名。

过了一个湖。好大一个湖！穿过一个县城。县城真热闹：官盐店，税务局，肉铺里挂着成边的猪，一个驴子在磨芝麻，满街都是小磨香油的香味，布店，卖茉莉粉、梳头油的什么斋，卖绒花的，卖丝线的，打把式卖膏药的，吹糖人的，耍蛇的，……他什么都想看看。舅舅一劲地推他："快走！快走！"

到了一个河边，有一只船在等着他们。船上有一个五十来岁的瘦长瘦长的大伯，船头蹲着一个跟明子差不多大的女孩子，在剥一个莲蓬吃。明子和舅舅坐到舱里，船就开了。

明子听见有人跟他说话，是那个女孩子。

"是你要到荸荠庵当和尚吗？"

明子点点头。

"当和尚要烧戒疤呕！你不怕？"

明子不知道怎么回答，就含含糊糊地摇了摇头。

"你叫什么？"

“明海。”

“在家的时候？”

“叫明子。”

“明子！我叫小英子！我们是邻居。我家挨着荸荠庵。——给你！”

小英子把吃剩的半个莲蓬扔给明海，小明子就剥开莲蓬壳，一颗一颗吃起来。

大伯一桨一桨地划着，只听见船桨拨水的声音：

“哗——许！哗——许！”……

……

荸荠庵的地势很好，在一片高地上。这一带就数这片地势高，当初建庵的人很会选地方。门前是一条河。门外是一片很大的打谷场。三面都是高大的柳树。山门里是一个穿堂。迎门供着弥勒佛。不知是哪一位名士撰写了一副对联：

大肚能容容天下难容之事

开颜一笑笑世间可笑之人

弥勒佛背后，是韦驮。过穿堂，是一个不小的天井，种着两棵白果树。天井两边各有三间厢房。走过天井，便是大殿，供着三世佛。佛像连龛才四尺来高。大殿东边是方丈，西边是库房。大殿东侧，有一个小小的六角门，白门绿字，刻着一副对联：

一花一世界

三藐三菩提

进门有一个狭长的天井，几块假山石，几盆花，有三间小房。

小和尚的日子清闲得很。一早起来，开山门，扫地。庵里的地铺的都是箩底方砖，好扫得很，给弥勒佛、韦驮烧一炷香，正殿的三世佛面前也烧一炷香、磕三个头、念三声“南无阿弥陀佛”，敲三声磬。这庵里的和尚不兴做什么早课、晚课，明子这三声磬就全部代替了。然后，挑水，喂猪。然后，等当家和尚，即明子的舅舅起来，教他念经。

教念经也跟教书一样，师父面前一本经，徒弟面前一本经，师父唱一句，徒弟跟着唱一句。是唱哎。舅舅一边唱，一边还用手在桌上拍板。一板一眼，拍得很响，就跟教唱戏一样。是跟教唱戏一样，完全一样哎。连用的名词都一样。舅舅说，念经：一要板眼准，二要合工尺。说：当一个好和尚，得有条好嗓子，说：民国二十年闹大水，运河倒了堤，最后在清水潭合龙，因为大水淹死的人很多，放了一台大焰口，十三大师——十三个正座和尚，各大庙的方丈都来了，下面的和尚上百。谁当这个首座？推来推去，还是石桥——善因寺的方丈！他往上一坐，就跟地藏王菩萨一样，这就不用说了；那一声“开香赞”，围看的上千人立时鸦雀无声。说：嗓子要练，夏练三伏，冬练三九，要练丹田气！说：要吃得苦中苦，方为人上人！说：和尚里也有状元、榜眼、探花！要用心，不要贪玩！舅舅这一番大法要说得明海和尚实在是五体投地，于是就一板一眼地跟着舅舅唱起来：

“炉香乍爇——”

“炉香乍爇——”

“法界蒙薰——”

“法界蒙薰——”

“诸佛现金身……”

“诸佛现金身……”

……

等明海学完了早经，——他晚上临睡前还要学一段，叫做晚经，——荸荠庵的师父们就都陆续起床了。

这庵里人口简单，一共六个人。连明海在内，五个和尚。

有一个老和尚，六十几了，是舅舅的师叔，法名普照，但是知道的人很少，因为很少人叫他法名，都称之为老和尚或老师父，明海叫他师爷爷。这是个很枯寂的人，一天关在房里，就是那“一花一世界”里。也看不见他念佛，只是那么一声不响地坐着，他是吃斋的，过年时除外。

下面就是师兄弟三个，仁字排行：仁山、仁海、仁渡。庵里庵外，有的称他们为大师父、二师父；有的称之为山师父、海师父。只有仁渡，没有叫他“渡师父”的，因为听起来不像话，大都直呼之为仁渡。他也只配如此，因为他还年轻，才二十多岁。

仁山，即明子的舅舅，是当家的。不叫“方丈”，也不叫“住持”，却叫“当家的”，是很有道理的，因为他确确实实干的是当家的职务。他屋里摆的是一张账桌，桌子上放的是账簿和算盘。账簿共有三本。一本是经账，一本是租账，一本是债账。和尚要做法事，做法事要收钱。——要不，当和尚干什么？常做的法事是放焰口。正规的焰口是十个人。一个正座，一个敲鼓的，两边一边四个。人少了，八个，一边三个，也凑合了。荸荠庵只有四个和尚，要放整焰口就得和别的庙里合伙。这样的时候也有过。通常只是放半台焰口。一个正座，一个敲鼓，另外一边一个。一来找别的庙里合伙费事；二来这一带放得起整焰口的人家也不多。有的时候，谁家死了人，就只请两个，甚至一个和尚咕噜咕噜念一通经，敲打几声法器就算完事。很多人家的经钱不是当时就给，往往要等秋后才还。这就得记账。另外，和尚放焰口的辛苦钱不是一样的。就像唱戏一样，有份子。正座第一份。因为他要领唱，而且还要独唱。当中有一大段“叹骷髅”，别的和尚都放下法器休息，只有首座一个人有板有眼地曼声吟唱。第二份是敲鼓的。你以为这容易呀？哼，单是一开头的“发擂”，手上没功夫就敲不出迟疾顿挫！其余的，就一样了。这也得记上：某月某日、谁家焰口半台，谁正座，谁敲鼓……省得到年底结账时赌咒骂娘。……这庵里有几十亩庙产，租给人种，到时候要收租。庵里还放债。租、债一向倒很少亏欠，因为租佃借钱的人怕菩萨不高兴。这三本账就够仁山忙的了。另外香烛、打火、油盐“福食”，这也得随时记记账呀。除了账簿之外，山师父的方丈的墙上还挂着一块水牌，上漆四个红字：“勤笔免思”。

仁山所说当一个好和尚的三个条件，他自己其实一条也不具备。他的相貌只要用两个字就说清楚了：黄，胖。声音也不像钟磬，倒像母猪。聪明么？难说，打牌老输。他在庵里从不穿袈裟，连海青直裰也免了。经常是披着件短僧衣，袒露着一个黄色的肚子。下面是光脚趿拉着一双僧鞋，——新鞋他也是趿拉着。他一天就是这样不衫不履地这里走走，那里走走，发出母猪一样的声音：“哞——哞——”。

二师父仁海。他是有老婆的。他老婆每年夏秋之间来住几个月，因为庵里凉快。庵里有六个人，其中之一，就是这位和尚的家眷。仁山、仁渡叫她嫂子，明海叫她师娘。这两口子都很爱干净，整天的洗涮。傍晚的时候，坐在天井里乘凉。白天，闷在屋里不出来。

三师父是个很聪明精干的人。有时一笔账大师兄扒了半天算盘也算不清，他眼珠子转两转，早算得一清二楚。他打牌赢的时候多，二三十张牌落地，上下家手里有些什么牌，他就差不多都知道了。他打牌时，总有人爱在他后面看歪头胡。谁家约他打牌，就说“想送两个钱给你。”他不但经忏俱通（小庙的和尚能够拜忏的不多），而且身怀绝技，会“飞铙”。七月间有些地方做盂兰会，在旷地上放大焰口，几十个和尚，穿绣花袈裟，飞铙。飞铙就是把十多斤重的大铙钹飞起来。到了一定的时候，全部法器皆停，只几十副大铙紧张急促地敲起来。忽然起手，大铙向半空中飞去，一面飞，一面旋转。然后，又落下来，接住。接住不是平平常常地接住，有各种架势，“犀牛望月”、“苏秦背剑”……这哪是念经，这要杂技，也许是地藏王菩萨爱看这个，但真正因此快乐起来的是人，尤其是妇女和孩子。这是年轻漂亮的和尚出风头的机会。一场大焰口过后，也像一个好戏班子过后一样，会有一个两个大姑娘、小媳妇失踪，——跟和尚跑了。他还会放“花焰口”。有的人家，亲戚中多风流子弟，在不是很哀伤的佛事——如做冥寿时，就会提出放花焰口。所谓“花焰口”就是在正焰口之后，叫和尚唱小调，拉丝弦，吹管笛，敲鼓板，而且可以点唱。仁渡一个人可以唱一夜不重头。仁渡前几年一直在外面，近二年才常住在庵里。据说他有相好的，而且不止一个。他平常可是很规矩，看到姑娘媳妇总是老老实实的，连一句玩笑话都不说，一句小调山歌都不唱。有一回，在打谷场上乘凉的时候，一伙人把他围起来，非叫他唱两个不可。他却情不过，说：“好，唱一个。不唱家乡的。家乡的你们都熟，唱个安徽的。”

姐和小郎打大麦，
一转子讲得听不得。
听不得就听不得，
打完了大麦打小麦。

唱完了，大家还嫌不够，他就又唱了一个：

姐儿生得漂漂的，
两个奶子翘翘的。

有心上去摸一把，

心里有点跳跳的。

……

这个庵里无所谓清规，连这两个字也没人提起。

仁山吃水烟，连出门做法事也带着他的水烟袋。

他们经常打牌。这是个打牌的好地方。把大殿上吃饭的方桌往门口一搭，斜放着，就是牌桌。桌子一放好，仁山就从他的方丈里把筹码拿出来，哗啦一声倒在桌上。斗纸牌的时候多，搓麻将的时候少。牌客除了师兄弟三人，常来的是一个收鸭毛的，一个打兔子兼偷鸡的，都是正经人。收鸭毛的担一副竹筐，串乡串镇，拉长了沙哑的声音喊叫：

"鸭毛卖钱——！"

偷鸡的有一件家什——铜蜻蜓。看准了一只老母鸡，把铜蜻蜓一丢，鸡婆子上去就是一口。这一啄，铜蜻蜓的硬簧绷开，鸡嘴撑住了，叫不出来了。正在这鸡十分纳闷的时候，上去一把薅住。

明子曾经跟这位正经人要过铜蜻蜓看看。他拿到小英子家门前试了一试，果然！小英的娘知道了，骂明子：

"要死了！儿子！你怎么到我家来玩铜蜻蜓了！"

小英子跑过来：

"给我！给我！"

她也试了试，真灵，一个黑母鸡一下子就把嘴撑住，傻了眼了！

下雨阴天，这二位就光临荸荠庵，消磨一天。

有时没有外客，就把老师叔也拉出来，打牌的结局，大都是当家和尚气得鼓鼓的："×妈妈的！又输了！下回不来了！"

他们吃肉不瞒人。年下也杀猪。杀猪就在大殿上。一切都和在家人一样，开水、水桶、尖刀。捆猪的时候，猪也是没命地叫。跟在家人不同的，是多一道仪式，要给即将升天的猪念一道"往生咒"，并且总是老师叔念，神情很庄重：

"……一切胎生、卵生、息生，来从虚空来，还归虚空去，往生再世，皆当欢喜。南无阿弥陀佛！”

三师父仁渡一刀子下去，鲜红的猪血就带着很多沫子喷出来。

……

明子老往小英子家里跑。

小英子的家像一个小岛，三面都是河，西面有一条小路通到荸荠庵。独门独户，岛上只有这一家。岛上有六棵大桑树，夏天都结大桑椹，三棵结白的，三棵结紫的；一个菜园子，瓜豆蔬菜，四时不缺。院墙下半截是砖砌的，上半截是泥夯的。大门是桐油油过的，贴着一副万年红的春联：

向阳门第春常在

积善人家庆有余

门里是一个很宽的院子。院子里一边是牛屋、碓棚；一边是猪圈、鸡窠，还有个关鸭子的栅栏。露天地放着一具石磨。正北面是住房，也是砖基土筑，上面盖的一半是瓦，一半是草。房子翻修了才三年，木料还露着白茬。正中是堂屋，家神菩萨的画像上贴的金还没有发黑。两边是卧房。隔扇窗上各嵌了一块一尺见方的玻璃，明亮亮的，——这在乡下是不多见的。房檐下一边种着一棵石榴树，一边种着一棵栀子花，都齐房檐高了。夏天开了花，一红一白，好看得很。栀子花香得冲鼻子。顺风的时候，在荸荠庵都闻得见。

这家人口不多。他家当然是姓赵。一共四口人：赵大伯、赵大妈，两个女儿，大英子、小英子。老两口没得儿子。因为这些年人不得病，牛不生灾，也没有大旱大水闹蝗虫，日子过得很兴旺。他们家自己有田，本来够吃的了，又租种了庵上的十亩田。 自己的田里，一亩种了荸荠，——这一半是小英子的主意，她爱吃荸荠，一亩种了茨菇。家里喂了一大群鸡鸭，单是鸡蛋鸭毛就够一年的油盐了。赵大伯是个能干人，他是一个“全把式”，不但田里场上样样精通，还会罩鱼、洗磨、凿砻、修水车、修船、砌墙、烧砖、箍桶、劈篾、绞麻绳。他不咳嗽，不腰疼，结结实实，像一棵榆树。人很和气，一天不声不响。赵大伯是一棵摇钱树，赵大娘就是个聚宝盆。大娘精神得出奇。五十岁了，两个眼睛还是清亮亮的。不论什么时候，头都是梳得滑滴滴的，身上衣服都是格挣挣的。像老头子一样，她一天不闲着。煮猪食，喂猪，腌咸菜，——她腌的咸萝卜干非常好吃，舂粉子，磨小豆腐，编蓑衣，织芦篚。她还会剪花样子。这里嫁闺女，陪嫁妆，磁坛子、锡罐子，都要用梅红纸剪出吉祥花样，贴在上面，讨个吉利，也才好看：“丹凤朝阳”呀、“白头到老”呀、“子孙万代”呀、“福寿绵长”呀。二三十里的人家都来请她：“大娘，好日子是十六，你哪天去呀？”——“十五，我一大清早就来！”

“一定呀！”——“一定！一定！”

两个女儿，长得跟她娘像一个模子里托出来的。眼睛长得尤其像，白眼珠鸭蛋青，黑眼珠棋子黑，定神时如清水，闪动时像星星。浑身上下，头是头，脚是脚。头发滑溜溜的，衣服格挣挣的。——这里的风俗，十五六岁的姑娘就都梳上头了。这两个丫头，这一头的好头发！通红的发根，雪白的簪子！娘女三个去赶集，一集的人都朝她们望。

姐妹俩长得很像，性格不同。大姑娘很文静，话很少，像父亲。小英子比她娘还会说，一天咭咭呱呱地不停。大姐说：

“你一天到晚咭咭呱呱——”

“像个喜鹊！”

“你自己说的！——吵得人心乱！”

“心乱？”

“心乱！”

“你心乱怪我呀！”

二姑娘话里有话。大英子已经有了人家。小人她偷偷地看过，人很敦厚，也不难看，家道也殷实，她满意。已经下过小定，日子还没有定下来。她这二年，很少出房门，整天赶她的嫁妆。大裁大剪，她都会。挑花绣花，不如娘。可她又嫌娘出的样子太老了。她到城里看过新娘子，说人家现在绣的都是活花活草。这可把娘难住了。最后是喜鹊忽然一拍屁股：“我给你保举一个人！”

这人是谁，是明子。明子念“上孟下孟”的时候，不知怎么得了半套《芥子园》，他喜欢得很。到了荸荠庵，他还常翻出来看，有时还把旧帐簿子翻过来，照着描。小英子说：

“他会画！画得跟活的一样！”

小英子把明海请到家里来，给他磨墨铺纸，小和尚画了几张，大英子喜欢得了不得：

“就是这样！就是这样！这就可以乱孱！”——所谓“乱孱”是绣花的一种针法：绣了第一层，第二层的针脚插进第一层的针缝，这样颜色就可由深到淡，不露痕迹，不像娘那一代绣的花是平针，深浅之间，界限分明，一道一道的。小英子就像个书童，又像个参谋：

“画一朵石榴花！”

“画一朵栀子花！”

她把花掐来，明海就照着画。

到后来，凤仙花、石竹子、水蓼、淡竹叶、天竺果子、腊梅花，他都能画。

大娘看着也喜欢，搂住明海的和尚头：

“你真聪明！你给我当一个干儿子吧！”

小英子捺住他的肩膀，说：

“快叫！快叫！”

小明子跪在地下磕了一个头，从此就叫小英子的娘做干娘。

大英子绣的三双鞋，三十里方圆都传遍了。很多姑娘都走路坐船来看。看完了，就说：“啧啧啧，真好看！这哪是绣的，这是一朵鲜花！”她们就拿了纸来央大娘求了小和尚来画。有求画帐檐的，有求画门帘飘带的，有求画鞋头花的。每回明子来画花，小英子就给他做点好吃的，煮两个鸡蛋，蒸一碗芋头，煎几个藕团子。

因为照顾姐姐赶嫁妆，田里的零碎生活小英子就全包了。她的帮手，是明子。

这地方的忙活是栽秧、车高田水、薅头遍草、再就是割稻子、打场了。这几茬重活，自己一家是忙不过来的。这地方兴换工。排好了日期，几家顾一家，轮流转。不收工钱，但是吃好的。一天吃六顿，两头见肉，顿顿有酒。干活时，敲着锣鼓，唱着歌，热闹得很。其余的时候，各顾各，不显得紧张。

薅三遍草的时候，秧已经很高了，低下头看不见人。一听见非常脆亮的嗓子在一片浓绿里唱：

栀子哎开花哎六瓣头哎……

姐家哎门前哎一道桥哎……

明海就知道小英子在哪里，三步两步就赶到，赶到就低头薅起草来。傍晚牵牛“打汪”，是明子的事。——水牛怕蚊子。这里的习惯，牛卸了轭，饮了水，就牵到一口和好泥水的“汪”里，由它自己打滚扑腾，弄得全身都是泥浆，这样蚊子就咬不透了。低田上水，只要一挂十四轧的水车，两个人车半天就够了。明子和小英子就伏在车杠上，不紧不慢地踩着车轴上的拐子，轻轻地唱着明海向三师父学来的各处山歌。打场的时候，明子能替赵大伯一会，让他回家吃饭。——赵家自己没有场，每年都在荸荠庵外面的场上打谷子。他一扬鞭子，喊起了打场号子：

“格当嘚——”

这打场号子有音无字，可是九转十三弯，比什么山歌号子都好听。赵大娘在家，听见明子的号子，就侧起耳朵：

“这孩子这条嗓子！”

连大英子也停下针线：

“真好听！”

小英子非常骄傲地说：

“一十三省数第一！”

晚上，他们一起看场。——荸荠庵收来的租稻也晒在场上。他们并肩坐在一个石磙子上，听青蛙打鼓，听寒蛇唱歌，——这个地方以为蝼蛄叫是蚯蚓叫，而且叫蚯蚓叫“寒蛇”，听纺纱婆子不停地纺纱，“吵——”，看萤火虫飞来飞去，看天上的流星。

“呀！我忘了在裤带上打一个结！”小英子说。

这里的人相信，在流星掉下来的时候在裤带上打一个结，心里想什么好事，就能如愿。

……

“㧟”荸荠，这是小英子最爱干的生活。秋天过去了，地净场光，荸荠的叶子枯了，——荸荠的笔直的小葱一样的圆叶子里是一格一格的，用手一捋，哔哔地响，小英子最爱捋着玩，——荸荠藏在烂泥里。赤了脚，在凉浸浸滑溜溜的泥里踩着，——哎，一个硬疙瘩！伸手下去，一个红紫红紫的荸荠。她自己爱干这生活，还拉了明子一起去。她老是故意用自己的光脚去踩明子的脚。

她挎着一篮子荸荠回去了，在柔软的田埂上留了一串脚印。明海看着她的脚印，傻了。五个小小的趾头，脚掌平平的，脚跟细细的，脚弓部分缺了一块。明海身上有一种从来没有过的感觉，他觉得心里痒痒的。这一串美丽的脚印把小和尚的心搞乱了。

……

明子常搭赵家的船进城，给庵里买香烛，买油盐。闲时是赵大伯划船；忙时是小英子去，划船的是明子。

从庵赵庄到县城，当中要经过一片很大的芦花荡子。芦苇长得密密的，当中一条水路，四边不见人。划到这里，明子总是无端端地觉得心里很紧张，他就使劲地划桨。

小英子喊起来：

“明子！明子！你怎么啦？你发疯啦？为什么划得这么快？”

……

明海到善因寺去受戒。

“你真的要去烧戒疤呀？”

“真的。”

“好好的头皮上烧十二个洞，那不疼死啦？”

“咬咬牙。舅舅说这是当和尚的一大关，总要过的。”

“不受戒不行吗？”

“不受戒的是野和尚。”

“受了戒有啥好处？”

“受了戒就可以到处云游，逢寺挂褡。”

“什么叫‘挂褡’？”

“就是在庙里住。有斋就吃。”

“不把钱？”

“不把钱。有法事，还得先尽外来的师父。”

“怪不得都说‘远来的和尚会念经’。就凭头上这几个戒疤？”

“还要有一份戒牒。”

“闹半天，受戒就是领一张和尚的合格文凭呀！”

“就是！”

“我划船送你去。”

“好。”

小英子早早就把船划到荸荠庵门前。不知是什么道理，她兴奋得很。她充满了好奇心，想去看看善因寺这座大庙，看看受戒是个啥样子。

善因寺是全县第一大庙，在东门外，面临一条水很深的护城河，三面都是大树，寺在树林子里，远处只能隐隐约约看到一点金碧辉煌的屋顶，不知道有多大。树上到处挂着“谨防恶犬”的牌子。这寺里的狗出名的厉害。平常不大有人进去。放戒期间，任人游看，恶狗都锁起来了。

好大一座庙！庙门的门坎比小英子的肐膝都高。迎门矗着两块大牌，一边一块，一块写着斗大两个大字：“放戒”，一块是：“禁止喧哗”。这庙里果然是气象庄严，到了这里谁也不敢大声咳嗽。明海自去报名办事，小英子就到处看看。好家伙，这哼哈二将、四大天王，有三丈多高，都是簇新的，才装修了不久。天井有二亩地大，铺着青石，种着苍松翠柏。“大雄宝殿”，这才真是个“大殿”！一进去，凉嗖嗖的。到处都是金光耀眼。释迦牟尼佛坐在一个莲花座上，单是莲座，就比小英子还高。抬起头来也看不全他的脸，只看到一个微微闭着的嘴唇和胖敦敦的下巴。两边的两根大红蜡烛，一搂多粗。佛像前的大供桌上供着鲜花、绒花、绢花，还有珊瑚树，玉如意、整颗的大象牙。香炉里烧着檀香。小英子出了庙，闻着自己的衣服都是香的。挂了好些幡。这些幡不知是什么缎子的，那么厚重，绣的花真细。这么大一口磬，里头能装五担水！这么大一个木鱼，有一头牛大，膝得通红的。她又去转了转罗汉堂，爬到千佛楼上看了看。真有一千个小佛！她还跟着一些人去看了看藏经楼。藏经楼没有什么看头，都是经书！妈吔！逛了这么一圈，腿都酸了。小英子想起还要给家里打油，替姐姐配丝线，给娘买鞋面布，给自己买两个坠围裙飘带的银蝴蝶，给爹买旱烟，就出庙了。

等把事情办齐，晌午了。她又到庙里看了看，和尚正在吃粥。好大一个“膳堂”，坐得下八百个和尚。吃粥也有这样多讲究：正面法座上摆着两个锡胆瓶，里面插着红绒花，后面盘膝坐着一个穿了大红满金绣袈裟的和尚，手里拿了戒尺。这戒尺是要打人的。哪个和尚吃粥吃出了声音，他下来就是一戒尺。不过他并不真的打人，只是做个样子。真稀奇，那么多的和尚吃粥，竟然不出一点声音！她看见明子也坐在里面，想跟他打个招呼又不好打。想了想，管他禁止不禁止喧哗，就大声喊了一句：“我走啦！”她看见明子目不斜视地微微点了点头，就不管很多人都朝自己看，大摇大摆地走了。

第四天一大清早小英子就去看明子。她知道明子受戒是第三天半夜，——烧戒疤是不许人看的。她知道要请老剃头师傅剃头，要剃得横摸顺摸都摸不出头发茬子，要不然一烧，就会“走”了戒，烧成了一片。她知道是用枣泥子先点在头皮上，然后用香头子点着。她知道烧了戒疤就喝一碗蘑菇汤，让它“发”，还不能躺下，要不停地走动，叫做“散戒”。这些都是明子告诉她的。明子是听舅舅说的。

她一看，和尚真在那里“散戒”，在城墙根底下的荒地里。一个一个，穿了新海青，光光的头皮上都有十二个黑点子。——这黑疤掉了，才会露出白白的、圆圆的“戒疤”。和尚都笑嘻嘻的，好像很高兴。她一眼就看见了明子。隔着一条护城河，就喊他：

“明子！”

“小英子！”

“你受了戒啦？”

“受了。”

“疼吗？”

“疼。”

“现在还疼吗？”

“现在疼过去了。”

“你哪天回去？”

“后天。”

“上午？下午？”

“下午。”

“我来接你！”

“好！”

……

小英子把明海接上船。

小英子这天穿了一件细白夏布上衣，下边是黑洋纱的裤子，赤脚穿了一双龙须草的细草鞋，头上一边插着一朵栀子花，一边插着一朵石榴花。她看见明子穿了新海青，里面露出短褂子的白领子，就说：“把你那外面的一件脱了，你不热呀！”

他们一人一把桨。小英子在中舱，明子扳艄，在船尾。

她一路问了明子很多话，好像一年没有看见了。

她问，烧戒疤的时候，有人哭吗？喊吗？

明子说，没有人哭，只是不住地念佛。有个山东和尚骂人：

“俺日你奶奶！俺不烧了！”

她问善因寺的方丈石桥是相貌和声音都很出众吗？

“是的。”

“说他的方丈比小姐的绣房还讲究？”

“讲究。什么东西都是绣花的。”

“他屋里很香？”

“很香。他烧的是伽楠香，贵得很。”

“听说他会做诗，会画画，会写字？”

“会。庙里走廊两头的砖额上，都刻着他写的大字。”

“他是有个小老婆吗？”

“有一个。”

“才十九岁？”

“听说。”

“好看吗？”

“都说好看。”

“你没看见？”

“我怎么会看见？我关在庙里。”

明子告诉她，善因寺一个老和尚告诉他，寺里有意选他当沙弥尾，不过还没有定，要等主事的和尚商议。

“什么叫‘沙弥尾’？”

“放一堂戒，要选出一个沙弥头，一个沙弥尾。沙弥头要老成，要会念很多经。沙弥尾要年轻，聪明，相貌好。”

“当了沙弥尾跟别的和尚有什么不同？”

“沙弥头，沙弥尾，将来都能当方丈。现在的方丈退居了，就当。石桥原来就是沙弥尾。”

“你当沙弥尾吗？”

“还不一定哪。”

“你当方丈，管善因寺？管这么大一个庙？！”

“还早呐！”

划了一气，小英子说：“你不要当方丈！”

“好，不当。”

“你也不要当沙弥尾！”

“好，不当。”

又划了一气，看见那一片芦花荡子了。

小英子忽然把桨放下，走到船尾，趴在明子的耳朵旁边，小声地说：

“我给你当老婆，你要不要？”

明子眼睛鼓得大大的。

“你说话呀！”

明子说："嗯。"

"什么叫'嗯'呀！要不要，要不要？"

明子大声地说："要！"

"你喊什么？"

明子小小声说："要——！"

"快点划！"

英子跳到中舱，两只桨飞快地划起来，划进了芦花荡。

芦花才吐新穗。紫灰色的芦穗，发着银光，软软的，滑溜溜的，像一串丝线。有的地方结了蒲棒，通红的，像一枝一枝小蜡烛。青浮萍，紫浮萍。长脚蚊子，水蜘蛛。野菱角开着四瓣的小白花。惊起一只青桩（一种水鸟），擦着芦穗，扑鲁鲁鲁飞远了。

……

一九八〇年八月十二日
写四十三年前的一个梦。

汪老讲故事

王安忆

汪曾祺老的小说，可说是顶顶容易读的了。总是最最平凡的字眼，组成最最平凡的句子，说一件最最平凡的事情。轻轻松松带了读者走一条最最平坦顺利简直的道路，将人一径引入，人们立定了才发现：原来是这里。诱敌深入一般。坚决不竖障碍，而尽是开路，他自己先将困难解决了，再不为难别人。正好与如今将简单的道理表达得百折千回的风气相反，他则把最复杂的事物写得明白如话。他是洞察秋毫便装了糊涂，风云激荡过后回复了平静，他已是世故到了天真的地步。

汪曾祺的小说写得很天真，很古老很愚钝地讲一个闲来无事的故事，从头说起地，“从前有座山，山上有座庙”地开了头。比如：“西南联大有一个文嫂”（《鸡毛》）；比如：“北门外有一条承志河”（《王四海的黄昏》）；比如：“李二是地保，又是更夫”，（《故里杂记》）；比如“全县第一个大画家是季匋民，第一个鉴赏家是叶三”（《鉴赏家》）。然后，便顺着开头徐徐地往下说，从不虚晃一枪，弄得扑朔迷离。他很负责地说完一件事，再由一件事引出另一件事来，由八千岁的米店写到八千岁的大黑骡子，大黑骡子带出了宋侉子，由宋侉子的骡子说到宋侉子的钱，钱又牵出了虞小兰，虞小兰在街上碰到了八千岁，八千岁生怕受了诱惑，“赶快迈动他的大脚，一气跑回米店”，于是开始了米店里的日复一日的生活，米店里的生活再引出了八舅大爷，八舅大爷敲诈了八千岁，八千岁最终说了一句：“给我去叫一碗三鲜面”，便很无聊的完了。这是一个什么样的故事啊！这似乎仅只是一个从青菜萝卜到三鲜面的生涯。那么这是一个什么样的生涯呢？一个小资产者偶然的又是命定的受挫，乱世里一个人的人生观的转变，仅此而已，却也足够了。

汪曾祺老总是很笨拙很老实地讲故事，即便是一个回忆的故事，他也并不时空倒错地迷惑，而是规规距距地坦白出什么时候开始回忆了，将过去式与现在式很清楚地划出，拉开距离，很不屑于去玩些小花头似的。然而，通篇看下，这一生的沉浮又成了一个“晚饭后的回忆”，其中便有了极深的悲凉，真是“而今识尽愁滋味，却道天凉好个秋”。由此可见，郭庆春的一生安排成一场饭饱后的回忆，结构的本身就包含了内容。汪曾祺貌似漫不经意，其实是很讲究以结构本身叙事的，不过却是不动声色，平易近人。他不动声色地讲述着人们日复一日的生计，却带出了一桩特殊事件。他写李三的更夫的日子，写他的职责，工作，“一进腊月，李三在打更时添了一个新项目，喊‘小心火烛’。李三一边敲一边来到了河边，看见船帮外别着一支船篙，顺手牵走，却牵不动了，篙子的后梢被一只很有劲的大手攥住了。”结果李三有史以来第一次挨了罚。汪曾祺老笔下几乎没有特殊事件，都是一般状况，特殊事件总是在一般状况的某一个时节上被不显山不露水地带出，而事实上，汪曾祺的故事里都有着特殊事件，堪为真正的故事，这种一般与特殊的结构上的默契，实是包含了一种对偶然与命运的深透的看法，其实也是汪曾祺的世界观了。

汪曾祺讲故事的语言也颇为老实，他几乎从不概括，而尽是详详细细，认认真真地叙述过程，而且是很日常的过程。他将秦老吉的三个姑爷做活的情景写得那么仔细：绱鞋，剃头，捏糖人。他决不用很漂亮的词藻歌颂他们热爱劳动以至热爱生活，他只将那过程一一写到，便完了。写迷路这一回事，他便一笔一划地写他如何迷路：“我住在一个村子里，比如说是王庄吧，到城里去办一点事，再回来，我记得清清楚楚是怎么走的，回来时走进一个样子也真有点像王庄的村子，一问，却是李庄！还得李庄派一个人把我送到王庄。”写大学生的穷酸与洒脱，他便本本分分的写他们怎么穷酸与洒脱：“他们的袜子没有后跟，穿的时候就把袜尖往前拢拢，窝在脚心里，这样后跟的破洞就露不出来了。他们的衬衫穿脏了，脱下来换一件。过两天新换的又脏了，看看还是原先换下的一件干净一些，于是又换回来。有的要去参加Party，没有一件洁白的衬衫，灵机一动，有了！把衬衫反过来穿，打一条领带，把钮扣遮住，这样就看不出反正了，就这样，还很优美地跳着《蓝色的多瑙河》，……文嫂看到这些先生，常常跟女儿说：‘可怜！’”将人物的说话作为叙述的部分，也是汪曾祺时常用的。有时候对话一句一句的，有点像诗：“孩子的妈妈有时来找孩子，就问侉奶奶：‘看见我家毛毛了么？’侉奶奶就说：‘看见咧，往东咧。’或‘看见咧，过河咧’。……”说的话总是很平常的，不说也可以的话，可是若真的不说了，便不真切了似的。并且在一整段第三人称的叙述里，忽有了第一人称的说话，便十分的活了。

汪曾祺的文字里，总是用平凡的实词，极少用玄妙的虚词，如是虚词，也用得很实：“大家对外科医生都不大看得起，觉得都有点‘江湖’，不如内科‘清高’。”“江湖”用得很实，“清高”本来很文面，却用得平俗而明了。汪曾祺是很难得用险要的词的，他用的词总是最俗气，最平庸，比如他用“热闹”两个字，在已经生造出许许多多新词的今天，这两个字简直已经不大有作者用了，而汪曾祺却很会用，“因此老远地就看见于河南岸，绿柳荫中排列着好些通红的盆盆桶桶，看起来很热闹……”（《故里杂记》）“每年还做花子会，很多花子船都集中在一起，也很热闹。”（《故里杂记》），前一个“热闹”用得很有气氛了，后一个“热闹”则其乐也融融似的。汪曾祺用词倒有些像他自己写郭庆春导演：“他不说‘交流’，却说‘过电’——‘你们俩得过电哪！’他不说什么‘情绪的记忆’这样很玄妙的词儿，他只说是‘神气’。‘你要长神气，——长一点，再长一点，’”人人都能懂，写得很厚道。汪曾祺还常常写一些实得不能再实的大实话，我们上海人叫作“说死话”。“说死话”，真是很不好解释的，这是一种用料极少却很有效果的幽默。说过之后，人们一边笑一边会说：“这还用你说？”可说了与不说却大不一样。林黛玉就是一位“说死话”的大家，比如她为惜春画园子图算时间时说道："……又要研墨，又要蘸笔，又要铺纸，又要着颜色，又要……又要照着这样儿慢慢的画，可不得二年的功夫！"她说过之后，大家都笑个不住，宝钗则对黛玉的俏皮话作了分析："'又要照着这个慢慢的画'，这落后一句最妙。所以昨儿那些笑话儿虽然可笑，回想是没味的。你们细想颦儿这几句话虽是淡的，回想却有滋味。我倒笑的动不得了。"可是宝钗也并没有解释出什么，看来确很不好解释。"说死话"是南方人的幽默，北方的幽默常常是真枪实弹的。我想到汪曾祺老似乎是盐城一带的人，而林黛玉则是扬州人，想来都有着"说死话"的风气。汪曾祺很会说死话，说得不露痕迹，比如上面引用的迷路的一段，走进庄子后，"一问，却是李庄！还得李庄派一个人把我送到王庄"，其间就有着"说死话"的味道。还有《云致秋行状》："小冯入神地看着致秋的像，轻轻地说：'致秋这张像拍得很像。'"

汪曾祺还可将一个很平常，甚至有点轻俏随便的词用得很重要。比如《鸡毛》里写文嫂的女婿的一段，最后一句是"下江人女婿答应养她一辈子。"一个"答应"一个"养"，于文嫂都是再关键不过的事情了。有了女婿的"答应"与"养"，她还有什么放不下的事呢，于是"文嫂胖了"，有什么比"胖了"更能说明问题的呢！汪曾祺难得也会虚无得很，比如许招弟看见郭庆春在卖柿子，只说了一句："你……这样了！"这样了？怎样了？彼此大家心里一片明镜，清澈见底，先前今后一目了然。大约是应了《雅论》说的"用虚字要沉实不浮，用实字要转移流动。"好比鉴赏家叶三，评价季匋民的"紫藤"说的："紫藤里有风"，"花是乱的"。"有风"和"乱"，用的则是"转移流动"了。汪曾祺可将作者们不大看得起的字用得出神入化，这与他将字放在什么样的句子里，句子又放在什么样的段落里，段落再放在什么样的体裁里，大有关联。他的很平实的字句语不惊人，读起来自然流利，十分的上口，一句一句的，其实很有节奏，有如白话的长短句——

很多歌消失了。

许多歌的词，曲的作者没有人知道。

有些歌只有极少数人唱，别人都不知道。比如一些学校的校歌。(《徙》)

这自然是一个比较显著与典型的例子，更多更多的是更隐蔽更不易察觉的节奏，比如“戴着金簪子去打粥！——侉奶奶打粥，你庞家也打粥？！”（《故里杂记》）比如“每天他清早出门，傍晚回家。拍拍白木的板门，过了一会，门开了。”（《徙》）不仅是句子里有节奏，段落间也有节奏，一整篇故事都有节奏，比如《职业》，从“文林街一年四季，从早到晚，有各种吆喝叫卖的声音”开了头，然后便不慌不张很舒张地描写一桩一桩的买卖生意，舒张至最后，则以“忽然大声地、清清楚楚地吆喝了一声：‘捏着鼻子吹洋号！’……”戛然而止。这一结尾，将前边整个舒张的甚而有些拖沓的节奏都催紧了。而那前边整整一篇琐细全成了一则故事。因了这些节奏，汪曾祺平淡的字句才不平淡，甚至很有色彩。

汪曾祺还很少感情用语，什么都是平平常常实实在在地去写。人心里有时会有的那一股微妙曲折的情绪，他像是不经意去写似的，他总是写实事，而不务虚。然而，时常的，很无意的一句话，则流露出一种心情，笼罩了之前与之后的全篇。比如八千岁去看小千岁捉住的一只宝石眼的鸽子，“翻过来，正过去，鸽子眼里的沙子就随着慢慢地来回流动，他觉得这很有趣，而且想：这是怎么回事呢？”比如《王四海的黄昏》的末尾：“这天他收到老大、老六的信，看完了，放在信插子里，依旧去遛弯。他坐在承志桥的靠背椅上，听见远处有什么地方在吹奏‘得胜令’，他忽然想起大世界、民众乐园，想起霓虹灯、马戏团的音乐。他好像有点惆怅。他很想把那对护手钩来耍一会。不大一会，连这点意兴也消失了。”“王四海站起来，沿着承志河，漫无目的地走着。夕阳把他的影子拉得很长。”令人想起这个浪迹天涯而最终落地生根的江湖艺人离奇又平常的一生。有了前边的王四海的生平，此时才可生出这样一股心情，有了最后的一段话，才可去想前边王四海的生平。这其实是一个爱情的故事，却没有一个与情爱有关的字，可是一个艺人放弃了六合天地五湖四海，在一个小镇上栖了身，还能再苛求什么呢？还有那锁着的房间里，散线的玻璃珠子滴滴答答落在地板上的声音，《珠子灯》传达出的情感也实在很多了。

汪曾祺老用最平凡的材料说一个不那么平凡甚至还相当要紧的故事，可谓大道不动干戈。真是大智若愚了。不过，汪曾祺有时候难免也会笨过头反露出了聪明，比如《星期天》，他写道："全系教职员工，共有如下数人。"然后是一、二、三、四的下去，直下到"九，我。"亦太过简陋。明明是在写小说，却偏偏不写小说，而写人事档案似的，则有些"此地无银三百两"，倒更做文章了。再比如《迷路》，写到最后，他终于被领回了王家梁，人们"腾地一下子站了起来。他们的眼睛分明写着两个字：老虎。""老虎"二字正应了前边随意似的写到的老虎出没，露出了刻意求工的破绽。于汪曾祺老，似乎是不应犯的错误，尽管汪曾祺老也是应该犯错误的。

大道不动干戈的境界，决不是一日两日的修养。曾听人说过，汪曾祺在他年轻的时候（汪曾祺自然也是有年轻的时候），写过一个复仇者的故事，说一个人死时，将他的仇人名字刺在儿子的手腕上，嘱儿子一定要为父报仇。儿子走过千山万水走到了一个村子里，见一个樵夫在砍柴，樵失手腕上正刺着儿子的父亲的名字，儿子便转身回了家乡。这是一个绝妙的故事。构思极其工巧而精致，且又奇峻，以此可见汪曾祺也是从奇峻别致出发而至今日的淡泊如水。以此还可见汪曾祺是很会讲故事的，实已是讲故事讲出了精，才到了今日的"情节淡化"。奇致已成了骨子，而不在皮毛。还听说汪曾祺老曾在《沙家浜》剧组工作过，全国八个样板戏的荒漠时代是一回事，样板戏的内容本身是另一回事。《沙家浜》其间的唱词是令人难忘的；比如那一段"垒起七星灶，铜壶煮三江，摆开八仙桌，招待十六方。"个中虚实对仗，又工整又灵活，且又自然天成。以此可见汪曾祺是很专研诗词的。有了这诗词的功夫作底，明白如话的文字才可有诗意。曾有一次在上海金山开会，汪曾祺注意到我的发言稿中有"聒噪"二字，便问我的"聒"从何得来。我说并没有什么地方，就这样很平常。他让我再想想，我想了想，说："是从《约翰·克里斯朵夫》里得来。"他便说："这就对了，《约翰·克里斯朵夫》是谁译的？是傅雷。傅雷是什么人啊？"傅雷是学贯中西的译家，古文的底子非常厚实。汪曾祺是极重用字的，如今这一派天真纯朴，实已经是经历了二次否定的皈依。其间的奥妙，是大有文章可做的。像我这样分析汪曾祺的小说，不知汪曾祺老同意不同意。

1987年11月21日

思考与讨论：

1. 汪曾祺的小说好，好在哪里？以《受戒》为例说明。

2. 王安忆注意到的汪曾祺创作特点，你注意到了吗？你都赞同吗？

拓展阅读：

《大淖记事》，汪曾祺，《汪曾祺全集》，北京师范大学出版社，1998年。

《晚翠文谈新编》，汪曾祺，三联书店，2002年。

桑园留念

苏　童

到桑园去要路过一座石拱桥，我们那个城市有许多古老或者并不古老的石拱桥，傻乎乎地趴在内河上，但是，桑园却只有一个。

我十五岁的时候，发现自己长大了。男孩子长大的第一件事是独立去澡塘洗澡，这样每星期六的傍晚，我腋下夹着毛巾、肥皂和裤头走过那座桥，澡塘在桑园的东边。我记得第一次看见桑园里那些黑漆漆的房子和榆树、桂花树时，我在那站了几秒钟，不知怎么我觉得这地方有那么点神秘感。好像在那些黑房子里曾经发生过什么大事情。

第一次，我是在桥头上碰到肖弟毛头他们的，整个夏天他们都站在那里。我走过他们面前的时候使劲抽了下鼻子，这并非因为感冒，我好像是怕自己刚洗干净的脸蛋无缘无故挨肖弟一巴掌，因为我知道肖弟是条好汉子，他会突然对别人恨得要死，然后轻轻溜到你身边，给你一个大嘴巴。但肖弟那天只是堵住了我，他朝毛头他们怪叫了一声说："喏，丹玉的弟弟，看他的眼睛也是凹下去的！"

我那时候不认识丹玉。我姐姐也不叫丹玉。我使劲抽着鼻子往后退。他们朝我围过来了，认真盯着我的眼睛看，没准他们都认为我是那女人的弟弟了。我当时后悔起来，怎么想起来一个人出门洗澡的？我注意着肖弟，要是他抬手，我就像滚铁筒一样从桥上滚下去。这样受伤没什么，反正我情愿摔伤也不挨肖弟的巴掌。这时我的毛巾掉在地上了。可肖弟很奇怪地拽着我的胳膊，不让我去拾。是毛头弯下腰替我拾的毛巾，而且他还说了一句很伟大的话："扯他妈的蛋，丹玉没有弟弟，她是独生女儿。"

毛头这小伙不错。我对他的印象就是从那时留下的。我想他们这就放我走了，但肖弟从衣兜里掏出了一张纸条让我送给丹玉。他告诉我丹玉家住在桑园最大的门洞里，就是长着一棵桂花树的那个门洞。

拐到街角的时候我好奇地打开那张折成鹤形的纸条，看见上面用红墨水歪歪扭扭写着一排字："丹玉今天夜里到桥顶不来明天踏鸟窝。"

我觉得给别人写这种字条挺有趣，但我看完后再也不会把它叠成鹤形了。跑到桑园的时候，我心里嘀咕，要是丹玉告诉肖弟我偷看了纸条会怎么样呢？

我不认识丹玉。但我总听到在早晨或夜晚的大街上，有人在喊这个名字。我开始把丹玉当成一个很特别的女人，她喜欢紧挨着别人家的墙壁走路，有时候用手莫名其妙地摸摸墙。我记得她走过我们家门前的时候，我的两个姊姊曾经争论过她的走路姿势，一个说很好看，一个说丑死了。

肖弟想跟丹玉干点什么。我明白这意思，当时我已把男女约会看得很简单了。街东的石老头养了一条狼狗，老头天天牵着它在铁路线两侧打让火车惊飞的呆鸟，但是有那么几个下午我路过石码头时，发现狼狗和另外一条又脏又丑的母狗撸在一起，我在那里琢磨了老半天。凡事我不喜欢问别人，因为我相信自己都能弄明白。直到现在我还认为，以我当时的年纪，能把那两类画面相对比相联系，真是太伟大了。

我敲开丹玉的窗户，把纸条扔进去。这全是照着肖弟的吩咐干的。这时我看见丹玉了，其实是看见一双乌黑深陷的眼睛了。我不知道她一个人把窗户大门关紧了待在屋里干什么。我姐姐把她的房门插上时，我总要狠狠踹几脚的。

桑园里已经有一棵桂花树开花了。我走出桑园的时候想，丹玉的眼睛跟我真差不多，从此我便意识到我的脸蛋上长了一双漂亮的眼睛。

那一段时期我没去澡塘，有一天我哥哥闻到我头上的气味，把我推下了床，他是个喜欢假装干净的家伙。于是我又卷起那套家什去澡塘，我知道我会在桥顶上碰到肖弟他们的，那时我有点明白他们为什么天天喜欢站到桥上去了。

“你那事办得不坏。”肖弟给了我一支烟，然后很友好地拍我的肩膀。那是平生第一次有人给我递烟，我感动极了，当时我脑子里飞快闪出一个念头，要是爹妈都去哈尔滨出差，我就可以从他们留下的伙食费里扣下钱，买一包牡丹，请肖弟、毛头他们抽。没准就是由于这根烟，第二天我又到石桥上去了，他们没有撵我的意思，他们同意我这个高中生跟着他们了。后来，整整一个秋天，我也老是在桥顶上站着。

几个小伙子站在一起肯定要拿过路人开心，尤其是趾高气扬的小伙子和挺胸凸肚的大姑娘。开他们的玩笑需要非凡的想像力，这一点我们谁也不缺乏。现在我能编一些像模像样的小说，就得益于那时想像力的培养。肖弟差点，他老是反复地问走过桥顶的姑娘：“你吃饱啦？”姑娘们一愣，自认为纯洁无邪的姑娘碰到这时都要气愤地嘟囔几句，但她们听不懂这话，我记得曾有一个高个子穿花格子短裙的姑娘听懂了，她回头朝肖弟白一眼，“痒啦？痒了到电线杆上去擦擦。”其实这样的回答很让人高兴，至少让人哈哈笑了一阵，很有意思。我就是这样学坏的，一个男孩要是整天骨碌碌转着眼睛去注意女人浅色衣服里露出来的乳罩，那他就有点变坏了。肖弟老带着我摸到桑园去敲丹玉的窗户，当涂过桐油的窗子悄没声打开，肖弟弓着身子钻进去后，我真是寂寞得要死，但是我愿意站在桑园里黑黝黝的树影里，想一些很让人神往的事情。我知道桑园里有六棵桂花树，长在丹玉家院里的是棵迟桂花，就是开花最晚的那棵树。

以后世界上发生了一件不大不小的事。这要说到一个邻居女孩辛辛。辛辛家住石码头隔壁，她家沿河的石阶和我家后门正对着。我小时候培养了朝河里撒尿的习惯，好几次在撒尿时回头看见辛辛蹲在石阶上洗衣服，要命的是她一点不害臊，还是把小嘴撅得像个喇叭筒，拼命揉搓着她那些花花绿绿的衣服。她老要作出一副很勤快很懂事的样子。有一个傍晚我看见辛辛站在她家门口看着河水发呆，那样子显得优美自然。我朝她打了个口哨，做了个鬼脸，没想她竟回应了一个甜甜的微笑，我马上就意识到我应该跟辛辛发生点什么事情啦。于是我向她招起手，让她上我家来，她向我摇着头，我又招手，她溜进院子里去了。我离开河边回屋，正琢磨辛辛是怎么回事呢，木板门“吱呾”响了一下，辛辛缩着肩膀站在我面前，她一只手扶着摇晃的门，好像怕门又合上。我把她领到小房间去。我先让她欣赏一下屋里漂亮的陈设，可辛辛的心思不在这儿，她急急忙忙地把她的脑袋靠在我的肩膀上。女孩子一长大就懂这一套了。我觉得这么做并不说明什么，就让她坐在沙发上，然后转身过去关门。但就在这时我听见辛辛尖厉的喊声：“别关门！”这声音听来很恐怖，辛辛的两只樱桃一样的圆眼睛直直地瞪着那扇摇摇晃晃的木板门。我很失望，原来她紧张万分地跑来就为了把脑袋靠在我肩膀上，而且只靠两秒钟。后来我又让她坐在屋角的藤椅上，她还是不愿意，那个角落在她看来充满危险。辛辛几乎是僵立着站在屋子中央，后来我哥哥放在床头柜上的小闹钟“叮呤呤”响起来了，把我和辛辛都吓了一跳。本来小闹钟应该在早晨五点钟响的，可它竟在下午五点钟响了。小闹钟也和我哥哥一样老发“神经”，我死也忘不了这个过错。辛辛逃走的时候说了一句很让人泄气的话，“你们家里人要来了。”

隔天我和肖弟、毛头他们站在桥头，我老想着昨天那事，憋了半天才忍住没跟他们提。毛头严肃地说，他喜欢一个女人的话一定要在她脸上咬一口，让她留着他的牙齿印。我觉得有点道理，但我发现辛辛的眉心那儿最可爱，有点青黛色的，微微隆起，要让我干首先得在眉心那亲一亲。不过我不会去咬辛辛那张红扑扑的脸蛋的。

那一阵我以为跟辛辛搞上了，但辛辛睡了一觉后好像把什么都忘了，她不再一个人到石阶上去了，我没法跟她联络。她爷爷武功挺捧，不知听得什么风声，开始保护他的孙女儿了。我想要是夏天我可以游过河去敲她的窗子，但那时天渐渐凉了，人们都开始套上流行的黑色毛线衣了。终于有一天我看见辛辛端着盆衣服，一步一步走下台阶。当她撅起嘴洗衣服的时候，我拾起河边的瓦片抡过去，水花溅了她一身，可她只是抬起手臂擦擦脸，一副忍辱负重的样子。这一招气得我两眼直冒金星。

我认识丹玉后，注意过丹玉的眉心，她跟辛辛不一样，她那儿长了一颗黑痣。我想这颗痣怎么不长到看不见的丹玉后背上去呢。但毛头说尼泊尔王后和《流浪者》中的丽达眉心也都有这颗痣，推断丹玉的眉心长得不错。但说来说去，丹玉的漂亮在她的眼睛，深深陷下去的眼睛。我记得，丹玉第一次教我跳探戈的时候，我老看着她的眼睛。我们的眼睛是一样的，我内心充满幸福感。丹玉的舞跳得绝了，据说她跳舞的时候大腿老擦着小伙子的敏感部位，因为她的腿比一般小伙子还要长。那天她和我跳舞的时候，我眼睛时不时往下溜，发现事情并不像别人说的那样，也许因为我和她长着一样的眼睛，也许是因为我的年龄比她小三岁，我有点茫然。丹玉注视我的目光总像我姊姊，我很恼怒这点，所以跳舞的时候使劲拽她的胳膊，她不喊不叫，只是用眼睛制止我。这个女人就是有非凡的本事。我想肖弟使她受孕时她大概也是那么看着肖弟的，“那丫头真行，我在门外听，就是听不到她喊。”肖弟把丹玉带到医院三次，每次都这么跟我说。这肯定是真的，丹玉从来不喊，因为她没有什么怨恨。说这事时毛头坐在桥栏上，他喜欢用右手托着他方方正正的脸，后来他就托着脸对我说：“丹玉完了，以后生孩子麻烦了。”他怕我不相信，又说，“真的，我懂得这个，丹玉完了。”

就是那年秋天，桑园那儿热闹了一阵。长影为了拍部什么片子到石桥上选了个外景。我记得有一个跳芭蕾舞的男演员在里面混主角。纠察队把围观的人堵在两侧桥口，把我和肖弟他们也堵住了。肖弟说等一会要把那个跳舞的骗进桑园揍一顿，我点点头，倒不觉得他目光太傲，我主要是不喜欢让他演电影。演电影跳芭蕾根本不是一回事。电影开拍了。我看见桥上走来几个穿长衫马褂的人，一开始我以为是演员，走近了才发现是街上的。辛辛也在那堆人里，她穿着月白色的小褂和黑长裙，很认真地扭着屁股走下桥。这是在拍电影，丫头片子乐开了花。

拍电影时候丹玉躺在桑园她家里。我听说她把窗户戳了个小洞，从里面往外张望。她大概想看到点什么，我想导演要是知道窗户纸后面有丹玉她的一双眼睛，他会给镇住的。问题在于他不会知道。永远也不会知道。

我跟肖弟闹翻是以后的事。现在想起来我的潜意识里早就跳跃着我跟肖弟格斗的画面了，原因很可能是当初在桥上的初遇。那时我跟肖弟处得很好了，但我知道我厉害起来后非跟他打一架不可，一定要赢。否则我会老在心里痛骂自己是脓包。我想我要是打赢了内心就会变一变的。那天夜里我突然从桑园的一棵树上跳下来，站到肖弟和丹玉面前，肖弟醒过神后说：“打就打吧。”我和他开拳时候，丹玉倚着树干看，一声不吭，后来肖弟趴在地上起不来时，她一转身跑回家去了。她连扶都没扶肖弟，有点出乎意料。

那是我最后一次看到丹玉。一开始街上传说丹玉失踪了，我不相信。我肯定她不会被人拐走，她很明白自己该往哪里走。我还肯定她不会独自出走，我想丹玉清楚自己走不到哪里去。几天后我才听说丹玉是和毛头在一起的，死了。我蹬着车找到北郊那片幽深的竹林，人群围着他们。我看见丹玉和毛头抱在一起。我撞进去把他们分开了，然后抱起毛头，毛头的脑袋垂了下去，他是真死啦。我不敢去抱丹玉，是真的不敢。我注意到她脸上有一圈明显的牙印，我想那应该是毛头咬的。没想到他们是这么死的。我觉得事情前前后后发生了差错。他们为什么要死呢？他们不会害怕谁，因为谁都用不着害怕。也许他们就是害怕这个“差错”。

以后的几天里我想着一件事，我要在桑园的石桥上刻下毛头和丹玉的名字。我带去一把小刀和一把斧子，“叮叮当当”干了起来。但名字还没出来，街道里的几个老头老太跑来夺下我的刀。他们没有闹明白我在干什么，所以他们不让我在好端端的石桥上刻字。

那年我从北方回去探家时，曾经特意跑到桑园去。经过石桥时我看见毛头和丹玉的名字不知让谁刻在石栏上了。那名字刻在那儿跟“某某某到此一游”不太一样。我正要下桥的时候，碰到一个腆着大肚子的女人。我一眼认出那是辛辛，我盯着辛辛隆起的肚子看，顿时觉得世界上发生的差错越来越多越来越大啦。我看着辛辛上桥、下桥。我想辛辛也会看我几眼或者对我笑笑的，但是没有。她目不斜视，我没弄明白这狗女人是怎么回事。

十八岁出门远行

余　华

柏油马路起伏不止，马路像是贴在海浪上。我走在这条山区公路上，我像一条船。这年我十八岁，我下巴上那几根黄色的胡须迎风飘飘，那是第一批来这里定居的胡须，所以我格外珍重它们。我在这条路上走了整整一天，已经看了很多山和很多云。所有的山所有的云，都让我联想起了熟悉的人。我就朝着它们呼唤他们的绰号。所以尽管走了一天，可我一点也不累。我就这样从早晨里穿过，现在走进下午的尾声，而且还看到了黄昏的头发。但是我还没走进一家旅店。

我在路上遇到不少人，可他们都不知道前面是何处，前面是否有旅店。他们都这样告诉我："你走过去看吧。"我觉得他们说的太好了，我确实是在走过去看。可是我还没走进一家旅店。我觉得自己应该为旅店操心。

我奇怪自己走了一天竟只遇到一次汽车。那时是中午，那时我刚刚想搭车，但那时仅仅只是想搭车，那时我还没为旅店操心，那时我只是觉得搭一下车非常了不起。我站在路旁朝那辆汽车挥手，我努力挥得很潇洒。可那个司机看也没看我，汽车和司机一样，也是看也没看，在我眼前一闪就他妈的过去了。我就在汽车后面拼命地追了一阵，我这样做只是为了高兴，因为那时我还没有为旅店操心。我一直追到汽车消失之后，然后我对着自己哈哈大笑，但是我马上发现笑得太厉害会影响呼吸，于是我立刻不笑。接着我就兴致勃勃地继续走路，但心里却开始后悔起来，后悔刚才没在潇洒地挥着的手里放一块大石子。

现在我真想搭车，因为黄昏就要来了，可旅店还在它妈肚子里。但是整个下午竟没再看到一辆汽车。要是现在再拦车，我想我准能拦住。我会躺到公路中央去，我敢肯定所有的汽车都会在我耳边来个急刹车。然而现在连汽车的马达声都听不到。现在我只能走过去看了。这话不错，走过去看。

公路高低起伏，那高处总在诱惑我，诱惑我没命奔上去看旅店，可每次都只看到另一个高处，中间是一个叫人沮丧的弧度。尽管这样我还是一次一次地往高处奔，次次都是没命地奔。眼下我又往高处奔去。这一次我看到了，看到的不是旅店而是汽车。汽车是朝我这个方向停着的，停在公路的低处。我看到那个司机高高翘起的屁股，屁股上有晚霞。司机的脑袋我看不见，他的脑袋正塞在车头里。那车头的盖子斜斜翘起，像是翻起的嘴唇。车箱里高高堆着箩筐，我想着箩筐里装的肯定是水果。当然最好是香蕉。我想他的驾驶室里应该也有，那么我一坐进去就可以拿起来吃了。虽然汽车将要朝我走来的方面开去，但我已经不在乎方向。我现在需要旅店，旅店没有就需要汽车，汽车就在眼前。

我兴致勃勃地跑了过去，向司机打招呼：“老乡，你好。”

司机好像没有听到，仍在拨弄着什么。

“老乡，抽烟。”

这时他才使了使劲，将头从里面拔出来，并伸过来一只黑乎乎的手，夹住我递过去的烟。我赶紧给他点火，他将烟叼在嘴上吸了几口后，又把头塞了进去。

于是我心安理得了，他只要接过我的烟，他就得让我坐他的车。我就绕着汽车转悠起来，转悠是为了侦察箩筐的内容。可是我看不清，便去使用鼻子闻，闻到了苹果味。苹果也不错，我这样想。

不一会他修好了车，就盖上车盖跳了下来。我赶紧走上去说：“老乡，我想搭车。”不料他用黑乎乎的手推了我一把，粗暴地说：“滚开。”

我气得无话可说，他却慢慢悠悠打开车门钻了进去，然后发动机响了起来。我知道要是错过这次机会，将不再有机会。我知道现在应该豁出去了。于是我跑到另一侧，也拉开车门钻了进去。我准备与他在驾驶室里大打一场。我进去时首先是冲着他吼了一声："你嘴里还叼着我的烟。"这时汽车已经活动了。

然而他却笑嘻嘻地十分友好地看起我来，这让我大惑不解。他问："你上哪？"

我说："随便上哪。"

他又亲切地问："想吃苹果吗？"他仍然看着我。

"那还用问。"

"到后面去拿吧。"

他把汽车开得那么快，我敢爬出驾驶室爬到后面去吗？于是我就说："算了吧。"

他说："去拿吧。"他的眼睛还在看着我。

我说："别看了，我脸上没公路。"

他这才扭过头去看公路了。

汽车朝我来时的方向驰着，我舒服地坐在座椅上，看着窗外，和司机聊着天。现在我和他已经成为朋友了。我已经知道他是搞个体贩运。这汽车是他自己的，苹果也是他的。我还听到了他口袋里面钱儿叮当响。我问他："你到什么地方去？"

他说："开过去看吧。"

这话简直像是我兄弟说的，这话可真亲切。我觉得自己与他更亲近了。车窗外的一切应该是我熟悉的，那些山那些云都让我联想起来了另一帮熟悉的人来了，于是我又叫唤起另一批绰号来了。

现在我根本不在乎什么旅店，这汽车这司机这座椅让我心安而理得。我不知道汽车要到什么地方去，他也不知道。反正前面是什么地方对我们来说无关紧要，我们只要汽车在驰着，那就驰过去看吧。

可是这汽车抛锚了。那个时候我们已经是好得不能再好的朋友了。我把手搭在他肩上，他把手搭在我肩上。他正在把他的恋爱说给我听，正要说第一次拥抱女性的感觉时，这汽车抛锚了。汽车是在上坡时抛锚的，那个时候汽车突然不叫唤了，像死猪那样突然不动了。于是他又爬到车头上去了，又把那上嘴唇翻了起来，脑袋又塞了进去。我坐在驾驶室里，我知道他的屁股此刻肯定又高高翘起，但上嘴唇挡住了我的视线，我看不到他的屁股。可我听得到他修车的声音。

过了一会他把脑袋拔了出来，把车盖盖上。他那时的手更黑了，他的脏手在衣服上擦了又擦，然后跳到地上走了过来。

“修好了？”我问。

“完了，没法修了。”他说。

我想完了，“那怎么办呢？”我问。

“等着瞧吧。”他漫不经心地说。

我仍在汽车里坐着，不知该怎么办。眼下我又想起什么旅店来了。那个时候太阳要落山了，晚霞则像蒸气似地在升腾。旅店就这样重又来到了我脑中，并且逐渐膨胀，不一会便把我的脑袋塞满了。那时我的脑袋没有了，脑袋的地方长出了一个旅店。

司机这时在公路中央做起了广播操，他从第一节做到最后一节，做得很认真。做完又绕着汽车小跑起来。司机也许是在驾驶室里呆得太久，现在他需要锻炼身体了。看着他在外面活动，我在里面也坐不住，于是打开车门也跳了下去。但我没做广播操也没小跑。我在想着旅店和旅店。

这个时候我看到坡上有五个人骑着自行车下来，每辆自行车后座上都用一根扁担绑着两只很大的箩筐，我想他们大概是附近的农民，大概是卖菜回来。看到有人下来，我心里十分高兴，便迎上去喊道：“老乡，你们好。”

那五个人骑到我跟前时跳下了车，我很高兴地迎了上去，问：“附近有旅店吗？”

他们没有回答，而是问我：“车上装的是什么？”

我说：“是苹果。”

他们五人推着自行车走到汽车旁，有两个人爬到了汽车上，接着就翻下来十筐苹果，下面三个人把筐盖掀开往他们自己的筐里倒。我一时间还不知道发生了什么，那情景让我目瞪口呆。我明白过来就冲了上去，责问：“你们要干什么？”

他们谁也没理睬我，继续倒苹果。我上去抓住其中一个人的手喊道：“有人抢苹果啦！”这时有一只拳头朝我鼻子下狠狠地揍来了，我被打出几米远。爬起来用手一摸，鼻子软塌塌地不是贴着而是挂在脸上，鲜血像是伤心的眼泪一样流。可当我看清打我的那个身强力壮的大汉时，他们五人已经跨上自行车骑走了。

司机此刻正在慢慢地散步，嘴唇翻着大口大口喘气，他刚才大概跑累了。他好像一点也不知道刚才的事。我朝他喊：“你的苹果被抢走了！”可他根本没注意我在喊什么，仍在慢慢地散步。我真想上去揍他一拳，也让他的鼻子挂起来。我跑过去对着他的耳朵大喊：“你的苹果被抢走了。”他这才转身看起我来，我发现他的表情越来越高兴，我发现他是在看我的鼻子。

这时候，坡上又有很多人骑着自行车下来了，每辆车后面都有两只大筐，骑车的人里面有一些孩子。他们蜂拥而来，又立刻将汽车包围。好些人跳到汽车上面，于是装苹果的箩筐纷纷而下，苹果从一些摔破的筐中像我的鼻血一样流了出来。他们都发疯般往自己筐中装苹果。才一瞬间功夫，车上的苹果全到了地下。那时有几辆手扶拖拉机从坡上隆隆而下，拖拉机也停在汽车旁，跳下一帮大汉开始往拖拉机上装苹果，那些空了的箩筐一只一只被扔了出去。那时的苹果已经满地滚了，所有人都像蛤蟆似地蹲着捡苹果。

我是在这个时候奋不顾身扑上去的，我大声骂着：“强盗！”扑了上去。于是有无数拳脚前来迎接，我全身每个地方几乎同时挨了揍。我支撑着从地上爬起来时，几个孩子朝我击来苹果，苹果撞在脑袋上碎了，但脑袋没碎。我正要扑过去揍那些孩子，有一只脚狠狠地踢在我腰部。我想叫唤一声，可嘴巴一张却没有声音。我跌坐在地上，我再也爬不起来了，只能看着他们乱抢苹果。我开始用眼睛去寻找那司机，这家伙此时正站在远处朝我哈哈大笑，我便知道现在自己的模样一定比刚才的鼻子更精彩了。

那个时候我连愤怒的力气都没有了。我只能用眼睛看着这些使我愤怒至极的一切。我最愤怒的是那个司机。

坡上又下来了一些手扶拖拉机和自行车，他们也投入到这场浩劫中去。我看到地上的苹果越来越少，看着一些人离去和一些人来到。来迟的人开始在汽车上动手，我看着他们将车窗玻璃卸了下来，将轮胎卸了下来，又将木板撬了下来。轮胎被卸去后的汽车显得特别垂头丧气，它趴在地上。一些孩子则去捡那些刚才被扔出去的箩筐。我看着地上越来越干净，人也越来越少。可我那时只能看着了，因为我连愤怒的力气都没有了。我坐在地上爬不起来，我只能让目光走来走去。

现在四周空荡荡了，只有一辆手扶拖拉机还停在趴着的汽车旁。有几个人在汽车旁东瞧西望，是在看看还有什么东西可以拿走。看了一阵后才一个一个爬到拖拉机上，于是拖拉机开动了。

这时我看到那个司机也跳到拖拉机上去了，他在车斗里坐下来后还在朝我哈哈大笑。我看到他手里抱着的是我那个红色的背包。他把我的背包抢走了。背包里有我的衣服和我的钱，还有食品和书。可他把我的背包抢走了。

我看着拖拉机爬上了坡，然后就消失了，但仍能听到它的声音，可不一会连声音都没有了。四周一下子寂静下来，天也开始黑下来。我仍在地上坐着，我这时又饥又冷，可我现在什么都没有了。

我在那里坐了很久，然后才慢慢爬起来。我爬起来时很艰难，因为每动一下全身就剧烈地疼痛，但我还是爬了起来。我一拐一拐地走到汽车旁边。那汽车的模样真是惨极了，它遍体鳞伤地趴在那里，我知道自己也是遍体鳞伤了。

天色完全黑了，四周什么都没有，只有遍体鳞伤的汽车和遍体鳞伤的我。我无限悲伤地看着汽车，汽车也无限悲伤地看着我。我伸出手去抚摸了它。它浑身冰凉。那时候开始起风了，风很大，山上树叶摇动时的声音像是海涛的声音，这声音使我恐惧，使我也像汽车一样浑身冰凉。

我打开车门钻了进去，座椅没被他们撬去，这让我心里稍稍有了安慰。我就在驾驶室里躺了下来。我闻到了一股漏出来的汽油味，那气味像是我身内流出的血液的气味。外面风越来越大，但我躺在座椅上开始感到暖和一点了。我感到这汽车虽然遍体鳞伤，可它心窝还是健全的，还是暖和的。我知道自己的心窝也是暖和的。我一直在寻找旅店，没想到旅店你竟在这里。

我躺在汽车的心窝里，想起了那么一个晴朗温和的中午，那时的阳光非常美丽。我记得自己在外面高高兴兴地玩了半天，然后我回家了，在窗外看到父亲正在屋内整理一个红色的背包，我扑在窗口问："爸爸，你要出门？"

父亲转过身来温和地说："不，是让你出门。"

"让我出门？"

"是的，你已经十八了，你应该去认识一下外面的世界了。"

后来我就背起了那个漂亮的红背包，父亲在我脑后拍了一下，就像在马屁股上拍了一下，于是我欢快地冲出了家门，像一匹兴高采烈的马一样欢快地奔跑了起来。

思考与讨论：

1.《桑园留念》和《十八岁出门远行》给你什么样的不同感受？

2.《桑园留念》"留念"的是什么？

拓展阅读：

《少年血》，苏童，江苏文艺出版社，1993年。

《在细雨中呼喊》，余华，上海文艺出版社，2004年。

我与地坛

史铁生

一

我在好几篇小说中都提到过一座废弃的古园，实际上就是地坛。许多年前旅游业还没有开展，园子荒芜冷落得如同一片野地，很少被人记起。

地坛离我家很近。或者说我家离地坛很近。总之，只好认为这是缘分。地坛在我出生前四百多年就坐落在那儿了。而自从我的祖母年轻时带着我父亲来到北京，就一直住在离它不远的地方——五十多年间搬过几次家，可搬来搬去总是在它周围，而且是越搬离它越近了。我常觉得这中间有着宿命的味道：仿佛这古园就是为了等我，而历尽沧桑在那儿等待了四百多年。

它等待我出生，然后又等待我活到最狂妄的年龄上忽地残废了双腿。四百多年里，它一面剥蚀了古殿檐头浮夸的琉璃，淡褪了门壁上炫耀的朱红，坍圮了一段段高墙又散落了玉砌雕栏，祭坛四周的老柏树愈见苍幽，到处的野草荒藤也都茂盛得自在坦荡。这时候想必我是该来了。十五年前的一个下午，我摇着轮椅进入园中，它为一个失魂落魄的人把一切都准备好了。那时，太阳循着亘古不变的路途正越来越大，也越红。在满园弥漫的沉静光芒中，一个人更容易看到时间，并看见自己的身影。

自从那个下午我无意中进了这园子，就再没长久地离开过它。我一下子就理解了它的意图。正如我在一篇小说中所说的："在人口密聚的城市里，有这样一个宁静的去处，像是上帝的苦心安排。"

两条腿残废后的最初几年，我找不到工作，找不到去路，忽然间几乎什么都找不到了，我就摇了轮椅总是到它那儿去，仅为着那儿是可以逃避一个世界的另一个世界。我在那篇小说中写道："没处可去我便一天到晚耗在这园子里。跟上班下班一样，别人去上班我就摇了轮椅到这儿来。""园子无人看管，上下班时间有些抄近路的人们从园中穿过，园子里活跃一阵，过后便沉寂下来。""园墙在金晃晃的空气中斜切下一溜阴凉，我把轮椅开进去，把椅背放倒，坐着或是躺着，看书或者想事，撅一杈树枝左右拍打，驱赶那些和我一样不明白为什么要来这世上的小昆虫。""蜂儿如一朵小雾稳稳地停在半空；蚂蚁摇头晃脑捋着触须，猛然间想透了什么，转身疾行而去；瓢虫爬得不耐烦了，累了祈祷一回便支开翅膀，忽悠一下升空了；树干留着一只蝉蜕，寂寞如一间空屋；露水在草叶上滚动，聚集，压弯了草叶轰然坠地摔开万道金光。""满园子都是草木竞相生长弄出的响动，窸窸窣窣窸窸窣窣片刻不息。"这都是真实的记录，园子荒芜但并不衰败。

除去几座殿堂我无法进去，除去那座祭坛我不能上去而只能从各个角度张望它，地坛的每一棵树下我都去过，差不多它的每一米草地上都有过我的车轮印。无论是什么季节，什么天气，什么时间，我都在这园子里呆过。有时候呆一会儿就回家，有时候就呆到满地上都亮起月光。记不清都是在它的哪些角落里了，我一连几小时专心致志地想关于死的事，也以同样的耐心和方式想过我为什么要出生。这样想了好几年，最后事情终于弄明白了：一个人，出生了，这就不再是一个可以辩论的问题，而只是上帝交给他的一个事实；上帝在交给我们这件事实的时候，已经顺便保证了它的结果，所以死是一件不必急于求成的事，死是一个必然会降临的节日。这样想过之后我安心多了，眼前的一切不再那么可怕。比如你起早熬夜准备考试的时候，忽然想起有一个长长的假期在前面等待你。你会不会觉得轻松一点？并且庆幸并且感激这样的安排？

剩下的就是怎样活的问题了。这却不是在某一个瞬间就能完全想透的，不是能够一次性解决的事，怕是活多久就要想它多久了，就像是伴你终生的魔鬼或恋人。所以，十五年了，我还是总得到那古园里去，去它的老树下或荒草边或颓墙旁，去默坐，去呆想，去推开耳边的嘈杂理一理纷乱的思绪，去窥看自己的心魂。十五年中，这古园的形体被不能理解它的人肆意雕琢，幸好有些东西是任谁也不能改变它的。譬如祭坛石门中的落日，寂静的光辉平铺的一刻，地上的每一个坎坷都被映照得灿烂；譬如在园中最为落寞的时间，一群雨燕便出来高歌，把天地都叫喊得苍凉；譬如冬天雪地上孩子的脚印，总让人猜想他们是谁，曾在哪儿做过些什么，然后又都到哪儿去了；譬如那些苍黑的古柏，你忧郁的时候它们镇静地站在那儿，你欣喜的时候它们依然镇静地站在那儿，它们没日没夜地站在那儿从你没有出生一直站到这个世界上又没了你的时候；譬如暴雨骤临园中，激起一阵阵灼烈而清纯的草木和泥土的气味，让人想起无数个夏天的事件；譬如秋风忽至，再有一场早霜，落叶或飘摇歌舞或坦然安卧，满园中播散着熨帖而微苦的味道。味道是最说不清楚的，味道不能写只能闻，要你身临其境去闻才能明了。味道甚至是难于记忆的，只有你又闻到它你才能记起它的全部情感和意蕴。所以我常常要到那园里去。

二

现在我才想到，当年我总是独自跑到地坛去，曾经给母亲出了一个怎样的难题。

她不是那种光会疼爱儿子而不懂得理解儿子的母亲。她知道我心里的苦闷，知道不该阻止我出去走走，知道我要是老呆在家里结果会更糟，但她又担心我一个人在那荒僻的园子里整天都想些什么。我那时脾气坏到极点，经常是发了疯一样地离开家，从那园子里回来又中了魔似的什么话都不说。母亲知道有些事不宜问，便犹犹豫豫地想问而终于不敢问，因为她自己心里也没有答案。她料想我不会愿意她跟我一同去，所以她从未这样要求过，她知道得给我一点独处的时间，得有这样一段过程。她只是不知道这过程得要多久，和这过程的尽头究竟是什么。每次我要动身时，她便无言地帮我准备，帮助我上了轮椅车，看着我摇车拐出小院；这以后她会怎样，当年我不曾想过。

有一回我摇车出了小院，想起一件什么事又返身回来，看见母亲仍站在原地，还是送我走时的姿势，望着我拐出小院去的那处墙角，对我的回来竟一时没有反应。待她再次送我出门的时候，她说："出去活动活动，去地坛看看书，我说这挺好。"许多年以后我才渐渐听出，母亲这话实际上是自我安慰，是暗自的祷告，是给我的提示，是恳求与嘱咐。只是在她猝然去世之后，我才有余暇设想。当我不在家里的那些漫长的时间，她是怎样心神不定坐卧难宁，兼着痛苦与惊恐与一个母亲最低限度的祈求。现在我可以断定，以她的聪慧和坚忍，在那些空落的白天后的黑夜，在那不眠的黑夜后的白天，她思来想去最后准是对自己说："反正我不能不让他出去，未来的日子是他自己的，如果他真的要在那园子里出了什么事，这苦难也只好我来承担。"在那段日子里——那是好几年前的一段日子，我想我一定使母亲作过了最坏的准备了，但她从来没有对我说过："你为我想想。"事实上我也真的没为她想过。那时她的儿子还太年轻，还来不及为母亲想，他被命运击昏了头，一心以为自己是世上最不幸的一个，不知道儿子的不幸在母亲那儿总是要加倍的，她有一个长到二十岁上忽然截瘫了的儿子，这是她唯一的儿子，她情愿截瘫的是自己而不是儿子，可这事无法代替；她想，只要儿子能活下去哪怕自己去死呢也行，可她又确信一个人不能仅仅是活着，儿子得有一条路走向自己的幸福；而这条路呢，没有谁能保证她的儿子终于能找到。——这样一个母亲，注定是活得最苦的母亲。

有一次与一个作家朋友聊天，我问他学写作的最初动机是什么？他想了一会说："为我母亲。为了让她骄傲。"我心里一惊，良久无言。回想自己最初写小说的动机，虽不似这位朋友的那般单纯，但如他一样的愿望我也有，且一经细想，发现这愿望也在全部动机中占了很大比重。这位朋友说："我的动机太低俗了吧？"我光是摇头，心想低俗并不见得低俗，只怕是这愿望过于天真了。他又说："我那时真就是想出名，出了名让别人羡慕我母亲。"我想，他比我坦率。我想，他又比我幸福，因为他的母亲还活着，而且我想，他的母亲也比我的母亲运气好，他的母亲没有一个双腿残废的儿子，否则事情就不这么简单。

在我的头一篇小说发表的时候，在我的小说第一次获奖的那些日子里，我真是多么希望我的母亲还活着。我便又不能在家里呆了，又整天整天独自跑到地坛去，心里是没头没尾的沉郁和哀怨，走遍整个园子却怎么也想不通：母亲为什么就不能再多活两年？为什么在她儿子就快要碰撞开一条路的时候，她却忽然熬不住了？莫非她来此世上只是为了替儿子担忧，却不该分享我的一点点快乐？她匆匆离我去时才只有四十九呀！有那么一会，我甚至对世界对上帝充满了仇恨和厌恶。后来我在一篇题为《合欢树》的文章中写道："我坐在小公园安静的树林里，闭上眼睛，想，上帝为什么早早地召母亲回去呢？很久很久，迷迷糊糊的我听见了回答：'她心里太苦了，上帝看她受不住了，就召她回去。'我似乎得了一点安慰，睁开眼睛，看见风正从树林里穿过。"小公园，指的也是地坛。

只是到了这时候，纷纭的往事才在我眼前幻现得清晰，母亲的苦难与伟大才在我心中渗透得深彻。上帝的考虑，也许是对的。

摇着轮椅在园中慢慢走，又是雾罩的清晨，又是骄阳高悬的白昼，我只想着一件事：母亲已经不在了。在老柏树旁停下，在草地上在颓墙边停下，又是处处虫鸣的午后，又是鸟儿归巢的傍晚，我心里只默念着一句话：可是母亲已经不在了。把椅背放倒，躺下，似睡非睡挨到日没，坐起来，心神恍惚，呆呆地直坐在古祭坛上落满黑暗然后再渐渐浮起月光，心里才有点明白，母亲不能再来这园中找我了。

曾有过好多回，我在这园子里呆得太久了，母亲就来找我。她来找我又不想让我发觉，只要见我还好好地在这园子里，她就悄悄转身回去，我看见过几次她的背影。我也看见过几回她四处张望的情景，她视力不好，端着眼镜像在寻找海上的一条船，没看见我时我已经看见她了，待我看见她也看见我了我就不去看她，过一会我再抬头看她就又看见她缓缓离去的背影。我无法知道有多少回她没有找到我。有一回我坐在矮树丛中，树丛很密，我看见她没有找到我；她一个人在园子里走，走过我的身旁，走过我经常呆的一些地方，步履茫然又急迫。我不知道她已经找了多久还要找多久，我不知道为什么我决意不喊她——但这绝不是小时候的捉迷藏，这也许是出于长大了的男孩子的倔强或羞涩？但这倔强只留给我痛悔，丝毫也没有骄傲。我真想告诫所有长大了的男孩子，千万不要跟母亲来这套倔强，羞涩就更不必，我已经懂了可我已经来不及了。

儿子想使母亲骄傲，这心情毕竟是太真实了，以致使“想出名”这一声名狼藉的念头也多少改变了一点形象。这是个复杂的问题，且不去管它了罢。随着小说获奖的激动逐日暗淡，我开始相信，至少有一点我是想错了：我用纸笔在报刊上碰撞开的一条路，并不就是母亲盼望我找到的那条路。年年月月我都到这园子里来，年年月月我都要想，母亲盼望我找到的那条路到底是什么？母亲生前没给我留下过什么隽永的誓言，或要我恪守的教诲，只是在她去世之后，她艰难的命运，坚忍的意志和毫不张扬的爱，随光阴流转，在我的印象中愈加鲜明深刻。

有一年，10月的风又翻动起安详的落叶，我在园中读书，听见两个散步的老人说：“没想到这园子有这么大。”我放下书，想，这么大一座园子，要在其中找到她的儿子，母亲走过了多少焦灼的路。多年来我头一次意识到，这园子不单是处处都有过我的车辙，有过我的车辙的地方也都有过母亲的脚印。

三

如果以一天中的时间来对应四季，当然春天是早晨，夏天是中午，秋天是黄昏，冬天是夜晚。如果以乐器来对应四季，我想春天应该是小号，夏天是定音鼓，秋天是大提琴，冬天是圆号和长笛。要是以这园子里的声响来对应四季呢？那么，春天是祭坛上空漂浮着的鸽子的哨音，夏天是冗长的蝉歌和杨树叶子哗啦啦地对蝉歌的取笑，秋天是古殿檐头的风铃响，冬天是啄木声。以园中的景物对应四季，春天是一径时而苍白时而黑润的小路，时而明朗时而阴晦的天上摇荡着串串杨花；夏天是一条条耀眼而灼人的石凳，或阴凉而爬满了青苔的石阶，阶下有果皮，阶上有半张被坐皱的报纸；秋天是一座青铜的大钟，在园子的西北角上曾丢弃着一座很大的铜钟，铜钟与这园子一般年纪，浑身挂满绿锈，文字已不清晰；冬天，是林中空地上几只羽毛蓬松的老麻雀。以心绪对应四季呢？春天是卧病的季节，否则人们不易发觉春天的残忍与渴望；夏天，情人们应该在这个季节里失恋，不然就似乎对不起爱情；秋天是从外面买一棵盆花回家的时候，把花搁在阔别了的家中，并且打开窗户把阳光也放进屋里，慢慢回忆慢慢整理一些发过霉的东西；冬天伴着火炉和书，一遍遍坚定不死的决心，写一些并不发出的信。还可以用艺术形式对应四季，这样春天就是一幅画，夏天是一部长篇小说，秋天是一首短歌或诗，冬天是一群雕塑。以梦呢？以梦对应四季呢？春天是树尖上的呼喊，夏天是呼喊中的细雨，秋天是细雨中的土地，冬天是干净的土地上的一只孤零的烟斗。

因为这园子，我常感恩于自己的命运。

我甚至现在就能清楚地看见，一旦有一天我不得不长久地离开它，我会怎样想念它，我会怎样想念它并且梦见它，我会怎样因为不敢想念它而梦也梦不到它。

四

现在让我想想，十五年中坚持到这园子来的人都是谁呢？好像只剩了我和一对老人。

十五年前，这对老人还只能算是中年夫妇，我则货真价实还是个青年。他们总是在薄暮时分来园中散步，我不大弄得清他们是从哪边的园门进来，一般来说他们是逆时针绕这园子走。男人个子很高，肩宽腿长，走起路来目不斜视，胯以上直至脖颈挺直不动；他的妻子攀了他一条胳膊走，也不能使他的上身稍有松懈。女人个子却矮，也不算漂亮，我无端地相信她必出身于家道中衰的名门富族；她攀在丈夫胳臂上像个娇弱的孩子，她向四周观望似总含着恐惧，她轻声与丈夫谈话，见有人走近就立刻怯怯地收住话头。我有时因为他们而想起冉阿让与柯赛特，但这想法并不巩固，他们一望即知是老夫老妻。两个人的穿着都算得上考究，但由于时代的演进，他们的服饰又可以称为古朴了。他们和我一样，到这园子里来几乎是风雨无阻，不过他们比我守时。我什么时间都可能来，他们则一定是在暮色初临的时候。刮风时他们穿了米色风衣，下雨时他们打了黑色的雨伞，夏天他们的衬衫是白色的裤子是黑色的或米色的，冬天他们的呢子大衣又都是黑色的，想必他们只喜欢这三种颜色。他们逆时针绕这园子一周，然后离去。他们走过我身旁时只有男人的脚步响，女人像是贴在高大的丈夫身上跟着漂移。我相信他们一定对我有印象，但是我们没有说过话，我们互相都没有想要接近的表示。十五年中，他们或许注意到一个小伙子进入了中年，我则看着一对令人羡慕的中年情侣不觉中成了两个老人。

曾有过一个热爱唱歌的小伙子，他也是每天都到这园中来，来唱歌，唱了好多年，后来不见了。他的年纪与我相仿，他多半是早晨来，唱半小时或整整唱一个上午，估计在另外的时间里他还得上班。我们经常在祭坛东侧的小路上相遇，我知道他是到东南角的高墙下去唱歌，他一定猜想我去东北角的树林里做什么。我找到我的地方，抽几口烟，便听见他谨慎地整理歌喉了。他反反复复唱那么几首歌。文化革命没过去的时候，他唱“蓝蓝的天上白云飘，白云下面马儿……”我老也记不住这歌的名字。“文革”后，他唱《货郎与小姐》中那首最为流传的咏叹调。“卖布—卖布嘞，卖布—卖布嘞！”我记得这开头的一句他唱得很有声势，在早晨清澈的空气中，货郎跑遍园中的每一个角落去恭维小姐。“我交了好运气，我交了好运气，我为幸福唱歌曲……”然后他就一遍一遍地唱，不让货郎的激情稍减。依我听来，他的技术不算精到，在关键的地方常出差错，但他的嗓子是相当不坏的，而且唱一个上午也听不出一点疲惫。太阳也不疲惫，把大树的影子缩小成一团，把疏忽大意的蚯蚓晒干在小路上。将近中午，我们又在祭坛东侧相遇，他看一看我，我看一看他，他往北去，我往南去。日子久了，我感到我们都有结识的愿望，但似乎都不知如何开口，于是互相注视一下终又都移开目光擦身而过；这样的次数一多，便更不知如何开口了。终于有一天——一个丝毫没有特点的日子，我们互相点了一下头，他说：“你好。”我说：“你好。”他说：“回去啦？”我说：“是，你呢？”他说：“我也该回去了。”我们都放慢脚步（其实我是放慢车速），想再多说几句，但仍然是不知从何说起，这样我们就都走过了对方，又都扭转身子面向对方。他说：“那就再见吧。”我说：“好，再见。”便互相笑笑各走各的路了，但是我们没有再见，那以后，园中再没了他的歌声，我才想到，那天他或许是有意与我道别的，也许他考上了哪家专业的文工团或歌舞团了吧？真希望他如他歌里所唱的那样，交了好运气。

还有一些人，我还能想起一些常到这园子里来的人。有一个老头，算得一个真正的饮者；他在腰间挂一个扁瓷瓶，瓶里当然装满了酒，常来这园中消磨午后的时光。他在园中四处游逛，如果你不注意你会以为园中有好几个这样的老头，等你看过了他卓尔不群的饮酒情状，你就会相信这是个独一无二的老头。他的衣着过分随便，走路的姿态也不慎重，走上五六十米路便选定一处地方，一只脚踏在石凳上或土埂上或树墩上，解下腰间的酒瓶，解酒瓶的当儿眯起眼睛把一百八十度视角内的景物细细看一遭，然后以迅雷不及掩耳之势倒一大口酒入肚，把酒瓶摇一摇再挂向腰间，平心静气地想一会什么，便走下一个五六十米去。还有一个捕鸟的汉子，那岁月园中人少，鸟却多，他在西北角的树丛中拉一张网，鸟撞在上面，羽毛戗在网眼里便不能自拔。他单等一种过去很多而现在非常罕见的鸟，其他的鸟撞在网上他就把它们摘下来放掉，他说已经有好多年没等到那种罕见的鸟了，他说他再等一年看看到底还有没有那种鸟，结果他又等了好多年。早晨和傍晚，在这园子里可以看见一个中年女工程师，早晨她从北向南穿过这园子去上班，傍晚她从南向北穿过这园子回家，事实上我并不了解她的职业或者学历，但我以为她必是学理工的知识分子，别样的人很难有她那般的素朴并优雅。当她在园子穿行的时刻，四周的树林也仿佛更加幽静，清淡的日光中竟似有悠远的琴声，比如说是那曲《献给艾丽丝》才好。我没有见过她的丈夫，没有见过那个幸运的男人是什么样子，我想象过却想象不出，后来忽然懂了想象不出才好，那个男人最好不要出现。她走出北门回家去，我竟有点担心，担心她会落入厨房，不过，也许她在厨房里劳作的情景更有另外的美吧，当然不能再是《献给艾丽丝》，是个什么曲子呢？还有一个人，是我的朋友，他是个最有天赋的长跑家，但他被埋没了。他因为在“文革”中出言不慎而坐了几年牢，出来后好不容易找了个拉板车的工作，样样待遇都不能与别人平等，苦闷极了便练习长跑。那时他总来这园子里跑，我用手表为他计时，他每跑一圈向我招一下手，我就记下一个时间。每次他要环绕这园子跑二十圈，大约两万米。他盼望以他的长跑成绩来获得政治上真正的解放，他以为记者的镜头和文字可以帮他做到这一点。第一年他在春节环城赛上跑了第十五名，他看见前十名的照片都挂在了长安街的新闻橱窗里，于是有了信心。第二年他跑了第四名，可是新闻橱窗里只挂了前三名的照片，他没灰心。第三年他跑了第七名，橱窗里挂前六名的照片，他有点怨自己。第四年他跑了第三名，橱窗里却只挂了第一名的照片。第五年他跑了第一名——他几乎绝望了，橱窗里只有一幅环城赛群众场面的照片。那些年我们俩常一起在这园子里呆到天黑，开怀痛骂，骂完沉默着回家，分手时再互相叮嘱：先别去死，再试着活一活着。现在他已经不跑了，年岁太大了，跑不了那么快了。最后一次参加环城赛，他以三十八岁之龄又得了第一名并破了纪录，有一位专业队的教练对他说："我要是十年前发现你就好了。"他苦笑一下什么也没说，只在傍晚又来这园中找到我，把这事平静地向我叙说一遍。不见他已有好几年了，现在他和妻子和儿子住在很远的地方。

这些人现在都不到园子里来了，园子里差不多完全换了一批新人。十五年前的旧人，现在就剩我和那对老夫老妻了。有那么一段时间，这老夫老妻中的一个也忽然不来，薄暮时分唯男人独自来散步，步态也明显迟缓了许多，我心悬了很久，怕是那女人出了什么事。幸好过了一个冬天那女人又来了，两个人仍是逆时针绕着园子走，一长一短两个身影恰似钟表的两支指针；女人的头发白了许多，但依旧攀着丈夫的胳膊走得像个孩子。"攀"这个字用得不恰当了。或许可以用"搀"吧，不知有没有兼具这两意思的字。

五

我也没有忘记一个孩子——一个漂亮而不幸的小姑娘。十五年前的那个下午，我第一次到这园子里来就看见了她，那时她大约三岁，蹲在斋宫西边的小路上捡树上掉落的"小灯笼"。那儿有几棵大栾树，春天开一簇簇细小而稠密的黄花，花落了便结出无数如同三片叶子合抱的小灯笼，小灯笼先是绿色，继尔转白，再变黄，成熟了掉落得满地都是。小灯笼精巧得令人爱惜，成年人也不免捡了一个还要捡一个。小姑娘咿咿呀呀地跟自己说着话，一边捡小灯笼；她的嗓音很好，不是她那个年龄所常有的那般尖细，而是很圆润甚或是厚重，也许是因为那个下午园子里太安静了。我奇怪这么小的孩子怎么一个人跑来这园子里？我问她住在哪儿？她随指一下，就喊她的哥哥，沿墙根一带的茂草之中便站起一个七八岁的男孩，朝我望望，看我不像坏人便对他的妹妹说："我在这儿呢。"又伏下身去，他在捉什么虫子。他捉到螳螂，蚂蚱，知了和蜻蜓，来取悦他的妹妹。有那么二三年，我经常在那几棵大栾树下见到他们，兄妹俩总是在一起玩，玩得和睦融洽，都渐渐长大了些。之后有很多年没见到他们。我想他们都在学校里吧，小姑娘也到了上学的年龄，必是告别了孩提时光，没有很多机会来这儿玩了。这事很正常，没理由太搁在心上，若不是有一年我又在园中见到他们，肯定就会慢慢把他们忘记。

那是个礼拜日的上午。那是个晴朗而令人心碎的上午，时隔多年，我竟发现那个漂亮的小姑娘原来是个弱智的孩子。我摇着车到那几棵大栾树下去，恰又是遍地落满了小灯笼的季节；当时我正为一篇小说的结尾所苦，既不知为什么要给它那样一个结尾，又不知何以忽然不想让它有那样一个结尾，于是从家里跑出来，想依靠着园中的镇静，看看是否应该把那篇小说放弃。我刚刚把车停下，就见前面不远处有几个人在戏耍一个少女，作出怪样子来吓她，又喊又笑地追逐她拦截她，少女在几棵大树间惊惶地东跑西躲，却不松手揪住卷在怀里的裙裾，两条腿袒露着也似毫无察觉。我看出少女的智力是有些缺陷，却还没看出她是谁。我正要驱车上前为少女解围，就见远处飞快地骑车来了个小伙子，于是那几个戏耍少女的家伙望风而逃。小伙子把自行车支在少女近旁，怒目望着那几个四散逃窜的家伙，一声不吭喘着粗气，脸色如暴雨前的天空一样一会比一会苍白。这时我认出了他们，小伙子和少女就是当年那对小兄妹。我几乎是在心里惊叫了一声，或者是哀号。世上的事常常使上帝的居心变得可疑。小伙子向他的妹妹走去。少女松开了手，裙裾随之垂落了下来，很多很多她捡的小灯笼便洒落了一地，铺散在她脚下。她仍然算得漂亮，但双眸迟滞没有光彩。她呆呆地望那群跑散的家伙，望着极目之处的空寂，凭她的智力绝不可能把这个世界想明白吧？大树下，破碎的阳光星星点点，风把遍地的小灯笼吹得滚动，仿佛喑哑地响着无数小铃铛。哥哥把妹妹扶上自行车后座，带着她无言地回家去了。

无言是对的。要是上帝把漂亮和弱智这两样东西都给了这个小姑娘，就只有无言和回家去是对的。

谁又能把这世界想个明白呢？世上的很多事是不堪说的。你可以抱怨上帝何以要降诸多苦难给这人间，你也可以为消灭种种苦难而奋斗，并为此享有崇高与骄傲，但只要你再多想一步你就会坠入深深的迷茫了：假如世界上没有了苦难，世界还能够存在么？要是没有愚钝，机智还有什么光荣呢？要是没了丑陋，漂亮又怎么维系自己的幸运？要是没有了恶劣和卑下，善良与高尚又将如何界定自己又如何成为美德呢？要是没有了残疾，健全会否因其司空见惯而变得腻烦和乏味呢？我常梦想着在人间彻底消灭残疾，但可以相信，那时将由患病者代替残疾人去承担同样的苦难。如果能够把疾病也全数消灭，那么这份苦难又将由（比如说）相貌丑陋的人去承担了。就算我们连丑陋、连愚昧和卑鄙和一切我们所不喜欢的事物和行为，也都可以统统消灭掉，所有的人都一样健康、漂亮、聪亮、聪慧、高尚，结果会怎样呢？怕是人间的剧目就全要收场了，一个失去差别的世界将是一条死水，是一块没有感觉没有肥力的沙漠。

看来差别永远是要有的。看来就只好接受苦难——人类的全部剧目需要它，存在的本身需要它。看来上帝又一次对了。

于是就有一个最令人绝望的结论等在这里：由谁去充任那些苦难的角色？又有谁去体现这世间的幸福，骄傲和快乐？只好听凭偶然，是没有道理好讲的。

就命运而言，休论公道。

那么，一切不幸命运的救赎之路在哪里呢？

设若智慧或悟性可以引领我们去找到救赎之路，难道所有的人都能够获得这样的智慧和悟性吗？

我常以为是丑女造就了美人。我常以为是流氓举出了智者。我常以为是懦夫衬照了英雄。我常以为是众生度化了佛祖。

六

设若有一位园神，他一定早已注意到了，这么多年我在这园里坐着，有时候是轻松快乐的，有时候是沉郁苦闷的，有时候优哉游哉，有时候恓惶落寞，有时候平静而且自信，有时候又软弱，又迷茫。其实总共只有三个问题交替着来骚扰我，来陪伴我。第一个是要不要去死？第二个是为什么活？第三个，我干嘛要写作？

现在让我看看，它们迄今都是怎样编织在一起的吧。

你说，你看穿了死是一件无需乎着急去做的事，是一件无论怎样耽搁也不会错过的事，便决定活下去试试？是的，至少这是很关键的因素。为什么要活下去试试呢？好像仅仅是因为不甘心，机会难得，不试白不试，腿反正是完了，一切仿佛都要完了，但死神很守信用，试一试不会额外再有什么损失。说不定倒有额外的好处呢是不是？我说过，这一来我轻松多了，自由多了。为什么要写作呢？作家是两个被人看重的字，这谁都知道。为了让那个躲在园子深处坐轮椅的人，有朝一日在别人眼里也稍微有点光彩，在众人眼里也能有个位置，哪怕那时再去死呢也就多少说得过去了。开始的时候就是这样想，这不用保密，这些现在不用保密了。

我带着本子和笔，到园中找一个最不为人打扰的角落，偷偷地写。那个爱唱歌的小伙子在不远的地方一直唱。要是有人走过来，我就把本子合上把笔叼在嘴里。我怕写不成反落得尴尬。我很要面子。可是你写成了，而且发表了。人家说我写的还不坏，他们甚至说：真没想到你写得这么好。我心说你们没想到的事还多着呢。我确实有整整一宿高兴得没合眼。我很想让那个唱歌的小伙子知道，因为他的歌也毕竟是唱得不错。我告诉我的长跑家朋友的时候，那个中年女工程师正优雅地在园中穿行；长跑家很激动，他说好吧，我玩命跑，你玩命写。这一来你中了魔了，整天都在想哪一件事可以写，哪一个人可以让你写成小说。是中了魔了，我走到哪儿想到哪儿，在人山人海里只寻找小说，要是有一种小说试剂就好了，见人就滴两滴看他是不是一篇小说，要是有一种小说显影液就好了，把它泼满全世界看看都是哪儿有小说，中了魔了，那时我完全是为了写作活着。结果你又发表了几篇，并且出了一点小名，可这时你越来越感到恐慌。我忽然觉得自己活得像个人质，刚刚有点像个人了却又过了头，像个人质，被一个什么阴谋抓了来当人质，不定哪天被处决，不定哪天就完蛋。你担心要不了多久你就会文思枯竭，那样你就又完了。凭什么我总能写出小说来呢？凭什么那些适合作小说的生活素材就总能送到一个截瘫者跟前来呢？人家满世界跑都有枯竭的危险，而我坐在这园子里凭什么可以一篇接一篇地写呢？你又想到死了。我想见好就收吧。当一名人质实在是太累了太紧张了，太朝不保夕了。我为写作而活下来，要是写作到底不是我应该干的事，我想我再活下去是不是太冒傻气了？你这么想着你却还在绞尽脑汁地想写。我好歹又拧出点水来，从一条快要晒干的毛巾上。恐慌日甚一日，随时可能完蛋的感觉比完蛋本身可怕多了，所谓不怕贼偷就怕贼惦记，我想人不如死了好，不如不出生的好，不如压根儿没有这个世界的好。可你并没有去死。我又想到那是一件不必着急的事。可是不必着急的事并不证明是一件必要拖延的事呀？你总是决定活下来，这说明什么？是的，我还是想活。人为什么活着？因为人想活着，说到底是这么回事，人真正的名字叫作：欲望。可我不怕死，有时候我真的不怕死。有时候，——说对了。不怕死和想去死是两回事，有时候不怕死的人是有的，一生下来就不怕死的人是没有的。我有时候倒是怕活。可是怕活不等于不想活呀！可我为什么还想活呢？因为你还想得到点什么，你觉得你还是可以得到点什么的，比如说爱情，比如说，价值感之类，人真正的名字叫欲望。这不对吗？我不该得到点什么吗？没说不该。可我为什么活得恐慌，就像个人质？后来你明白了，你明白你错了，活着不是为了写作，而写作是为了活着。你明白了这一点是在一个挺滑稽的时刻。那天你又说你不如死了好，你的一个朋友劝你：你不能死，你还得写呢，还有好多好作品等着你去写呢。这时候你忽然明白了，你说：只是因为我活着，我才不得不写作。或者说只是因为你还想活下去，你才不得不写作。是的，这样说过之后我竟然不那么恐慌了。就像你看穿了死之后所得的那份轻松？一个人质报复一场阴谋的最有效的办法是把自己杀死。我看出我得先把我杀死在市场上，那样我就不用参加抢购题材的风潮了。你还写吗？还写。你真的不得不写吗？人都忍不住要为生存找一些牢靠的理由。你不担心你会枯竭了？我不知道，不过我想，活着的问题在死前是完不了的。

这下好了，您不再恐慌了，不再是个人质了，您自由了。算了吧你，我怎么可能自由呢？别忘了人真正的名字是：欲望。所以您得知道，消灭恐慌的最有效的办法就是消灭欲望。可是我还知道，消灭人性的最有效的办法也是消灭欲望。那么，是消灭欲望同时也消灭恐慌呢？还是保留欲望同时也保留人生？

（我在这园子里坐着，我听见园神告诉我：每一个有激情的演员都难免是一个人质。每一个懂得欣赏的观众都巧妙地粉碎了一场阴谋。每一个乏味的演员都是因为他老以为这戏剧与自己无关。每一个倒霉的观众都是因为他总是坐得离舞台太近了。）

我在这园子里坐着，园神成年累月地对我说：孩子，这不是别的，这是你的罪孽和福祉。

七

要是有些事我没说，地坛，你别以为是我忘了，我什么也没忘，但是有些事只适合收藏。不能说，也不能想，却又不能忘。它们不能变成语言，它们无法变成语言，一旦变成语言就不再是它们了。它们是一片朦胧的温馨与寂寥，是一片成熟的希望与绝望，它们的领地只有两处：心与坟墓。比如说邮票，有些是用于寄信的，有些仅仅是为了收藏。

如今我摇着车在这园子里慢慢走，常常有一种感觉，觉得我一个人跑出来已经玩得太久了。有一天我整理我的旧相册，看见一张十几年前我在这园子里照的照片——那个年轻人坐在轮椅上，背后是一棵老柏树，再远处就是那座古祭坛。我便到园子里去找那棵树。我按着照片上的背景找很快就找到了它，按着照片上它枝干的形状找，肯定那就是它。但是它已经死了，而且在它身上缠绕着一条碗口粗的藤萝。有一天我在这园子里碰见一个老太太，她说："哟，你还在这儿哪？"她问我："你母亲还好吗？""您是谁？""你不记得我，我可记得你。有一回你母亲来这儿找你，她问我您看没看见一个摇轮椅的孩子？……"我忽然觉得，我一个人跑到这世界上来玩真是玩得太久了。有一天夜晚，我独自坐在祭坛边的路灯下看书，忽然从那漆黑的祭坛里传出一阵阵唢呐声；四周都是参天古树，方形祭坛占地几百平方米空旷坦荡独对苍天，我看不见那个吹唢呐的人，唯唢呐声在星光寥寥的夜空里低吟高唱，时而悲怆时而欢快，时而缠绵时而苍凉，或许这几个词都不足以形容它，我清清醒醒地听出它响在过去，响在现在，响在未来，回旋飘转亘古不散。

必有一天，我会听见喊我回去。

那时您可以想象一个孩子，他玩累了可他还没玩够呢，心里好些新奇的念头甚至等不及到明天。也可以想象是一个老人，无可置疑地走向他的安息地，走得任劳任怨。还可以想象一对热恋中的情人，互相一次次说“我一刻也不想离开你”，又互相一次次说“时间已经不早了”，时间不早了可我一刻也不想离开你，一刻也不想离开你可时间毕竟是不早了。

我说不好我想不想回去。我说不好是想还是不想，还是无所谓。我说不好我是像那个孩子，还是像那个老人，还是像一个热恋中的情人。很可能是这样：我同时是他们三个。我来的时候是个孩子，他有那么多孩子气的念头所以才哭着喊着闹着要来，他一来一见到这个世界便立刻成了不要命的情人，而对一个情人来说，不管多么漫长的时光也是稍纵即逝，那时他便明白，每一步每一步，其实一步步都是走在回去的路上。当牵牛花初开的时节，葬礼的号角就已吹响。

但是太阳，他每时每刻都是夕阳也都是旭日。当他熄灭着走下山去收尽苍凉残照之际，正是他在另一面燃烧着爬上山巅布散烈烈朝辉之时。那一天，我也将沉静着走下山去，扶着我的拐杖。有一天，在某一处山洼里，势必会跑上来一个欢蹦的孩子，抱着他的玩具。

当然，那不是我。

但是，那不是我吗？

宇宙以其不息的欲望将一个歌舞炼为永恒。这欲望有怎样一个人间的姓名，大可忽略不计。

1989年5月11日，1990年1月7日改

融入野地

张　炜

一

城市是一片被肆意修饰过的野地，我最终将告别它。我想寻找一个原来，一个真实。这纯稚的想念如同一首热烈的歌谣，在那儿引诱我。市声如潮，淹没了一切，我想浮出来看一眼原野、山峦，看一眼丛林、青纱帐。我寻找了，看到了，挽回的只有没完没了的默想。辽阔的大地，大地边缘是海洋。无数的生命在腾跃、繁衍生长，升起的太阳一次次把它们照亮……当我在某一瞬间睁大了双目时；突然看到了眼前的一切都变得簇新。它令人惊悸，感动，诧异，好像生来第一遭发现了我们的四周遍布奇迹。

我极想抓住那个“瞬间感受”，心头充溢着阵阵狂喜。我在其中领悟：万物都在急剧循环，生生灭灭，长久与暂时都是相对而言的；但在这纷纭无绪中的确有什么永恒的东西。我在捕捉和追逐，而它又绝不可能属于我。这是一个悲剧，又是一个喜剧。暂且抑制了一个城市人的伤感，面向旷野追问一句：为什么会是这样？这些又到底来自何方？已经存在的一切是如此完美，完美得让人不可思议；它又是如此地残缺，残缺得令人痛心疾首。我们面对的不仅是一个熟知的世界，还有一个完全陌生的世界；原来那种悲剧感或是喜剧感都来自一种无可奈何。

心弦紧绷，强抑下无尽的感慨。生活的浪涌照例扑面而来，让人一拍三摇。做梦都想像一棵树那样抓牢一小片泥土。我拒绝这种无根无定的生活，我想追求的不过是一个简单、真实和落定。这永远只能停留在愿望里。寻找一个去处成了大问题，安慰自己这颗成年人的心也成了大问题，默默捱蹭，一个人总是先学会承受，再设法拒绝。承受，一直承受，承受你的自尊所无法容许的混浊一团。也就在这无边的踟蹰中，真正的拒绝开始了。

这条长路犹如长夜。在漫漫夜色里，谁在长思不绝？谁在悲天悯人？谁在知心认命？心界之内，喧嚣也难以渗入，它们只在耳畔化为了夜色。无光无色的域内，只需伸手触摸，而不以目视。在这儿，传统的知与见已经失去了原有的意义。神游的脚步磨得夜气发烫，心甘情愿一意追踪。承受、接受、忍受——一个人真的能够忍受吗？有时回答能，有时回答不，最终还是不能。我于是只剩下了最后的拒绝。

二

当我还一时无法表述“野地”这个概念时，我就想到了融入。因为我单凭直觉就知道，只有在真正的野地里，人可以漠视平凡，发现舞蹈的仙鹤。泥土滋生一切；在那儿，人将得到所需的全部，特别是百求不得的那个安慰。野地是万物的生母，她子孙满堂却不会衰老。她的乳汁汇流成河，涌入海洋，滋润了万千生灵。

我沿了一条小路走去。小路上脚印稀罕，不闻人语，它直通故地。谁没有故地？故地连接了人的血脉，人在故地上长出第一绺根须。可是谁又会一直心系故地？直到今天我才发现，一个人长大了，走向远方，投入闹市，足迹印上大洋彼岸，他还会固执地指认：故地处于大地的中央。他的整个世界都是那一小片土地生长延伸出来的。

我又看到了山峦，平原，一望无边的大海。泥沼的气息如此浓烈，土地的呼吸分明可辨。稼禾、草、丛林；人、小蚁、骏马；主人、同类、寄生者……搅缠共生于一体。我渐渐靠近了一个巨大的身影……

故地指向野地的边缘，这儿有一把钥匙。这里是一个入口，一个门。满地藤蔓缠住了手足，丛丛灌木挡住了去路，它们挽留的是一个过客，还是一个归来的生命？我伏下来，倾听，贴紧，感知脉动和体温。此刻我才放松下来，因为我获得了真正的宽容。

一个人这时会被深深地感动。他像一棵树一样，在一方泥土上萌生。他的一切最初都来自这里，这里是他一生探究不尽的一个源路。人实际上不过是一棵会移动的树。他的激动、欲望，都是这片泥土给予的。他曾经与四周的丛绿一起成长。多少年过去了。回头再看旧时景物，会发现时间改变了这么多，又似乎一点也没变。绿色与裸土并存，枯树与长藤纠扯。那只熟悉的红点颏与巨大的石碾一块儿找到了；还有荒野芜草中百灵的精制小窝……故地在我看来真是妙迹处处。

一个人只要归来就会寻找。只要寻找就会如愿。多么奇怪又多么素朴的一条原理，我一弯腰将它拣了起来。匍匐在泥土上，像一棵欲要扎根的树——这种欲求多次被鹦鹉学舌者给弄脏。我要将其还回原来。我心灵里那个需求正像童年一样热切纯洁。

我像个熟练的取景人，眯起双目遥视前方。这样我就眯朦了画面，闪去了很多具体的事物。我看到的不是一棵或一株？而是一派绿色；不是一个老人一个少女，而是密挤的人的世界。所有的声息都撒落在泥土上，混和一起涌过，如蜂鸣如山崩。

我蹲在一棵壮硕的玉米下，长久地看它大刀一样的叶片，上面的银色丝络；我特别注意了它如爪如须、紧攥泥土的根。它长得何等旺盛，完美无损，英气逼人。与之相似的无语生命比比皆是，它们一块儿忽略了必将来临的死亡。它们有个精神，秘而不宣。我就这样仰望着一棵近在咫尺的玉米。

时至今天，似乎更没有人愿意重视知觉的奥秘。人仿佛除了接受再没有选择。语言和图画携来的讯息堆积如山，现代传递技术可以让人蹲在一隅遥视世界。谬误与真理掺拌一起抛洒，人类像挨了一场陨石雨。它损伤的是人的感知器官。失去了辨析的基本权力，剩下的只是一种苦熬。一个现代人即便大睁双目，还是拨不开无形的眼障。错觉总是缠住你，最终使你臣服。传统的“知”与“见”给予了我们，也蒙蔽了我们。于是我们要寻找新的知觉方式，警惕自己的视听。

我站在大地中央，发现它正在生长躯体，它负载了江河和城市，让各色人种和动植物在腹背生息。令人无限感激的是，它把正中的一块留给了我的故地。我身背行囊，朝行夜宿，有时翻山越岭，有时顺河而行；走不尽的一方土，寸土寸金。有个异国师长说它像邮票一般大。我走近了你、挨上了你吗？一种模模糊糊的幸运飘过心头。

三

大概不仅仅是职业习惯，我总是急于寻觅一种语言。语言对于我从来就有一种神秘的感觉。人生之路上遭逢的万事万物之所以缄口沉默，主要是失去了语言。语言是凭证、是根据，是继续前行的资本。我所追求的语言是能够通行四方、源发于山脉和土壤的某种东西，它活泼如生命，坚硬如顽石，有形无形，有声无声。它就撒落在野地上，潜隐在万物间。河水沽沽流淌，大海日夜喧嚷，鸟鸣人呼——这都是相互隔离的语言；那么通行四方的语言藏在了哪里？

它犹如土中的金子，等待人们历尽辛苦之后才跃出。我的力气耗失了那天，即便如愿以偿了又有什么意义？我像所有人一样犹豫、沮丧、叹息，不知何方才是目的，既空空荡荡又心气高远。总之无语的痛苦难以忍受，它是真实的痛苦。我的希冀不大，无非就想讨一句话。很可惜也很残酷，它不发一言。

让人亲近、心头灼热的故地，我扑人你的怀抱就痴话连篇，说了半晌才发觉你仍是一个默默。真让人尴尬。我知道无论是秋虫的鸣响或人的欢语，往往都隐下了什么。它们的无声之声才道出真谛，我收拾的是声音底层的回响。

在一个废弃的村落旧址上，我发现了遗落在荒草间的碾盘。它上面满是磨钝了的齿沟。它曾经被忙于生计的人团团围住，它当刻下滔滔话语。还有，茅草也遮不住的破碎瓦砾，该留下被击碎那一刻的尖利吧？我对此坚信无疑，只是我仍然不能将其破译。脚下是一道道地裂，是在草叶间偷窥的小小生灵。太阳欲落，金红的火焰从天边一直烧到脚下；在这引人怀念和追忆的时刻，我感到了凄凉，更感到了蕴含于天地自然中的强大的激情。可是我们仍然相对无语。

刚刚接近故地的那种熟悉和亲切逐渐消失，代之而来的是深深的陌生感。我认识到它们的表层之下，有着我以往完全不曾接近过的东西。多少次站在夕阳西下的郊野，默想观望，像等候一个机会。也就在这时，偶尔回想起流逝的岁月，会勾起一丝酸疼。好在这会儿我已没有了书生那样的忏悔，而是充满了爱心和感激，心甘情愿地等待、等待。我回想了童年，不是那时的故事，而是那时的愉快心情。令人惊讶的是那种愉悦后来再也没有出现。我多少领悟了：那时还来不及掌握太多的俗词儿，因而反倒能够与大自然对话；那愉悦是来自交流和沟通，那时的我还未完全从自然的母体上剥离开来。世俗的词儿看上去有斤有两，在自然万物听来却是一门拙劣的外语。使用这种词儿操作的人就不会有太大希望。解开了。这个谜我一阵欣慰，长舒一口。

田野上有很多劳作的人，他们趴在地上，沾满土末，禾绿遮着铜色躯体，掩成一片。土地与人之间用劳动沟通起来，人在劳动中就忘记了世俗的词儿。那时人与土地以及周围的生命结为一体，看上去，人也化进了朦胧。要倾听他们的语言吗？这会儿真的掺入泥中，长成了绿色的茎叶。这是劳动和交流的一场盛会，我怀着赶赴盛宴的心情投入了劳动。我想将自己融入其间。

人若丢弃了劳动就会陷于蒙昧。我有个细致难忘的观察：那些劳动者一旦离开了劳动，立刻操起了世俗的词儿。这就没有了交流的工具，与周遭的事物失去了联系，因而毫无力量。语言，不仅仅是表，而是里；它有自己的生命、质地和色彩，它是幻化了的精气。仅以声音为标志的语言已经是徒有其表，魂魄飞走了。我崇拜语言，并将其奉为神圣和神秘之物。

四

生活中无数次证明：忍受是困难的。一个人无论多么达观，最终都难以忍受；逃避、投诚、撞碎自己，都不是忍受。拒绝也不是忍受，不能忍受是人性中刚毅纯洁的一面，是人之所以可爱的一个原因。偶有忍受也为了最终的拒绝。拒绝的精神和态度应该得到赞许。但是，任何一种选择都是通过一个形式去完成的，而形式可以是多种多样的。

一个人如果因爱而痴，形似懵懂，也恰恰是找到了自己的门径。别人都忙于拒绝时，他却进入了忘我的状态。忘我也是不能忍受的结果，他穿越激烈之路，烧掉了愤懑，这才有了痴情。爱一种职业、一朵花、一个人，爱的是具体的东西；爱一份感觉、一个意愿、一片土地、一种状态，爱的是抽象的东西。只要从头走过来，只要爱得真挚，就会痴迷。迷了心窍，就有了境界。

当我投入一片茫茫原野时，就明白自己背向了某种令我心颤的、滚烫烫的东西。我从具体走向了抽象。站在荒芜间举目四望，一个质问无法回避。我回答仍旧爱着。尽管头发已经蓬乱，衣衫有了破洞，可我自知这会儿已将内心修葺得工整洁美。我在迎送四季的田头壑底徘徊，身上只负了背囊，没有矛戟。我甘愿心疏志废、自我放逐。冷热悲欢一次次织成了网，我更加明白我“不能忍受”，扔掉小欣喜，走入故地，在秋野禾下满面欢笑。

但愿截断归途，让我永远呆在这里。美与善有时需要独守，需要眼盯盯地看着它生长。我处于沉静无声的一个世界，享受安谧；我听到至友在赞颂坚韧，同志在歌唱牺牲，而我却仅仅是不能忍受。故地上的一棵红果树、一株缬草，都让我再三吟味。我不能从它的身边走开，它们深深地吸引了我。我在它们的淡淡清香中感动不已。它们也许只是简单明了、极其平凡的一树一花，荒野里的生物，可它们活得是何等真实。

我消磨了时光，时光也恩惠了我。风霜洗去了轻薄的热情，只留住了结结实实的冷漠。站在这辽远开阔的平畴上，再也嗅不到远城炊烟。四处都是去路，既没人挽留，也没人催促。时空在这儿变得旷敞了，人性也自然松弛。我知道所有的热闹都挺耗人，一直到把人耗贫。我爱野地，爱遥远的那一条线。我痴迷得不可救药，像入了玄门；我在忘情时已是口不能语，手不能书；心远手粗，有时提笔忘字。我顺着故地小径走入野地，在荒村陋室里勉强记下野歌。这些歪歪扭扭的墨迹没有装进昨天的人造革皮夹，而是用一块土纺花布包了，背在肩上。

土纺花布小包裹了我的痴唱，携上它继续前行。一路上我不断地识字：如果说象形文字源于实物，它们之间要一一对应；那么现在是更多地指认实物的时候了。这是一种可以保持长久的兴趣，也只有在广大的土地上才做得到。琐细迷人的辨识中，时光流逝不停，就这样过起了自己的日子。我满足于这种状态和感觉、这其间难以言传的欢愉。这欢愉真像是窃来的一样。

我知道不能忍受的东西终会消失；但我也明白一个人有多么执拗。因此，历史上的智者一旦放逐了自己就乐不思蜀。一切都平平淡淡地过下来，像太阳一样重复自己。这重复中包含了无尽的内容。

五

在一些质地相当纯正的著作里，我注意到它一再地提请我们注意如下的意思：孤独有多么美。在这儿，孤独这个概念多少有些含混。大概在精神的驻地、在人的内心，它已经无法给弄得更准确了。它大约在指独自一人——当然无论是肉体方面还是精神方面的状态。一个动物，一株树，都可以孤独。孤独是难以归类的结果。它是美的吗？果真如此，人们也就勿须慌悚逃离了。它起码不像幻想那么美；如果有一点点，也只是一种苍凉的美。

一个人处于那样的情状只会是被迫的。现代人之所以形单影只，还因为有一个不断生长的“精神”。要截断那种恐惧，就要截断根须。然而这是徒劳的，因为只要活着，它总要生长。伪装平庸也许有趣，但要真的将一个人扔还平庸，必然遭到他的剧烈抵抗。

独自徘徊富于诗意，但极少有人注意其中的痛苦。孤独往往是心与心的通道被堵塞。人一生下来就要面对无数隐秘，可是对于每个人而言，这隐秘后来不是减少而是成倍地增加了。它来自各个方面，也来自人本身。于是被嘲弄被困扰的尴尬就始终相伴，于是每个人都在自觉不自觉地挣脱——说不出的恐惶使他们丢失了优雅。

在我眼里，孤独是可怕的，但更可怕的是放弃自尊。怎样既不失去后者又能保住心灵上的润泽？也许真的“鱼与熊掌不可得兼”，也许它又是一个等待破解的隐秘。在漫漫的等待中，有什么能替代冥想和自语？我发现心灵可以分解，它的不同的部分甚至能够对话。可是不言而喻，这样做需要一份不同寻常的宁静，使你能够倾听。

正像一籽抛落就要寻下裸土，我凭直感奔向了土地。它产生了一切，也就能回答一切，圆满一切。因为被饥困折磨久了，我远投野地的时间选在了九月，一个五谷丰登的季节。这时候的田野上满是结果。由于丰收和富足，万千生灵都流露出压抑不住的欢喜，个个与人为善。浓绿的植物、没有衰败的花、黑土黄沙，无一不是新鲜真切。呆在它们中间，被侵犯和伤害的忧虑空前减弱，心头泛起的只是依赖和宠幸……

这是一个喃喃自语的世界，一个我所能找到的最为慷慨的世界。这儿对灵魂的打扰最少。在此我终于明白：孤独不仅是失去了沟通的机缘，更为可怕的是频频侵扰下失去了自语的权力。这是最后的权力。

就为了这一点点，我不惜千里跋涉，甚至一度变得“能够忍受”。我安定下来，驻足入驿，这才面对自己的幸运。我简直是大喜过望了。在这里我弄懂一个切近的事实：对于我们而言，山脉土地，是千万年不曾更移的背景；我们正被一种永恒所衬托。与之相依，尽可以沉入梦呓，黎明时总会被久长悠远的呼鸣给唤醒。

世上究竟哪里可以与此地比拟？这里处于大地的中央。这里与母亲心理上的距离最近。在这里，你尽可述说昨日的流浪。凄冷的岁月已经过去，一个男子终于迎来了双亲。你没有泣哭，只是因为你学会了掩泪入心。在怀抱中的感知竟如此敏锐，你只需轻轻一瞥就看透了世俗。长久和短暂、虚无与真实，罗列分明。你发现寻求同类也并非想象那么艰苦，所有朴实的、安静的、纯真的，都是同类。它们或他们大可不必操着同一种语言，也不一定要以声传情。同类只是大地母亲平等照料的孩子，饮用同样的乳汁，散发着相似的奶腥。

在安怡温和的长夜，野香薰人。追思和畅想赶走了孤单，一腔柔情也有了着落。我变得谦让和理解，试着原谅过去不曾原谅的东西，也追究着根性里的东西。夜的声息繁复无边，我在其间想象：在它的启示之下，我甚至又一次探寻起词语的奥秘。我试过将音节和发声模拟野地上的事物、并同时传递出它的内在神采。如小鸟的“啾啾”，不仅拟声极准，“啾”字竟是让我神往的秋、秋天秋野；口、嘴巴歌喉——它们组成的。还有田野的气声、回响，深夜里游动的光。这些又该如何模拟出一个成词并汇入现代人的通解？这不仅是饶有兴趣的实验，它同时也接近了某种意义和目的。我在默默夜色里找准了声义及它们的切口，等于是按住万物突突的脉搏。

一种相依相伴的情感驱逐了心理上的不安，我与野地上的一切共存共生，共同经历和承受。长夜尽头，我不止一次听到了万物在诞生那一刻的痛苦嘶叫。我就这样领受了凄楚和兴奋交织的情感，让它磨砺。

好在这些不仅仅停留于感觉之中。臆想的极限超越之后，就是实实在在的触摸了。

六

因为我在很大程度上摆脱了生命的寂寥，所以我能够走出消极。我的歌声从此不仅为了自慰，而且还用以呼唤。我越来越清楚这是一种记录，不是消遣，不是自娱，甚至也来不及伤感。如若那样，我做的一切都会像朝露一样蒸掉。我所提醒人们注意的只是一些最普通的东西，因为它们之中蕴含的因素使人惊讶，最终将被牢记。我关注的不仅仅是人，而是与人不可分剥的所有事物。我不曾专注于苦难，却无法失去那份敏感。我所提供的，仅仅是关于某种状态的证词。

这大概已经够了。这是必要的。我这儿仅仅遵循了质朴的原则，自然而然地藐视乖巧。真实伴我左右，此刻无须请求指认。我的声音混同于草响虫鸣，与原野的喧声整齐划一。这儿不需一位独立于世的歌手；事实上也做不到。我竭尽全力只能仿个真，以获取在它们身侧同唱的资格。

来时两手空空，野地认我为贫穷的兄弟。我们肌肤相摩，日夜相依。我隐于这浑然一片，俗眼无法将我辨认。我们的呼吸汇成了风，气流从禾叶和河谷吹过，又回到我们中间。这风洗去了我的疲惫和倦怠，裹携了我们的合唱。谁能从中分析我的嗓音？我化为了自然之声。我生来第一次感受这样的骄傲。

我所投入的世界生机勃勃，这儿有永不停息的蜕变、消亡以及诞生。关于它们的讯息都覆于落叶之下，渗进了泥土。新生之物让第一束阳光照个通亮。这儿瞬息万变，光影交错，我只把心口收紧，让神思一点点溶解。喧哗四起，没有终结的躁动——这就是我的故地。我跟紧了故地的精灵，随它游遍每一道沟坎。我的歌唱时而荡在心底，时而随风飘动。精灵隐隐左右了合唱，或是合声催生了精灵；我充任了故地的劣等秘书，耳听口念手书，痴迷恍惚，不敢稍离半步。

眼看着四肢被青藤绕裹，地衣长上额角。这不是死，而是生。我可以做一棵树了，扎下根须，化为了故地上的一个器官。从此我的吟哦不是一己之事，也非我能左右。一个人消逝了，一株树诞生了。生命仍在，性质却得到了转换。

这样，自我而生的音响韵节就留在了另一个世界。我寻找同类因为我爱他们、爱纯美的一切，寻求的结果却使我化为一棵树。风雨将不断梳洗我，霜雪就是膏脂。但我却没有了孤独。孤独是另一边的概念，洋溢着另一种气味。从此尽是树的阅历，也是它的经验和感受。有人或许听懂了树的歌吟，注目枝叶在风中相摩的声响，但树本身却没有如此的期待。一棵棵树就是这样生长的，它的最大愿望大概就是一生抓紧泥土。

七

随着年龄的增长，我越来越注意到艺术的神秘的力量。只有艺术中凝结了大自然那么多的隐密。所以我认为光荣从来属于那些最激动人心的诗人。人类总是通过艺术的隧道去触摸时间之谜，去印证生命的奥秘。自然中的全部都可通过艺术之手的拨动而进入人的视野。它与人的关系至为独特，人迷于艺术，是因为他迷于人本身、迷于这个世界昭示他的一切。一个健康成长着的人对于艺术无法选择。

但实际上选择是存在的。我认为自己即有过选择。对于艺术可以有多种解释，这是必然的，但我始终认为将艺术置于选择的位置，是一次堕落。

我曾选择过，所以我也有过堕落。补救的方法也许就是紧紧抱定这个选择结果，以求得灵魂的升华。这个世界的物欲愈盛，我愈从容。对于艺术，哪怕给我一个独守的机会也好。我交织着重重心事：一方面希望所有人的投入，另一方面又怕玷污了圣洁。在我看来它只该继续走向清冷，走到一个极端。留下我来默祷，为了我的守护，和我认准了的那份神圣。当然这是不可能的。

我梦见过在烛光下操劳的银匠，特别记住了他头顶闪烁的那一团白发。深不见底的墨夜，夜的中间是掬得起的一汪烛晖……什么是艺术？什么是劳动？它们共生共长吗？我在那个清晨叮咛自己：永远不要离开劳动——虽然我从未想过、也从未有过离去的念头。

艺术与宗教的品质不尽相同，但两者都需要心怀笃诚。当贪婪和攫取的狂浪拍碎了陆地，你不得不划一叶独舟时，怀中还剩下了什么？无非是一份热烈和忠诚。饥饿和死亡都不能剥夺的东西才是真正珍贵的。多少人歌颂物欲，说它创造了世界。是的，它创造了一个邪恶的世界；它也毁灭了一个世界，那是一个宁静的世界。我渐渐明白：要始终保有富足，积累的速度并不重要，重要的是能够积累。诚实的劳动者和艺术家一块儿发现了历史的哀伤，即：不能够。

人的岁月也极像循环不止的四季，时而斑斓，时而被洗得光光。一切还得从头开始。为了寻觅永久的依托，人们还是找到站立的这片土地。千万年的秘史糅在泥中，生出鲜花和毒菇。这些无法言喻的事物靠什么去洞悉和揭示？哪怕是仅仅获取一个接近的权力，靠什么？仍然是艺术，是它的神秘的力量。

滋生万物的野地接纳了艺术家。野地也能够拒绝，并且做得毅然彻底。强加于它的东西最终就不能立足。泥土像好的艺术家，看上去沉静，实际上怀了满腔热情。艺术家可以像绿色火焰，像青藤，在土地上燃烧。

最后也只能剩下一片灰烬。多么短暂，连这点也像青藤。不过他总算用这种方式挨紧了热土。

八

我曾询问：一个知识分子的精神源自何方？它的本源？很久以来，一层层纸页将这个本来浅显的问题给覆盖了。当然，我不会否认渍透了心汁的书林也孕育了某种精神。可我还是发现了那种悲天的情怀来自大自然，来自一个广漠的世界。也许在任何一个时世里都有这样的哀叹——我们缺少知识分子。它的标志不仅是学历和行当上的造就，因为最重要的依据是一个灵魂的性质。真正的“知”应该达于“灵”。那些弄科技艺术以期成功者，同时要使自己成长为一个知识分子。

将“知识分子”这个概念俗化有伤人心。于是你看到了逍遥的骗子，昏愦的学人，卖了良心的艺术家。这些人有时并非厌恶劳动，却无一例外地极度害怕贫困。他们注重自己的仪表，却没有内在的严整性，最善于尾随时风。谁看到一个意外？谁找到一个稀罕？在势与利面前一个比一个更乖，像临近了末日。我宁可一生泡在汗尘中，也要远离它们。

我曾经是一个职业写作者，但我一生的最高期望是：成为一个作家。

人需要一个遥远的光点，像渺渺星斗。我走向它，节衣缩食，收心敛性。愿冥冥中的手为我开启智门。比起我的目标，我追赶的修行，我显得多么卑微。苍白无力，琐屑庸懒，经不住内省。就为了精神上的成长，让诚实和朴素、让那份好德行，永远也不要离我，让勇敢和正义变得愈加具体和清晰。那样，漫长的消磨和无声的侵蚀我也能够陪伴。

在我投入的原野上，在万千生灵之间，劳作使我沉静。我获得了这样的状态：对工作和发现的意义坚信不疑。我亲手书下的只是一片稚拙，可这份作业却与俗眼无缘。我的这些文字是为你、为他和她写成的，我爱你们。我恭呈了。

九

就因为那个瞬间的吸引，我出发了。我的希求简明而又模糊：寻找野地。我首先踏上故地，并在那里迈出了一步。我试图抚摸它的边缘，望穿雾幔；我舍弃所有奔向它，为了融入其间。跋涉、追赶、寻问——野地到底是什么？它在何方？野地是否也包括了我浑然苍茫的感觉世界？

我无法停止寻求……

思考与讨论：

1. “地坛”对史铁生来说意味着什么？“野地”对张炜来说意味着什么？
2. 《我与地坛》感动你的是什么？

拓展阅读：

《命若琴弦》，史铁生，江苏文艺出版社，1992年。

《九月寓言》，张炜，上海文艺出版社，1993年。

第三篇 外国文学

歌德谈话录三篇

[德国]约·彼·爱克曼

一

1823年10月29日，星期三

今天晚上掌灯时分我到歌德家去。我发现他精神分外焕发，双目映着灯火炯炯发光，满面笑容，显得精力充沛，异常年轻。

他立刻和我谈起我昨天交给他的那几首诗，一面和我一起在房里踱来踱去。

他开始说道："我现在明白了，您在耶拿的时候，怎么会对我说，您想写一首咏四季的诗。我劝您动手写吧，马上就从冬天写起。您似乎对于自然的题材感觉特别细腻，眼光特别敏锐。

"关于您的诗歌，我只想和您说几句话。在您目前这个阶段，您必须突破一关，以便达到艺术的真正崇高和艰难的境界，把握具有个性的事物。要从概念中解脱出来，您必须尽最大的努力；您有天才，而且已经取得了这样的进步，现在您必须突破这一关。这几天您到提府尔特[1]去过，我想先把提府尔特作为您吟咏的课题

① 提府尔特宫是魏玛城郊的一座城堡，建于1760年。1780—1806年间，为公爵夫人安娜·阿玛利亚的行宫，当时魏玛诗人常在此聚会

吧。在您抓住提府尔特的特征，收集到一切主题之前，可以还到那里去三四次，仔细观察观察。千万别怕辛苦，仔细研究一切，然后描写出来。这个题材是值得一写的。我自己其实早就想写它了。可是我没法写，那些重大的事件我都是亲身经历过的，我沉湎在它们当中太深，太多的细节会涌上我的心头。而您却是个陌生人，您让看守人给您叙述往事，看到的只是现在发生的突出重大的事情。”

我答应去尝试一下，尽管我不能否认，这个课题对我非常生疏，我觉得它非常艰巨。

歌德说道：“我知道这很困难，但是把握和描写特殊事物也就是艺术的真正生命。

“再说，只要我们停留于一般事物之中，那么人人都能模仿我们，但是我们的特殊事物谁也模仿不成。为什么呢？因为这种特殊事物旁人没有亲身经历过。

“也不用怕特殊事物无人赞许。每一个性格，不论它有多怪，每一件被描写的事物，从石头一直到人，都有一般性；因为一切事物都一再重复，世界上没有一样东西只存在一次。

“到了个性描写的这个阶段，”歌德继续说道，“便同时开始了人们所谓的构思。”

这番话的意思，我一时并未领悟，可是我抑制了自己，没有发问。我想，他也许指的是理想和现实的艺术交融，我们外界的事物和我们内心的事物的互相结合。可是说不定他别有所指。歌德接着说道：

“您在每一首诗下面都要注明日期，您是何年何月写成这首诗的。”我带着疑问的神情望着他，心想为什么日期这么重要。他接下去说：“这个日期便可以同时充作记载您写作时状况的日记。这并不是等闲小事。多年来我一直这样做，现在认识到，这样做很有意义。”

说话之间已经快到剧院开演的时候了，我便辞别歌德。他在我身后开玩笑似的叫道：“现在您到芬兰去吧！”因为上演的是封·魏森图恩夫人的剧本：《芬兰的约翰公爵》①。

---

① 约翰娜·封·魏森图恩夫人(1773—1847)，德国多产的女剧作家。

这出戏并不缺乏动人的场面，可是全剧充斥着缠绵的柔情，我处处看到作者的用心，结果总的说来，并没有使我产生良好的印象。总算最后一幕我很喜欢，除去了我先前的反感。

由手这出戏，我写了如下的随感。一位普通诗人平庸地塑造出来的人物，在剧院演出时，会取得成功。因为演员都是活生生的人，他们会把这些人物演成活人，并且使这些人物获得某种个性。相反，一位伟大诗人出色地塑造出来的人物，已经拥有了极为鲜明的个性，在演出时，必然遭到失败。因为通常演员和剧中人物的性格都不相适应，只有极少数的演员才能充分克制自己的个性。倘若演员身上找不到和人物同样的个性，或者演员没有具备彻底放弃自己个性的才能，那么便产生一种混合物，人物的性格便会不纯。在真正伟大诗人的戏里总是只有个别人物演起来能符合诗人原来的意图，其原因就在于此。

二

1827年5月3日，星期四

斯塔普佛[1]把歌德的戏剧作品译成了法文，译本取得了空前的成功。在去年巴黎出版的《环球》杂志上发表了一篇J-J·昂贝尔[2]先生撰写的评论该译本的文章。这篇评论文章也同样出色，歌德非常喜欢，他因此常常谈起这篇文章，连连称赞。

歌德说：“昂贝尔先生的看法是很高明的。倘若德国的评论家碰到类似的场合，便喜欢从哲学出发，在研究和阐述一部文艺作品的时候采用这样一种方法，那就是，他们用来阐明这部作品的东西，只有他们本派的哲学家才能明白，而对于旁人，竟比他们想解释的那部作品更加晦涩费解；可是昂贝尔先生却相反，他的做法实事求是，符合人情。作为一个深明这行手艺底细的人，他展现出作品和作者之间的血缘关系，把不同的文艺作品当作诗人不同的生活时期中产生的不同的果实来加以评判。

---

① 阿尔贝特·斯塔普佛（1802—1892），歌德剧本的法文译者。
② 约翰—雅克·昂贝尔（1800—1864），法国文学史家。

“他极其深刻地研究了我的人生道路和心灵状况之间的互相影响的过程，甚至能够看到我没有说出来而只能从字里行间看出来的那些思想。他说我在魏玛宫廷任职的最初十年间简直毫无创作，绝望的心情驱使我到意大利去，在那里，我怀着新的创作的欢乐，采用了‘塔索’[①]的故事，以便在处理这个合适的题材时，摆脱掉那些存在于魏玛的印象和回忆中的痛苦和厌恶之感。他的这种看法是多么正确。因此他也就非常一针见血地把‘塔索’称作提高了的‘维特’。

“接着昂贝尔先生对《浮士德》发表了同样精辟的见解，他认为不仅是主人公的那种阴暗沉郁、永不满足的追求是我个人本质的一部分，梅菲斯托菲勒斯的嘲讽和粗野的讥刺也是我个人本质的组成部分。”

歌德就经常用这种方式或者类似的方式称赞昂贝尔先生，我们对他抱着浓厚的兴趣，设法对他这个人有一个清晰的设想，虽然这点未能成功，我们到底一致认为，要这样根本地了解生活和创作的相互作用，这人非是一个中年人不可。

几天以前，昂贝尔先生来到魏玛，我们看到他竟然是一个生气蓬勃的二十多岁的青年，因此感到十分意外；我们对《环球》杂志的智慧、稳重和高度的教养不胜钦佩，不料在以后的交往中，昂贝尔对我们说，《环球》的全体同人都和他一样年轻，这也使我们同样惊讶。

我说道：“一个人可以年纪轻轻地创作出重要的作品，像梅里美在二十岁就写出了出色的剧本[②]，这点我是理解的；可是一个同样年纪轻轻的人，竟然视野如此广阔，眼光如此深刻，像《环球》杂志的先生们那样拥有如此高超的判断能力，这对我来说，完全是一件新鲜事。”

歌德答道：“您一向住在荒原地带[③]，自然很不容易达到这一步，即便是我们这些住在德国中部的人，也得尝尽千辛万苦才能获得我们这点智慧。因为归根到底我们大家过的都是一种互相孤立，可怜鄙陋的生活！我们从真正的人民当中得到的文化甚少，而我们所有的才智之士都散布于德国各地。一个蹲在维也纳，一个蹲在柏林，另外一个蹲在柯尼斯堡，还有一个蹲在波恩或是杜塞多尔夫，彼此相隔五十

① 托尔库阿多·塔索（1544—1595），意大利诗人，歌德以这位诗人的事迹写过一部同名的悲剧。
② 指梅里美的《克拉拉·加苏尔》。
③ 爱克曼的故乡是北德吕纳堡荒原上的文森。

里到一百里不等[①]，以至于个人来往接触，私人思想交流变成了稀罕的事情。只有在亚历山大·封·洪堡[②]这样的人从这里路过的时候，我才感觉到，这种来往接触和思想交流是怎么回事，他们在一天里面使我在我所探寻的、我所需要了解的方面取得的进展比我平素好几年独自摸索取得的进展要大得多。

“可是现在请您设想一下巴黎这样的一座城市，一个大国最杰出的人材全都聚集在同一个地方，在每天的交往、斗争和竞赛里，互相切磋，彼此提高，世界上自然和艺术的各个领域里的精华都在那里成天供人公开观赏，请您设想一下这样一座世界大城：在那儿的每一个街头巷尾都发生过一段历史！您不要把它设想成一个愚昧混沌时代的巴黎，而要设想成十九世纪的巴黎，一百多年来经过莫里哀、伏尔泰、狄德罗等人的努力，已经有那么多聪明智慧传播在巴黎城里，简直在世界上找不到可以和它匹敌的地方；这样一想，您就会明白，像昂贝尔这样好的人才，在这样充满着聪明智慧的环境里成长起来，二十四岁的年纪是能够有所作为的。

“您刚才不是说过吗，”歌德继续说道，“一个人二十岁的时候可以写出梅里美那样好的作品。我一点也不反对，大体上我也跟您是同样的意见，认为年轻人写作出色的作品要比年轻人发表出色的判断容易得多。不过在德国就不用指望像梅里美那样年轻而能写出像他的戏剧《克拉拉·加苏尔》那样成熟的作品。不错，席勒在写他的《强盗》、《阴谋与爱情》和《斐爱斯柯》的时候，年纪很轻；不过，要是我们说句老实话，那么，所有这些剧本与其说是证明了作者高度的教养，毋宁说是一个稀世天才的表现。但是这并不是席勒的过失，过失在于他民族的文化状况，在于我们大家都遭受到的巨大困难：我们人人都得孤军奋战，独自摸索。

“反过来，请您看贝朗瑞的例子。他是贫寒人家的子弟，穷裁缝的儿子，后来当了一名可怜的印刷学徒工，然后又在一个什么办事处里当了职员，薪水微薄，他从来没有上过什么正规的学校，从没上过大学，可是他的歌谣优美无比，聪明绝伦，有纯熟的教养，最精致的嘲讽，艺术技巧完美，语言驾驭精练，因此他不仅受到全法国的赞赏，也受到欧洲全体有教养人士的钦佩。

① 这是指的德国里，1里相当于7.420公里。
② 亚历山大·封·洪堡（1769—1859），德国著名自然科学家，著有5卷本的科学巨著《宇宙》。

“可是请您设想一下，倘若这同一个贝朗瑞不是出生于巴黎，不是在这座世界大城里长大成人，而是耶拿或者魏玛的一个穷裁缝的儿子，您让他在这些假想的小市镇上穷酸寒伧地度过他的生涯，那么请您问问自己，同一株树，在这样的土地和氛围里长大，会结出什么样的果实来呢？

“所以说，我的好朋友，我再重复一遍：倘若要一个天才迅速而健壮地成长，关键在于，这个民族已经有着丰富的智慧和高度的教养。

“我们赞赏古希腊人的悲剧，不过仔细观察一下，我们更应该赞赏能够产生这些悲剧的时代和民族，甚于赞赏个别的诗人。因为尽管这些剧本彼此之间稍有差异，尽管这位诗人比另一位诗人显得略为伟大和完美，可是总的看来，所有的剧本只不过具有一种一贯的特点。这个特点便是雄伟、精干、健康、完美的人性，高度的人生智慧，崇高的思想，纯净有力的观点以及其他尚可列举的特征。可是所有这些特征不仅存在于流传到今天的戏剧作品之中，也存在于抒情诗和史诗的著作之中；我们还在哲学家、演说家和历史家身上发现这些特征，在流传到今天的造型艺术作品里，这些特征也同样明显，所以我们可以确信，这样的特征不仅存在于个别人的身上，而且属于整个民族和整个时代，并在整个时代流行。

“请您举彭斯为例。彭斯之所以成为伟大诗人，还不就是因为他祖先的古老歌谣流传在民间，他在摇篮里的时候就听人吟唱这些歌谣，少年时代在这些歌声中成长，这些无比杰出的榜样渗入他的内心，使他在它们里面得到了一个继续前进的生动基础。其次，彭斯之所以伟大，不就是因为他自己的诗歌立即在人民当中受到欢迎，他不久就听见割草的农民和束麦的农妇在田野里演唱他的歌谣，在酒店里快活的工场伙计们也唱着他的歌谣欢迎他。在这种情况下当然会有所成就。

“相形之下，我们德国人的情况多么可怜！在我年轻的时候，同样出色的德国古老歌谣究竟有哪一首流传在我们自己的人民当中？赫尔德尔和他的后继者不得不着手收集，把这些民歌从湮没遗忘的境地里拯救出来，于是这些民歌至少能印刷成书放在图书馆里了。后来，毕尔格和福斯[①]创作了多么优美的短歌！谁会说这些短

---

① 高特弗里特·奥古斯特·毕尔格（1747—1794），德国诗人，著名歌谣《莱奥诺尔》的作者。约翰·亨利希·福斯（1751—1826），德国诗人、翻译家。

歌的民间气息不及卓越的彭斯写的短歌！可是这些短歌里有哪几首得到广泛流传，我们又何曾听见人民吟唱过这些短歌？这些短歌写好了，印成书，搁在图书馆里，完全和德国诗人的普遍命运一样。再说我自己的短歌，又有哪一首得到流传？也许偶尔有一个美丽的姑娘在钢琴旁唱唱这一首歌或那一首歌，然而在真正的人民当中却寂然无闻。我不得不回想起当年意大利的渔夫①曾向我歌唱塔索诗歌的片断，心里感触无穷。

"我们德国人是过时落后了。尽管一百年来我们努力使自己文明，但是也许还得过几百年才会有大量的智慧和较高的文明在我们的同胞中间普遍传布，使得他们像希腊人那样敬重美，为一首优美的短歌欢欣鼓舞，那时人们才会说：德国人野蛮，那是很久以前的事了。"

三

1828年12月16日，星期二

今天我和歌德坐在他书斋的桌旁，谈论各式各样的文学问题。

他说道："德国人摆脱不了市侩气息。有人现在发现某些两行短诗既印在席勒的集子里，也印在我的集子里，于是提出非难，争执不休。他们认为，确切地查出，哪些诗属于席勒，哪些属于我，这事颇为重要。仿佛有什么事情取决于此，仿佛查明之后便会有所得，仿佛像现在这样还不够似的。

"像席勒和我这样的朋友，多年来交情密切，趣味相投，每天接触，互相交流，彼此之间已经深深渗透，融为一体，在个别的思想上，根本说不上它们属于这人还是属于另一人。我们曾经共同制作了许多两行短诗，往往我有一个念头，席勒把它写成诗，常常又倒过来，他有一个想法，我把它写成诗，经常席勒写第一句诗，我写第二句诗。这里怎么说得上你的我的呢！谁要是认为解决这样的疑问有丝毫重要性，准是沾染上了严重的市侩习气。"

---

① 这里的渔夫应为船夫，1786年10月7日歌德在威尼斯报导他听见船夫们精彩地歌唱塔索和阿利奥斯特的诗歌的片断。

我就说："类似的事情经常在文艺界发生，譬如说，有人对这一位或者那一位著名人物的独创性产生怀疑，设法探索根源，他的文化从何而来。"

歌德说道："这样做非常可笑，那我们岂不同样可以去向一个营养良好的人追问被他吃掉的并且增长他体力的那些猪牛羊了吗。我们可能生来便有一些才能，但是我们的成长发展却得归功于广大客观世界对我们发生的千百种影响，我们从这个客观世界里把我们力所能及的，并且和我们相符合的东西，作为已有。我得益于希腊人和法国人很多，我从莎士比亚、斯泰恩[①]和哥尔斯密那里得到无穷无尽的好处。但是我的文化的来源并未完全揭示；要想完全揭示会弄得漫无边际，而且也没有必要。主要的是，诗人要有一个热爱真理的心灵，什么地方看到真理，就把它接受过来。"

歌德接着说："其实现在世界已经存在了这么久，几千年来已经有那么多杰出人士生活过、思索过，再没有多少新鲜东西可发现可说的了。我的色彩学也并不是全新的。柏拉图、莱奥纳多·达·芬奇以及其他许多卓越人士已经先我在个别方面发现了同样的东西，说出了同样的看法，可是我也发现了这些东西，我再重复一下这个看法，我孜孜不息地努力使人在这杂乱无章的世界里，重新达到真理，这便是我的功绩。

"再就是，真理必须一再重复，因为在我们周围谬误也被人一再宣扬，并且不是被个别人宣扬，而是被一大伙人宣扬。在报纸里，百科全书里，学校里，大学里，谬误到处占着上风，想到大多数人站在它这一边，它觉得非常舒服。

"有人往往同时宣扬真理和谬误，而信奉的却是谬误。几天前，我在一部英国百科全书里读到关于**蓝色**形成的学说。头上是莱奥纳多·达·芬奇的正确意见，可是接下来堂而皇之的马上就是牛顿的谬论，而且还加了这么一条注：必须遵守这个学说，因为它已为人们所普遍接受。"

我听到这话，不觉哈哈大笑，惊讶不已。我便说道："每一支蜡烛，每一股迎面照着阳光背后衬着黑底的灶烟，每一道悬挂在阴暗地方的朦胧的晨雾，都每天

---

① 劳伦斯·斯泰恩（1713—1768），英国作家，《感伤旅行》的作者。奥利弗·哥尔斯密（1728—1774），英国诗人。

向我证明蓝色是如何形成的，教导我们如何理解天空的澄蓝。可是这些牛顿的学生认为空气有吞噬其他诸色、单单放回蓝色的特点。他们怎么设想的，我实在完全难以理解，我不明白，信奉一种学说时，任何思想完全停止，任何健康的观点完全消失，究竟有什么用处，有什么快乐。”

歌德说：“我的好朋友，这些人跟思想和观点是毫不相干的。他们只要能跟字句打打交道，便心满意足了。这点我的梅菲斯托菲勒斯早已知道，并且很妙地说了出来：

梅：总之——你要死守着言语！

通过这个牢靠的大门

可以进入确信的庙宇。

学生：可是言语应该有个意义。

梅：不错！不过也不必过于拘泥；

因为恰好在没有意义的地方，

正巧用得着言语。[①]”

歌德一面笑一面朗诵了这段诗，似乎情绪极好。他说：“这段诗都已经印在书里了，这样很好，以后我还要把我心里反对虚伪学说及其传播者的想法继续拿去付印。”

歇了一会，他继续说道：“在自然科学方面现在涌现出一批杰出的人才，我满怀喜悦地注视着他们。另外一些人开始时很好，但是没有坚持下去：他们过强的主观把他们引入了歧途。还有一些人过于重视事实，搜集了一大堆事实，结果什么问题也不说明。总的说来缺乏一种能够突破一切直达原始现象并且把握住个别现象的理论精神。”

有人来访，我们的谈话被打断了一阵；可是不久又只剩下我们两人，话题便转到诗歌方面。我告诉歌德，我这几天重读他的小诗，读到其中的两首尤其爱不忍释，那就是一首关于孩子们和老者的歌谣和《幸福夫妻》那首诗。

歌德说：“我自己对这两首诗的估价也很高，尽管德国的读者到目前为止还看

---

① 见《浮士德》一剧《文斋》一场。

不出这里有多少妙处。”

我说道：“在这首歌谣里，非常丰富的题材借助各种诗体形式和艺术技巧压缩在非常狭小的篇幅里，这里面我特别欣赏的手法便是由那位老人把故事里过去的事情说给孩子们听，一直说到和现在衔接，以后的事情便在我们眼前展开。”

歌德说：“在我动手写这歌谣之前，我已经在心里酝酿了很久；这里面包含着多年的思索，我在把它写成现在这副模样之前，已经试写了三四次了。”

我接着说：“《幸福夫妻》首诗，同样拥有很多主题；仿佛有一片一片自然风景和一幅一幅人生画面在覆盖一切的温和柔媚的春日照耀下，显现在诗里。”

歌德说：“我一直很喜欢这首诗，您对这首诗也特别感到兴趣，我很高兴。有趣的是最后还出现了儿子孙子的双重洗礼，我想，这是够妙的了。”

歌德接着问起我在法国文学方面取得的进步，我便告诉他，我读来读去始终在读伏尔泰的作品，伏尔泰巨大的天才给我极大的幸福。我说：“他的作品我还读得不多，我一直停留在他题赠朋友的那些短诗上，这些诗我读了又读，简直不忍释手。”

歌德说：“其实像伏尔泰这样一个伟大的天才写的东西都是佳作，尽管他的放肆行为我并不完全认可。您读他那些题赠朋友的短诗花了那么多时间，并不是没有道理的。这些短诗无疑属于他笔下最可爱的作品之列。里面没有一行诗不充满了智慧、明快、欢乐和优美。”

我说道：“人们在这些诗里看到他和世界上所有的帝王显贵的关系，并且很愉快地发现，伏尔泰自己扮演了一个多么高贵的角色，他似乎觉得自己和至尊者地位平等，在他身上绝对看不到，哪一个君王能使他的自由精神受到一刹那的拘束。”

歌德说：“不错，他很高贵。尽管他自由无羁，放肆大胆，可是始终知道不失礼仪，其意义当然不仅于此。在礼节方面，我可以引奥地利女皇为权威，她一再对我说，在伏尔泰题赠给君王的诗里，没有丝毫逾越习俗礼仪的痕迹。”

我说：“阁下还记得他赠给普鲁士公主、日后的瑞典女王的那首短诗吗？他在诗里巧妙地向公主求爱，他说他梦见自己升做了国王。”

“这是他最出色的诗歌之一。”歌德说着，便朗诵起来：

Je vous aimais, princesse, et j'osais vous le dire.

Les Dieux à mon reveil ne m'ont pas tout ôté,

Je n'ai perdu que mon empire.[①]

“写得真巧妙！”歌德接着说道，“恐怕没有一个诗人像伏尔泰那样，随时随地都那么天才横溢。我记得有一则轶闻，说他有一次在他的女友杜·夏德莱[②]家里作客，坐了一会儿，正要动身，马车已经停在门口，这时他收到附近修道院里的一大群姑娘写来的一封信。她们为了给女院长祝寿，打算演出《裘力斯·凯撒之死》，请求伏尔泰写一个序幕；这件事情实在太可爱了，伏尔泰没法拒绝，他马上叫人把纸笔拿来，站在壁炉跟前，一挥而就，写了一首二十行左右的诗。通篇构思缜密，形式完整，完全适合这次演出的特定情景，一句话，第一流的作品。”

我便说：“我渴望读一读这首诗。”

歌德说：“我怕您的集子里未必有这首诗，这首诗不久以前才被人发现。伏尔泰写过好几百首这类的诗歌，有些可能还散藏在私人手里。”

我说道：“我这几天在拜伦勋爵的作品里读到一段，从这段文字里我很高兴地发现，连拜伦也对伏尔泰无比尊敬。人们也可以从拜伦身上看到，伏尔泰的作品他是认真阅读过、仔细钻研过、很好利用过的。”

歌德说：“拜伦很懂得该从什么地方去获取滋养，他聪明绝顶，不会不去汲取这普遍的光明源泉。”

接着话题便完全转到拜伦和他个别的著作上面。歌德在谈话中常常趁机重复他说过的一些赞赏并且推崇那位伟大天才的话语。

我回答道：“阁下对于拜伦说的那些话，我全都衷心赞同；不过无论那位天才诗人多么显赫伟大，我总非常怀疑从他的作品里能对纯洁的人的教养获得什么重大的益处。”

歌德说：“那我不得不反驳您的意见，拜伦的英勇无畏，宏大磊落，这一切难

---

① 我爱您，公主，我敢向您这么说，天神在我醒来时并未完全弃绝我，我所失去的，不过是我的王国。
② 杜·夏德莱侯爵夫人（1706—1749），法国女作家，尤其因和伏尔泰的关系而著名。

道不是对人有教育作用的吗？我们老想在绝对纯洁和道德的事物里去寻找教育的因素，这点必须避免。一切伟大的事物，一旦为我们所认识，便都是对人有教育作用的。”

(张玉书　译)

遗 嘱

［法国］奥 · 罗丹

青年们，想做“美”的歌颂者的青年们，在这里你们找到一个长期经验的撮要，这也许对于你们是高兴的事。

生在你们以前的大师，你们要虔诚地爱他们。

在菲狄亚斯[1]和米开朗琪罗[2]的面前，你们要躬身致敬。崇仰前者神明的静穆和后者犷放的忧思吧。对于高贵的人，崇仰是一种醇酒。

可是要小心，不要模仿你们的前辈。尊重传统，把传统所包含永远富有生命力的东西区别出来——对“自然”的爱好和真挚，这是天才作家的两种强烈的渴望。他们都崇拜自然，从没有说过谎。所以传统把钥匙交给你们，而靠了这把钥匙，你们会躲开陈旧的因袭。也就是传统本身，告诫你们要不断地探求真实，和阻止你们盲从任何一位大师。

但愿“自然”成为你们唯一的女神。

---

① 菲狄亚斯，公元前五世纪希腊雕塑家。
② 米开朗琪罗(1475—1564)，意大利文艺复兴时期雕塑家、画家、建筑师和诗人。

对于自然，你们要绝对信仰。你们要确信，“自然”是永远不会丑恶的；要一心一意地忠于自然。

在艺术家看来，一切都是美的，因为在任何人与任何事物上，他锐利的眼光能够发现“性格”，换句话说，能够发现在外形下透露出的内在真理；而这个真理就是美的本身。虔诚地研究吧：你们不会找不着美的，因为你们将要遇见真理。奋发地工作吧。

诸位雕塑家，你们心里要加强领会深度的意义。心灵是不易和这个概念融洽起来的，这个概念明显地表现的，无非是些平面；从厚度来想象形体，这件事会使心灵感到困难，但这正是你们的任务。

首先，要明确地安排你们要雕刻的形象的大的“面”，要鲜明地强调你对人体每个部分，头、两肩、盘骨、腿所支配的方向。艺术要有决断。由于线条的显然的来龙去脉，你们才能够深入空间而获得物体的深度。当你们把面处理好以后，一切也就找着了；你们的雕像已经有了生命——其他细节自己会来，而且自会安排。

塑造的时候，千万不要在平面上，而是要在起伏上思考。

希望你们领悟到，所有面积，好像是正在它后边推动的体积的最外露的一面。你们要设想形象正迎着你们，向你们突出。一切生命皆从一个中心上迸生出来，然后由内到外，滋长发芽，灿烂开花。同样，在美好的雕刻中，人们常常猜得出是有一种强烈的内在冲动。这就是古代艺术的秘密。

而你们，画家们，也要从深度上去观察现实。譬如说，你们瞧拉斐尔①的一幅肖像画吧。当这位大师表现一个人物的正面像的时候，他使胸部斜侧，因此给我们深度的幻觉。

一切大画家都是探测空间的，他们的力量就在这一厚度的概念中。

你们要记住这句话：没有线，只有体积。当你们勾描的时候，千万不要只着眼于轮廓，而要注意形体的起伏。是起伏在支配轮廓。

你们要毫不松懈地锻炼，必须专心致志。

艺术就是感情。如果没有体积、比例、色彩的学问，没有灵敏的手，最强烈的

---

① 拉斐尔(1483—1520)意大利文艺复兴时期画家、建筑师。

感情也是瘫痪的。最伟大的诗人，如果他在国外，不通其语言，他能做什么呢？不幸在新一代的艺术家里面，有不少拒绝学习怎样说话的诗人，所以他们只能含糊其辞了。

要有耐心！不要依靠灵感。灵感是不存在的。艺术家的优良品质，无非是智慧、专心、真挚、意志。像诚实的工人一样完成你们的工作吧。

你们要真实，青年们；但这并不是说，要平板地精确。世间有一种低级的精确，那就是照相和翻模的精确。有了内在的真理，才开始有艺术。希望你们用所有的形体，所有的颜色来表达种种情感吧。

只满足于形似到乱真，拘泥于无足道的细节表现的画家，将永远不能成为大师。要是参观过意大利境内的墓地的话，无疑地你们会注意到那些负责装饰墓地的艺术家，多么幼稚地，在他们的雕像上，专以模仿刺绣、花边、发辫为能事。也许这些做得精确，但既然不是出于自己的心灵，也就不会真实。

几乎我们所有的雕塑家，都使人联想起意大利墓地的雕塑。在我们公共广场的雕像上，所能识别的只是些衣服、桌子、椅子、机器、轻气球、电报机，没有一点内在的真理，也就没有一点艺术。你们要厌恶这些旧货铺里的东西。

你们要有非常深刻的、粗犷的真情，千万不要迟疑，把亲自感觉到的表达出来，即使和存在着的思想是相反的。也许最初你们不被人了解，但你们的孤寂是暂时的，许多朋友不久会走向你们——因为对一人非常真实的东西，对众人也非常真实。

可是不要扮鬼脸、做怪样来吸引群众。要朴素、率真！

最美的题材摆在你们面前：那就是你们最熟悉的人物。

不幸早逝的我的亲爱的、伟大的欧仁·加利哀[①]，就是以画他的妻子和他的子女而显示出他的天才的。歌颂母爱，足以使他崇高。所谓大师，就是这样的人：他们用自己的眼睛去看别人见过的东西，在别人司空见惯的东西上能够发现出美来。

拙劣的艺术家永远戴别人的眼镜。

要点是感动，是爱，是希望、战栗、生活。在做艺术家之前，先要做一个人！

---

① 欧仁·加利哀(1849—1905)，法国画家。

帕斯卡尔[①]说过，真正的雄辩是看不出雄辩的；同样，真正的艺术是忽视艺术的。这里，我再举加利哀为例：在每次展览会里，大部分的画幅不过是画而已；至于他的画幅，在别人的作品之中，好像开向生命的窗子！

你们要欢迎正确的批评，这是你们容易识别的。当你们被围在疑难之中，使你们不再犹豫的就是这些批评。可是不要被自己的良心不能接受的批评伤害了你们。

不要怕不公平的批评，这种批评会激起你们的朋友的反感，会逼得他们在对于你们的同情上加以思考；而当他们明白并觑破这些批评的动机以后，他们对你们的同情更会明显地表露出来。

如果你们的才艺是新颖的，那末最初志同道合的只能很少，而敌人很多。但你们不要失望，前者将会得到胜利，因为他们知道为什么爱你们；而你们的敌人不知道为什么你们使他们讨厌。前者热爱真理，时时替真理吸收新的信仰者；后者对于自己的谬见，不会有经久的热诚。前者坚忍不拔，后者随风而转。真理的胜利是决然的。

你们不要浪费时间，在交际场中或政治圈里去拉关系。你们会看到许多同行，勾心斗角，谋求富贵——这些不是真正的艺术家；可是其中不乏聪明的人。如果在他们的地盘上打算和他们争名逐利，你们将和他们同样浪费时间，就是说耗尽你们的一生——那就再不剩一分钟的时间给你们去做一个艺术家了。

你们要热爱你们的使命——没有比这个使命更美好的了。它比世俗所想的高尚得多。

艺术家留下伟大的榜样。

他尊重自己的事业：他最珍贵的酬报是做好工作的喜悦。现在，唉！有人劝工人——为了他们的祸患——去憎恨自己的工作，破坏自己的工作。当一切人都有艺术家的灵魂，就是说人人都快乐地从事他们的职业，那时候，世界才会幸福。

艺术又是一门学会真诚的功课。

真正的艺术家总是冒着危险去推倒一切既存的偏见，而表现他自己所想到的东西。

---

① 帕斯卡尔(1623—1662)，法国著名数学家与哲学家。

因此他教同道们要率直坦白。

试想多么神奇的进步立刻就能够实现，如果人类都是绝对爱好真理的话！

啊！我们的社会将要多么快地把过去存在的错误与丑恶除掉，而且我们的世界将会何等迅速地变成乐园！

(沈琪　译)

思考与讨论：

1. 这三篇《歌德谈话录》里面，有你之前没有意识到、而现在觉得特别重要的东西吗？
2. 歌德说“要从概念中解脱出来”，谈谈你对此的理解。

拓展阅读：

《浮士德》，歌德著，董问樵译，复旦大学出版社，2001年。

《歌德谈话录》，爱克曼辑录，朱光潜译，人民文学出版社，1985年。

树皮屋顶上蜂窝的两种不同历史

[俄罗斯] 列夫·托尔斯泰

树皮屋顶上蜂窝的第一种历史是由雄蜂史学家普鲁普鲁编写的。另一种历史则是由一只工蜂编写的。

雄蜂编写的树皮屋顶上蜂窝史一开始就罗列一些文献资料。这些文献资料是：著名雄蜂的笔记，雄蜂德培亲王同咕咕殿下的通信，霍夫里耶杂志，口头传说、歌曲和雄蜂的浪漫曲，雄蜂和工蜂之间的刑事案和民事案，甲虫、蚊蚋和异族雄蜂的游记，蜂窝不同生命阶段采蜜量的统计数字。

史学家普鲁普鲁的树皮屋顶上蜂窝史是从第一次分窝和第一批雄蜂出世写起的。根据雄蜂普鲁普鲁的叙述，从六月六日到圣彼得节[①]是树皮屋顶上蜂窝最兴旺的时期。这个蜂窝的力量和财富当时吸引所有其他蜂窝的注意，引起邻居的嫉妒，招来不少著名的来访者。这个蜂窝也受到阿尼西姆爷爷的特殊庇护。当时，所有的蜂群都在干活，树皮屋顶上的蜂群也在干活；不过树皮屋顶上蜂群的主要特色和优越之处在于它第一个诞生了成为它们光荣的雄蜂，这些雄蜂善于内部管理和对外交际。有许多蜂群在历史上默默无闻。它们活着，自己也不知道是怎么一回事，它们

① 圣彼得节在俄历6月29日。

默默地活着，默默地死去；但树皮屋顶上的蜂群可不是这样的。白天一点多钟，当工蜂像牲口那样继续自己日常一刻不停、一成不变的工作、为幼蜂采蜜和花粉时，雄蜂第一次飞出窝去。凡是看到这种雄蜂出窝情景的，都认为这是世界上空前壮观的景象。毛茸茸的黑色大雄蜂，一只比一只漂亮，从蜂房口飞出来。它们不像一般蜜蜂那样匆匆越过栅栏飞到树林和草地上去觅食，它们先盘旋上升，兜着圈子，像鹰一样在蜂窝上空飞翔。这景象是那么壮观，不能不使人激动得热泪盈眶，但特别使人惊讶的是它那深远的意义。雄蜂一飞出窝，就各吹各的调，陈述各自对管理国家的观点，以及对当前变革和改良的看法。会议的注意力主要集中在工蜂的地位和活动上，大家一致认为工蜂干活不能令人满意，必须加以纠正和训导。会议分成几个不同的管理部门，很快公布纠正工蜂劳动态度的措施。当即选出了行政长官、他们的助手和助手的助手：风纪监督官、观察员、道德维护官、法官、祭司、诗人和评判官，并且给每个成员评定适当的薪俸和奖金。根据选举者和被选举者的意见选出了最杰出的成员。这里有引人注目的明星，有在当代留下不可磨灭伟大印记的精英。这些精英在蜂窝前面嗡嗡地鼓噪不休，盘旋飞翔，同飞去采蜜而又不懂得感激的工蜂相撞。忘恩负义的工蜂往往完全不理解为它们所做的一切，甚至对雄蜂的活动牢骚满腹。

第二天雄蜂开始履行自己的职责。从表现看，它们做的都是同样的事。但这只是外行的看法。其实它们正在做着重要而艰难的工作。以下是一个主要活动家的日记摘录：“我被一致推选为工蜂正确飞行的督导员。我的职责是十分艰难而复杂的，但我充分懂得它的重要意义，因此不遗余力地把它做得尽善尽美，但我独力难以支持，因此请甲来做我的助手，再说我姨的表兄也要我给他安插。我为乙、丙、丁都这样做了。他们将来也需要助手。这样，我们的部门将有三十六至三十八名成员。我向委员会申请，为了维持我们的活动需要两蜂房蜜。建议被一致通过。我们立刻着手修改我们的职责条例，夜晚在蜂房里度过，还有蜜吃。蜂蜜的味道不错，但如果我的建议被通过，采用正确的工作方法，蜜的味道就会更好。第二天我在全体大会上讲了自己的方案。我说：‘诸位，我们必须先考虑一些措施，以便我们据以确立一些原则，根据这些原则我们就可以制定行动纲领。’大家意见分歧。主持

列夫·托尔斯泰

会议的德培亲王建议表决。但投票表决一事说明得不够清楚。于是大家决定先推选一个委员会，由委员会研究投票问题，再提交下次大会讨论。”

其他活动家同样干得很卖力。蜂群由于它们的辛勤工作越过越幸福。每天雄蜂长官飞出蜂房，盘旋飞翔，讨论并决定国家重大问题。夜间它们飞回蜂窝，依附在蜂房里，享用为它们准备好的蜜以增强体力。它们和整个蜂群都在充分享福。不错，曾经有过一次骚动：一部分工蜂心血来潮离开蜂王，从蜂窝里飞出去，挂到花楸树枝上。工蜂这种自作主张的行动本来可以破坏雄蜂的势力，如果这部分工蜂飞出之前雄蜂没能发布一道命令，使工蜂不会想到它们这样做并不是听从上级长官的命令，而是出于自己的意志。分出去的蜂群被看作流放犯，而留在蜂窝里的蜂则继续服从命令，一心供应它们的长官。但八月底出现了骚动的迹象。有一次，雄蜂飞行后回到蜂窝，发现蜂房被工蜂占领，不放它们进去。雄蜂愤愤离去，飞往其他蜂窝。但其他蜂窝情况也一样，也不放它们进去。看来，它们只有死路一条。雄蜂做了最后一次努力，飞回自己的蜂窝，但工蜂不让它们上去，而把它们往下挤，而下面又冷又没有食物。第二天也是这样，第三天还是如此。雄蜂都瘦了，憔悴了，一只只死去；没有一只雄蜂愿为食物而降低身份去劳动。

工蜂干着什么，在蜂房上空嘤嘤嗡嗡吵闹，但据雄蜂史学家说，它们显然是由于失去领导，处于无政府状态，正在渐渐灭亡。

工蜂由于不服从雄蜂而灭亡。它们都灭亡了。雄蜂编写的树皮屋顶上蜂窝史就此结束。

工蜂编写的历史跟上述这段历史不同。工蜂编写的历史说，蜂群的生活开始于早春，当时蜂窝正处于阳光的照耀下。工蜂一离开蜂窝，就飞向开花的柳树，它们嘤嘤嗡嗡地落在柳枝上，用爪子从花里收集花粉，又把蜜吸到胃里。蜜蜂的生活，根据工蜂史学家的叙述，就是永不休止地享受劳动的快乐。苹果花一批又一批开个没完，在灌木丛里，在田野上，劳动的快乐同大自然鲜花怒放的快乐汇成一片。在蜂窝里，营养良好的工蜂幼虫、雄蜂幼虫和蜂王幼虫迅速成长；蜂房里充满芳香和蜂蜜。蜂窝里的蜂是那么多、那么富，它们需要找寻新的地方。于是蜂群把雄蜂放出去，但要使新蜂王受精它们每次只需要一只雄蜂。它们喂养三只雌蜂以备万一，

小路尽头是托尔斯泰墓

尽管它们只需要一只蜂王。最重要的时候来到了：由于繁殖过多而需要分窝。这时蜂窝里进行着紧张的工作。就在这时雄蜂出现了。午后，雄蜂开始嗡嗡地飞翔。工蜂不知道，也没思考雄蜂究竟有什么作用，放任雄蜂饱食终日无所事事，因为它们想，第一，需要一只雄蜂，第二，蜂蜜太多，即使对饱食终日无所事事和多余的雄蜂也无须吝啬。正当雄蜂考虑怎样统治工蜂时，有一只工蜂在日记里写道："今天老爷们分家。它们在蜂窝上空徒然喧闹和盘旋了四小时，大大妨碍老百姓干活。四个小时它们只搔首弄姿，什么活也没干，闹得精疲力竭。于是它们立刻放开肚子大吃。哼，让它们去吧。别提了。可恶的是它们妨碍我们干活。"

五月末完成了一件伟大的事：工蜂们放老蜂王进入新王国，自己却同受精的新蜂王留在老窝里，新蜂王立即开始产卵。菩提树开花了。蜜蜂要喂养幼虫。它们利用短促的开花期，储存过冬用的蜜。花开得茂盛，没有受到雨水冲刷。工蜂采了许多蜜，不过过冬也需要许多蜜。雄蜂把别人的功劳归于自己，认为它们是有用的，继续大吃工蜂采来的蜜。这样过了一段时间，蜂蜜的需要量越来越大，鲜花却没有了，只剩下一些牛蒡。工蜂不经商量，没有做出决定，就不再让雄蜂吃蜜，开始驱逐它们，甚至把那些蛮横无理的多余的雄蜂打伤。雄蜂全部被消灭了，但蜂群不仅没有灭亡，而且生气勃勃地准备过冬。冬天来临，蜜蜂安静了，它们停在蜂房里，使幼蜂保温，同时等待春天再度来临，生活再度充满快乐。

(草婴　译)

托尔斯泰墓

世间最美的坟墓

——记1928年的一次俄国旅行

[奥地利]斯·茨威格

我在俄国见到的景物再没有比托尔斯泰墓更宏伟、更感人的了。这将被后代怀着敬畏之情朝拜的尊严圣地，远离尘嚣，孤零零地躺在林荫里。顺着一条羊肠小路信步走去，穿过林间空地和灌木丛，便到了墓冢前，这只是一个长方形的土堆而已，无人守护，无人管理，只有几株大树荫庇。他的外孙女给我讲，这些高大挺拔、在初秋的风中微微摇动的树木是托尔斯泰亲手栽种的。小的时候，他的哥哥尼古莱和他听保姆或村妇讲过一个古老传说，提到亲手种树的地方会变成幸福所在。于是他们俩就在自己庄园的某块地上栽了几株树苗，这个儿童游戏不久也就被忘掉了。托尔斯泰晚年才想起这桩儿时往事和关于幸福的奇妙许诺，饱经忧患的老人突然从中获得了一个新的、更美好的启示。他当即表示愿意将来埋骨于那些他亲手栽种的树木之下。

后来就这样办了，完全按照托尔斯泰的愿望；他的坟墓成了世间最美的、给人印象最深刻的，最感人的坟墓。它只是树林中的一个小小的长方形土丘，上面开满鲜花——nulla crux, nulla corona[①]——没有十字架，没有墓碑，没有墓志铭，连托尔斯泰这个名字也没有。这个比谁都感到受自己的声名所累的伟人，就像偶尔被发现的流浪汉，不为人知的士兵一般，不留名姓地被人埋葬了。谁都可以踏进他最后的安息地，围在四周稀疏的木栅栏是不关闭的——保护列夫·托尔斯泰得以安息的没有任何别的东西，唯有人们的敬意；而通常，人们却总是怀着好奇，去破坏伟人墓地的宁静。这里，逼人的朴素禁锢住任何一种观赏的闲情，并且不容许你大声说话。风儿在俯临这座无名者之墓的树木之间飒飒响着，和暖的阳光在坟头嬉戏；冬天，白雪温柔地覆盖这片幽暗的土地。无论你在夏天或冬天经过这儿，你都想象不到，这个小小的，隆起的长方形包容着当代最伟大的人物当中的一个。然而，恰恰是不留姓名，比所有挖空心思置办的大理石和奢华装饰更扣人心弦：在今天这个特殊的日子里，成百上千到他的安息地来的人中间，没有一个有勇气，哪怕仅仅从这幽暗的土丘上摘下一朵花留作纪念。人们重新感到，这个世界上再没有比这最后留下的、纪念碑式的朴素更打动人心的了。残废者大教堂大理石穹隆底下拿破仑的墓穴，魏玛公侯之墓中歌德的陵寝，西敏寺里莎士比亚的石棺，看上去都不像树林中的这个只有风儿低吟，甚至全无人语声，庄严肃穆，感人至深的无名墓冢那样剧烈地震撼每一个人内心深藏着的感情。

（张厚仁　译）

思考与讨论：

1. 由托尔斯泰所写的寓言化的“两种不同历史”，谈谈你对历史的认识，谈谈你对历史书写的认识。
2. 《世间最美的坟墓》给你什么样的人生启示?

拓展阅读：

《战争与和平》，托尔斯泰著，草婴译，上海文艺出版社，2004年。

《托尔斯泰传》，茨威格著，申文林译，浙江文艺出版社，2009年。

① 拉丁文，意为“没有十字架，没有墓碑”。

致布特列尔上尉

[法国]维克多·雨果

先生，您征求我对远征中国的意见。您认为这次远征是体面的，出色的。多谢您对我的想法予以重视。在您看来，打着维多利亚女王和拿破仑皇帝双重旗号对中国的远征，是由法国和英国共同分享的光荣，而您想知道，我对英法的这个胜利会给予多少赞誉？

既然您想了解我的看法，那就请往下读吧：

在世界的某个角落，有一个世界奇迹。这个奇迹叫圆明园。艺术有两个来源，一是理想，理想产生欧洲艺术；一是幻想，幻想产生东方艺术。圆明园在幻想艺术中的地位就如同巴特农神庙在理想艺术中的地位。一个几乎是超人的民族的想象力所能产生的成就尽在于此。和巴特农神庙不一样，这不是一件稀有的、独一无二的作品；这是幻想的某种规模巨大的典范，如果幻想能有一个典范的话。请您想象有一座言语无法形容的建筑，某种恍若月宫的建筑，这就是圆明园。请您用大理石，用玉石，用青铜，用瓷器建造一个梦，用雪松做它的屋架，给它上上下下缀满宝石，披上绸缎，这儿盖神殿，那儿建后宫，造城楼，里面放上神像，放上异兽，饰以琉璃，饰以珐琅，饰以黄金，施以脂粉，请同是诗人的建筑师建造一千零一夜的一千零一个梦，再添上一座座花园，一方方水池，一眼眼喷泉，加上成群的天鹅、

雨果的墓碑

朱鹭和孔雀，总而言之，请假设人类幻想的某种令人眼花缭乱的洞府，其外貌是神庙，是宫殿，那就是这座名园。为了创建圆明园，曾经耗费了两代人的长期劳动。这座大得犹如一座城市的建筑物是世世代代的结晶，为谁而建？为了各国人民。因为，岁月创造的一切都是属于人类的。过去的艺术家，诗人，哲学家都知道圆明园，伏尔泰就谈起过圆明园。人们常说：希腊有巴特农神庙，埃及有金字塔，罗马有斗兽场，巴黎有圣母院，而东方有圆明园。要是说，大家没有看见过它，但大家梦见过它。这是某种令人惊骇而不知名的杰作，在不可名状的晨曦中依稀可见，宛如在欧洲文明的地平线上瞥见的亚洲文明的剪影。

这个奇迹已经消失了。

有一天，两个强盗闯进了圆明园。一个强盗洗劫，另一个强盗放火。似乎得胜之后，便可以动手行窃了。对圆明园进行了大规模的劫掠，赃物由两个胜利者均分。我们看到，这整个事件还与额尔金[①]的名字有关，这名字又使人不能不忆起巴特农神庙，从前对巴特农神庙怎么干，现在对圆明园也怎么干只是更彻底，更漂亮，以致于荡然无存。我们所有大教堂的财宝加在一起，也许还抵不上东方这座了不起的富丽堂皇的博物馆。那儿不仅仅有艺术珍品，还有大堆的金银制品。丰功伟绩！收获巨大！两个胜利者，一个塞满了腰包，这是看得见的，另一个装满了箱箧。他们手挽手，笑嘻嘻地回到了欧洲。这就是这两个强盗的故事。

我们欧洲人是文明人，中国人在我们眼中是野蛮人。这就是文明对野蛮所干的事情。

将受到历史制裁的这两个强盗，一个叫法兰西，另一个叫英吉利。不过，我要抗议，感谢您给了我这样一个抗议的机会。治人者的罪行不是治于人者的过错；政府有时会是强盗，而人民永远也不会是强盗。

法兰西帝国吞下了这次胜利的一半赃物，今天，帝国居然还天真地以为自己就是真正的物主，把圆明园富丽堂皇的破烂拿来展出。我希望有朝一日，解放了的干干净净的法兰西会把这份战利品归还给被掠夺的中国。

---

① 臭名昭著的英国殖民主义者。小额尔金(詹姆斯·布鲁斯)曾任英国驻加拿大总督，1860年10月英法联军火烧圆明园的主要罪魁之一。其父老额尔金(托马斯·布鲁斯)，英国外交官员，曾参加毁坏希腊雅典巴特农神庙的罪行并掠走该庙的精美大理石雕。

现在，我证实，发生了一次偷窃，有两名窃贼。

先生，以上就是我对远征中国的全部赞誉。

维克多·雨果

1861年11月25日于高城居

(程曾厚　译)

射　象

[英国] 乔治·奥威尔

我曾经遭到很多人的憎恨，在我一生之中，我居然这样时受到注目，也就是屈指可数的一次而已。那是在缅甸的毛坦棉地区，我当时担任该市的分区警官，那里的排欧情绪非常强烈，但是毫无目标，只是在小事情上发泄发泄。没有人胆敢去制造一场暴乱，但是要是有一个欧洲妇女单身经过市场，就有人会对她的衣服大吐槟榔汁。我作为一个警官，自然也就成了明显的目标，在保证安全的前提下，他们总要捉弄我。在足球场上，会有个手脚灵巧的缅甸球员把我绊倒，而缅甸裁判会装着视而不见，于是观众就轰然地爆发出一阵幸灾乐祸地狂笑。这样的事发生了不止一次。到了最后，我走到哪里，哪里就有年轻人的不怀好意的黄脸迎接我，待我走远了，他们就在后面起哄叫嚷，这真叫我受够了。闹得最凶的是年轻的和尚，这座城市的几千个和尚似乎都没有别的事可做，只是站在街上无聊地嘲弄我们。

那时我已认清帝国主义是桩邪恶的事，下定决心要尽早辞职滚回老家。从理论上来说，我完全站在缅甸人一边，反对他们的压迫者英国人。至于我所干的工作，并非出自我的本心，这种不情愿的心情非我言语所能表达。这样的工作岗位可以直接让人发现帝国主义的肮脏卑鄙。给关在臭气熏天的笼子里的犯人，长期监禁的囚徒面黄肌瘦的脸，他们被竹杖鞭打后伤痕累累的屁股，这一切压迫得我无法忍受，都使我有犯罪的感觉。但是我无法认识到这一切。我当时很年轻，教育程度很低，我不得不独自思索这些问题，在东方的英国人都进行着这种思索。我当时甚至不知道大英帝国已日暮途穷，更不知道即使这样它比将要代替它的一些新帝国还是要好得多。我只知道处于两难境地，我一边服务于我所憎恶的帝国，一方面又受那些存心不良的敌对者的气，他们总是想方设法破坏我的工作。我一方面认为英国统治是不折不扣的暴政、一种长期压在被制服的人民身上的重负；另一方面我又认为世界上最大的乐事莫过于把刺刀捅入一个缅甸和尚的肚子。这样的感情是帝国主义制度的副产品，随便哪个英属印度的官员都会这么回答你，要是你能在只有你们两个人的时候问他。

有一天发生了一件颇具象征意味的事。这本是一件微不足道的小事，但它使我更清楚地看清了帝国主义的真正本质——政府以暴虐政策处事的真正动机。有一天清早，镇上的一个派出所的副督察打电话给我，说是有一头象在市场上撒野，问我能不能去处理一下。我不知道该怎么办，但是我想一睹究竟，就骑马挎枪出发了。我的武器是一支老式的0.44口径温彻斯特步枪，要打死一头象有点不够用，不过我想枪声可以起到震慑作用。一路上有各种各样的缅甸人抓住马头告诉我那头象干了些什么。这不是野象，而是一头发了情的人工驯养的象。它本来是因为处于发情期而被用铁链锁起来的，但在头一天晚上它挣脱锁链逃跑了。唯一能在发情期制服它的驯象人出来追赶，但搞错方向南辕北辙，已到了十二小时的路程之外，而这头象又突然在清晨杀了回马枪。缅甸人赤手空拳，对付它简直毫无办法。它已经踩塌了一所竹屋，踩死了一头母牛，撞翻了几个水果摊，饱餐了一顿。它还掀翻了市里的垃圾车，司机跳车逃跑，车子被踩了个面目全非。

几名印度警察和那个给我打电话的缅甸副督察在发现那头象的贫民区等我。这个地方在一个陡峭的山边，破烂的竹屋子挤在一起，屋顶铺的是棕榈叶。这天清晨仿佛要下雨，天空阴云密布，空气沉闷。我们开始问大家那头象到哪里去了，像平常一样，仍旧得不到确切的情报。在东方，情况总是这样：在远处的时候，事情总

圆明园一角

是很清楚，可是你离发生地越近，事情就越模糊。有的人指了一个方向，有的人马上又指了相反的方向，有人甚至说根本没有什么大象逃跑的事。我几乎觉得整个事情可能都是缅甸人的又一次捉弄我们的行动。这时忽然听到不远的地方有人在大声吵吵。我听到有人在惊恐地喊着“走开！孩子！马上走开！”一个老妇人手中拿着一根树枝从一所竹屋的后面出来，死命地赶着一群赤身露体的孩童。后面跟着另外一些妇女，嘴上发出表示惊恐的啧啧声，显然那里有什么东西不能让孩子们见到。我绕到竹屋的后边，看到一个男人的尸体趴在泥中。一看便知死者是个印度人，一个黑皮肤的苦力，刚死去不大工夫，身上几乎一丝不挂。他们说那头象在室外突然向这个人袭来，用鼻子把他捉住，一脚踩在他背上，把他踏进了地里。当时正好是雨季，地上泥土很软，他的脸在地上划出了一条一尺深，几尺长的深槽。他俯扑在地上，双手张开，脑袋扭向一边，脸上尽是泥，眼睛瞪得很大，龇牙咧嘴，一脸剧痛难熬的样子。我所见到的尸体中，大多数是惨不忍睹的，这又是一个例子。大象的巨足撕破了他背上的皮，像人剥兔皮一样干净利落。我一见到尸体，就马上派人到附近去借一支打象的步枪来。我已经把我的马让人牵走，免得它嗅到象的气味，受惊之下把我从它背上扔下来。

几分钟后，派去的人便带着打象用的步枪和五颗子弹回来了，其间又有几个缅甸人来到，说那头象就在下面几百码远的稻田里。我边走边回头看，几乎全区的人都跟在我后面。他们看到了步枪，都兴奋地叫喊说我要去射杀那头象了。在那头象撞倒踩塌他们的竹屋时，他们对它并没有多大的兴趣，可是如今它要给开枪射杀了，情况忽然之间就大为改变了。他们觉得实在好玩，英国群众大抵也会如此。此外，他们还想弄到象肉。这使我隐隐约约地感到一点忐忑不安。我派人去把那支枪取来只不过是在必要时进行自卫而已，我其实并不想杀死那头大象。这一大群人跟在我后面总是令我神经紧张。我肩上扛着那支步枪大步下山，后面紧紧跟随着一群越来越多的人，我自己看上去一定像个傻瓜，心中也感到自己就是一个傻瓜。到了山脚下，绕过了那些竹屋子，走完那条铺了碎石子的路，再过去，就是一片到处都是泥浆的稻田。稻田有一千码宽，还没有犁过，因为下过雨，田里水汪汪的，零零星星地长着一些杂草。那头象站在路边八码远的地方，侧身站着。它一点也没有注意到人们正在靠近。它把成捆的野草拔下来，在双膝上拍打干净，然后送进嘴里。

我一见到那头象就完全知道不应该打死它。把一头驯养得能劳动的象打死是桩严重的罪行，这等于是捣毁一台昂贵的能量巨大的机器，事情很明显，只要能避免就要尽量避免。在如此近的距离之外，那头象在安详地嚼草，看上去像一头母牛一样安全。我当时想它的发情大概已经过去了，因此它顶多就是漫无目的地在这一带游游荡荡，等它的主人回来逮住它。何况，我当初根本不想开枪打它。因此我决定在边上看着，看它不再撒野了，我就回去。

但是我身后的人群却越聚越多，至少已经有两千人，把马路两头都紧紧地堵死了。我看着花花绿绿的衣服丛中一张张黄色的脸，这些脸上都因为看热闹的乐趣而浮现着高兴和盼望的神情，大家都认定这头象是死定了。他们就像看魔术师变戏法一样看着我。他们并不喜欢我，但是由于我手中有那支神奇的枪，我就值得一观了。我突然意识到，我非得射杀那头大象不可。大家都这么期待着我，我非这么做不可。我可以感觉得到两千个人的意志形成一股巨大的力量把我推向前。就在这个时候，就在我手中握着那支步枪傻乎乎地站在那儿的时候，我第一次意识到了白人在东方世界里空虚和无用的统治。我这个持着武器的白人，站在没有任何武装的本地群众面前，表面看来似乎是一出戏的主角，但在实际上，我不过是身后这些黄脸看客的集体意志所操控的一个可笑的玩偶。我看到，一旦一个白人开始变成一个暴君，他就毁了自己的选择权力。他成了一个空虚的、装模做样的空壳，常见的“白人老爷”的角色。因为正是他的暴政使得他一辈子要尽力镇住“土著”，因此在每一次紧急时刻，他非得做“土著”期望他做的事不可。他开始只是戴着面具，日子长了以后，他的脸按照面具长了起来，与面具紧密地长在了一起。我非得射杀那头象不可，我在派人去取枪时就似乎已经表示要这样做了。“白人老爷”的行为必须像个“白人老爷”。他必须表现出态度坚决，做事果断。如果他手里握着枪，背后又有两千人跟着，到了这里又临阵退缩，甩手不干，这可不行。大家都会笑话我，我的一生，在东方的每一个白人的一生，都是自我奋斗的一生，是绝不能给人留下任何笑柄的。

但是我真的不想杀死那头大象。我看着它卷起一束草在膝头甩着，神情专注，像一个安详的老奶奶。我觉得朝它开枪无异是谋杀。按我当时的年龄，杀死几个动物我是没有什么顾忌或不安的，但是我从来没有开枪打过大象，我也不想这么做。何况，还得替象主人考虑考虑。这头活象至少可值100镑，死了，也许只能卖5磅的象牙钱。不过我得马上行动。我转身向几个一直跟在我后面的看起来颇有经验的缅甸人，问他们那头象老实不老实。他们都异口同声：如果你轰它走，它很老实；如果你走得太近，它就不老实。

我知道我应该如何做，我应该走近一些，大约25码左右，去试试它的脾气。要是它冲过来，我就开枪；要是它不理我，我也就不理它，等驯象人回来再说。但是我也知道，这事我恐怕办不到。我的枪法不好，田里的泥又湿又软，走一步会陷很深。要是大象冲过来而我又没有射中它，我的命运就像推土机下的蛤蟆一样危险。不过即使在这时，我也很少想自己的性命，而是身后那些看热闹的黄脸。因为在那时候，有这么多人瞧着我，我不能像只有我自己一个人那样害怕。在“土著”面前，白人不能表现出害怕。因此，一般来说，他是感觉不到害怕的。我心中唯一的想法是：要是稍有差池，那两千个缅甸人就会看到我被大象追赶、逮住、踩成肉酱，就像刚才那个龇牙咧嘴的印度人尸体一样。要是发生这样的事情，他们中间有些人很可能会笑话我一辈子。我不能让他们笑话，我只有一个办法。我把子弹上了膛，趴在地上开始瞄准。

人群忽然停止了喧闹，十分的寂静，许许多多人的喉咙里终于可以叹出一口低沉、高兴的气，好象看戏的观众终于看到帷幕拉开，终于等到好戏上演了。那支造型优美的德国步枪上有十字刻线。我当时根本不知道，要射杀一头象得瞄准它双耳之间的那块区域，然后开枪命中即可。因此，如今这头象侧面对着我，我就应该直射它的一只耳孔就行了。实际上，我却把枪口瞄准了耳孔前面的几英寸处，以为象脑在这前面。

我扣扳机时，没有听到枪声，也没有感到后坐力，但是我听到了群众轰地爆发出高兴的欢呼声。当子弹在非常短的时间内飞到那里以后，那头象一下子变了样，神秘而又可怕地变了样。它没有动，也没有倒下，但是它身上所有的线条都变了。大象一下子变老了，全身萎缩，好象那颗子弹的可怕威力使它僵死在那里了。我估计大约有5秒之久，它终于四腿发软跪了下来。它的嘴巴淌着口水。全身出现了老态龙钟的样子。你觉得这头大象仿佛已有好几千岁了。我朝原来的地方又开了一枪。它中了第二枪后还不肯就此死掉，虽然很迟缓，它还是努力着站起来，四腿发软，脑袋耷拉。我开了第三枪。这一枪终于放倒了它。你可以看到这一枪的痛苦使它全身一震，把它四条腿剩下的一点点力气都打掉了。大象在倒下的时候好象还要站起来，因为它两条后腿瘫在它身下时，它上身却抬了起来，长鼻冲天，像棵大树。它长吼一声，这是它第一声吼叫，也是最后的一声吼叫。最后它肚子朝着我这一边倒了下来，地面一颤，甚至在我趴着的地方也感觉到猛地一震。

还没等我回过味来，那些缅甸人民早已抢在前面跑到田里去了。显然那头象已经彻底倒下，但它还没有死，还在有节奏地呼噜呼噜地喘着气。它的身子痛苦地一起一伏。它的嘴巴张得很大，我可以一直看到它喉咙的深处。我在边上守了很久等它死去，但它的呼吸并未停止。我把剩下的子弹射进了我估计是它心脏的位置。象血喷涌而出，好象红色的天鹅绒一般，可是它还不肯死。它中枪时身子一动不动，痛苦的呻吟仍连绵不断。它在慢慢地、极其痛苦地死去，但是它已到了一个遥远世界，子弹已经不能够再伤害它了。我觉得我必须制止这折磨人的喘息声。看着那头没法动弹、又不能马上死去的巨兽躺在那里，很不是滋味。我又把我的小口径步枪取来，朝它的心脏和喉咙里开了一枪又一枪。但似乎一点影响也没有。大象痛苦的喘息声就像钟表声一样，永无尽头。

再也受不了这种折磨，就离开了那里。后来听说过了半个小时它才完全死去。缅甸人还没有等我离开就提着桶和篮子来了。据说到了下午他们已把它剥得片甲不留了。

关于射象的事，当然众说纷纭。主人很生气，但他没有一点办法。何况，站在法律的角度来说，如果主人无法控制的话，发狂的象是必须打死的，就像疯狗一样。我并没有做错。至于在欧洲人中间，大家各持自己的观点。年纪大的人说我做得对，年纪轻的人说为了一个被踩死的苦力而开枪打死一头象太不像话了，因为象比那苦力值钱。事后我心中暗喜，那个苦力死得好，正好给了我一个体面地杀死那头象的借口。我常常在想，别人也许永远不会知道我射死那头象只是为了不想在期待的人们面前显得像个傻瓜罢了。

（黄磊　译）

思考与讨论：

1. 了解一下圆明园建造和被毁的历史。
2. 雨果是站在什么样的立场上指责法国和英国对圆明园的劫掠和破坏是野蛮的强盗行为？

拓展阅读：

《巴黎圣母院》雨果著，管震湖译，上海译文出版社，1992年。

《一九八四》，奥威尔著，董乐山译，辽宁教育出版社，1998年。

寂　寞

[美国]亨利·戴维·梭罗

这是一个愉快的傍晚，全身只有一个感觉，每一个毛孔中都浸润着喜悦。我在大自然里以奇异的自由姿态来去，成了她自己的一部分。我只穿衬衫，沿着硬石的湖岸走，天气虽然寒冷，多云又多风，也没有特别分心的事，那时天气对我异常地合适。牛蛙鸣叫，邀来黑夜，夜鹰的乐音乘着吹起涟漪的风从湖上传来。摇曳的赤杨和白杨，激起我的情感使我几乎不能呼吸了；然而像湖水一样，我的宁静只有涟漪而没有激荡。和如镜的湖面一样，晚风吹起来的微波是谈不上什么风暴的。虽然天色黑了，风还在森林中吹着，咆哮着，波浪还在拍岸，某一些动物还在用它们的乐音催眠着另外的那些，宁静不可能是绝对的。最凶狠的野兽并没有宁静，现在正找寻它们的牺牲品；狐狸，臭鼬，兔子，也正漫游在原野上，在森林中，它们却没有恐惧，它们是大自然的看守者，——是连接一个个生气勃勃的白昼的链环。

等我回到家里，发现已有访客来过，他们还留下了名片呢，不是一束花，便是一个常春树的花环，或用铅笔写在黄色的胡桃叶或者木片上的一个名字。不常进入森林的人常把森林中的小玩意儿一路上拿在手里玩，有时故意，有时偶然，把它们留下了。有一位剥下了柳树皮，做成一个戒指，丢在我桌上。在我出门时有没有客人来过，我总能知道，不是树枝或青草弯倒，便是有了鞋印，一般说，从他们留下的微小痕迹里我还可以猜出他们的年龄、性别和性格；有的掉下了花朵，有的抓来一把草，又扔掉，甚至还有一直带到半英里外的铁路边才扔下的呢；有时，雪茄烟或烟斗味道还残留不散。常常我还能从烟斗的香味注意到六十杆之外公路上行经的一个旅行者。

我们周围的空间该说是很大的了。我们不能一探手就触及地平线。蓊郁的森林或湖沼并不就在我的门口，中间总还有着一块我们熟悉而且由我们使用的空地，多少整理过了，还围了点篱笆，它仿佛是从大自然的手里被夺取得来的。为了什么理由，我要有这么大的范围和规模，好多平方英里的没有人迹的森林，遭人类遗弃而为我所私有了呢？最接近我的邻居在一英里外，看不到什么房子，除非登上那半里之外的小山山顶去望，才能望见一点儿房屋。我的地平线全给森林包围起来，专供我自个享受，极目远望只能望见那在湖的一端经过的铁路和在湖的另一端沿着山林的公路边上的篱笆。大体说来，我居住的地方，寂寞得跟生活在大草原上一样。在这里离新英格兰也像离亚洲和非洲一样遥远。可以说，我有我自己的太阳、月亮和星星，我有一个完全属于我自己的小世界。从没有一个人在晚上经过我的屋子，或叩我的门，我仿佛是人类中的第一个人或最后一个人；除非在春天里，隔了很长久的时候，有人从村里来钓鳖鱼，——在瓦尔登湖中，很显然他们能钓到的只是他们自己的多种多样的性格，而钩子只能钓到黑夜而已——他们立刻都撤走了，常常是鱼篓很轻地撤退的，又把"世界留给黑夜和我"，而黑夜的核心是从没有被任何人类的邻舍污染过的。我相信，人们通常还都有点儿害怕黑暗，虽然妖巫都给吊死了，基督教和蜡烛火也都已经介绍过来。

然而我有时经历到，在任何大自然的事物中，都能找出最甜蜜温柔，最天真和鼓舞人的伴侣，即使是对于愤世嫉俗的可怜人和最最忧悒的人也一样。只要生活在大自然之间而还有五官的话，便不可能有很阴郁的忧虑。对于健全而无邪的耳朵，暴风雨还真是伊奥勒斯[①]的音乐呢。什么也不能正当地迫使单纯而勇敢的人产生庸俗的伤感。当我享受着四季的友爱时，我相信，任什么也不能使生活成为我沉重的负担。今天佳雨洒在我的豆子上，使我在屋里待了整天，这雨既不使我沮丧，也不

① 希腊神话中的风神。

使我抑郁，对于我可是好得很呢。虽然它使我不能够锄地，但比我锄地更有价值。如果雨下得太久，使地里的种子，低地的土豆烂掉，它对高地的草还是有好处的，既然它对高地的草很好，它对我也是很好的了。有时，我把自己和别人作比较，好像我比别人更得诸神的宠爱，比我应得的似乎还多呢；好像我有一张证书和保单在他们手上，别人却没有，因此我受到了特别的引导和保护。我并没有自称自赞，可是如果可能的话，倒是他们称赞了我。我从不觉得寂寞，也一点不受寂寞之感的压迫，只有一次，在我进了森林数星期后，我怀疑了一个小时，不知宁静而健康的生活是否应当有些近邻，独处似乎不很愉快。同时，我却觉得我的情绪有些失常了，但我似乎也预知我会恢复到正常的。当这些思想占据我的时候，温和的雨丝飘洒下来，我突然感觉到能跟大自然做伴是如此甜蜜如此受惠，就在这滴答滴答的雨声中，我屋子周围的每一个声音和景象都有着无穷尽无边际的友爱，一下子这个支持我的气氛把我想象中的有邻居方便一点的思潮压下去了，从此之后，我就没有再想到过邻居这回事。每一支小小松针都富于同情心地胀大起来，成了我的朋友。我明显地感到这里存在着我的同类，虽然我是在一般所谓凄惨荒凉的处境中，然则那最接近于我的血统，并最富于人性的却并不是一个人或一个村民，从今后再也不会有什么地方会使我觉得陌生的了。

“不合宜的哀恸销蚀悲哀；

在生者的大地上，他们的日子很短，

托斯卡尔的美丽的女儿啊。”①

我的最愉快的若干时光在于春秋两季的长时间暴风雨当中，这弄得我上午下午都被禁闭在室内，只有不停止的大雨和咆哮安慰着我；我从微明的早起就进入了漫长的黄昏，其间有许多思想扎下了根，并发展了它们自己。在那种来自东北的倾盆大雨中，村中那些房屋都受到了考验，女佣人都已经拎了水桶和拖把，在大门口阻止洪水侵入，我坐在我小屋子的门后，只有这一道门，却很欣赏它给予我的保护。在一次雷阵雨中，曾有一道闪电击中湖对岸的一株苍松，从上到下，划出一个一英寸，或者不止一英寸深，四五英寸宽，很明显的螺旋形的深槽，就好像你在一

---

① 引自英国诗人汤麦斯·格雷(Thomas Gray, 1716–1771)的《写于乡村教堂的哀歌》。

根手杖上刻的槽一样。那天我又经过了它，一抬头看到这一个痕迹，真是惊叹不已，那是八年以前，一个可怕的、不可抗拒的雷霆留下的痕迹，现在却比以前更为清晰。人们常常对我说，“我想你在那儿住着，一定很寂寞，总是想要跟人们接近一下的吧，特别在下雨下雪的日子和夜晚。”我喉咙痒痒的直想这样回答，——我们居住的整个地球，在宇宙之中不过是一个小点。那边一颗星星，我们的天文仪器还无法测量出它有多么大呢，你想想它上面的两个相距最远的居民又能有多远的距离呢？我怎会觉得寂寞？我们的地球难道不在银河之中？在我看来，你提出的似乎是最不重要的问题。怎样一种空间才能把人和人群隔开而使人感到寂寞呢？我已经发现了，无论两条腿怎样努力也不能使两颗心灵更形接近。我们最愿意和谁紧邻而居呢？人并不是都喜欢车站哪，邮局哪，酒吧间哪，会场哪，学校哪，杂货店哪，烽火山哪，五点区[①]哪，虽然在那里人们常常相聚，人们倒是更愿意接近那生命的不竭之源泉的大自然，在我们的经验中，我们时常感到有这么个需要，好像水边的杨柳，一定向了有水的方向伸展它的根。人的性格不同，所以需要也很不相同，可是一个聪明人必须在不竭之源泉的大自然那里挖掘他的地窖……有一个晚上在走向瓦尔登湖的路上，我赶上了一个市民同胞，他已经积蓄了所谓的“一笔很可观的产业”，虽然我从没有好好地看到过它，那晚上他赶着一对牛上市场去，他问我，我是怎么想出来的，宁肯抛弃这么多人生的乐趣？我回答说，我确信我很喜欢我这样的生活；我不是开玩笑。便这样，我回家，上床睡了，让他在黑夜泥泞之中走路走到布赖顿去——或者说，走到光亮城[②]里去——大概要到天亮的时候才能走到那里。

对一个死者说来，任何觉醒的，或者复活的景象，都使一切时间与地点变得无足轻重。可能发生这种情形的地方都是一样的，对我们的感官是有不可言喻的欢乐的。可是我们大部分人只让外表上的、很短暂的事情成为我们所从事的工作。事实上，这些是使我们分心的原因。最接近万物的乃是创造一切的一股力量。其次靠近我们的宇宙法则在不停地发生作用。再其次靠近我们的，不是我们雇用的匠人，虽

---

① 烽火山是波士顿的高级区域，五点区是以前纽约曼哈顿一个低级的危险区。
② 布赖顿原文为Brighton，bright意思是“光亮”，所以这里说“光亮城”。

然我们喜欢和他们谈谈说说，而是那个大匠，我们自己就是他创造的作品。

“神鬼之为德，其盛矣乎。”

“视之而弗见，听之而弗闻，体物而不可遗。”

“使天下之人，斋明盛服，以承祭祀，洋洋乎，如在其上，如在其左右。”

我们是一个实验的材料，但我对这个实验很感兴趣。在这样的情况下，难道我们不能够有一会儿离开我们的充满了是非的社会，——只让我们自己的思想来鼓舞我们？孔子说得好，“德不孤，必有邻。”

有了思想，我们可以在清醒的状态下，欢喜若狂。只要我们的心灵有意识地努力，我们就可以高高地超乎任何行为及其后果之上；一切好事坏事，就像奔流一样，从我们身边经过。我们并不是完全都给纠缠在大自然之内的。我可以是急流中一片浮木，也可以是从空中望着尘寰的因陀罗[①]。看戏很可能感动了我；而另一方面，和我生命更加攸关的事件却可能不感动我。我只知道我自己是作为一个人而存在的；可以说我是反映我思想感情的一个舞台面，我多少有着双重人格，因此我能够远远地看自己犹如看别人一样。不论我有如何强烈的经验，我总能意识到我的一部分在从旁批评我，好像它不是我的一部分，只是一个旁观者，并不分担我的经验，而是注意到它：正如他并不是你，他也不能是我。等到人生的戏演完，很可能是出悲剧，观众就自己走了。关于这第二重人格，这自然是虚构的，只是想象力的创造。但有时这双重人格很容易使别人难于和我们作邻居，交朋友了。

大部分时间内，我觉得寂寞是有益于健康的。有了伴儿，即使是最好的伴儿，不久也要厌倦，弄得很糟糕。我爱孤独。我没有碰到比寂寞更好的同伴了。到国外去厕身于人群之中，大概比独处室内，更为寂寞。一个在思想着在工作着的人总是单独的，让他爱在哪儿就在哪儿吧，寂寞不能以一个人离开他的同伴的里数来计算。真正勤学的学生，在剑桥学院最拥挤的蜂房内，寂寞得像沙漠上的一个托钵僧一样。农夫可以一整天，独个儿地在田地上，在森林中工作，耕地或砍伐，却不觉得寂寞，因为他有工作；可是到晚上，他回到家里，却不能独自在室内沉思，而必须到“看得见他那里的人”的地方去消遣一下，照他的想法，是用以补偿他一天的

① 吠陀神话中的大神，用雷电和雨战胜敌人。

寂寞；因此他很奇怪，为什么学生们能整日整夜坐在室内不觉得无聊与“忧郁”；可是他不明白虽然学生在室内，却在他的田地上工作，在他的森林中采伐，像农夫在田地或森林中一样，过后学生也要找消遣，也要社交，尽管那形式可能更加凝炼些。

社交往往廉价。相聚的时间之短促，来不及使彼此获得任何新的有价值的东西。我们在每日三餐的时间里相见，大家重新尝尝我们这种陈腐乳酪的味道。我们都必须同意若干条规则，那就是所谓的礼节和礼貌，使得这种经常的聚首能相安无事，避免公开争吵，以至面红耳赤。我们相会于邮局，于社交场所，每晚在炉火边；我们生活得太拥挤，互相干扰，彼此牵绊，因此我想，彼此已缺乏敬意了。当然，所有重要而热忱的聚会，次数少一点也够了。试想工厂中的女工，——永远不能独自生活，甚至做梦也难于孤独。如果一英里只住一个人，像我这儿，那要好得多。人的价值并不在他的皮肤上，所以我们不必要去碰皮肤。

我曾听说过，有人迷路在森林里，倒在一棵树下，饿得慌，又累得要命，由于体力不济，病态的想象力让他看到了周围有许多奇怪的幻象，他以为它们都是真的。同样，在身体和灵魂都很健康有力的时候，我们可以不断地从类似的，但更正常、更自然的社会得到鼓舞，从而发现我们是不寂寞的。

我在我的房屋中有许多伴侣；特别在早上还没有人来访问我的时候。让我来举几个比喻，或能传达出我的某些状况。我并不比湖中高声大笑的潜水鸟更孤独，我并不比瓦尔登湖更寂寞。我倒要问问这孤独的湖有谁作伴？然而在它的蔚蓝的水波上，却有着不是蓝色的魔鬼，而是蓝色的天使呢。太阳是寂寞的，除非乌云满天，有时候就好像有两个太阳，但那一个是假的。上帝是孤独的，——可是魔鬼就绝不孤独；他看到许多伙伴；他是要结成帮的。我并不比一朵毛蕊花或牧场上的一朵蒲公英寂寞，我不比一张豆叶，一枝酢酱草，或一只马蝇，或一只大黄蜂更孤独。我不比密尔溪，或一只风信鸡，或北极星，或南风更寂寞，我不比四月的雨或正月的融雪，或新屋中的第一只蜘蛛更孤独。

在冬天的长夜里，雪狂飘，风在森林中号叫的时候，一个老年的移民，原先的主人，不时来拜访我，据说瓦尔登湖还是他挖了出来，铺了石子，沿湖种了松树的；他告诉我旧时的和新近的永恒的故事；我们俩这样过了一个愉快的夜晚，充满了交际的喜悦，交换了对事物的惬意的意见，虽然没有苹果或苹果酒，——这个最聪明而幽默的朋友啊，我真喜欢他，他比谷菲或华莱[1]知道更多的秘密；虽然人家说他已经死了，却没有人指出过他的坟墓在哪里。还有一个老太太，也住在我的附近，大部分人根本看不见她，我却有时候很高兴到她的芳香的百草园中去散步，采集药草，又倾听她的寓言，因为她有无比丰富的创造力，她的记忆一直追溯到神话以前的时代，她可以把每一个寓言的起源告诉我，哪一个寓言是根据了哪一个事实而来的，因为这些事都发生在她年轻的时候。一个红润的、精壮的老太太，不论什么天气什么季节她都兴致勃勃，看样子要比她的孩子活得还长久。

太阳，风雨，夏天，冬天，——大自然的不可描写的纯洁和恩惠，他们永远提供这么多的康健，这么多的欢乐！对我们人类这样地同情，如果有人为了正当的原因悲痛，那大自然也会受到感动，太阳黯淡了，风像活人一样悲叹，云端里落下泪雨，树木到仲夏脱下叶子，披上丧服。难道我不该与土地息息相通吗？我自己不也是一部分绿叶与青菜的泥土吗？

是什么药使我们健全、宁静、满足的呢？不是你我的曾祖父的，而是我们的大自然曾祖母的，全宇宙的蔬菜和植物的补品，她自己也靠它而永远年轻，活得比汤麦斯·派尔[2]还更长久，用他们的衰败的脂肪更增添了她的康健。不是那种江湖医生配方的用冥河水和死海海水混合的药水，装在有时我们看到过装瓶子用的那种浅长形黑色船状车子上的药瓶子里，那不是我的万灵妙药：还是让我来喝一口纯净的黎明空气。黎明的空气啊！如果人们不愿意在每日之源喝这泉水，那么，啊，我们必须把它们装在瓶子内；放在店里，卖给世上那些失去黎明预订券的人们。可是记着，它能冷藏在地窖下，一直保持到正午，但要在那以前很久就打开瓶塞，跟随曙光的脚步西行。我并不崇拜那司健康之女神，她是爱斯库拉彼斯[3]这古老的草药医师的女儿，在纪念碑上，她一手拿了一条蛇，另一只手拿了一个杯子，而蛇时常喝杯中的水；我宁可崇拜朱庇特的执杯者希勃，这青春的女神，为诸神司酒行觞，她

① 威廉·谷菲和爱德华·华莱在十七世纪的英国大革命中谋害了英国查理一世后逃亡到了美国。
② 英国人汤麦斯·派尔，据说活到了一百五十二岁。
③ 罗马神话中的医神。

是朱诺[1]和野生萵苣的女儿，能使神仙和人返老还童。她也许是地球上出现过的最健康、最强壮、身体最好的少女，无论她到哪里，那里便成了春天。

（徐迟　译）

[1] 罗马神话中的天后，主神朱庇特的妻子。

《瓦尔登湖》译本序

徐　迟

你能把你的心安静下来吗？如果你的心并没有安静下来，我说，你也许最好是先把你的心安静下来，然后你再打开这本书，否则你也许会读不下去，认为它太浓缩，难读，艰深，甚至会觉得它莫明其妙，莫知所云。

这个中译本的第一版是1949年在上海出版的。那时正好举国上下，热气腾腾。解放全中国的伟大战争取得了辉煌胜利，因此注意这本书的人很少。

但到了五十年代，在香港却有过一本稍稍修订了它的译文的，署名吴明实（无名氏）的盗印本，还一次次再版，达六版之多。

这个中译本的在国内再版，则是在初版之后三十三年的1982年，还是在上海，经译者细加修订之后，由译文出版社出第二版的。这次印数一万三千册。几年前，《外国古典文学名著丛书》编委会决定，将它收入这套丛书，要我写一篇新序。那时我正好要去美国，参加一个“国际写作计划”，有了可能去访问马萨诸塞州的康科德城和瓦尔登湖了。在美国时，我和好几个大学的中外教授进行了关于这本书的交谈，他们给了我很多的帮助。于今回想起来，是十分感谢他们的。

对这第二版的译文我又作了些改进，并订正了一两处误译，只是这一篇新序却总是写不起来。1985年写了一稿，因不满意，收回重写。然一连几年，人事倥偬，新序一直都没有写出来。为什么呢？最近找出了原因来，还是我的心没有安静下来。就是因为这个了，这回可找到了原因，就好办了。心真正地安静了下来，这总是可以做到的。就看你自己怎么安排了。为何一定要这样做？因为这本《瓦尔登湖》是本静静的书，极静极静的书，并不是热热闹闹的书。它是一本寂寞的书，一本孤独的书。它只是一本一个人的书。如果你的心没有安静下来，恐怕你很难进入到这本书里去。我要告诉你的是，在你的心静下来以后，你就会思考一些什么。在你思考一些什么问题时，你才有可能和这位亨利·戴维·梭罗先生一起，思考一下自己，更思考一下更高的原则。

这位梭罗先生是与孤独结伴的。他常常只是一个人。他认为没有比孤独这个伴儿更好的伴儿了。他的生平十分简单，十分安静。1817年7月12日梭罗生于康科德城；就学并毕业于哈佛大学（1833—1837年）；回到家乡，执教两年（1838—1840年）。然后他住到了大作家、思想家拉尔夫·沃尔多·爱默生家里（1841—1843年），当门徒，又当助手，并开始尝试写作。到1845年，他就单身只影，拿了一柄斧头，跑进了无人居住的瓦尔登湖边的山林中，独居到1847年才回到康城。1848年他又住在爱默生家里；1849年，他完成了一本叫作《康科德河和梅里麦克河上的一星期》的书。差不多同时，他发表了一篇名为《消极反抗》（On Civil Disobedience）的极为著名的、很有影响的论文。按字面意义，这也可以译为“论公民的不服从权利”。后面我们还要讲到它。然后，到了1854年，我们的这本文学名著《瓦尔登湖》出版了。本书有了一些反响，但开始的时候并不大。随着时间的推移，它的影响越来越大。1859年，他支持了反对美国蓄奴制度的运动；当这个运动的领导人约翰·布朗竟被逮捕，且被判绞刑处死时，他发表了为布朗辩护和呼吁的演讲，并到教堂敲响钟声，举行了悼念活动。此后他患了肺病，医治无效，于1862年病逝于康城，终年仅44岁。他留下了《日记》39卷，自有人给他整理，陆续出版，已出版有多种版本和多种选本问世。

他的一生是如此之简单而馥郁，又如此之孤独而芬芳。也可以说，他的一生十

瓦尔登湖

分不简单，也毫不孤独。他的读者将会发现，他的精神生活十分丰富，而且是精美绝伦，世上罕见。和他交往的人不多，而神交的人可就多得多了。

他对自己的出生地，即麻省的康城，深感自豪。康城是爆发了美国独立战争的首义之城。他说过，永远使他惊喜的是他“出生于全世界最可尊敬的地点”之一，而且“时间也正好合适”，适逢美国知识界应运而生的、最活跃的年代。在美洲大陆上，最早的欧洲移民曾居住的“新英格兰”六州，正是美国文化的发祥之地。而正是在麻省的康城，点燃起来了美国精神生活的辉耀火炬。小小的康城，风光如画。一下子，那里出现了四位大作家：爱默生，霍桑，阿尔考特，和他，梭罗。1834年，爱默生定居于康城，曾到哈佛大学作了以《美国学者》为题的演讲。爱默生演讲，撰文，出书，宣扬有典型性的先知先觉的卓越的人，出过一本《卓越的人》，是他的代表作。他以先驱者身份所发出的号召，给了梭罗以深刻的影响。

梭罗大学毕业后回到康城，正好是他二十岁之时。1837年10月22日，那天他记下了他的第一篇日记：

“‘你现在在干什么？’他问。‘你记日记吗？’好吧，我今天开始，记下了这第一条。”

“如果要孤独，我必须要逃避现在——我要我自己当心。在罗马皇帝的明镜大殿里我怎么能孤独得起来呢？我宁可找一个阁楼。在那里是连蜘蛛也不受干扰的，更不用打扫地板了，也用不到一堆一堆地堆放柴火。”

那个条文里面的“他”，那个发问的人就是爱默生。这真是一槌定了音的。此后，梭罗一直用日记或日志的形式来记录思想。日记持续了二十五年不断。正像卢梭写的《一个孤独的散步者的思想》一样，他写的也是一个孤独者的日记。而他之要孤独，是因为他要思想。他爱思想。

稍后，在1838年2月7日，他又记下了这样一条：

“这个斯多葛主义者（禁欲主义者）的芝诺（希腊哲人）跟他的世界的关系，和我今天的情况差不多。说起来，他出身于一个商人之家——有好多这样的人家呵！——会做生意，会讲价钱，也许还会吵吵嚷嚷，然而他也遇到过风浪，翻了船，船破了，他漂流到了皮拉乌斯海岸，就像什么约翰，什么汤麦斯之类的平常人中间的一个人似的。

"他走进了一家店铺子，而被色诺芬（希腊军人兼作家）的一本书（《长征记》）迷住了。从此以后他就成了一个哲学家。一个新生的日子在他的面前升了起来……尽管芝诺的血肉之躯还是要去航海呵，去翻船呵，去受风吹浪打的苦呵，然而芝诺这个真正的人，却从此以后，永远航行在一个安安静静的海洋上了。"

这里梭罗是以芝诺来比拟他自己的，并也把爱默生比方为色诺芬了。梭罗虽不是出身于一个商人之家，他却是出生于一个商人的时代，至少他也得适应于当时美国的商业化精神，梭罗的血肉之躯也是要去航海的，他的船也是要翻的，他的一生中也要遇到风吹和浪打的经历的，然而真正的梭罗却已在一个安安静静的海洋上，他向往于那些更高的原则和卓越的人，他是向往于哲学家和哲学了。

就在这篇日记之后的第四天，爱默生在他自己的日记上也记着："我非常喜欢这个年轻的朋友了。仿佛他已具有一种自由的和正直的心智，是我从来还未遇到过的。"过了几天，爱默生又在自己的日记里写："我的亨利·梭罗可好呢，以他的单纯和明晰的智力使又一个孤独的下午温煦而充满了阳光。"四月中，爱默生还记着："昨天下午我和亨利·梭罗去爬山，雾蒙蒙的气候温暖而且喻快，仿佛这大山如一座半圆形的大剧场，欢饮下了美酒一样。"

在爱默生的推动之下，梭罗开始给《日晷》杂志寄诗写稿了。但一位要求严格的编辑还多次退了他的稿件。梭罗也在康城学院里作了一次题为《社会》的演讲，而稍稍引起了市民的注意。到1841年，爱默生就邀请了梭罗住到他家里去。当时爱默生大事宣扬他的唯心主义先验论，聚集了一班同人，就像办了个先验主义俱乐部似的。但梭罗并不认为自己是一个先验主义者。在一段日记中他写着："人们常在我耳边叮咛，用他们的美妙理论和解决宇宙问题的各种花言巧语，可是对我并没有帮助。我还是回到那无边无际，亦无岛无屿的汪洋大海上去，一刻不停地探测着、寻找着可以下锚，紧紧地抓住不放的一处底层的好。"

本来梭罗的家境比较困难，但还是给他上了大学，并念完了大学。然后他家里的人认为他应该出去闯天下了。可是他却宁可回家乡，在康城的一所私立中学教教书。之后不久，只大他一岁的哥哥约翰也跑来了。两人一起教书。哥哥教英语和数学，弟弟教古典名著、科学和自然史。学生们很爱戴他们俩。亨利还带学生到河上旅行，在户外上课、野餐，让学生受到以大自然为课堂，以万物为教材的生活教育。一位朋友曾称梭罗为“诗人和博物学家”，并非过誉。他的生活知识是丰富，而且是渊博的。当他孤独时，整个大自然成了他的伴侣。据爱默生的弟弟的回忆，梭罗的学生告诉过他：当梭罗讲课时，学生们静静地听着，静得连教室里掉下一根针也能听得清楚。

1839年7月，一个十七岁的少女艾伦·西华尔来到康城，并且访问了梭罗这一家子。她到来的当天，亨利就写了一首诗。五天后的日记中还有了这么一句：“爱情是没有法子治疗的，惟有爱之弥甚之一法耳。”这大约就是为了艾伦的缘故写的。不料约翰也一样爱上了她，这就使事情复杂化了。三人经常在一起散步，在河上划船。登山观看风景，进入森林探险，他们还在树上刻下了他们的姓氏的首字。谈话是几乎没完没了的，但是这个幸福的时间并不长久。

这年春天，哥儿俩曾造起了一条船。八月底，他们乘船沿着康科德河和梅里麦克河上作了一次航行。在旅途上，一切都很好，只是两人之间已有着一些微妙的裂痕，彼此都未言明，实际上他们已成了情敌。后来约翰曾向她求婚而被她拒绝了。再后来，亨利也给过她一封热情的信，而她回了他一封冷淡的信。不久后，艾伦就嫁给了一个牧师。这段插曲在亨利心头留下了创伤。但接着发生了一件绝对意想不到的事。1842年的元旦，约翰在一条皮子上磨利他的剃须刀片时，不小心划破了他的左手中指。他用布条包扎了，没有想到两三天后化脓了，全身疼痛不堪。赶紧就医，已来不及，他得了牙关紧闭症，败血病中之一种。他很快进入了弥留状态。十天之后，约翰竟此溘然长逝了。突然的事变给了亨利一个最沉重的打击。他虽然竭力保持平静，回到家中却不言不语。一星期后，他也病倒了，似乎也是得了牙关紧闭症。幸而他得的并不是这种病，是得了由于心理痛苦引起的心身病状态。整整三个月，他都在这个病中，到四月中他又出现在园子里了，才渐渐地恢复过来。

那年亨利写了好些悼念约翰的诗。在《哥哥，你在哪里》这诗中，他问道：“我应当到哪里去／寻找你的身影？／沿着邻近的那条小河，／我还能否听到你的声音？”答复是他的兄长兼友人，约翰，已经和大自然融为一体了。他们结了绸缪，他已以大自然的容颜为他自己的容颜了，以大自然的表情表达了他自己的意念……大自然已取走了他的哥哥，约翰已成为大自然的一部分：从这里开始，亨利才恢复了信心和欢乐。他在日记中写着："眼前的痛苦之沉重也说明过去的经历之甘美。悲伤的时候，多么的容易想起快乐！冬天，蜜蜂不能酿蜜，它就消耗已酿好的蜜。"这一段时间里，他是在养病，又养伤；在蛰居之中，为未来作准备，在蓄势，蓄水以待开闸了放水，便可以灌溉大地。

在另一篇日记中，他说："我必须承认，若问我对于社会我有了什么作为，对于人类我已致送了什么佳音，我实在寒酸得很。无疑我的寒酸不是没有原因的，我的无所建树也并非没有理由的。我就在想望着把我的生命的财富献给人们，真正地给他们最珍贵的礼物。我要在贝壳中培养出珍珠来，为他们酿制生命之蜜。我要阳光转射到公共福利上来。我没有财富要隐藏。我没有私人的东西。我的特异功能就是要为公众服务。惟有这个功能是我的私有财产。任何人都是可以天真的，因而是富有的。我含蕴着，并养育着珍珠，直到它的完美之时。"

恢复健康以后的梭罗又住到了爱默生家里。稍后，他到了纽约，住在市里的斯丹顿岛上，在爱默生弟弟的家里。他希望能开始建立起他的文学生涯来。恰恰因为他那种独特的风格，并不是能被人，被世俗社会所喜欢的，想靠写作来维持生活也很不容易，不久之后，他又回到了家乡。有一段时间，他帮助他父亲制造铅笔，但很快他又放弃了这种尚能赢利的营生。

于是到了1844年的秋天，爱默生在瓦尔登湖上买了一块地。当这年过去了之后，梭罗得到了这块土地的主人的允许，可以让他"居住在湖边"。终于他跨出了勇敢的一步，用他自己的话来说：

"1845年3月尾，我借来一柄斧头，走到瓦尔登湖边的森林里，到达我预备造房子的地方，开始砍伐一些箭矢似的，高耸入云而还年幼的白松来做我的建筑材料……那是愉快的春日，人们感到难过的冬天正跟冻土一样地消溶，而蛰居的生命开始舒伸了。"

7月4日，恰好那一天是独立日，美国的国庆，他住进了自己盖起来的湖边的木屋。在这木屋里，这湖滨的山林里，观察着，倾听着，感受着，沉思着，并且梦想着，他独立地生活了两年又多一点时间。他记录了他的观察体会，他分析研究了他从自然界里得来的音讯、阅历和经验。决不能把他的独居湖畔看作是什么隐士生涯。他是有目的地探索人生，批判人生，振奋人生，阐述人生的更高规律。并不是消极的，他是积极的。并不是逃避人生，他是走向人生，并且就在这中间，他也曾用他自己的独特方式，投身于当时的政治斗争。

那发生于一个晚上，当他进城去到一个鞋匠家中，要补一双鞋，忽然被捕，并被监禁在康城监狱中。原因是他拒绝交付人头税。他之拒付此种税款已经有六年之久。他在狱中住了一夜，毫不在意。第二天，因有人给他付清了人头税，就被释放。出来之后，他还是去到鞋匠家里，等补好了他的鞋，然后穿上它，又和一群朋友跑到几里外的一座高山上，漫游在那儿的什么州政府也看不到的越橘丛中——这便是他的有名的入狱事件。

在1849年出版的《美学》杂志第一期上，他发表了一篇论文，用的题目是《对市政府的抵抗》。在1866年（他去世已四年）出版的《一个在加拿大的美国人，及其反对奴隶制和改革的论文集》收入这篇文章时，题目改为《论公民的不服从权利》。此文题目究竟应该用哪一个，读书界颇有争论，并有人专门研究这问题。我国一般地惯用了这个《消极反抗》的题名，今承其旧，不再改变。文中，梭罗并没有发出什么政治行动的号召，这毋宁说正是他一贯倡导的所谓“更高的原则”中之一项。他认为政府自然要做有利于人民的事，它不应该去干扰人民。但是所有的政府都没有做到这一点，更不用说这个保存了奴隶制度的美国政府了，因此他要抗议和抵抗这一个政府，不服从这一个政府。他认为，如果政府要强迫人民去做违背良心的事，人民就应当有消极抵抗的权利，以抵制它和抵抗它。这篇《消极抵抗》的论文，首先是给了英国工党和费边主义者以影响，后来又对于以绝食方式反对英帝国主义的印度圣雄甘地的“不合作运动”与“非暴力主义”有很大的作用，对于1960年马丁·路德·金，在非洲争取民权运动也有很大的作用，对托尔斯泰的“勿以暴抗暴”的思想也有影响，以及对罗曼·罗兰也有一些影响。

梭罗是一生都反对蓄奴制度的，不止一次帮助南方的黑奴逃亡到自由的北方。在1845年的消极反抗之后，他还写过《麻省的奴隶制》（1854年）一文，他和爱默生一起支持过约翰·布朗。1859年10月，布朗企图袭击哈泼斯渡口失败而被捕，11月刑庭判处布朗以绞刑，梭罗在市会堂里发表了《为约翰·布朗请愿》的演说。布朗死后，当地不允许给布朗开追悼会时，他到市会堂敲响大钟，召集群众举行了追悼会。梭罗关于布朗的一系列文章和行动都是强烈的政治言行。

这期间，梭罗患上了肺结核症，健康明显地变坏。虽然去明尼苏达作了一次医疗性的旅行，但病情并无好转。他自知已不久人世了。在最后的两年里，他平静地整理日记手稿，从中选出一些段落来写成文章，发表在《大西洋月刊》上。他平静安详地结束了他的一生，死于1862年5月6日，未满四十五岁。

梭罗生前，只出版了两本书。1849年自费出版了《康科德河和梅里麦克河上的一星期》，这书是他在瓦尔登湖边的木屋里著写的，内容是哥儿俩在两条河上旅行的一星期中，大段大段议论文史哲和宗教等等。虽精雕细刻，却晦涩难懂，没有引起什么反响。印行一千册，只售出一百多册，送掉七十五册，存下七百多册，在书店仓库里放到1853年，全部退给作者了。梭罗曾诙谐地说，我家里大约藏书九百册，自己著的书七百多册。

他的第二本书就是《瓦尔登湖》了，于1854年出版。也没有受到应有的注意，甚至还受到詹姆斯·洛厄尔以及罗勃特·路易斯·斯蒂文生的讥讽和批评。但乔治·艾略特在1856年元月，却在《西敏寺周报》上给他以“深沉而敏感的抒情”和“超凡入圣”的好评。那些自以为是的，只知道要按照他们的规范，来规规矩矩地生活的人，往往受不了他们毫不理解的事物的价值，自然要把梭罗的那种有历史意义的行为，看作不切实际的幻梦虚妄了。

随着时光的流逝，这本书的影响是越来越大，业已成为美国文学中的一本独特的，卓越的名著。他一生所写的39卷手稿，是他的日记或日志，其中记录着他的观察、思维、理想和信念。他在世时的，在报刊上发表过的文章，他去世后已收集、整理好，出版了的计有《旅行散记》（1863年）、《缅因森林》（1864年）、《科德角》（1865年）三种。他的全集出版有《梭罗文集》，有1906年的和1971年的两种版本。此外是他的日记，有《梭罗：一个作家的日记》、《梭罗日记》两卷本、《梭罗日记之心》的精选本等。

以上只是梭罗生平的一个简单的介绍。下面再说一点他的这本书。

对于《瓦尔登湖》，不须多说什么，只是还要重复一下，这是一本寂寞、恬静、智慧的书。其分析生活，批判习俗，有独到处。

自然颇有一些难懂的地方，作者自已也说过，“请原谅我说话晦涩，”例如那失去的猎犬，栗色马和斑鸠的寓言，爱默生的弟弟爱德华问过他是什么意思。他反问：“你没有失去吗？”却再也没有回答了。有的评论家说，梭罗失去过一个艾伦（斑鸠），一个约翰（猎犬），可能还失去了一个拉尔夫（栗色马）。谁个又能不失却什么呢?

本书内也有许多篇页是形象描绘，优美细致，像湖水的纯洁透明，像山林的茂密翠绿；有一些篇页说理透彻，十分精辟，有启发性。这是一百多年以前的书，至今还未失去它的意义。在白昼的繁忙生活中，我有时读它还读不进去，似乎我异常喜欢的这本书忽然又不那么可爱可喜了，似乎觉得它什么好处也没有，甚至弄得将信将疑起来。可是黄昏以后，心情渐渐的寂寞和恬静下来，再读此书，则忽然又颇有味，而看的就是白天看不出好处辨不出味道的章节，语语惊人，字字闪光，沁人心肺，动我衷肠。到了夜深人静，万籁无声之时，这《瓦尔登湖》毫不晦涩，清澄见底，吟诵之下，不禁为之神往了。

应当指出，这本书是一本健康的书，对于春天，对于黎明，作了极其动人的描写。读着它，自然会体会到，一股向上的精神不断地将读者提升、提高。书已经摆在读者面前了，我不必多说什么了，因为说得再好，也比不上读者直接去读了。

人们常说，作家应当找一个僻静幽雅的去处，去进行创作，信然，然而未必尽然。我反而认为，读书确乎在需要一个幽静良好的环境，尤其读好书，需要的是能高度集中的精神条件。读者最需要有一个朴素淡泊的心地。读《瓦尔登湖》如果又能引起读者跑到一个山明水秀的、未受污染的地方去的兴趣，就在那样的地方读它，就更是相宜了。

梭罗的这本书近年在西方世界更获得重视。严重污染使人们又向往瓦尔登湖和山林的澄净的清新空气。梭罗能从食物、住宅、衣服和燃料，这些生活之必需出发，以经济作为本书的开篇，他崇尚实践，含有朴素的唯物主义思想。

译者曾得美国汉学家费正清先生暨夫人鼓励；译出后曾编入《美国文学丛书》，1949年出了第一版。1982年再版时，参考了香港吴明实的版本。译文出版社在第二版的编审过程中，对译文进行了一次全面的校订工作。对所有这些给过我帮助的人们，就在这里，深致感谢。

思考与讨论：

1. 你对寂寞的理解与梭罗的描述相符合吗？这篇《寂寞》给你什么样的启发？
2. “我在大自然里以奇异的自由姿态来去，成了她自己的一部分。”这句话如何理解？

拓展阅读：

《瓦尔登湖》，梭罗著，徐迟译，上海译文出版社，2009年。

《伊利亚随笔选》，兰姆著，刘炳善译，上海译文出版社，2006年。

黑　猫

[美国] 爱伦 · 坡

对于我正要写出的这个荒诞不经但又朴实无华的故事，我既不期待也不乞求读者的相信。若是我期望别人相信连我自己的理性都否认其真实性的故事，那我的确是疯了。然而我并没有发疯——而且确信自己不是在做梦。可是我明天就将死去，我要在今天卸下我灵魂的重负。我眼下的目的就是要把一连串纯粹的居家琐事直截了当、简明扼要且不加任何评论地公诸于世。正是由于这些琐事的缘故，我一直担惊受怕——备遭折磨——终至毁了自己。但我并不试图对这些事详加说明。对我而言，这些事几乎只带给我恐怖——但对许多人来说，它们也许显得并不那么恐怖，而是显得离奇古怪。说不定将来会发现某种能把我这番讲述视为等闲之事的理智——某种比我的理性更从容、更逻辑、更不易激动的理智，它会看出我现在怀着敬畏之情所讲述的这些详情细节不过是一连串普普通通且自然而然的原因和结果。

我从小就以性情温顺并富于爱心而闻名。我心肠之软甚至是那么地惹人注目，以致于使我成了伙伴们的笑柄。我特别喜欢动物，父母便给我买了各种各样的小动物让我高兴。我大部分时间都和那些小动物待在一起，没有什么能比喂养和抚摸它们更使人感到快乐。这种性格上的怪癖随着我的成长而逐渐养成，待我成年之后，它成了我获取快乐的一个主要来源。对那些能珍爱一条忠实而伶俐的狗的人们来说，我几乎无须费神来解释那种快乐的性质和强度。而对那些已多次尝到人类虚情假意和背信弃义之滋味的人们，动物那种自我牺牲的无私之爱中自有某种东西会使其刻骨铭心。

我很早就结了婚，并欣喜地发现妻子与我性情相似。她见我豢养宠物，便从不放过能弄到其优良品种的任何机会。我们有雀鸟、金鱼、一条良种狗、兔子、一只小猴和一只猫。

那只猫个头挺大，浑身乌黑，模样可爱，而且聪明绝顶。在谈到它的聪明时，我那位内心充满迷信思想的妻子往往会提到那个古老而流行的看法，认为所有的黑猫都是女巫的化身。这并不是说她对这种看法非常认真——而我之所以提到此事更多的是因为我刚才恰好记起了此事。

普鲁托——这是那只猫的名字——是我宠爱的动物和朋友。我单独喂养它，而它不论在屋里屋外都总是跟在我身边。我甚至很难阻止它跟着我一道上街。

我们的友谊就这样延续了好几个年头，在此期间，由于嗜酒成癖（我羞愧地承认这点），我通常的脾气和秉性经历了朝坏的方向的激剧变化。日复一日，我变得越来越喜怒无常，烦躁不安，越来越无视别人的感情。我居然容忍自己对妻子使用恶言秽语，后来甚至对她拳打脚踢。当然，我那些宠物也渐渐感到了我性情的变化。我不仅忽略它们，而且还虐待它们。然而，对普鲁托我仍然保持着足够的关心，我克制自己不像对其他宠物一样粗暴地对待它，而对那些兔子，对那只猴子，甚至对那条狗，不管它们是偶然经过我跟前还是有意来和我亲热，我都毫无顾忌地虐待它们。但我的病情日渐严重——有什么病比得上酗酒！——到后来甚至连由于衰老而变得有几分暴躁的普鲁托也开始尝到我坏脾气的滋味。

一天晚上，当我从城里一个常去之处喝得醉醺醺的回家之时，我觉得那只猫在躲避我。我一把将它抓住，这时它被我的暴虐所惊吓，便轻轻地在我手上咬了一口，使我受了一点轻伤。我顿时勃然大怒而且怒不可遏，一时间变得连我自己都不认识自己。我固有的灵魂似乎一下子飞出了躯壳，而一种由杜松子酒滋养的最残忍的恶意渗透了我躯体的每一丝纤维。我从背心口袋里掏出一把小刀，一手将其打开，一手抓紧那可怜畜生的咽喉，不慌不忙地剜掉了它一只眼睛！在我写下这桩该被诅咒的暴行之时，我面红耳赤，我周身发热，我浑身发抖。

当理性随着清晨而回归——当睡眠平息了我夜间放荡引发的怒气——心中为自己所犯下的罪行产生了一种又怕又悔的情感，但那至多不过是一种朦胧而暧昧的感觉，我的灵魂依然无动于衷。我又开始纵酒狂饮，并很快就用酒浆淹没了我对自己所作所为的记忆。

与此同时那只猫渐渐痊愈。它被剜掉了眼珠的那个眼窝的确显得可怕，但它看上去已不再感到疼痛。它照常在屋里屋外各处走动，可正如所能预料的一样，它一见我走近就吓得仓惶而逃。我当时旧情尚未完全泯灭，眼见一个曾那么爱我的生灵而今如此明显地厌我，我开始还感到过一阵伤心。但这种伤感之情不久就被愤怒之情所取代。接着，仿佛是要导致我最终不可改变的灭亡，那种“反常心态”出现了。哲学尚未论及这种心态。然而，就像我相信自己的灵魂存在，我也相信反常是人类心灵原始冲动的一种——是决定人之性格的原始官能或原始情感所不可分割的一个组成部分。谁不曾上百次地发现自己做一件恶事或蠢事的唯一动机就仅仅是因为他知道自己不该为之？难道我们没有这样一种永恒的倾向：正是因为我们明白那种被称为“法律”的东西是怎么回事，我们才无视自己最正确的判断而偏偏要去以身试法？就像我刚才所说，这种反常心态导致了我最后的毁灭。正是这种高深莫测的心灵想自寻烦恼的欲望——想违背其本性的欲望——想只为作恶而作恶的欲望——驱使我继续并最后完成了对那个无辜生灵的伤害。一天早晨，我并非出于冲动地把一根套索套上它的脖子并把它吊在了一根树枝上——吊死它时我两眼噙着泪花，心里充满了痛苦的内疚——我吊死它是因为我知道它曾爱过我，并因为我觉得它没有给我任何吊死它的理由——我吊死它是因为我知道那样做是在犯罪——一桩甚至会使我不死的灵魂来生转世于猫（如果这种事可能的话）的滔天大罪——一种甚至连最仁慈也最可畏的上帝也不会宽恕的深重罪孽。

就在我实施那桩暴戾的当天晚上，我在睡梦中被一阵救火的喊叫声惊醒。床头的幔帐已经着火。整幢房子正在燃烧。我和我妻子以及一个仆人好不容易才从那场大火中死里逃生。那场毁灭非常彻底。我所有的财产都化为了灰烬，而从那之后我就陷入了绝望的境地。

我现在并不是企图要在那场灾难和那桩暴行之间找到一种因果关系。但我要详细讲述一连串事实——并希望不要漏掉任何一个可能漏掉的环节。火灾的第二天，我去看过了那堆废墟。除了一个例外，墙壁全都倒塌。那个例外是一堵不太厚的隔墙，它处在房子的中央，原来我的床头就靠着它。墙面的泥灰在很大程度上抵御了烈火对墙的摧毁——我把这归因于泥灰是新近涂抹的缘故。那堵墙跟前聚集着一大堆人，其中许多正在仔仔细细地查看墙上的某个部分。人群中发出的“奇哉！”、“怪哉！”和诸如此类的惊叹激起了我的好奇心。我走上前一看，但见白色的墙面上好像有一幅浅浅的浮雕，形状是一只硕大的猫。那猫被雕得惟妙惟肖，脖子上还绕着一根绞索。

当我第一眼看到那个幻影之时——因为我还不至于把它视为乌有——我的惊讶和恐惧都到了无以复加的地步。但回忆又终于令我释然。我记得那只猫是被吊在屋子旁边的一个花园里。发现起火之后，花园里立刻挤满了人——肯定是有人砍断了吊猫的套索，从一扇开着的窗户把猫扔进了我的卧室。他这样做也许是为了把我唤醒。其他墙壁的倒塌把我暴虐的牺牲品压进了刚刚涂抹的泥灰；石灰、烈火加上尸骸发出的氨，相互作用便形成了我所看见的浮雕。

尽管我就这样轻而易举地对我的理性（如果不完全是对我的良心）解释了刚才所讲述的那个惊人事实，但那事实并非没有给我的想象力留下一个深刻的印象。一连好几个月我都没法抹去那只猫的幻影；而在此期间，我心中又滋生出一种像是悔恨又不是悔恨的混杂的感情。我甚至开始惋惜失去了那只猫，并开始在我当时常去的那些下等场合寻找一只多少有点像它的猫，以填补它原来的位置。

一天晚上，当我昏昏沉沉地坐在一家臭名昭著的下等酒馆里时，我的注意力忽然被一团黑乎乎的东西所吸引，那团黑乎乎的东西在一个装杜松子酒或朗姆酒的大酒桶上，而那个酒桶是那家酒馆里最醒目的摆设。我注意看那个酒桶上方已经有好几分钟，而使我惊奇的是刚才竟然一直没发现上面有个东西。我走到酒桶跟前，伸手摸了摸那东西。它原来是一只黑猫——一只个头很大的猫——足有普鲁托那么大，而且除了一点之外其他各方面都长得和普鲁托一模一样。普鲁托浑身上下没一根白毛，可这只猫胸前却有一块虽说不甚明显但却大得几乎覆盖整个胸部的白斑。

黑猫

我一摸它，它马上就直起身来，一边发出呼噜噜的声音一边用身子在我手上磨蹭，好像很高兴我注意到它。看来它就是我正在寻找的那只猫。我当即向酒馆老板提出要把它买下；可老板说那只猫不是他的——他对那猫一无所知——而且以前从不曾见过。

我继续抚摸了它一阵，而当我准备回家之时，那只猫表示出要随我而去的意思。我允许它跟着我走，一路上我还不时弯下腰去摸摸它。它一到我家就立即适应了新的环境，而且一下子就赢得了我妻子的宠爱。

至于我自己，我很快就发现我对它产生了一种厌恶之情。这与我原来预料的正好相反，但是——我不知道是怎么回事，也不知道为何至此——它对我明显的喜欢反而使我厌腻，使我烦恼。渐渐地，这种厌烦变成了深恶痛绝。我尽量躲着它，一种羞愧感和对我上次暴行的记忆阻止了我对它进行伤害。几个星期以来，我没有动过它一根毫毛，也没有用别的方式虐待它，但渐渐地——慢慢地——我变得一看见它那丑陋的模样就有一种说不出的憎恶，我就像躲一场瘟疫一样悄悄地对它避而远之。

毫无疑问，使我对那只猫越发憎恶的原因在于我把它领回家的第二天早晨竟发现它与普鲁托一样也被剜掉了一只眼睛。不过这种情况只能使它深受我妻子的钟爱，正如我已经说过的一样，我妻子具有那种曾一度是我的显著特点并是我获取天趣之乐之源泉的博爱之心。

然而，虽说我厌恶那只猫，可它对我似乎却越来越亲热。它以一种读者也许难以理解的执着，寸步不离地跟在我身边。只要我一坐下，它就会蹲在我椅子旁边或者跳到我膝上，以它那股令人讨厌的亲热劲儿在我身上磨蹭。如果我起身走路，它会钻到我两腿之间，曾经险些把我绊倒；要不然它就用又长又尖的爪子抓住我的衣服，顺势爬到我胸前。每当这种时候，我都恨不得一拳把它揍死，但每次我都忍住没有动手，这多少是因为我对上次罪行的记忆，但主要是因为——让我马上承认吧——我打心眼里怕那个畜生。

这种怕不尽然是一种对肉体痛苦的惧怕——但我不知此外该如何为它下定义。我此时也几乎羞于承认——是的，甚至在这间死牢里我也羞于承认——当时那猫在我心中引起的恐怖竟然因为一种可以想象的纯粹的幻觉而日益加剧。我妻子曾不止一次地要我注意看那块白毛斑记的特征，我已经说过那块白斑是这只奇怪的猫与被我吊死的普鲁托之间唯一看得出的差别。读者可能还记得这块白斑虽然很大但原来并不十分明显；但后来慢慢地——慢得几乎难以察觉以致于我的理性在很长一段时间内都竭力把那种缓慢变化视为幻觉——那块白斑终于呈现出一个清清楚楚的轮廓。那是一样我一说到其名称就会浑身发抖的东西的轮廓——由于这一变化，我更加厌恶也更加害怕那个怪物；要是我敢，我早就把它除掉了——如我刚才所说，那是一个可怕的图形——一件可怕的东西的图形——一个绞刑架的图形！——哦，那恐怖和罪恶的——痛苦和死亡的——令人沮丧和害怕的刑具！这下我实在是成了超越人类之不幸的最不幸的人。一只没有理性的动物——一只被我若无其事地吊死了其同类的没有理性的动物——居然为我——为一个按上帝的形象创造出来的人——带来了那么多不堪忍受的苦恼！天哪！无论是白天还是黑夜，我再也得不到安宁的祝福！在白天，那家伙从不让我单独待上一会儿；而在夜里，我常常从说不出有多可怕的恶梦中惊醒，发现那家伙正在朝我脸上呼出热气，发现它巨大的重量——一个我没有力量摆脱的具有肉体的梦魇——永远压在我的心上！在这种痛苦的压迫下，我心中仅存的一点善性也彻底泯灭。邪念成了我唯一的密友——最最丧心病狂的邪念。我原来喜怒无常的脾性发展成了对所有事和所有人的怨恨憎恶；而从我任凭自己陷入的一种经常突然发作的狂怒之中，我毫无怨言的妻子，哦，天哪！我毫无怨言的妻子则是最经常、最宽容的受害者。

一天，为了某件家务事她陪我一道去我们由于贫穷而被迫居住的那幢旧房子的地窖。那只猫跟着我下陡直的阶梯，并因差点儿绊我一跤而令我气得发疯。狂怒中我忘记了那种使我一直未能下手的幼稚的恐惧，我举起一把斧子，对准那只猫就砍，当然，如果斧头按我的意愿落下，那家伙当场就会毙命。但这一斧被我妻子伸手拦住了。这一拦犹如火上浇油，使我的狂怒变成了真正的疯狂，我从她手中抽回我的胳膊，一斧子砍进了她的脑袋。她连哼也没哼一声就倒下死去。

完成了这桩可怕的凶杀，我立即开始仔细考虑藏匿尸体的事。我知道不管是白天还是晚上，我要把尸体搬出那房子都有被邻居看见的危险。我心里有过许多设想。一会儿我想到把尸体剁成碎片烧掉。一会儿我又决定在地窖里为它挖个坟墓。我还仔细考虑过把它扔进院子中那口井——考虑过按杀人者通常的做法把尸体当作货物装箱，然后雇一名搬运工把它搬出那幢房子。最后，我终于想出了一个我认为比其他设想都好的万全之策。我决定把尸体砌进地窖的墙里——就像书中所记载的中世纪僧侣把他们的受害者砌进墙壁一样。

那个地窖派这样一种用场真是再合适不过了。它的墙壁结构很松，而且新近用一种粗泥灰抹过，新抹上的泥灰由于空气潮湿还没有变硬。此外，其中一面墙原来有一个因假烟囱或假壁炉而造成的突出部分，后来那面墙被填补抹平，其表面与地窖的其他墙壁没有两样。我相信我能够轻易地拆开填补部分的砖头，嵌入尸体，再照原样把墙砌好，保管做得叫任何人都看不出丝毫破绽。

这一番深思熟虑没有令我失望。我轻而易举地就用一根撬棍拆开了那些砖头，接着我小心翼翼地置入尸体，使其紧贴内墙保持直立的姿势，然后我稍稍费了点劲儿照原样砌好了拆开的墙。为了尽可能地防患于未然，我弄来了胶泥、沙子和头发，搅拌出了一种与旧泥灰别无二致的抹墙泥，并非常仔细地用这种泥灰抹好了新砌的墙面。完工之后，我对一切都非常满意。那面墙丝毫也看不出被动过的痕迹。地上的残渣碎屑也被我小心地收拾干净。我不无得意地环顾四周，心中暗暗对自己说——“看来我这番辛苦至少没有白费。”接下来我就开始寻找那个造成了这么多不幸的罪魁祸首；因为我终于下定了决心，非要把那畜生置于死地。要是我当时能够找到那只猫，那它肯定必死无疑；可那狡猾的家伙似乎是被我刚才那番狂暴之举所惊吓，知趣地自个儿避开了我那阵雷霆之怒。简直没法形容或想象那只可恶的猫之离去为我带来的那种令人心花怒放的轻松感。它整整一晚上都没有露面——这样，自从它被我领进家门以来，我终于酣畅而平静地睡了一夜；唉，甚至让灵魂承受着行恶之负睡了一夜！

第二天和第三天相继而过，那个折磨我的家伙仍没有回来。我再次作为一个自由人而活着。那怪物已吓得永远逃离了这幢房子！我再也不会见到它的踪影！我心中的快乐无以复加！我犯下的那桩罪孽很少使我感到不安。警方来进行过几次询问，但都被我轻而易举地搪塞过去。他们甚至还来进行过一次搜查——但结果当然是什么也没发现。我认为自己的前景已安然无忧。

在我杀害妻子之后的第四天，一帮警察非常突然地到来，对那幢房子又进行了一番严密的搜查。不过我确信藏尸的地方他们连做梦也想不到，所以我一点儿不感到慌张。那些警察要我陪同他们搜查。他们连一个角落也不放过。最后，他们第三次或是第四次走下地窖。我泰然自若，神色从容。我的心跳就像清白无辜者在睡梦中时那样平静。我从地窖的这端走到那头。我把双臂交叉在胸前，悠哉游哉地踱来踱去。那些警察消除了怀疑正准备要走。这时我心中那股高兴劲儿已难以压抑。我忍不住要开口，哪怕只说一句话，以表示我的得意之情，让他们更加确信我清白无罪。

“先生们，”就在他们踏上台阶之际我终于开了口，“我很高兴消除了你们的怀疑。我祝你们大家身体健康，并再次向诸位表示我微薄的敬意。顺便说一句，先生们，这——这是一座建筑得很好的房子。”（在一种想使语言流畅的疯狂的欲望之中，我几乎不知道自己都说了些什么。）——“请允许我说是一座建筑得最好的房子。这些墙——要走吗，先生们？——这些墙砌得十分牢固。”说到这儿，出于一种纯粹虚张声势的疯狂，我竟然用握在手中的一根手杖使劲敲击其后面就站着我爱妻尸体的那面墙拆砌过砖头的部分。

但愿上帝保佑，救我免遭恶魔的毒手！我敲击墙壁的回响余音刚落，壁墓里就传出一个回应我的声音！——一个哭声，开始低沉压抑且断断续续，就像是一个小孩在抽噎，随之很快就变成了一声长长的、响亮的、而且持续不断的尖叫，其声怪异，非常人所发——那是一种狂笑——一种悲鸣，一半透出恐怖，一半显出得意，就像只有从地狱里才可能发出的那种声音，就像为被罚入地狱而痛苦之灵魂和为灵魂坠入地狱而欢呼的魔鬼共同从喉咙里发出的声音。

现在要来说我的想法可真愚蠢。我当时昏头昏脑，踉踉跄跄地退到对面墙根。由于极度的惊恐和敬畏，台阶上那帮警察一时间呆若木鸡。其后十几条结实的胳膊忙着拆那面墙。墙被拆倒。那具已经腐烂并凝着血块的尸体赫然直立在那帮警探眼前。在尸体的头上正坐着那个有一张血盆大口和一只炯炯独眼的可怕的畜生，是它的狡猾诱使我杀害了妻子，又是它告密的声音把我送到了刽子手手中。原来我把那可怕的家伙砌进了壁墓！

（曹明伦　译）

黑猫

[美国] P · J · 帕里什

一个流浪汉把我们叫到超市外面的角落里。

“我在垃圾车上发现了它。”他边说边指着他那件脏格子衬衫，从口袋里钻出了一只小猫的头。

“我没有地方养它，”他说，“你们能给它一个家吗？”那个小家伙全身都湿漉漉的，沾满了血。它快要死了。

我的丈夫接过它，并给了那个男人二十块钱。已经是周六的深夜，但是我们仍然开车去了宠物紧急诊所。一个小时以后，我们花了两百美元，兽医把我们和小猫送了出来。它很好，他说，它只是饿了，而且失去了一只眼睛。

洗干净后，小猫看起来并不是那么糟糕。它很快就开始长胖，并且在我们家的其他八只猫中找到了自已的位置。

“我们应该给它起个什么名字？”我丈夫问。

“普鲁托。”我说。

当然，那是在埃德加 · 爱伦 · 坡的小说《黑猫》中被虐待的猫的名字。

那时我还不是研究坡的专家，而且离那还很远。像大多数人一样，第一个让我认识坡的人是B级电影导演罗杰·科曼[①]——在《过早埋葬》中雷米兰德从酒杯中喝到了蛆！第二个让我认识坡的人是施耐德教授，他的美国文学介绍课程让我把坡的短篇小说插到了吐温与霍桑之间。

我记得《黑猫》既复杂又难懂，我必须查大量的单词，但仍然不能明白故事中发生了什么。那个人在自称有多么爱他的妻子和猫之后，是怎么把猫的眼睛剜出来，又一斧子砍进了妻子的头里的？他是个骗子、精神病人、魔鬼，还是根本就是个疯子？

大多数评论家说坡“粗俗”，这让我很扫兴。

我有几十年没再看过《黑猫》，很快就把它——以及它的作者——当作陈旧的、无足轻重的而忘掉了。直到我开始写小说以后，我又给了坡第二次机会。虽然我已经出版了一些长篇侦探小说，但我仍然在我的第一篇短篇小说中挣扎。一天，普鲁托坐在我腿上的笔记本电脑上，那时我正盯着黑色的屏幕出神。它不是《黑猫》中的那只猫，但是却让我产生了一种幻觉，好像它和坡的“黑猫”重合了。

我被那个故事击败了，又继续去读其他故事。坡没有变得更好，只是我变老了。周末的午后剧场，坡让我吓破了胆。现在我能明白希望和失望之间的界限了。现在我可以想象由恶魔或者喝醉酒引起的精神错乱的恐怖了。现在我可以理解丰富而混杂的感情、浪漫和骇人之间微妙的变化、现实和超自然现象了。作为一个作家，现在我能欣赏坡的作品那使人迷惑的复杂结构，以及用他称之为“生动的效果”来博取读者的心了。有哪个称职的现代作家不会努力去追求那个效果呢？

如今所有的作家——侦探小说作家、恐怖小说作家、浪漫小说作家，甚至是文学作家——都应该感激他。我最喜欢的作者乔伊斯·卡罗尔·奥茨在她后来出版的短篇小说集《鬼屋》中问道：“谁没有被坡影响过？”奥茨自己也写过一部叫做《白猫》的书，书中的丈夫凶残地嫉妒他妻子的波斯猫。

作家们仍然可以从他那里学到很多。

对于读者来说，这个狡黠的小故事里有许多滋味可以去品尝。

---

① 罗杰·科曼（Roger Corman, 1926– ），美国电影导演。

首先，这是一个非常现代的侦探小说，但是每个读者都必须仔细追寻细微的线索。为什么那个男人会杀了他的妻子？当最终没有人存活下来，你必须去剖析凶手行为背后的心理层面——“沉默的羔羊”的阴影——去发现残忍谋杀的意义。

第二，这是一个关于家庭暴力、反常和犯罪的骇人研究。将它与《泄密的心》——那是坡的作品集里的另一个很好的例子——两个讲述者都否认自己精神失常，但是，他们真的没有病吗？

第三，这是“不可相信的讲述者”叙述的第一个故事。正是偏见、不稳定、有限的知识、蓄意欺骗使故事的讲述者受到嫌疑。有一句台词——“我既不期待也不乞求读者的相信”——是坡为后来的作者铺平了道路，菲茨杰拉德《了不起的盖茨比》中的尼克，詹姆斯《螺丝在拧紧》中的女家庭教师，阿加莎·克里斯蒂《谋杀罗杰》中的谢泼德博士，迪恩·孔茨《奇怪的托马斯》中的厨师，以及丹尼斯·雷哈纳的泰迪·丹尼尔，都是以此为基础创作出来的。

第四，这是交叉体裁的一个早期案例。坡以恐怖小说闻名，但是在《黑猫》中，他模糊了现实与超自然的界限。超自然现象、化身、再生、恐怖、神秘，全在这个故事里，或许还有更多。

最后呢？好吧，这是第一个关于猫的侦探小说。

这又把我们带回到普鲁托这里。我的普鲁托十四岁了，但它老当益壮，精力充沛。小说中的普鲁托死得很恐怖，但这并没有使我感到困扰——直到我开始写小说。你看，在侦探小说作家之中有一条公理：杀死一只动物，你的读者就会对你感兴趣了。

坡在现实生活中非常喜欢猫。他深爱着的虎斑猫卡塔琳娜甚至激发他创作了科学散文《本能与理性——一只黑猫》。

然而，当他提起笔时，他一点也不害怕杀死这只猫。你不得不钦佩一个肯冒这么大风险的作家。

（李旭大　译）

思考与讨论：

谈谈你喜欢的侦探小说家及其作品。

拓展阅读：

《大师的背影》，迈克尔·康奈利编著，曹明伦、李旭大译，新星出版社，2009年。

《罗杰疑案》阿加莎·克里斯蒂著，张江云译，人民文学出版社，2006年。

园丁集（节选）

[印度] 泰戈尔

2

“啊，诗人，夜晚渐临；你的头发已经变白。

“在你孤寂的沉思中听到了来生的消息吗？”

“是夜晚了。”诗人说，“夜虽已晚，我还在静听，因为也许有人会从村中呼唤。

“我看守着，是否有年轻的飘游的心聚在一起，两对渴望的眼睛切求有音乐来打破他们的沉默，并替他们说话。

“如果我坐在生命的岸边默想着死亡和来世，又有谁来编写他们的热情的诗歌呢？”

“早现的晚星消隐了。

“火葬灰中的红光在沉静的河边慢慢地熄灭下去。

“残月的微光下，胡狼从空宅的庭院里齐声嗥叫。

当我床前的灯熄灭了，我和晨鸟一同醒起

即使爱只给你带来了哀愁，也信任它。
不要把你的心关起。

“假如有游子们离了家，到这里来守夜，低头静听黑暗的微语，有谁把生命的秘密向他耳边低诉呢，如果我关起门户，企图摆脱世俗的牵缠？”

“我的头发变白是一件小事。

“我是永远和这村里最年轻的人一样年轻，最年老的人一样年老。

“有的人发出甜柔单纯的微笑，有的人眼里含着狡狯的闪光。

“有的人在白天流涌着眼泪，有的人的眼泪却隐藏在幽暗里。

“他们都需要我，我没有时间去冥想来生。

“我和每一个人都是同年的，我的头发变白了又该怎样呢？”

8

当我床前的灯熄灭了，我和晨鸟一同醒起。

我在散发上戴上新鲜的花串，坐在洞开的窗前。

那年轻的行人在玫瑰色的朝霭中从大路上来了。

珠链在他的颈上，阳光在他的冠上。他停在我的门前，用切望的呼声问我：“她在哪里呢？”

因为深深害羞，我不好意思说出：“她就是我，年轻的行人，她就是我。”

黄昏来到，还未上灯。

我心绪不宁地编着头发。

在落日的光辉中年轻的行人驾着车辇来了。

他的驾车的马，嘴里喷着白沫，他的衣袍上蒙着尘土。

他在我的门前下车，用疲乏的声音问：“她在哪里呢？”

因为深深害羞，我不好意思说出：“她就是我，愁倦的行人，她就是我。”

一个四月的夜晚。我的屋里点着灯。

南风温柔地吹来。多言的鹦鹉在笼里睡着了。

我的衷衣和孔雀颈毛一样地华彩，我的披纱和嫩草一样地碧青。

我坐在窗前地上看望着冷落的街道。

在沉黑的夜中我不住地低吟着："她就是我，失望的行人，她就是我。"

27

"即使爱只给你带来了哀愁，也信任它。不要把你的心关起。"

"啊，不，我的朋友，你的话语太隐晦了，我不懂得。"

"心是应该和一滴眼泪、一首诗歌一起送给人的，我爱。"

"啊，不，我的朋友，你的话语太隐晦了，我不懂得。"

"喜乐像露珠一样地脆弱，它在欢笑中死去。哀愁却是坚强而耐久。让含愁的爱在你眼中醒起吧。"

"啊，不，我的朋友，你的话语太隐晦了，我不懂得。"

"荷花在日中开放，丢掉了自己的一切所有。在永生的冬雾里，它将不再含苞。"

"啊，不，我的朋友，你的话语太隐晦了，我不懂得。"

63

行路人，你必须走吗？

夜是静寂的，黑暗在树林上昏睡。

我们的凉台上灯火辉煌，繁花鲜美，青春的眼睛还清醒着。

你离开的时间到了吗？

行路人，你必须走吗？

我们不曾用恳求的手臂来抱住你的双足。

你的门开着。你的立在门外的马，也已上了鞍鞯。

如果我们想拦住你的去路，也只是用我们的歌曲。

如果我们曾想挽留你，也只是用我们的眼睛。

行路人，我们没有希望留住你，我们只有眼泪。

在你眼里发光的是什么样的不灭之火？

在你血管中奔流的是什么样的不宁的热力？

从黑暗中有什么召唤在引动你？

你从天上的星星中，念到什么可怕的咒语，就是黑夜沉默而异样地走进你心中时带来的那个密封的秘密的消息？

如果我不喜欢那热闹的集会，如果你需要安静，困乏的心啊，我们就吹灭灯火，停止琴声。

我们将在风叶声中静坐在黑暗里，倦乏的月亮将在你窗上洒上苍白的光辉。

啊，行路人，是什么不眠的精灵从中夜的心中和你接触了呢？

67

虽然夜晚缓步走来，让一切歌声停息；

虽然你的伙伴都去休息而你也倦乏了；

虽然恐怖在黑暗中弥漫，天空的脸也被面纱遮起；

但是，鸟儿，我的鸟儿，听我的话，不要垂翅吧。

这不是林中树叶的阴影，这是大海涨溢，像一条深黑的龙蛇。

这不是盛开的茉莉花的跳舞，这是闪光的水沫。

啊，何处是阳光下的绿岸，何处是你的窝巢？

鸟儿，啊，我的鸟儿，听我的话，不要垂翅吧。

长夜躺在你的路边，黎明在朦胧的山后睡眠。

星辰屏息地数着时间，柔弱的月儿在夜中浮泛。

鸟儿，啊，我的鸟儿，听我的话，不要垂翅吧。

对于你，这里没有希望，没有恐怖。

这里没有消息，没有低语，没有呼唤。

这里没有家，没有休息的床。

这里只有你自己的一双翅翼和无路的天空。

鸟儿，啊，我的鸟儿，听我的话，不要垂翅吧。

83

她住在玉米地边的山畔，靠近那股嘻笑着流经古树的庄严的阴影的清泉。女人们提罐到这里来装水，过客们在这里谈话休息。她每天随着潺潺的泉韵工作幻想。

有一天，一个陌生人从云中的山上下来；她的头发像醉蛇一样的纷乱。我们惊奇地问："你是谁？"她不回答，只坐在喧闹的水边，沉默地望着她的茅屋。我们吓得心跳。到了夜里，我们都回家去了。

第二天早晨，女人们到杉树下的泉边取水，她们发现她茅屋的门开着，但是，她的声音没有了，她的微笑的脸哪里去了呢？

空罐立在地上，她屋角的灯，油尽火灭了。没有人晓得在黎明以前她跑到哪里去了——那个陌生人也不见了。

到了五月，阳光渐强，冰雪化尽，我们坐在泉边哭泣。我们心里想："她去的地方有泉水吗，在这炎热焦渴的天气中，她能到哪里去取水呢？"我们惶恐地对问："在我们住的山外还有地方吗？"

夏天的夜里，微风从南方吹来；我坐在她的空屋里，没有点上的灯仍在那里立着。忽然间那座山峰，像帘幕拉开一样从我眼前消失了。"啊，那是她来了。你好吗，我的孩子？你快乐吗？在无遮的天空下，你有个荫凉的地方吗？可怜啊，我们的泉水不在这里供你解渴。”

“那边还是那个天空，”她说，“只是不受屏山的遮隔——也还是那股流泉长成江河——也还是那片土地伸广变成平原。”“一切都有了，”我叹息说，“只有我们不在。”她含愁地笑着说：“你们是在我的心里。”我醒起听见泉流潺潺，杉树的叶子在夜中沙沙地响着。

85

你是什么人，读者，百年后读着我的诗?

我不能从春天的财富里送你一朵花，从天边的云彩里送你一片金影。

开起门来四望吧。

从你的群花盛开的园子里，采取百年前消逝了的花儿的芬芳记忆。

在你心的欢乐里，愿你感到一个春晨吟唱的活的欢乐，把它快乐的声音，传过一百年的时间。

(冰心　译)

致大海

[俄罗斯] 普希金

再见吧，自由的原素！
最后一次了，在我眼前
你的蓝色的浪头翻滚起伏，
你的骄傲的美闪烁壮观。

仿佛友人的忧郁的絮语，
仿佛他别离一刻的招呼，
最后一次了，我听着你的
喧声呼唤，你的沉郁的吐诉。

我全心渴望的国度呀，大海！
多么常常的，在你的岸上
我静静地，迷惘地徘徊，

苦思着我那珍爱的愿望[①]。

啊，我多么爱听你的回声，
那喑哑的声音，那深渊之歌，
我爱听你黄昏时分的幽静，
和你任性的脾气的发作！

渔人的渺小的帆凭着
你的喜怒无常的保护
在两齿之间大胆地滑过，
但你若汹涌起来，无法克服，
成群的渔船就会覆没。

直到现在，我还不能离开
这令我厌烦的凝固的石岸，
我还没有热烈地拥抱你，大海！
也没有让我的诗情的波澜
随着你的山脊跑开！

你在期待，呼唤……我却被缚住，
我的心徒然想要挣脱开，
是更强烈的感情把我迷住，
于是我在岸边留下来……

有什么可顾惜的？而今哪里
能使我奔上坦荡的途径？

① 诗人有一度想从敖德萨偷渡出海，逃避流放，但未成功。

在你的荒凉中，只有一件东西
也许还激动我的心灵。

一面峭壁，一座光荣的坟墓……
那里，种种伟大的回忆
已在寒冷的梦里沉没，
啊，是拿破仑熄灭在那里①。

他已经在苦恼里长眠。
紧随着他，另一个天才
象风暴之声驰过我们面前，
啊，我们心灵的另一个主宰②。

他去了，使自由在悲泣中！
他把自己的桂冠留给世上。
喧腾吧，为险恶的天时而汹涌，
噢，大海！他曾经为你歌唱。

他是由你的精气塑成的，
海啊，他是你的形象的反映；
他象你似的深沉、有力、阴郁，
他也倔强得和你一样。

世界空虚了……哦，海洋，
现在你还能把我带到哪里？

---

① 拿破仑于1821年死于圣·海伦那岛的囚居中。
② 指英国诗人拜伦。拜伦在1821年参加希腊革命时死去。

普希金塑像

到处，人们的命运都是一样：
哪里有幸福，必有教育
或暴君看守得非常严密。

再见吧，大海！你壮观的美色
将永远不会被我遗忘；
我将久久地，久久地听着
你在黄昏时分的轰响。

心里充满了你，我将要把
你的山岩，你的海湾，
你的光和影，你的浪花的喋喋，
带到森林，带到寂静的荒原。

（查良铮　译）

思考与讨论：

1. 泰戈尔的诗，抒情与哲理融合无间。谈谈本篇所选几首诗的抒情和哲理。
2. “你是什么人，读者，百年后读着我的诗？”通过诗，你能够和诗人建立起什么样的联系？

拓展阅读：

《聂鲁达诗选》，聂鲁达著，黄灿然译，河北教育出版社，2003年。

《普希金诗选》，普希金著，冯春译，上海译文出版社，1992年。

《飞鸟集》，泰戈尔著，郑振铎译，外语教学与研究出版社，2010年。

当你老了

[爱尔兰] 叶芝

当你老了，头白了，睡思昏沉，
炉火旁打盹，请取下这部诗歌，
慢慢读，回想你过去眼神的柔和，
回想它们昔日浓重的阴影；

多少人爱你青春欢畅的时辰，
爱慕你的美丽，假意或真心，
只有一个人爱你那朝圣者的灵魂，
爱你衰老了的脸上痛苦的皱纹；

垂下头来，在红光闪耀的炉子旁，
凄然地轻轻诉说那爱情的消逝，
在头顶的山上它缓缓踱着步子，
在一群星星中间隐藏着脸庞。

（袁可嘉　译）

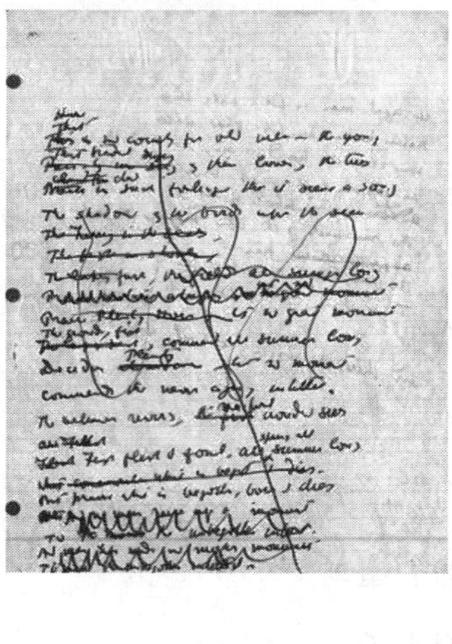

上　叶芝

下　叶芝手稿

在抄袭之间

西　川

《当你老了》这首诗是威廉·巴特勒·叶芝（1865—1939）的早期作品，被收入他于1893年出版的《玫瑰集》中。叶芝一般被认为是“后期象征主义”的代表人物，但是在袁可嘉先生主编的《欧美现代十大流派诗选》中，《当你老了》并没有像《驶向拜占庭》和《在学童中间》等作品一样被归入象征主义部分，而是被划归唯美主义部分。早期的叶芝，或曰唯美的叶芝，1889年得遇爱尔兰争取民族自治运动的领导人之一、美丽的女演员茅德·冈。此次相遇在叶芝的灵魂中种下了爱的苦种。尽管在晚年，叶芝对茅德·冈流露过责难之情，但可以说茅德·冈对叶芝的拒绝成全了作为诗人的叶芝，叶芝所有的感伤和痛苦都与茅德·冈有关。他在自己的作品中塑造了一位光辉的女性，并且把这位女性牢牢地挽留在了自己的世界里。每当我读到《当你老了》，我都会无意识地忽略掉另外一个男人，茅德·冈的丈夫，1916年复活节为争取爱尔兰民族自治而参加爱尔兰共和兄弟会起义并且献身的麦克布莱德少校。这对于麦克布莱德少校多少有些不公平，但我只能将此归因于叶芝的诗写得太好了。

《当你老了》一诗虽然是叶芝20多岁时的作品，但在艺术上可说是臻于完美之作。古今爱情诗车载斗量，而这首诗却由于其对时间的假设（容纳）而熠熠闪光。它赢得了众多的读者，在我国，即使像穆旦（查良铮）这样优秀的诗人兼翻译家，也忍不住要对它来一番抄袭。穆旦作于1944年的《赠别》一诗的最后一节是这样写的：

等你老了，独自对着炉火，

就会知道有一个灵魂也静静的，

他曾经爱过你的变化无尽，

旅梦碎了，他爱你的愁绪纷纷。

诗的意象、诗的语调，特别是诗的视角，都与叶芝《当你老了》的第一节和第二节如出一辙，只是没有叶芝的诗写得从容有力。叶芝写到“眼神的柔和”和“浓重的阴影”，写到诗中女性那“朝圣者的灵魂”，并由此展示了诗人自己的灵魂成色。在这些方面，叶芝是不会被抄袭所淹没的。

我无意指责穆旦的抄袭，我只是想说明一个问题，即如果说穆旦抄袭了叶芝，那么我们可否就说叶芝在运用时间假设时便是首创。很多人强调诗歌的真情实感，认为诗歌应该，而且只能从直接经验中来，却并不了解诗歌写作中的文本互动现象。生活固然为诗人提供了写作素材和情感源泉，但诗人们仍然不免从已有的作品中获得启发。好的诗歌总会诱引着诗人们的写作欲望。正因为如此，博尔赫斯才告诫作家们：“不要抄袭近代作家。”这大概是为了礼貌和创新的缘故。事实上，除了古埃及的《亡灵书》、古巴比伦的《吉尔伽美什》、圣经中的《雅歌》、古希腊的荷马史诗、古印度的《摩诃婆罗多》和《罗摩衍那》这些作品我们姑且称之为原创之作外，人类进入文明社会以来的大多数文学作品在文本上都是渊源有自。据说T.S.艾略特在写作《小吉丁》之前曾花大量时间阅读但丁的《神曲》，以使自己进入写作状态。有一种谬见，以为书本对于写作会形成打扰，以为来自诗句的诗句是不真诚的，没有才气的，但文学史上众多的“抄袭”和“模仿”似乎要逼着我们给“真诚”和“才气”重下定义。

与穆旦抄袭叶芝相似，叶芝“当你老了”的时间假设也并非叶芝的独创。我们在法国诗人龙沙的组诗《致埃莱娜的十四行诗》中发现，早在16世纪，龙沙就采用了这种时间假设。《致埃莱娜的十四行诗》写于1574年，是献给他爱恋的亨利二世王后的侍女埃莱娜的。这组诗一向被认为是龙沙情诗中最好的作品。组诗之一也是以假设的衰老开始：

当你十分衰老时，傍晚烛光下
独坐炉边，手里纺着纱线，
赞赏地吟着我的诗，你自语自言：
“龙沙爱慕我，当我正美貌华年。”

你的女仆再不会那样冷漠，
虽然在操劳之后她睡意方酣，
听见你说起龙沙，她也会醒转
用永生不朽为你的名字祈福。

我将长眠地下，化作无形的幽灵：
我将安息在香桃木的树荫；
而你会成为老妇人蜷缩炉边，
痛惜我的爱情，悔恨自己的骄矜。

你若信我言，活着吧，不必等明天，
请从今天起采摘生命的朵朵玫瑰。

（陈敬容　译）

龙沙的诗虽然有名，但存在着种种缺点。法国当代学者让·絮拜维尔在其《法国诗歌历史及理论》（中译本改名为《法国诗学概论》）一书中指出，在这首诗中，龙沙用现在分词加上一串不定式，因而有损其精美。我们姑且撇开此诗在法语原文中的缺陷，单单比较一下此诗与叶芝诗在大体上的不同效果。龙沙的诗似乎没有完全展开，诗中有太多诗人的自以为是，而且语言缺乏穿透力。不过尽管如此，我们却在这里看到了叶芝《当你老了》一诗的渊源。按照美国理论家哈罗德·布鲁姆在其《影响的焦虑》一书中所表述的观点，每一个强力诗都会生出自己精神的父亲。就总体而言，叶芝生出了布莱克和雪莱，但在《当你老了》这首诗中，叶芝显然生出了龙沙。叶芝尽管袭用了龙沙的时间角度，但他却用自己的作品超越了龙沙。在《致埃莱娜的十四行诗》中，龙沙将王后的侍女写得尽量生活化，也即是尽量将艺术生活化。他把自己高贵的恋人写成一个纺织的妇女，他努力挖掘这一农业形象的诗意。看来也正是龙沙的这一努力，刺激着沉思默想的瓦雷里非要虚构出一首《纺织女》不可。瓦雷里的纺织女是艺术化的纺织女，诗歌指向既非向下，亦非向上，而龙沙作品的指向却是向下的。如果从这个角度来读叶芝的《当你老了》，则叶芝与龙沙、瓦雷里均不同。他尽量赋予一个生活中的人以崇高的内涵，他尽量将生活艺术化，将诗歌指向星空。这大概与叶芝写作此诗时的年龄有关：青年人总是免不了要赋予事物以崇高感，或者更进一步：宗教感。因此叶芝在诗的结尾处写到了星辰，爱的面庞隐藏其间。他不可能像龙沙一样把诗引向享乐主义。龙沙在诗结尾处表达的思想，既与17世纪英国诗人罗伯特·赫里克在《致妙龄少女：莫说青春》一诗中表达的思想相似，也与我国唐代流行歌词《金缕衣》中表达的思想相呼应："有花堪折直须折，莫待无花空折枝。"

叶芝不是一个享乐主义者，尽管从他对女性的态度上看，他也不是一个基督教式的禁欲主义者。他更像是接受了古希腊人的妇女观，热爱女性的成熟之美和灵魂的光芒。在这一点上他与属于拉斐尔前派的但丁·罗塞蒂和迷恋纯洁少女的里尔克形成了对照。叶芝不是一个享乐主义者，他把诗歌引向了神秘主义。他深入到斯维登堡与布莱克的神秘主义传统之中，而且在1887年前后参加了伦敦著名的神秘主义者巴拉弗斯基夫人的"接神论"团体。叶芝的这些经历势必影响到他的写作。在《当你老了》这首诗中，他把爱和时间、爱和灵魂、诗人之爱与众人之爱糅合在一起，并把它们引向星辰、引向神秘，使得这首诗获得了一种特殊的魅力。

我喜欢这首诗，因为它同时写出诗人自己和诗的对象。那有着"朝圣者灵魂"的女性是不多见的。当女性从但丁的小姑娘贝亚德丽采、彼特拉克的小姑娘劳丽恩，一落再落到纳博科夫的洛丽塔、巴塞尔姆的白雪公主时，那有着"朝圣者灵魂”的“你”显得光芒四射，而面对这样一个“你”，叶芝显得多么与众不同。

1995年6月8日

思考与讨论：

1. 比较叶芝的诗和西川文中所引龙沙的诗，谈谈它们之间有什么不同？有哪些因素可能导致一首诗的优劣？
2. 可以从网上查找这首诗的不同中译，试做比较。

拓展阅读：

《丽达与天鹅》，叶芝著，裘小龙译，漓江出版社，1987年。

《里尔克诗选》，里尔克著，臧棣编，中国文学出版社，1996年。

春

［俄罗斯］米·普里什文

春之初

1月18日晨，零下20度，可是到了中午却从屋顶上滴下雪水。这天从早到晚象鲜花那么盛开，象水晶一般晶莹。一棵棵云杉覆满了雪，伫立在那里，好似用雪花石膏塑成的，整整一天都在变幻着颜色：从玫瑰红到湛蓝。天上久久地挂着一钩残月，就在月亮下边，沿着地平线，铺展着各种色彩。这春返世间的第一天美不胜收，我们是在行猎之中度过的。尽管天寒地冻，兔子却没有躺在沼泽地里（那本是大冷天它们理应栖止的地方），而密密麻麻地躺在旷野的灌木丛中和林边的孤树林里。

一只深红色的眼睛

滴水成冰，万汇更加寂静了。暮色沉沉。光秃秃的灌木林黑了下来，仿佛这是树林本身在全神贯注地准备过夜。夕阳象一只深红色的眼睛透过灌木林中的黑暗俯视着下界。隔着灌木林这只红色的眼睛不比人的眼睛大。

春寒

这天夜里寒流和朔风公然跟太阳作对，闹腾得天下大乱，连蓝色的堇菜也覆满了晶莹的雪花，只要手一碰就会断。本以为太阳遭到如此奇耻大辱，早晨大概不好意思再升起来了。要重振旗鼓谈何容易，然而春天的太阳是不会在羞辱前退却的，刚过早晨八点，骑马的人跃过路边一个水洼时，洼中已映满阳光。

蓝影

雪后天霁，寒冷，明亮。昨天新下的雪覆在原来的积雪的冰壳上，像是熠熠闪光的扑粉。旷野上的冰壳在阳光下没有一处坍陷，比在背阴处还要结实。每一丛多年的苦艾、牛差、野草都把这熠熠闪光的新雪当作镜子来照，它们看到自己的身影是蓝色的，美丽的。我试着在宽沟中把这副景象拍摄下来，有只狐狸在那里留下了许多足迹。

春来迟

夜里没上冻。白天是灰不溜丢的，而且并不暖和。不消说，春天在行进，池塘虽未全部解冻，可青蛙已探出身子，在压低声音鸣叫。这声音好似几百辆大车顺着公路远远地朝我们驶来。春耕在继续。最后的一堆堆积雪正在融化。但是从泥地里没有冒出热气，在河边也不感到舒适。我们觉得春天的步伐过于缓慢，虽说它还算是来得早的。我们感到不舒适，因为雪不是在冬天，而是在不久之前下的，过早化冻的土地冷得跟季节不相称。核桃树正在开花，但尚未分泌花粉，一只小鸟停到葇荑花序上，可没扬起如烟的粉末。簇叶正从积雪下钻出来，叶子被压得紧贴在一起，颜色是灰的。

昨天有只丘鹬啄着这团簇叶，想挖出下边的蚯蚓；这时我们正巧走过，吓得它飞了起来，都来不及甩掉套在喙上的陈年山杨叶。我射死了这只丘鹬，我们数了一下，它喙上套着十片陈年的山杨叶子。

三月杪的道路

白天，所有春天的鸟飞集到春天的路上觅食，而夜里野兽在道路上出没，这反使鸟不致陷入粉状的积雪而无法自拔。人们还可以有很长一段时间乘雪橇奔走于这条火红色的道路上，奔走于牲口的粪便之上，牲口的粪便可推迟冰的溶化。路边渐渐形成了一道堤围，以阻挡向它袭来的春天的水溪。春溪在路的一边汇成了一个湖塘，但无碍于人们带着小男孩驾着雪橇奔驰在路上。可是春水以巨大的力量压迫着堤围，当新的溪流增添了水量的时候，堤围终于溃决，于是喧闹的春溪截断了乘雪橇的人的去路。

天然的晴雨计

忽而晴忽而雨。我拍摄我的小溪时，弄湿了一只脚，正想坐到蚂蚁窝上（按冬天的习惯），发现蚂蚁出洞了，蜜蜜麻麻，一个紧挨着一个，停在那里等待着什么，或者说已苏醒了过来，正准备出工。而几天前寒潮来临前夕，天气也非常暖和，我们都感到奇怪，怎么没见到蚂蚁，白桦为什么不流树液。几天后，夜间开始大寒，零下18度，原来白桦也好，蚂蚁也好，从冰冷的泥土推知要来寒潮。如今泥土解冻了，于是白桦流出树液，蚂蚁也出洞了。

春　溪

在猎丘鹬时听到了水声。水流经山谷的草地时静消消的，没有一息声音，只是偶尔有一道水流跟另一道水流迎面相遇，才发出泼溅之声。我侧耳倾听，等待着下一次的泼溅声，心中纳闷：怎么会有水流迎面相遇的？也许有条小溪是从那边山顶上的积雪下流出来的，积雪不时融化，就使得溪水中有水流在此处相撞，也许……也许的事还少吗？你只要着手去考察一条春溪的生活，便能知道只有当你了解了周围宇宙的生活之后，才能彻底了解春溪。

最初的溪流

我听到一阵轻微的咕咕的叫声，准是有只鸟飞了起来，我连忙跑到猎狗凯泰那里去，想看看丘鹬是不是真的飞迁来了。可凯泰很平静地在那里跑来跑去。我便折回去观赏春汛，半路上又听到跟刚才一模一样的那种咕咕声。响了一阵又一阵。当再听到这种声音时，我终于意识到已无须再往前走。这声音渐渐地不再间断，我恍然大悟这是某处雪下一条涓涓细流在吟唱。我高兴极了，跑去倾听其他溪流的声音，惊奇地发现每条溪流都有其独特的流水声。

姗姗来迟的溪流

树林里暖洋洋的。草在返青，在灰不溜丢的树丛间青草显得那么鲜艳！一条条多么鲜嫩的草径呀！多么沉寂，宁静！5月1日这天是由杜鹃开始的，现在它更勇敢了。在落霞染红天际时，黑琴鸡便喃喃絮语。星星好似柳树，在透明的云翳中显得日益臃肿。白桦在暮色中泛出白光。羊肚蘑菇一簇又一簇地长了出来。山杨树上孳生着灰色的小虫。有条春溪姗姗来迟，耽误了尽情奔流的季节，如今只能在青草地上湉湉地流淌，载走由白桦折断的枝桠中滴下的树液。

春　汛

积雪还相当深，可是已成粉粒状，兔子上去一下子就能陷到地面，兔子的腹部碰着哪里，哪里的雪面就给梳理得整整齐齐。

除了大道外，鸟现在还飞集到田头泛黑的地方觅食。

每逢下雨，所有的白桦都仿佛在喜极而泣；晶莹的泪珠滴落到雪地里，久而久之，雪就成了粉粒状。

路上只剩下残冰了，踩上去嘎吱嘎吱发响，这叫冰壳。春水流经的溪床虽还覆着冰壳，但冰已塌陷，软化，兔子每天夜里都涉水穿过这发黄的溪床到对岸去，在溪床上留下了一行行足迹。

普里什文和他的猎犬

溪流和小径

松林旁的小径上雪已溶尽，路面也已干了，傍着小径，喧闹地流着一条小溪。在林边的太阳地里，小溪就这样伴着小径奔向远处。而在小溪的另一边，在北山坡的松树间，静卧着西伯利亚原始森林至今还原封未动的积雪。

亮晶晶的水滴

阳光和微风。春雪遍地。山雀和交嘴雀唱着求偶的歌。溪床上的冰层好似玻璃那样，劈啪有声地碎裂。小白桦被阳光抹上了玫瑰红的色彩，跟深色的松林相映成趣。阳光在铁皮屋顶上建造了一个象山顶上的冰川那样的水源。从那里，就象从真正的冰川中那样，源源不断地淌下水来，于是冰川便一步步后退。冰川和屋檐之间的那片晒热的铁皮屋面泛出乌油油的颜色，变得越来越宽。屋顶上暖烘烘的，而在寒冷的背阴处，屋檐上悬着冰锥。从屋顶上淌下的细细的水流，流向冰锥。这水流一碰到冰锥就冻住了，因此到了早晨冰锥连结屋檐的一头就会粗上一大圈。当太阳覆满屋顶，照着冰锥的时候，寒气消失了，于是由冰川流出的水便沿着冰锥往下流淌，滴下金黄色的雪水。所有的屋顶都是这样，入暮前，全城处处都在滴落招人喜欢的金黄色的雪水。

在太阳落山前很久，背阴处就上冻了，虽说屋顶上的冰川仍在后退，雪水仍沿着冰锥往下流淌，但总有一些水在背阴处的冰锥尖尖上冻牢，天色越晚，冻牢的越多，于是冰锥在黄昏时分变长了。次日旭日再升之后，冰川再度后退，冰锥在早晨进一步加粗，而在黄昏时分进一步加长。就这样一天粗似一天，一天长似一天。

淫雨连绵

我窗前的椴树上宽大的叶芽苍翠欲滴，每片叶芽上都有一滴晶莹的雨珠，而且跟叶芽一般大。叶芽上的雨珠顺着细小的树枝滚向下边一片叶芽，同那片叶芽旁的水珠汇合，滴到地上。而在高处，瓢泼般的雨水顺着粗大的枝桠的树皮，就象顺着河床那样，一泻而下，然后分成无数支流，沿着细小的水珠和细枝向前流去，以替代滴落的雨水。就这样，整个树上都披满雨水，又滴下雨水。

大雨一刻不停地下了整整一个半昼夜。公路成了春天的泥淖。我把泥淖拍摄了下来，还拍摄了路旁滴着硕大的雨珠的呈十字形的幼龄松。幼龄松的树梢不滴雨水，我把它置于空中而把四周都滴下大颗雨珠的树的下半部置于黑森森的树林的背景下，以便雨珠有深色衬托，显得晶莹明亮。

珠 光

夜间由树林回来累得筋疲力尽，可是再累也压不倒我心头的欢乐，我意识到我今天成了不可遏制的初春的目击者，既有鲜花，又有鸟叫。

在光秃秃的树林里，早发的柳树好似枝形吊灯，好似梦境，好似幻影。此外还有羊肚蘑菇，报春花，银莲花，瑞香，叶芽的光泽，树枝上水珠的珠光。

入暮之前

由于刮热风，白天变得非常暖和，到黄昏猎丘鹬时，春天已进入新的阶段。早发的柳树几乎在同一时刻绽开了花朵，善歌的鸫鸟婉转啼唱，池塘被青蛙搅得浪花四溅，此起彼伏的蛙鼓充斥了黄昏时分的空气。鼩鼱在入暮之前互相追逐，在它们熟悉的环境下，由山杨叶簇掩蔽它们，对我们来说，就象水中的游鱼一样难以企及。

该是放蜂的时候了

草地上行将泯灭的苍白的残冰，往往会同白天日晖下行将泯灭的苍白的残月，形影相吊。

一只北归的猛禽迎面朝我飞来，看清我是谁之后，陡地掉头飞回去了。

密林深处的喜鹊听到冰在我脚下嚓嚓作响，便惊慌地叫起来。冰在太阳照射下，自己也会发出嚓嚓的坼裂声。可密林深处的喜鹊既懂得前一种响声，也懂得后一种，它对后一种响声是不作出反应的。

林中的鸽子开始咕咕叫。

大概已经到了放蜂的时候了。

雪面的冰层

又是一个寒气袭人、然而阳光普照的大晴天，路上的车撤内奔流着溪水，树林里尽管满是积雪，也有一两个小时是暖洋洋的。

我踏着齐腹深的积雪，费尽九牛二虎之力，来到林中旷地，那里有一道我喜爱的溪流。在一棵白桦树边，我发现从雪堆底下流出一道雪水，我把它作为春汛的肇始拍摄了下来。夜间寒气很盛，以致有的地方雪面的冰层冻得非常坚固，你要是踏上不坚固的冰层，就有你麻烦的。现在早晨可以踩着冰层进入树林深处，可是中午太阳把冰层晒融了，你就得留在树林里，走不出来了，一直要耽到夜寒再临，万汇又铺上冰层之后，方有可能走出树林。

春　装

再过几天，至多一个礼拜左右吧，树林中这座不可思议的自然界的殿堂就将长满鲜花、芳草、青苔和纤细的萌芽枝。看着自然界如何一年两度精心打扮它的死气沉沉的枯黄的骨骼，不能不为之感动：一次是春天，用鲜花遮没它的骨骼，免得叫我们看见，一次是秋天，用雪。

核桃和赤杨还在开花，即使此刻，它们金灿灿的葇荑花序一被小鸟碰着，仍会扬起花粉，然而现在的天下已不是它们的了。它们虽然还活着，可它们的时代已经过去。现在有一种象繁星一般的蓝色小花，以其数量之多和姿色之美，令人惊讶地主宰着世界。偶尔可以见到瑞香，也叫人叹为观止。

林间道路上的冰已融化一尽，而牲口粪还留在那里，松球和杉球中的许多种子好像嗅到了粪便的气味，纷纷飞落到路上。

核桃树的花粉

晴雨计的水银柱往下降，可是没有下雨，替代滋润万物的春雨的是料峭的寒风。纵然如此，春天仍在行进。今天一天之内草地便返青了，最早绿的是溪流两岸，后来是大路附近朝南的岸坡，到黄昏时分到处都绿了。翻耕过的田地上一垄垄波浪似的泥土赏心悦目。那泥土吞食了青草，变得越来越黑。稠李花上的叶芽今天摇身一变，全成了绿油油的小梭标。核桃树的葇荑花序开始扬粉只要有一只小鸟飞过，就会扬起一股花粉。

喜悦的泪水

晚上去捷里勃洛沃，子夜一时出门去打松鸡，冒着连绵不断的雨在树林里绯徊到八点，一无所获。没有听到一声松鸡叫。归途中看到了一棵叶芽已长大的山杨，我认出就是昨晚见到的那棵，那时它在夜寒中散发出浓烈的香味。雨一直下到早晨方停。

早晨阴沉沉的，浴后的树林泪珠滚滚，这是喜悦的还是痛苦的泪水，不得而知。不过置身室内，隔着墙壁仍能听到鸟在啁啾啼鸣，这使我们明白洋溢于窗外白桦枝头的不是痛苦而是喜悦。

雷　雨

午前狂风大作，还未披上树叶的山杨林中枝桠互相撞击，听得人心惊胆战。黄昏下起了猛烈的雷雨。拉达吓得躲到我床下。它完全吓疯了，整整一夜都痴迷不醒，尽管雷雨早停了。早晨六点，我把它拽到院子里，让它看看早晨的天气有多明朗，清新。它很快就恢复了神志。

稠李花落

稠李花谢了，牛蒡、荨麻，乃至所有的青草上都落满了白色的花瓣。然而接骨木和在它们身下的草莓却在开花。有些玲兰的蓓蕾也已绽开。繁茂的山杨树叶绿得十分娇嫩，燕麦苗势很盛，象是排列在黑土的田野上的小小的草绿色士兵。苔草高高地戳起在沼泽中，把绿色的阴影投在这黑沉沉的无底深渊上，轻浮的甲虫在乌黑的水面上打着旋，蓝色的晴蜓由一丛绿色的苔草飞至另一丛。

我沿着荨麻丛中泛白的小径走去，荨麻的气息那么强烈，醺得我浑身发痒。一对鹈鸟夫妇惊慌地叫着，把一只凶残的乌鸦远远逐离它们的窝。真是有趣：数不胜数的飞禽走兽生活中的每一件小事无不涉及世间整个生活的性活动。

一根满是节疤的原木

植物的花粉落满了林中的小河，以致河水无法映出两岸参天的大树和天上的云朵。小河上春汛时节的便桥，一根满是节疤的原木，架在两岸间，高悬空中，走在上边准会摔下去，磕得头破血流。

如今谁也不需要这座便桥了，只消踩着石子就可过河。可是有只松鼠却正在桥上走着，嘴里叼着一根长长的东西。松鼠不时停下来，摆弄一下这根长东西，也许是吃上几口，然后又往前走。我故意在桥头吓了它一下，指望它吐掉卤获物。那么我就可以看看这究竟是什么东西，它也可能会跳到山杨树上去。那只吓坏了的松鼠果真跳上了山杨树，可嘴里仍衔着卤获物。它没在山杨树上滞留，从树尖上纵身一跃，就凌空飞到了一棵松树上，随即隐没在密林中了。

杨　絮

我把山杨树上的鞭毛虫拍摄了下来，山杨正在飞絮。蜜蜂好似一球球飞絮，逆着阳光和风飞着，其实很难辨清这是飞絮还是蜜蜂，是植物的种子飞往他处去生根发芽，还是昆虫在觅食。

夜静静的，一夜下来，路上和水塘里都落满了杨絮，象覆着一层雪。我不由得忆起了那一小片山杨树林，林中铺着厚厚一层杨絮，我们把杨絮点燃了，火苗在小树林中窜来窜去，把所有的山杨都熏黑了。

山杨飞絮——这可是春天的一件大事。这时夜莺、杜鹃、黄鹂竟相啼啭，连夏天的鵪鶉也迫不及待地啁啾鸣叫了。

每回山杨飞絮，每年春天，我都会忧从中来。山杨如此不知珍惜它的种子，浪费的程度甚于产卵时期的鱼。这使我压抑，使我伤感。

当老山杨飞絮时，小山杨便脱下褐色的童装，换上了绿色的春装，一如乡间的少女在一年一度的节日里，总要穿上新衣服外出游玩。

人身上包含有自然界所有的因素，如果人愿意的话，他可以同他之外的一切生物产生共鸣。即以这根被风刮到此地来的山杨断枝来说吧，它的命运使我们感动：他落到了地上，横在路上的车辙里，不止一天忍受着大车的重压，可仍顽强地活下去，仍在飞絮，让风把它的种子带往他处……

拖拉机在耕地，拖拉机施展不开的地方用犁耕；条播机在播种，条播机施展不开的地方，按老办法把种子放在篮子里用手播种。耕地和播种的每个细节都能叫人看得着迷……

雨后，烈日使树林成了温室，散发出浓烈的香气，其中既有白桦的叶芽和嫩草生气勃勃的芳香，也有陈年腐叶的香味，只是香得有点别样。隔年的干草堆、麦秸堆和沼泽中的小草丘上都长出了碧绿的青草。桦树的葇荑花序也泛绿了。从山杨树上飘落下来的象毛虫一样的种子，悬挂在一切东西上。一株隔年的狗尾草不一会儿前还高高耸立着它茂密的穗状花序，摇曳着身子，想必它曾不知多少回把兔子和小鸟吓跑。不料山杨的毛虫状的种子落到它花序上，把它打断了，于是新生的青草将把它湮没。不过还不会很快，新春的绿草还要有很长一段时间才能将它断裂了的黄色尸骨团团围没。

风为山杨播种已经有三天了，可土地仍不倦地向山杨索取种子。一阵微风掠过，又落下更多的杨絮。象毛虫似的杨絮淹没了整个土地。成千上万的山杨种子撒在地上，但能成活的只有一小部分。纵然如此，在最初一个阶段，破土而出的山杨不但能够成林，而且将会密得野兔只好绕道而走。

不消多久，在一株株幼龄的山杨之间将展开为树根争夺土地、为树枝争夺空间的搏斗。于是山杨林便会变得稀疏，等到山杨长到一人高的时候，野兔将纷纷来啃树皮，待喜光的山杨再长高一些后，在山杨林的树冠下，一棵棵耐阴的云杉便会怯生生地向山杨树贴近，渐渐地超过山杨，用自己的树荫把永远颤动着叶子的喜光的山杨窒息致死……

就这样，好端端的一座山杨林死于非命，由云杉林取而代之，听任西伯利亚的寒风在林中呼号，而在林中旷地的某处，会有一棵侥幸保住了性命的山杨凄凄惶惶地站在一边，满身窟窿和疙瘩。啄木鸟将飞来啄它，椁鸟将栖息在啄木鸟啄过的窟窿中，野鸽、山雀、松鼠乃至貂也将经常光临。这棵高高的杨树终于也倒地之后，当地的兔子一到冬天便会来啃它的树皮，狐狸随之也来了，这棵死去的树便成了野兽的俱乐部。其实由某种东西维系在一起的整个森林世界又何尝不象这棵山杨呢。

我甚至已倦于去看山杨如何为其自身播种了，因为我是人，我已尝尽苦乐无常的滋味。我已厌倦一切，我无需这山杨，这春天，我觉得“我”自身已消融于痛苦之中，甚至痛苦本身也已消融，不复存在，什么都不复存在了。我坐在一个老树桩上，用手支着头，凝视着地面，一点也没有理会象毛虫似的杨絮落满了我全身。一切都不存在了，一切都不再映入眼帘，无论是好的，还是坏的……我活着，然而不过是这个落满山杨种子的老树桩的延续。

但是小憩一会儿之后，我惊奇地发现我的心情已宁静得犹如水波不兴的海洋，我感到一种少有的愉快，我环顾四周，又什么都看到，什么都喜欢了。

乔迁之喜

我发现田野上有许许多多唧唧喳喳的鸫鸟，它们成群结队地从旷野飞到白桦树上，唧唧喳喳叫个不停，林中鸟声喧闹。显然，鸟群刚迁飞而来。

牢骚满腹的青蛙

连水都激动了，可见青蛙兴奋到了什么程度。后来青蛙离水而去，各自在岸上安顿下来，此时已是黄昏，每走一步都会踩着青蛙。

夜暖洋洋的，所有的青蛙都轻声地咕咕叫着，甚至连那些怨天尤人的也唱和于后，这些牢骚满腹的青蛙也觉得这个夜晚很好，身不由己地咕咕鸣叫起来。

第一只虾

雷声隆隆，雨还未歇，阳光已穿过雨帘照射着大地，一道宽大的彩虹横于天际。这时稠李开了，一丛丛贴着水面的穗醋栗卷翠欲滴。也就在这时，从虾洞里探出了一个虾的脑袋，转动着触须。这是开春以来第一只虾。

晨啼

爽朗的、回声很响的早晨。第一颗真正的露水。鱼跃出水面。山上有两只羽毛臃肿的公黑琴鸡为求偶而长啼不已。和这两只公鸡在一起的有六只母黑琴鸡。其中一只公鸡昂首阔步地绕着所有的母鸡巡视，俨如公鹿巡视它的母鹿一般。这只公鸡在巡视途中遇见了另一只公鸡，把后者逐走后，又继续巡视它的妻妾，又同那只公鸡斗起来。在灰不溜丢的树林中，早发的柳树于倾刻之间万花齐放。柳树的花象毛茸茸的、鹅黄色的小鸡雏，散发出蜂蜜一般的气息。

法官们

夕阳西沉之际，响起了啄木鸟带有颤音的啼啭。日落前有三只啄木鸟在河滩地上争论谁的啼声最响。这时有只仙鹤自告奋勇为他们仲裁，它叫了起来，讲它的看法，其他仙鹤各有各的看法，也纷纷叫起来，每只仙鹤都拚命叫得比别人响，闹到最后，这些法官压根儿把啄木鸟忘掉了，而啄木鸟早在晚霞染红天陲之前便已闭口不响。法官们的全部心思都放到如何压倒别人的叫声上边去了。就在这时有个人哼着歌子走了过来，他明白了何以会响起如此激烈的鹤唳的原因。

兔毛

很难再见到积雪了。撒落在黑土上的是白色的兔毛。兔子在换毛，它们在春天的格斗中撕落下不少兔毛，而这年冬天生下的兔子又特别多，以致在山杨林灰不溜丢的落叶层上随处都可见到一球球雪白的兔毛。

在山杨林灰不溜丢的落叶层上，一道绿油油的青草蜿蜒于长长的枯黄的干草和狗尾草的穗状花序之间。这第一条绿径成了那些毛色虽然还是白的，可毛已剥落得凌乱不堪的兔子的必由之路。

春的运动

继针叶树之后，山杨开始扬絮，所有的林中旷地上无不铺满山杨如毛虫般的种子。我观察着青草如何穿过隔年的禾秸和干草不停地生长，我观察绿茵如何编织得越来越阔，昆虫如何繁育得越来越多。

枝叶未发的孟春

我们的陀螺河发源于佩列斯拉维尔近郊的里亚霍夫沼泽，在安德里安诺夫村和格里戈罗夫村之间注入涅尔利河。而涅尔利河又在卡里亚津近郊注入伏尔加河。陀螺河是我们心爱的河，我们乘早春枝叶未发，驾着我们的马扎伊汽车，费了九牛二虎之力驶抵这条河重重的河岸。

陀螺河在此地由桥下奔向公路，但没走几步突然想起有件什么东西忘在桥下了，就象我有时忽然想起皮夹子忘在家里那般，便折回桥去，回去走的路几乎就贴近来的路，可是没等走到桥下，就在身上找到了那件原以为遗忘了的东西，便又重新转身向前奔去。

这样，陀螺河在青草地上来来回回走了三趟，留下了两条往前走的路，一条往回走的路。由于陀螺河在林边这一小片青草地上转了两个大弯，此处便有了六道长满赤杨的河岸，错综复杂地形成了一个半岛，而半岛的颈子却非常狭窄，只有“马扎伊”才能驶过。据说有个醉汉，有一回怎么也弄不清这几条呈辐射状的河道，冒冒失失地向前走去，结果淹死了。

我们则不同，我们对这里的地形了如指掌，因此我们平安无事地抵达了，而且紧挨着河面，以致“马扎伊”都倒映在河中朵朵浮云之间，周围则是尚未长出树叶却已开花了的树木：金色的赤杨的葇荑花序在车厢上空摇曳，山杨灰色的毛虫般的杨絮钻进了车窗，早发的柳树停立在车旁，它的花序呈鹅黄色，好似刚刚出壳的鸡雏。

小白桦开花了

当老白桦开花，金黄色的葇荑花序挡住我们的目光，使我们看不到高处已经张开的小巧的桦树叶的时候，在低处的小白桦树上到处都可以看到跟一滴雨珠差不多大小的绿油油的树叶，但整个树林还仍然是灰色的，或者说是褐色的，——在这种季节若遇见一株稠李，你会为稠李的叶子在这片灰色的背景下显得那么大，那么青翠而感到惊讶。稠李已长出蓓蕾。杜鹃在用圆润的嗓子歌唱。夜莺刚在调试歌喉。这时俗称魔鬼的丈母娘的金星厥也显得十分可爱，因为它们还没带着它们的刺站立起来，而是象一颗星星那样卧在地上。许多耀眼的黄花一穿出林中的水泽就立刻在水泽上绽开……

春的转折

白天，高空出现了“猫尾巴云”，而在更高处则浮游着积云，状似巨大的舰队，舰只之多难以胜数。我们无从逆料天气会发生什么变化：气旋还是反气旋。

到了此刻黄昏时分，一切都显示出企盼已久的时令转换已在今天黄昏完成，枝叶未发的孟春已转为满目苍翠的仲春。

事情是这样的：我们去一个野生森林勘察，只见沼泽地中的云杉和白桦之间的一个个小草丘上还残存着枯黄的芦苇，一望而知，这个森林在夏、秋两季是榛莽丛生的密林，阳光难以穿透，人也难以通行。然而这里却使我们感到亲切因为林中十分温暖，处处都能感觉到春意。突然，眼前波光粼粼，我们高兴极了。因为我们认出了这是涅尔利河。我们径直走到河边，仿佛一下子进入了一个气候宜人的国度，无处不生意盎然，沼泽地的形形色色的鸟都在啁啾啼唱，母鹬和沙锥竟相发出求偶的鸣声，声如神马奔驰于夜空，黑琴鸡也在为求雌而啼叫，仙鹤几乎就在我们身旁发出如号声般的警告。总之，这里的一切都是我们所喜爱的，甚至野鸭正面对我们浮游在清澈的河水上。没有一息人的声音，既没有汽笛声，也没有马达声。

正是在这一刻春的转折完成了，自此草木将茁壮生长，繁花将竟相怒放。

（叶尔湉　译）

武藏野

[日本] 国木田独步

一

我曾经在一册文政[①]年间出版的地图集里看到这样的记载："武藏野之遗迹，今只能在入间郡约略见之。"同一本地图集里又说：入间郡之"小手指原久米川一带为古战场所在。据《太平记》[②]所载：元弘[③]3年5月11日，源氏与平氏[④]战于小手指原，一日之内交锋达三十余次。日暮，平氏退三里，倚久米川布阵，翌晨，源氏进逼，破平氏阵于此。"我心里在想，仅存的武藏野遗迹，莫非就在这一片古战场附近？因此很想到那里去看看；至于一直迟迟未去，事实上是因为心里还在怀疑：现在这个地方是否还是那个样子。无论如何，即使这一片只能根据前人的图画和诗歌来想象的武藏野现在已经成了遗迹，但抱有想去看一看的愿望的，恐怕也不只我一个人吧？那时候的武藏野，现在到底成了什么样子啦？我想为自己详细解答这一

① 日本仁孝天皇时代的年号（1818—1829）。
② 日本14世纪的军旅笔记，记载日本南北朝时代（1336—1392）五十余年的战争故事。
③ 日本后醍醐天皇时代的年号（1331—1334）。
④ 14世纪时日本两个争夺政权的强大封建主。

问题，这个念头事实上在一年之前就已有了，不过今天更感到急切啦。

我是否能以自己的力量来达到这一愿望呢？我不说不能。正因为相信这件事并不容易，我对今天的武藏野就愈发感兴趣。我相信，和我有同感的人恐怕也不少。

几句序言道过，现在，为了满足我一小部分的宿愿，就让我来描述一下自秋至冬这一时期我的见闻和感受吧。首先，我给自己的疑问所下的一个答案是：今天的武藏野，其美丽的程度，并不下于古代的武藏野。不用说，如果我能亲眼见到古代的武藏野，它一定美丽得超乎我的想象；现在我所看到的武藏野也是如此之美，以致使我感动得非夸张地来写下自己的答案不可。我对武藏野用了一个“美”字，实际上，与其说“美”，倒不如说“诗趣”更来得恰当。

二

由于我手头没有足够的材料，这里就让我拿自己的日记来作依据吧。自明治29年[①]的初秋至翌年的初春，我住在涩谷村一间小小的茅舍里。我想写武藏野的愿望正是那时候开始的，而仅限于写秋冬之间的事情，其原因也就在此。

“9月7日：昨今两日，南风劲强；云层忽开忽闭，细雨忽降忽止。日光偶尔透过云隙，倏忽间树林亦闪闪发光。”

这就是今天武藏野的初秋。树林子绿油油的，虽然还是夏天的打扮，但天空却已不是夏天的模样。乌云随着南风飞驰，武藏野的天空低低的，不时地洒着雨滴。在晴朗的时刻，带着水气的阳光沐浴着那边的树林，照亮着这边的小树丛。我常常这样想：如果能在这样的日子里看一看武藏野，那将是多么的美啊！雨天之后，我又在9日的日记里写道：“强风使秋声遍野，浮云亦变幻不定。”这时候正好接连都是这种天气，天空和原野不断地变化着，阳光虽然还像夏天，但云色和风声，却已经像是秋天了。我对此真是感到趣味无穷。

现在，就把我从秋初至冬末的日记排列出来，看看这一时期千变万化的武藏野景色：

“9月19日：早晨。天阴，风止，雾冷，露寒，虫声唧唧，天地仿佛尚未醒

---

① 1896年。

来。

“同月21日：秋空一碧如洗，树叶光耀如火。

“10月19日：月色明，林影黑。

“同月25日：早晨重雾，午后放晴，入晚月光见于云隙。晓雾未散时出门，漫步于原野，徘徊于林中。

“同月26日：午后赴树林深处小坐，四顾，倾听，凝视，默思。

“11月4日：天高气爽。薄暮，独自迎风立于原野。天外富士，近在目前；地平线上群山围绕，宛如一条黑链。星光点点，暮色渐近，林影渐远。

“同月18日：踏月散步，青烟漫大地，林中月光碎。

“同月19日：天朗气清，露水寒。绿树稀疏，黄叶满目，枝头小鸟噪鸣。信步漫游近郊，一路人影绝迹。独自漫步，默思低吟。

“同月22日：深夜，林中风声急。水声滴嗒，但大雨似已止息。

“同月23日：一夜风雨，遍地树叶。田禾收割已尽，满眼冬枯景象，倍觉凄凉。

“同月24日：树叶尚未脱尽。眺望远山。满怀悲戚。

“同月26日，夜十时：户外风狂雨急，檐前滴水相应。竟日间烟雾迷蒙，山野林木，如入无尽之梦境。午后，携犬出游。步入林中默坐，犬亦小眠。林间小溪，迂回出没，落叶飘浮，逐波而下。秋雨时断时续，雨滴洒入林中，枯叶上水声滴嗒，分外寂寥。

“同月27日：昨晚一夜风雨，今晨意外放晴。红日高升。登屋后小丘，遥望富士山一片雪白，耸立于群山之上。风清气澄。

“盖已为初冬之晨矣！

“田畦蓄水满溢，林影倒悬。

“12月2日：今晨霜白如雪，在朝阳中闪闪发光，美极！不久薄云渐聚，日光寒冷。

“同月22日：初雪。

“30年1月13日：深夜。风止，林寂。飞雪时断时续。掌灯探身窗外，雪花在灯影中飞舞。噫，武藏野默无声息！侧耳倾听，似有风声自远处林中传来。真乃风声耶？

“同月14日：今晨大雪。葡萄棚倒塌。入夜，远处树梢沙沙作响，隐约可闻。噫，此即冬夜呼啸于武藏野森林中之寒风乎！雪融，檐水滴嗒有声。

“同月20日：晓色美妙。晴空无云。地上霜柱，闪烁如白银。枝头嫩芽苞发如针，小鸟婉转噪鸣。

“2月8日：梅花初放。月色渐美。

“3月13日：夜十二时，月斜风急，密云满布，林中风涛怒鸣。

“同月21日：夜十一时，屋外风声忽近忽远。早春袭来，寒冬敛迹。”

三

昔日的武藏野原是一片漫无边际的萱草原，景色优美无比，一直受到人们的颂赞，相传不绝。可是，今天的武藏野则已变成一片森林。甚至可以说，森林就是武藏野的特色。讲到树木，这里主要是楢类。这种树木在冬天叶子就全部脱落，一到春天，又发出青翠欲滴的嫩芽来。这种变化，在秩父岭以东十几里的范围内，完全是一样的。通过春、夏、秋、冬，每逢霞、雨、月、风、雾、秋雨、白雪，时而绿荫，时而红叶，呈现着各种各样的景色，其变幻之妙，实非住在东北或西部地方的人们所能理解。原来，日本人对楢这一类落叶林木的美，过去似乎是不太懂得的。在日本的文学以及美术中，也没有见过像“楢林深处听秋雨”这一类描写。像我这样一个出生在西部地方的人，自从少年时来到东京上学，到现在虽然已经也有十年了，但能够理解到这种落叶林木的美，却还是最近的事情，而且也还是受了下列这一段文章的启发：

“秋天，九月半左右，我坐在白桦树林里。从早晨起就下细雨，又常常射出温暖的阳光；这是阴晴不定的天气。天空有时弥漫着轻柔的白云，有时有几处地方忽然暂时开朗，在拨开的云头后面露出青天来，明亮而可爱，好像一只美丽的眼睛。我坐着，向周围眺望，倾听。树叶在我头上轻轻地喧噪；仅由这种喧噪声，也可以知道现在是什么季节。这不是春天的愉快而欢乐的颤栗声，也不是夏天的柔和的私语声和绵长的絮聒声，也不是晚秋的羞怯而冷淡的喋喋声，而是一种不易听清楚的、沉沉欲睡的细语声。微风轻轻地在树梢上吹过。被雨淋湿的树林的内部，由于日照或云遮而不断地变化；有时全部光明，仿佛突然一切都微笑了：不很繁茂的白桦树的细干突然蒙上了白绸一般的柔光，落在地上的小树叶突然发出斑斓的纯金色的光辉，高而繁茂的凤尾草的优美的茎，无限制地交互错综地显示在你眼前，它们已经染上秋色，好像过熟的葡萄的色彩；有时四周一切忽然又都变成淡蓝色：鲜艳的色彩忽然消失了，白桦树都显出白色，全无光彩地站着，这白色就同还没有被冬日的寒光照临过的、新降的雪一样；于是极细的雨偷偷地、狡狯地开始在树林里撒布下来，发出潇潇的声响。白桦树上的叶子虽然已经显著地苍白起来了，还差不多全是绿色的；只有某些地方，长着一张全红的或全金的嫩叶，太阳光突然穿过了新近由明亮的雨洗净的细枝的密网而溜进来，斑斓地发光，这时候你就可以看见这张嫩叶在日光中鲜明地闪耀。”①

以上是二叶亭四迷②翻译的屠格涅夫的短篇小说《幽会》中开头的一段，我之所以能够懂得这种落叶林木的妙趣，大部分是得力于这篇绝妙的叙景文的笔法。虽然那只是俄国的景色，写的也是桦树，而武藏野的树林却是楢树，在植物学上属于完全不同的类目，但在落叶林这一点上，两者是相同的。我常常这样想：如果武藏野的森林中不是楢树而是松树或其他树木，那色彩就不会有这样的变化，因而显得非常平凡，也就没什么珍贵了吧。

正因为是楢树，所以叶子才会发黄；正因为叶子会发黄，所以才会有落叶。秋雨霏霏，疾风飒飒。一阵狂风掠过，小丘上千万片树叶迎空飞舞，犹如一群群小鸟似的，一直向远处飞去。等到树叶落尽，绵亘数十里的森林，一下子都变得光秃秃的；冬天的苍空高高地罩在上面，武藏野堕入了一片沉寂。空气也更清爽了。来自远处的声音也能清楚地听见。我在10月26日的日记中，曾记述道：“赴树林深处小坐，四顾，倾听，凝视，默思。”而在屠格涅夫的《幽会》中，也同样有着“我坐着，向周围眺望，倾听”的描述。这种侧耳倾听，是多么适合于武藏野自秋末至冬

---

① 这一段借用了丰子恺译的《猎人笔记》第303—304页的译文。
② 二叶亭四迷（1863—1908），日本最早介绍俄罗斯文学的翻译家。

初时的气氛啊。秋天，声音发自林中；冬天，声音来自树林外的远力。

鸟儿拍着翅膀的声音和鸣啭的声音。风的私语、低鸣、呼啸和咆哮声。群集在树林深处、草丛下面的秋虫的唧唧声。满载的或是空的运货车绕过树林、走下山坡或是横过小路时的声音；还有马蹄踩得落叶四散的声音，这可能是骑兵演习中的侦察兵在附近走过，再不然就是外国人夫妇乘马出游经过这里。正在高声谈论着什么的村人们走过这里，那嘶哑的语声跟着也渐渐远去。一会儿又是什么女人的脚步声，她凄然一身，寂寞地急步前行。有从远处传来的炮声，也有邻近的林子里突然响起来的枪声。我有一次曾携犬来到附近的树林里，坐在树墩子上读着书，突然听到树林深处有什么东西掉下来的声音。睡在脚边的狗也尖起耳朵向那边注视着。但就是这么一声。大概是栗子从树上掉下来的声音吧，武藏野的栗树也很多哩。每当秋雨潺潺的时候，真是再也没有比这里更幽静的了。山村秋雨——这素来就是我国和歌[1]中的题材。在广阔无边的原野里，秋雨从这一头飘到那一头，它悄悄地穿过森林、树丛，扫过田野，又越过树林，声音是那么低幽，又是那么昂扬，这种温柔和令人怀念的声音，实在是武藏野秋雨的特色吧。我也曾在北海道的树林深处遇到过秋雨，那是在人烟绝迹的大森林里，气魄当然更为雄壮。但是，像武藏野的秋雨那样，仿佛在低声私语而令人不胜缅怀的情趣却是没有的。

试在仲秋以至冬初之间访问一下中野一带或是涩谷、世田谷、小金井等处的树林子，在那里小坐片刻，恢复一下散步的疲劳吧。那些声音忽起忽止，渐近渐远，即使没有风，头顶上一片片落叶飘下来也会发出低微的声音。如果连这种声音也没有时，你也会深深地感觉到大自然的那种肃静，和永久不息的呼吸的吧。我在日记里屡次写到武藏野的隆冬，在星斗满天的深夜里，那种连星星都能被它吹落下来的狂风扫过森林时的声音。风的声音可以把人的思想带到老远老远去。我听着这种强烈的、忽近忽远的风声，也就想到了亘古及今武藏野的生活。

在熊谷直好[2]的和歌中就有着这样的句子：

万叶萧萧彻夜听，

---

① 由五、七、五、七、七共五句计三十一个字组成的日本诗。

② 熊谷直好（1782—1862），日本江户时代末期的和歌作者。

微风潜度几曾停。

我对山村生活虽然也有所体会，但对这首诗能有更深的感受，那确实还是冬天在武藏野村居住时的事情。

坐在林中，日光使人感到最美的是从春末以至夏初的时候；我不准备在这里写了。现在，只是再说一下黄叶的季节。在半黄半绿的林中散步，从树梢之间的缝隙中可以望见澄碧的天空。随着树叶在风中摇动，射进林子里来的太阳光也斑斑点点地撒在树叶上。这种美，真是不能以言语来形容的。像日光啦，碓冰啦，都可以算得是名闻天下的胜地；可是，武藏野在夕阳西下之际，那原野上广阔的森林被染得通红，犹如一片火海一般；这种美，难道不是也有它独特之处吗？如果能登高极目，把这种奇观尽收眼底，那当然是再好没有；但即使不能这样做也没有关系，好在原野上的景色比较单纯，人们也不难从看到的一部分来想象那整个无限美好的光景。在这样默想时，如果再面对夕阳尽可能踏着黄叶漫步前行，那是多么的有趣啊！一出树林，也就来到原野上了。

四

在10月25日的日记中，我曾写道："漫步于原野，徘徊于林中。"11月4日我又这样写道："薄暮，独自迎风立于原野。"现在，让我再来引用几句屠格涅夫的话：

"我站了一会儿，拾起了那束矢车菊，走出林子，到了旷野里。太阳低低地挂在苍白而明亮的天空中，它的光线也似乎苍白而发冷了：它们没有光辉，它们散布着一种平静的、像水一般的光。离开黄昏不过半个钟头了，但是晚霞稀少得很。一阵阵的风通过了黄色的、干燥的谷物残株，迅速地向我吹来；卷曲的小树叶在这些残株面前匆忙地飞舞起来，经过它们，穿过道路，沿着林端飞去；树林的一面像墙壁一般向着旷野，全部震颤着又闪耀着，小小的光点非常清楚，却不耀目；在发红的植物上，在小草上，在稻草上，到处都有秋蜘蛛的无数的丝闪烁着，波动着。我站定了……我觉得悲哀；通过了凋零的自然景物的虽然新鲜却不愉快的微笑，似乎有不远的冬天的凄凉的恐怖偷偷地逼近来了。一只小心的乌鸦，高高地在我头上用翅膀沉重而剧烈地划破了空气飞过去，它转过头来，向我斜看一眼，向上翱翔，断断续续地叫着，隐没在树林后面了；大群的鸽子从打谷场敏捷地飞来，突然盘成圆柱形，迅速散落在田野中——这是秋天的特征！有人在光秃秃的小丘旁边经过，空马车大声地响着……”①

这虽然是写的俄罗斯的原野，但我们武藏野秋天以至冬初时的景象，大致上也是如此。武藏野绝对没有光秃秃的山丘，但它也像大海里的波浪那样有着高低起伏。它外表上虽然也像是一片平原，但实际上倒不如说它是一片有着低洼的溪谷的高地更适当一些。这种溪谷的尽下边一般都是水田，旱田则主要都在高地上。高地又可以区划成为树林和旱田等等，而所谓原野，也就是指的这些旱田。至于树林，也没有一处是广达数里的，不，恐怕连一里宽的树林也是没有的。同时，那种一望数里、连绵不断的旱田也是没有的。大致的情形是，在一座树林的周围都是旱田，在一顷旱田的三面又都是树林，而那些农家就散在其间，把它分割开来。这也就是说，原野啦，树林啦，都是杂乱地互相交错着的。一个人刚才觉得已经走进树林，立刻又会发现已经到了尽头而来到原野里了。这种情形事实上为武藏野赋予了一种特色；大自然就在这里，生活就在这里。它不同于北海道那种天然的原始大森林和大原野，而是有它独特的趣味的。

一到稻熟的时候，谷地里的水田就渐渐变成了金黄色。等到稻子割完，水田里可以看到那些树林的倒影时，萝卜田里也就繁茂起来。等到萝卜慢慢地拔完，这里那里的可以看到一处处小水洼或是细细的水流时，原野里的麦子又已经吐出青青的嫩苗了。也有些麦田的一端是随便地荒弃着，让那些乱草野菊在风中摇曳。那一片芦苇的尽头处也愈来愈高，和天际相接。踮起脚尖走上去一看，但见树林的尽头处直连着国境线②上的秩父诸峰；黑魆魆的山峦起伏着，一会儿耸出于地平线之上，一会儿又没入于地平线之下。那末，现在就到旱田里去看看呢，还是躺在麦田那边的萱草原上，借着一堆堆枯草避开凛冽的北风，面向南方承受着那微温的阳光，眺望一会儿田边的林木在风中摇摇晃晃的闪光呢？再不然就一直向那通往树林的小路

① 这一段借用了丰子恺译的《猎人笔记》第313页的译文。

② 日本古代行政区域，除首都外，全国分为六十多个“国”，国又分为郡。这里的国境线也就是指的这种区域之间的交界线。

走去呢？我常常就这样犹豫着。感到困惑了吗？决不，因为我从自己的经验中知道：纵横在武藏野的无论哪一条道路，都不会使我失望的。

五

曾经有一位朋友从乡下写信给我，其中有一节这样说：“前些日子我独自在满是萱草的原野上漫步沉思，想起从几百年前的古代开始，有多少人曾经同样地在这纵横贯通的十几条小径上漫步，低吟着‘朝露之清爽可爱兮，晚霞亦明媚而动人’的赞歌；互相憎恨的人各自沿着不同的路径独自前行，相好的人则在同一条小路上携手同归。”在那种原野的小径上漫步也许是可能引起这种诗意的想象的，但武藏野的小径却又和这不同。在这里就有这种事情：满以为走这条路可以遇到希望见面的人，可又偏偏不相逢；满以为走那条路可以避开不希望见面的人，可又偏偏会在树林的转角上碰个照面。这里，凡是可以称之为路的，都是左弯右转，穿过树林，横过原野，有的看来直得像条铁路一样，但实际上都是迂回曲折，有时甚至有从东边出发走了半天仍旧回到了东边的事情。那些道路忽儿隐藏在树林里，山谷里，忽儿又出现在原野上，忽儿又没入树林里，像普通平原上那样在这一条路上可以看到另一条路上的人影的事情，在武藏野是不常有的。像武藏野那样富有诗意的小路，真是在别处的原野里所想象不到的。

在武藏野散步不必担心会迷失路途。在任何一条道路上信步走去，到处都有着值得你看，值得你听，或是值得你感动的事物。只有在这千百条纵横贯通的小径上漫步的人，才能真正领会到武藏野的美。不论是春、夏、秋、冬，或是清晨、白昼、傍晚、深夜，不论是在月下、雪中、风前，或是在下雾、结霜、飘雨以至秋雨绵绵的时候，只要在这些小路上茫然前行，随意地左转右弯，那末，到处都有着足以给我们满足的事物。这实在是武藏野最大的特色吧，我深深地有着这样的感觉。在日本，除了武藏野以外，哪里还有这样的地方呢？北海道的原野不必说了，就是在奈须野也没有这种地方，此外还有什么地方呢？树林和原野如此交织，生活和自然如此密切地结合，像这样的地方，哪里还有呢？事实上，武藏野所以会有这种具有特色的小路，原因也就在这里。

如果你走在一条小路上，忽然来到一处这条小路分成了三条的地方，那你也用不着困惑，只需把你的手杖直立在地上，然后把手松开，但看它倒向哪方，那你就朝着这个方向前进吧。这条路也许就会把你引导到一个小树林里去。如果这条路到了林中又分成两条，那你就试挑其中较小的一条走吧，它也许会把你领到一个奇妙的去处。可能那是树林深处的一块古老的坟地，一排四五个满是青苔的坟墓，前面还有一块小小的空地，两旁尽是缬草花之类的野花。要是头顶上树梢头还有小鸟在歌唱，那更是你的幸福了。接着你不妨折回来试试左面的一条路。它会把你引导到树林的尽头，眼前忽然开朗，展现出一片空旷的原野。脚边是一片萱草在微风中轻摇软摆，野草的花蕾在阳光下闪闪发光。萱草的那边是田地，田地的那边是一丛丛茂密的矮树。从那矮树丛的顶上望过去，远远的是一片杉木小林，地平线上堆着淡淡的云彩，在它的笼罩下，隐约可以看见起伏不断的山峦。十月小阳春的日光带着些微暖意，令人舒畅的野风微微地吹着。如果顺着那一片萱草向下走，刚才看到的那一片空旷的景色就会渐渐地隐没不见，这时候你就来到了那个小小的山谷里，并且出乎意料地发现在萱草和树林之间还隐藏着一些狭长的池塘。那水色是这样的清澄，明晰地倒映着飘浮在天空里的片片白云。水塘边上还残留着一些枯萎的芦苇。顺着水边的小径再走一会儿，前面的道路又分成了两条。右面是树林子，左面是斜坡。你多半是从斜坡向上走的吧。来到武藏野散步的人，总是喜欢捡更高更高的地方走去，以便找寻一处可以眺望得广阔一些的地方，可是要达到这个愿望却不容易。那种可以居高临下地远眺的地方是绝对没有的。这个念头还是还及早放弃的好。

如果你因为有什么必要而想打听道路时，你就去问那些在田地中央劳动的农夫吧。要是那农夫是四十以上的人，你不妨就提高了嗓子向他请教，他大概也会吃惊地向你这边看着并且大声地回答你的。假定那是一位少女，那你就得走近一些，低声地向她请教；如果那是一位年轻小伙子，那你就得脱下帽子，态度放谦虚一些；他回答你时的声调也可能有些傲慢，但你可千万不能就此恼怒，因为那只是东京近郊的年轻小伙子们的习惯罢了。

依着他们指点你的方向往前走去，路又会分成两条。即使他们所指点的那条小径如此狭窄而使你感到有些疑虑，但还是沿着这条路走吧，你很可能突然就来到一个农家的院子里。“那可真是奇怪啦，”——你也用不着这样惊讶。这时候，你就向这个农家的主人问一声吧。他大概就会这样冷冷地回答你：“出了大门就是道路啦！”走出农家的大门，果真就是一条仿佛认得的道路，不错，这是一条捷径，你禁不住就会露出微笑来。这时候，你才真正体会到应该向指点你的人表示感谢哩。

这是一条笔直的林间小路。可能一连半公里光景两旁的树木都已满是黄叶。在这条小径上独自静静地走着，那是多么愉快啊！夕阳的余晖鲜明地照射在右面的树梢头，四周一片寂静，只是不时听见叶子落下来的声音。前前后后，不见一个人影，一路上不会遇见任何人。如果那是树叶落尽的时节，那小径也就被埋没在落叶下面，每走一步，脚下就发出喀嚓喀嚓的声音。向前望去，可以清楚地看到树林深处，树梢犹如一个个纤细的针尖似的指向着天空。这种时候更不容易遇见人，更寂寞了。只有自己踩着落叶时发出清脆的脚步声，不时地有一只雉鸠拍着翅膀吃惊地飞开去，使你感到惊异不止。

如果沿着原路回去，那就有些愚蠢了。即使迷失了路途，也还是在武藏野的范围以内啊。虽说时间也许晚了，但也用不着困惑。要回去，只需大致上确定一个方向，选一条别的道路，随便地漫步而行，那就最妙不过了。这样，可能就会在无意之中欣赏到落日的美景。太阳藏在富士山背后，将落而还没有全落。富士山的山腰里聚集着染成了黄金色的云彩，眼看着它不断地变幻出各种各样的形状。顶上覆盖着白雪的山峦连绵不绝，远远地迤逦北去，最后又隐没在暗淡的云彩中。

夕阳西沉，原野上吹起了强烈的风，树林在呼啸。武藏野的薄暮，寒意彻骨。这时候，你就可以加快脚步了，再回头时，想不到新月已经爬上了枯林的树梢，放射着瑟瑟的寒光。风仿佛要把月亮从树梢上吹落下来似的。突然，你已来到旷野里了。这时候，你大概就会想起那名句来：

暮霭笼罩着群山，

黄昏的原野里，

秋草暗淡。[1]

---

① 日本歌人与谢芜村（1716—1783）的诗句。

六

这已是三年前的夏天的事情了。我和一个友人出了市内的寓所，从三崎町车站搭车到境站下车，一直向北步行半公里光景，前面是一座名叫樱桥的小桥。走过小桥就是一家小茶馆，那里的老板娘看到我们，就问道：“这时候，上这儿来干什么啊？”

我和朋友相互看了一眼，笑着答道：“散步啊，随便玩玩就是了。”老板娘还以为我们是骗她哩，笑着问我们说：“樱花是在春天开放的啊，这也不知道吗？”我把夏天在郊外散步是多么有趣的事尽量用老板娘也能懂得的话来说给她听，可是没有用处，她只说了一句“东京人真悠闲”就算啦。我们一面擦汗，一面吃着老板娘为我们削好了皮的甜瓜。茶馆侧面流着一泓一尺来宽的小溪，我们用这水洗着脸，就在那里伫立了一会儿。这条小溪里的水似乎是利用小金井的水引过来的，清澄的溪水在青草之间潺潺地流着，给人一种心神舒畅的感觉。小鸟飞到这里停下来，拍着翅膀吱吱喳喳地叫着，似乎想用这里的溪水来润一润它们的歌喉。可是，老板娘对这些都没有感觉，只知道朝朝暮暮地用这溪水洗刷着她的锅瓢碗盏。

走出茶馆，我们在小金井堤上向着小溪的上流慢慢地走着。

啊，那天的散步是多么的愉快啊！不错，小金井是以樱花著名的，因此，盛夏时节在这堤上悠悠然地散步，在别人看来也许是有些傻；可是，也只有那些不懂得武藏野夏天的阳光的人，才会说这种话。

天空里涌现出蒸热的云层，重重叠叠，云上面还有云；云块和云块之间的空隙里，可以望到高高的苍空。云块和苍空接连处的边缘上，镶着一线既不像白银，又不像白雪的难以形容的颜色，它是多么轻淡，纯白而又透明。从这里看蔚蓝的天空也就显得更是深远了。但单是这一些，还不能说是夏天的景象。在云块和云块之间，还迷漫着一种仿佛是混浊的烟霞似的东西，使整个天空显得参差不齐，错综复杂，变幻莫测，动荡不已。劈开云层射下来的光线和从云层里放射出来的阴翳，这里那里的交叉着，空中的什么地方蕴含着一股磅礴的气势。林木，树梢，以至草叶的末梢，一切都溶化在光和热里，懒洋洋，昏昏沉沉，迷迷糊糊，醉醺醺的。树林的一角犹如笔直地被劈开了似的，从那儿看得见一片广阔的平原。旷野里，只见游丝飘飘上升，看一会儿，眼睛就花了。

我们擦着汗，忽儿仰面望望天空，忽儿回头窥探一下树林深处，忽儿又眺望一下林木和天空接连的地方，喘着气在堤上寻路前行。受不住了吗？哪里！我们只感到身体非常健康。在这三里的长堤上，几乎没有看到一个人影。难得从农家的院子里，或是从草丛中，会突然走出一只狗来，它惊讶地向我们看看，打了一个呵欠，于是又躲起来了。靠近树林的边缘处，雄鸡高高地拍着翅膀，它那喔喔的啼声，在米仓的墙壁、杉木、树林以及灌木丛的包围中，听来非常响亮。堤岸上，也有着一簇簇的鸡群，在樱花树下嬉戏着。顺着那条笔直的流水向上游望去，远远地看见那源头处仿佛撒上了一片银色的粉末似的，渐渐地消失在阴影中了。这条小河流到我们附近时，河水又闪闪地放着光亮，箭也似的直奔而下。我们站在一座桥上，把这条河流的源头和下游作着比较，只见随着光线的忽明忽暗，河水也起着妙趣无穷的变化，水面上突然地显得阴暗了，原来天空里的云彩也和流水一样飞驰而来，转瞬之间已经到了我们的头顶上，它稍稍地停留一下，又很快地向横里散开去了。不一会儿，水面上又发出了炫目的光亮，两岸的树林，堤上的樱树，犹如雨后的青草一般，放出了鲜绿的光彩。桥下面，流水的声音真是优美得无法比拟，它既不像激流在拍打着两岸，也不像浅滩上的潮声。这是水量很大的河水在通过两壁尽是粘土质的深沟时，由于互相击撞、互相糅合而自然地发出来的声音，它是多么令人神往啊！

——让我们唱一支边塞的民歌，
来配合这优美的水声；
或者就用这支歌曲，
来歌颂夏天的中午。[①]

我想起了这样一节诗句，简直还想四下里打量一下，有没有一位72岁的老翁带着一个孩子坐在樱树下哩。还有那些零零落落坐落在这条流水两旁的农家，我感到住在里面的人们是多么幸福啊。当然，戴着草帽、拿着手杖在这堤岸上散步的我

① 英国诗人华兹华斯所作《泉》中的一节。

们，也是幸福的。

七

当时和我一起在小金井的堤岸上散步的朋友，现在已经到地方上去当审判官了；他在读过我上述的笔记以后写了一封信给我。为了方便起见，我感到有必要在这里引用一下：

“武藏野并不就是俗称关八州[①]的原野，也不是道灌遇雨时以棠棣之花来代替雨伞[②]的有历史意义的原野。我对武藏野有着我自己规定的一个界限。这正如国境或是其村境的界限往往是用山脉啦、河流啦、古迹啦，或是其他种种东西来规定一样，我对武藏野的界限，是从下列各方面来考虑的。

“我所指的武藏野的范围里，也包括着东京，其实它当然是不能算进去的。因为今天的东京街衢纵横，这里有农商部的巍峨大厦，有审判过铁管事件[③]的法院，从这密如蛛网的街道来看，那是无法想像古代的面貌的。我最近认识的一位德国妇人曾把东京评为‘新都市’，尽管它过去是德川时代的江户，根据它今天的情形来看，她的评语是有理由可以认为适当的。正因如此，东京非从武藏野的范围里剔除不可。

“可是，市区的边缘——也就是所谓郊区，却是绝对不能剔除的。以我的看法，如果要描绘出武藏野的诗趣，就不能不把这些郊区作为题目之一。例如，你所居住的涩谷区的道玄坂附近，目黑区的行人坂，还有你和我一起经常去散步的地方——早稻田的鬼子母神附近的街道，以及新宿、白金……

“同时，要领略武藏野的趣味，那就不能单从这块平原上去眺望富士山、秩父山脉、国府台等等，而是必须再回过头来眺望一下包围在平原中央的首都东京，因此也有必要再描绘一下这个城市以外三五里的平原景象。在你那篇文章里，也提到了生活和自然有着密切的结合，而且你还描写了不时地遇到形形色色的东西的趣

---

① 又名关东八州（相模、武藏、安房、上总、下总、常陆、上野、下野），相当于现在的关东地方，包括东京都和神奈川、崎玉、群马、栃木、茨城、千叶六县。

② 传说日本室町时代中期的武将、和歌诗人太田道灌（1432—1486）在金泽山（在今东京湾附近）打猎时，遇到骤雨，他向那里的村女借棠棣之花来充作雨伞。

③ 指1895年因采购水道铁管而发生的议员和公司方面的纳贿事件。

味，那情景确实是这样的。我也曾有过这样的事情：我带着舍弟到多摩川去旅行时，走了一二里之后，再走上半里就出现了一排排房屋，忽隐忽现，走过一处又是一处；我们一会儿遇见了人或是其他动物，一会儿又只见一片草木；我们都觉得，由于有这种变化，处处点缀着生活的趣味，很有意思。为了把这种趣味描绘出来，就必须描写出散在武藏野平原上的一个个驿站——即使够不上驿站，也要描写一下那一排排的房屋，也就是制图家的术语所说的那种连檐房。

“而且，多摩川也无论如何不能不包括在武藏野的范围以内。我们的祖先曾经为这条河流起了‘六玉川’等等的名字，但不管怎样，比武藏野这条多摩川更美的河流，哪里还能找得出呢？正如首都东京和郊外连接的地方一样，这条河流与平坦的田地和低矮的树林连接的地方那种趣味，真是包含着无穷的意义。

“再考虑一下东边那一片平地吧。这里由于特别开阔，水田很多，地平线略微低一些，因此似乎是不算在内的，但它终究还是武藏野的范围。从亀井户的金丝崛附近开始，到木下川一带为止，水田、树林和茅屋相映成趣的情景，都说明了它是武藏野的一部分。尤其是富士山的景色更能清楚地证明这一点：只有从这里遥望富士，它才能显得如此的崇高，就仿佛我们站在逗子的羊肠小道上眺望它时一样。筑波的景色也能说明这一点：只有从这里眺望筑波，它才能显得如此的低远，使人感觉到这正是位于关八州的一个角落里的武藏野的气息。

“可是，在东京的南北两面，武藏野的领域却是非常狭小，甚至可以说完全没有。这原来是地势使然，同时因为这里有铁路通过，也就是说，‘东京’是以这条铁路线来贯穿武藏野而直接和其他范围接连的。无论如何，这是我的感觉。

“所以，我对武藏野的范围是这样看法的：首先，从杂司谷开始划一条线，它通过板桥的中仙道的西侧，直达川越的附近，把你在第一章中所说的入间郡包括在内，最后又弯到甲武线的立川车站为止。在这个范围以内，像所泽、田无等车站，是多么妙趣无穷呀……尤其是在夏天，四周都变成深绿色的时候。从立川开始，以多摩川为界，一直下来到达上丸附近。八王子是绝对不能划入武藏野范围内的。从丸子又回到下目黑，在这个范围里，布田、登户、二子等地又是多么妙趣无穷呀。以上说的是西半边。

“东半边则从亀井户附近开始，经过小松川，再从木下川绕过崛切，一直来到千住附近为止。对这个范围如果有异议，那就取消也可以。不过它确实也具有一种和武藏野并无不同的趣味，这一点已在上面奉告了——。”

八

我对上述意见毫无异议。尤其是对提出东京郊区来作为写作的题材这一点，更是非常同意，而且自己也曾经有过这种想法。把东京郊区作为“武藏野”的一部分，听来也许有些新颖，实际上倒并不奇怪，正如一个人在描绘大海时把浪花所冲刷的海滩也描绘进去是一样的。不过关于这一点我打算留在以后再说，现在先来继续谈谈我们在小金井堤上的散步，首先是讲一下现在的武藏野的河流。

第一是多摩川，第二是隅田川，我想充分地描写的当然是这两条河流；但这些也放在以后再说，现在只谈一谈流过武藏野的那些河流。

小金井的河流，就是其中的一例。它们在东京近郊流过千驮谷、代代木、角筈诸村之间，然后经由新宿而注入四谷的上游。自井头池、善福池流来的水是注入神田的，有流过目黑附近而注入品海的，有经过涩谷一带而止于金杉的。此外，也还有许许多多不知名的小渠细流。如果这些小河是在别的地方，也许看不出什么特别的妙处，但在武藏野，它们却不管平地高岗，绕过森林，横贯旷野，忽隐忽现，迂回曲折（除了小金井以外），不论春夏秋冬，都各自有其妙处而使人神往。我也许是因为生长在多山的地方，自小看惯了那些水色透明的大河吧，在开始接触到武藏野的河流时，看到除了多摩川以外都是混浊的，因而很有些不快的感觉；但等到渐渐地习惯之后，却又觉得倒还是这种略带一些混浊的流水，对平原的景色最为合适。

记得在四五年前，有一次我和那位朋友在夏天的夜晚到近郊去散步。月白风清，原野和树林仿佛都蒙上了一层白纱似的，真是一个难以形容的良夜。这是晚上八点钟左右，我们在神田水渠上游的一座桥上走过。那里聚集了四五个农民，凭着桥栏说说笑笑的，还唱着歌。其中还有一位老爷爷，也不时地跟小伙子们一起谈着，唱着。在皎洁的月光之下，这些光景朦朦胧胧地被勾划在一个椭圆形里面，真像是一节田园诗一样。我们也走进了这一幅图画，和那些人一样倚着栏杆，欣赏着这一轮明月。但见它映在静静地流着的水面上，显得分外晶莹。飞虫擦过水面，掀起了微微的涟漪，一时给月影也添上了一条条细小的皱纹。从树林里弯弯曲曲地流出来的小溪，在树林之间绕了一个半圆形，又隐没在树林里了。被树梢击碎了的月光投射在微暗的小溪上面，闪闪地发亮。在离水面四五尺处，水蒸气形成了一片薄薄的烟雾。

在收获萝卜的季节里到近郊去散步，到处可以看到农民们在这些细流边洗着萝卜上的污泥。

九

即使不谈道玄坂，也不谈白金，单说东京那些街道的尽头处吧，这里有的接连着甲州街道，有的通向青梅道、中原道或是世田谷街道。这些地方突入郊外的林地田圃，说不上是街道还是驿站，在一种生活和一种自然的结合中，呈现出一种独特的光景——我每当描写到这种地方时，就会诗兴大发，这不是也有些奇妙吗？为什么这种地方就会引起我们的感触呢？我可以很简单地回答这个问题。因为这种郊区的光景可以给人一种感觉：它是所谓社会的一幅缩图。换句话说，那些屋檐下面仿佛隐藏着两三个小故事，有使人深深悲切的故事，也有令人捧腹的故事；正就是这种故事，可以使不论乡下人或是城里人，都受到感动。如果要更进一步来指出这些地方的特点，那就是，都会生活的残余和农村生活的余波在这里交混起来，徐缓地相互卷在一起了。

看吧，那边蹲着一匹一只眼睛的狗，只要人们叫得出它的名字的地方，就属于这个郊区的范围以内。

看吧，那边是一家小小的饭馆，纸门上映出一个女人的影子，只听见她在大声地叫喊着，也不知道到底是在哭呢，还是在笑。屋外已经沉浸在黄昏的阁暝中，飘浮着一种说不上是烟火还是泥土的气息。两三辆大车正打这里经过，咕噜咕噜的空车声，忽儿低下去，忽儿又高起来。

看吧，在那铁匠铺的门前站着两匹驮马，在它们的黑影旁边有两三个男人，正在悄悄地谈着什么话。铁砧上放着烧得通红的马蹄铁，火花冲破了黄昏的黑暗，几乎一直飞到大路中央。正在说话的人们不知怎的突然笑了起来。月亮已经升到了这一排家屋后面那些高大的橡树梢头，把对面那一排屋顶染得一片雪白。

煤油灯冒着黑色的油烟，几十个乡下人和城里人在跑来跑去，叫喊着。这里那里的堆满了各式各样的蔬菜。这是一个小小的菜市，小小的买卖场所。

这里大部分人家太阳一落山就上床了，可是也有一些直到深夜两点钟铺面房的纸门上还映着灯光的人家。理发店的后面是农民的住家，耕牛的哞哞声连大路上也听得见。酒店隔壁是卖豆豉的老爷爷的住家。他每天一清早就拖着“豆豉呀——豆豉呀——”沙哑的叫卖声向市区走去。夏天的夜短，不一会儿就天亮了，这时候，货车就开始在这里通过，咕噜咕噜、咯哒咯哒的声音延续不绝。一到九、十点钟，蝉儿在路上看得见的大树梢头叫起来，于是天气也渐渐地热起来了。尘埃从马蹄、车轮下掀起来，在空中飞舞着。一簇簇的苍蝇掠过大路，从这一家飞到那一家，从这匹马身上飞到那匹马身上。

不久，远远地可以听到钟声当当地打了十二下，这时候，空中就响彻了从都市那边传来的汽笛声。

（金　福　译）

思考与讨论：

1. 普里什文对春天的描写，首先是建立在长久仔细的观察基础上的。你可以试着在某个时段内观察一种事物的变化，并记录下来吗？
2. 对比普里什文的《春》和国木田独步的《武藏野》，体会其间的同与异。

拓展阅读：

《沙乡年鉴》，奥尔多 · 利奥波德著，侯文蕙译，吉林人民出版社，1997年。

《四季随笔》，乔治 · 吉辛著，刘荣跃译，四川文艺出版社，2010年。

重游缅湖

[美国] E · B · 怀特

1941年8月

那个夏季，约在一九〇四年，父亲在缅因的一处湖泊租了营地，带我们前去度过八月天。我们都给小猫染上黄癣，不得不没日没夜地往胳膊和腿上涂抹庞氏癣膏，父亲还衣衫整齐地在小划子上滚翻，但除此之外，假期过得很圆满，从那以后，我们都觉得，世界上再没有地方比缅因的那个湖区更美好。我们一个夏天接一个夏天，总是在八月一日来这里，待上一个月。后来，我成了海员，有时在夏季里，连续几天，海上卷起浪涛，海水冷得骇人，狂风一股劲从下午一直刮到夜晚，这让我不禁怀念林中湖面的宁静。几个星期前，耐不住这种强烈的情绪，我买了几只鲈鱼钩和一个旋式诱饵，重返我们当年常来的湖区，准备钓上一个星期鱼，以慰故地相思。

我带了儿子同行，他从不曾下过水，睡莲的浮叶也只隔着火车车窗望见。去往湖区的路上，我开始琢磨那里变成了什么样子。不知时间会怎样侵蚀了这块独特、圣洁的地方——小湾和溪流，落日的山峦，木屋和屋后的小路。我相信那里必然修了柏油路，又不知道它还有哪些可悲的变化。奇怪的是，一旦你听任自己的思想重回故辙，就会记起湖区一类地方那么多事情。记起一件事，蓦然就联想起另一件事。我想我还清楚记得所有那些破晓，此时的湖水，清冽而平静，我记得卧室的建筑板材发出的气味，还有潮湿的林木透过窗纱飘入的气味。营地的小屋，隔板很薄，没有与屋顶取齐，我总是头一个起床，悄悄地穿衣，免得惊扰别人，随后，我就溜到空气清新的户外，登上小划子，借松林长长的阴翳沿湖岸划行。我记得必须小心翼翼地不让船桨碰了船帮，生怕打扰了教堂那般的岑寂。

那湖泊从来不是人们通常所谓的野湖。岸边散落着房舍，这是块农耕的乡园，却也无碍湖边林木繁盛。一些房舍属于邻近的农夫，你可以住在岸边，在农庄就餐。我们家就是如此。湖区虽然不够荒僻，毕竟很大，远离尘嚣，有些去处，至少在孩子眼中，似乎无限辽远，野趣十足。

我对柏油路的预感果然不错：它伸入湖岸半英里。但当我带了儿子回来，住在农舍附近的一处营地，重温旧日夏季的时光，不觉感到，一切都还是当年模样——我很清楚，头一个清晨躺在床上，闻到卧室的气味，听见孩子悄悄走出门，登船渐行渐远。我开始产生幻象，似乎他就是我，因此，简单置换一下，我就是我父亲。这种感觉徘徊不去，我们在那里的日子，时时萦绕在心头。这不是一种全新的感觉，但此时此刻，它却愈发强烈。我仿佛处于双重的存在中。我在做某件简单的事情，拾起鱼饵盒子，摆好餐叉，或者说着什么，忽然就觉得像是父亲在说话或做事。那一刻真让人心悸。

头一天上午，我们去钓鱼。我摸摸鱼饵盒子里覆盖鱼虫的潮湿苔藓，看见蜻蜓贴了水面翻飞，落在钓竿梢头。蜻蜓的飞临，让我确信，一切都不曾改变，岁月不过是幻影，时光并没有流逝。我们将船泊在湖面，开始垂钓，微细的涟漪轻抚船帮，还像旧日一样，船还是那样的船，同一种绿颜色，船肋在同一处破裂，船底还是活水中同样的一些残留物——死鱼蛉、缕缕水藻、锈迹斑斑的废旧鱼钩、昨日捕获遗下的血痕。我们默默盯牢钓竿的梢头，蜻蜓来而复去。我将竿梢缓缓沉入水里，老大不忍地赶走蜻蜓，它们疾飞出两英尺，悬停在空中，又疾飞回两英尺，落回竿梢的更远端。这只蜻蜓与另一只蜻蜓——那只成为记忆一部分的蜻蜓，二者的飘摇之间，不见岁月的跌宕。我望望儿子，他正默默地看那蜻蜓，是我的手握了他的钓竿，我的眼在观看。我一阵眩晕，不知自己是守在哪一根钓竿旁。

我们钓到两条鲈鱼，猛地拽起，像对待鲭鱼，没用抄网，按部就班地把它们拖入船舱，在后脑壳上一记敲昏。我们在午饭前返回来游泳时，湖水一如我们离去时的模样，码头的水深标记如旧，只多了点微风乍起的感觉。这片海一样的水面，似乎给人施了魔法，你完全可以不管不顾地离开几个小时，回来后，发现它依然幽深沉静，那么恒定，值得信赖。浅滩处，黑黢黢的、给水浸泡的长枝短条，或平滑，或腐朽，一簇簇在波纹累累的沙子上摆荡，湖蚌爬过的痕迹清晰可辨。一群米诺鱼游过，每条小鱼都投下自己细细的影子，阳光下截然分明，数目就平白扩大了一倍。其他一些度假者也沿湖岸来游泳，其中一位带了肥皂，湖水变得稀薄，空明，没了现实感。多少年来，始终有这么一位带肥皂的人，执着地守在这里。岁月了无痕迹。

我们穿过土灰色的沃野，前去农庄用饭，球鞋下的公路只有两条车道，中间的一条消失了，那条道上，曾留下牲畜的蹄印，散布了牛马的粪干。以前始终是三条车道，你可以择一而行，现在只剩下两条道。有那么一刻，我深深怀念中间的选择。但公路经过网球场，它卧在阳光下的情景，让我感到一些宽慰；底线的带子松弛了，球场周遭绿茵茵长满车前子和别的野草，球网（六月份拉起，九月份撤除）在干燥的正午耷拉下来，这里弥漫着午间的炎热、饥渴和空旷。饭后的小吃可以要甜馅饼，有蓝浆果馅，也有苹果馅，女招待仍是些乡下姑娘，不见岁月的流逝，只有对岁月流逝的幻觉，仿佛有一重轻纱罩下——女孩子依旧十五岁；她们的头发浣洗过，这是惟一的区别了——她们去过电影院，银幕上的淑女，头发都很清爽。

夏日，哦，夏日，生命中的印记留存不去，那永不消失的湖泊，永不摧折的林木，牧场上遍布香蕨木和桧树，年年岁岁，郁郁蓊蓊，夏日没有尽头；这是背景，湖边的生活是画面，度假者勾勒的一幅单纯而安谧的图画，他们的小码头上竖着旗杆，美国国旗在蓝天白云下飘扬，树根盘绕，上面的小路引向一个个营地，又折回户外厕所，那里有石灰水罐，供喷洒用，商店的纪念品柜台上，摆了桦树皮做的袖珍小划子，还有明信片，上面的景物看去比实物要好些。美国人逃离城里的溽热，阖家在这里游憩，琢磨小湾顶头营地的新住户是“小门小房”，还是“体面人家”，寻思有人星期日驱车来农庄用餐，是否真的因为人多鸡少，终于没有口福。

木版画暴风雨

这些记忆时时涌上心头，对我来说，那些时光，那些夏日，似乎无比宝贵，值得珍藏。那是曾经有过的欢乐、宁静与美好。游客的抵达（八月初）本身就是件了不起的大事，在火车站，农庄的大篷车停过来，闻到松树第一缕浓郁的香气，瞥见第一个笑呵呵的农夫，行李箱子非常重要，这类事情由父亲全权做主，坐在大篷车上，经受十英里的漫长颠簸，在最后一道蜿蜒伸展的山顶，头一眼望见那湖，这片念兹在兹的水面，一别就是十一个月。其他的度假者见到你，一片欢呼叫闹声，行李箱子得打开，卸去它们的重负。（如今，游客的抵达不那么热闹了，你开车悄没声地进入，将车停在小屋旁的树下，拎出行李袋，五分钟的时间，一切安排妥当，不再大呼小叫，不再欢天喜地地围着行李箱子闹腾。）

宁静与美好与欢乐。而实际上，如今惟一不对头的地方是这里的声响，汽艇的尾挂发动机陌生而恼人的声响。这声音很刺耳，时时打破你的幻觉，让你感受到时代的推移，以往的夏日里，所有发动机都是内置的，稍远一些，它们的声响只带给人安慰，成全了你的仲夏之梦。这些发动机，或单缸，或双缸，有些是通断开关，有些是跳搭点火，有点响动，只会催人昏昏入睡。单缸发动机有节奏地震颤，双缸发动机呜呜作响，那声音都很平和。如今，度假者的汽艇，发动机都装在尾部。白天，炎热的上午，这些发动机任性地、怒冲冲地吼叫；夜晚，夕阳残照的恬静湖面上，它们像蚊子一样在人的耳边嗡嗡聒噪。我儿子很喜欢我们租来的尾挂机艇，他的最大愿望，就是能熟练地用一只手操船，他果然也很快掌握了略略阻塞油门（但不可过分）的诀窍，懂得如何调节针阀。望着他，我会想起当年如何去鼓捣那台带有沉重飞轮的老式单缸发动机，只要从心里与它亲近，使唤起来，自然能得心应手。那时，汽艇上没有离合器，要想靠岸，必须瞅准时候，关闭发动机，操纵静止的舵摆向岸边。倘若你掌握了窍门，也有一种倒船的法子。先扳断开关，就在飞轮转完最后一圈停下来时，重新启动，飞轮因为燃料压缩而反冲，船开始倒退。强顺风时停靠码头，用通常的方法很难减速，男孩子如果觉得汽艇得心应手，就会尝试让船多行片刻，然后倒离码头几英尺。这就需要头脑冷静，如果启动早了那么二十分之一秒，飞轮仍有足够的速度，可以摆过中心，汽艇将腾身跃起，斗牛似的一头撞向码头。

我们在营地悠然度过一星期。鲈鱼踊跃咬钩，艳阳高照，一天又一天。入夜后，我们都很疲倦，躺在小屋里，漫长白昼积聚下的热气弥散开。屋外，清风细细，几乎难以察觉。湿地的味道透过锈迹斑斑的纱窗飘进来。入睡很快，清晨，屋顶上有红松鼠，照例欢快地啪嗒啪嗒蹦跳。清早我躺在床上，常常回想起那一切——那艘小汽艇，尾部很长，圆圆的，像乌班吉[1]突出的嘴唇，月夜下，它悄没声地行驶，小伙子拨响曼陀林，姑娘们唱歌，我们吃蘸了糖的面包圈，月光皎洁，音乐飘荡在水面上，多么美好，此刻，想想女孩子，又该是怎样一种心情。早饭后，我们前往商店，东西都在原处——瓶子里的米诺鱼，给少年营地的孩子们扒拉得乱糟糟的人工饵和旋式诱饵，还有无花果馅饼干和比曼牌口香糖。店外，道路铺上了柏油，汽车停在商店门前。店内，还是当年的景象，只不过多了可口可乐，少了些“勇气”牌软饮料、根汁汽水、桦啤和菝葜汽水。我们每人买一瓶汽水走出商店，有时，汽水呛了鼻子，很难受。我们静静地沿溪流徜徉，乌龟滚下阳光照映的圆木，蹭入溪底柔软的砂泥中；我们躺在镇子的码头上，给温驯的鲈鱼喂鱼饵。不管走到哪里，我都不免疑惑我究竟是谁，是我旁边走着的这个，还是穿着同一条裤子的这个。

一天下午，我们在湖边，赶上了雷暴。那就像我小时候战战兢兢地看过的一出情节剧。第二幕的高潮，是美国一处湖岸，雷电交加，那情景几乎没有变化。场面很壮观，现在依然如此。一切都那么熟悉，最初是一种压抑和燥热的感觉，沉闷的氛围笼罩营地，让人不敢远行。后半晌（戏里也在此时）乌云密布，万籁俱寂，静得能听到生命的悸动。随后，一阵微风轻飏，雷声隐隐逼来，系泊的船只突然侧身摆荡。定音鼓敲响，小鼓敲响，跟着是大鼓和钹，噼啪作响的电光划破乌云，山上的众神龇牙咧嘴，兴奋地鼓噪。接下来是一片沉寂，雨点不疾不徐地打在平静的湖面上，天光重现，希望再生，心情豁然开朗，度假的人欢快地跑出门外，冒雨下到湖中戏水，他们欢呼笑闹个不止，因为他们只不过是让雨浇了个透。孩子们为沐雨栉风的新鲜感欢呼雀跃，这个只不过给浇个透湿的玩笑像是坚不可摧的链条，将一代代人连接起来。持一柄雨伞艰难行进的人透着滑稽。

---

① 乌班吉，非洲萨拉族妇女的别称。

其他人游泳，儿子吵着也要去。他扯下雨中一直晾在绳子上的游泳裤，用力拧干。我不想下水，懒洋洋地望着他，他的光裸的身躯瘦小而结实，穿上冰凉潮湿的短裤时，轻微地打起冷颤。等他扣上浸水的腰带，我的腹股沟突然生出死亡的寒意。

（贾辉丰　译）

博尔赫斯和我

[阿根廷]博尔赫斯

那是另外一个人，那是博尔赫斯，情况恰恰就是这样。我在布宜诺斯艾利斯街上闲步，有时候也许机械地停住，看看一个门道的拱门，或者两扇铁门。博尔赫斯的消息通过邮件来到我这里；我在一张科学院的选票上或者一本传记字典上看见他的名字。我喜爱沙漏、地图、18世纪的排版、史蒂文森的散文。那另外的一个跟我有同样的爱好，但是他的方式是虚荣的，以致把这些爱好变成了一个演员的特征。要说我们之间的关系是敌对的，那未免过分。我生活着，我让我自己生活，以便使博尔赫斯能够从事文学，而文学则证实了我的生存。我承认，他是设法写出了一些有价值的文章；这一点我并不在乎。但是这些文章却并不能够挽救我，也许是因为那些好的部分不再属于任何人，甚至也不属于那另一个博尔赫斯，而是属于西班牙语，或者属于传统。否则的话，我就命里注定要消失，肯定无疑地消失，只有我的很少几个瞬间会有可能在另一个博尔赫斯的身上生存。逐渐逐渐地，我把一切都让给了他，尽管我早就注意到他有弄虚作假和言过其实的坏习惯。斯宾诺沙认为：一切事物都渴望保持它们自己的性质；岩石要求永远是岩石，老虎要求永远是老虎。可是我必需在博尔赫斯身上，而不是在我自己身上，生活下去——如果我真的是一个人物的话——尽管在他写的书里，我看出我自己反而比较少，不如许多其他的书，或者一只吉他的吃力不讨好的弹奏。几年之前，我想摆脱开他，于是我放弃下层中产阶级的神话，转向时间和永恒的游戏。但是这些游戏现在也是博尔赫斯的了，我不得不再构思一些别的东西。就这样，我的生命在流逝；我失去了一切东西，一切东西都属于乌有，或者属于那另外的一个人。

我不知道这些话是我们之中的哪一个写的。

（王央乐　译）

思考与讨论：

1. 《重游缅湖》中“我”产生幻象，觉得“我就是我父亲”，为什么会产生这种“仿佛处于双重存在中”的感觉？
2. 仔细想想你的“我”究竟是一种什么样的存在。

拓展阅读：

《夏洛的网》，E · B · 怀特著，任溶溶译，上海译文出版社，2009年。

《麦田里的守望者》，塞林格著，施咸荣译，译林出版社，2006年。

为什么读经典

[意大利] 卡尔维诺

让我们先提出一些定义。

一、经典是那些你经常听人家说“我正在重读……”而不是“我正在读……”的书。

至少对那些被视为“博学”的人是如此；它不适用于年轻人，因为他们处于这样一种年龄：他们接触世界和接触作为世界的一部分的经典之所以重要，恰恰是因为这是他们初次接触。

代表反复的“重”，放在动词“读”之前，对某些耻于承认未读过某部名著的人来说，可能代表着一种小小的虚伪。为了让这些人放心，只要指出这点就够了，也即无论一个人在性格形成期阅读范围多么广泛，总还会有众多的重要作品未读。

任何人如果读过希罗多德和修昔底德的全部作品，请举手。圣西门又如何？还有雷斯枢机主教呢？即使是十九世纪那些伟大的系列小说，通常也是提及多于读过。在法国，他们在学校里开始读巴尔扎克，而从各种版本的销量来判断，人们显然在学生时代结束后很久都还在继续读他。但是，如果在意大利对巴尔扎克的受欢迎程度做一次正式调查，他的排名恐怕会很低。狄更斯在意大利的崇拜者是一小撮精英，他们一见面就开始回忆各种人物和片断，仿佛在谈论他们在现实生活中认识的人。米歇尔·布托尔多年前在美国教书时，人们老是向他问起左拉，令他烦不胜烦，因为他从未读过左拉，于是他下决心读整个《卢贡—马加尔家族》系列。他发现，它与他想象中的完全是两回事：它竟是庞杂的神话系谱学和天体演化学，后来他曾在一篇精彩的文章中描述这个体系。

上述例子表明，一个人在完全成年时首次读一部伟大作品，是一种极大的乐趣，这种乐趣跟青少年时代非常不同（至于是否有更大乐趣则很难说）。在青少年时代，每一次阅读跟每一次经验一样，都会产生独特的滋味和意义；而在成熟的年龄，一个人会欣赏（或者说应该欣赏）更多的细节、层次和含义。因此，我们不妨尝试以其他方式表述我们的定义：

二、经典作品是这样一些书，它们对读过并喜爱它们的人构成一种宝贵的经验；但是对那些保留这个机会，等到享受它们的最佳状态来临时才阅读它们的人，它们也仍然是一种丰富的经验。

因为实际情况是，我们年轻时所读的东西，往往价值不大，这又是因为我们没耐心、精神不能集中、缺乏阅读技能，或因为我们缺乏人生经验。这种青少年的阅读，可能（也许同时）具有形成性格的实际作用，原因是它赋予我们未来的经验一种形式或形状，为这些经验提供模式，提供处理这些经验的手段，比较的措辞，把这些经验加以归类的方法，价值的衡量标准，美的范式：这一切都继续在我们身上起作用，哪怕我们已差不多忘记或完全忘记我们年轻时所读的那本书。当我们在成熟时期重读这本书，我们就会重新发现那些现已构成我们内部机制的一部分的恒定事物，尽管我们已回忆不起它们从哪里来。这种作品有一种特殊效力，就是它本身可能会被忘记，却把种子留在我们身上。我们现在可以给出这样的定义：

三、经典作品是一些产生某种特殊影响的书，它们要么本身以难忘的方式给我们的想象力打下印记，要么乔装成个人或集体的无意识隐藏在深层记忆中。

基于这个理由，一个人的成年生活应有一段时间用于重新发现青少年时代读过的最重要作品。即使这些书依然如故（其实它们也随着历史视角的转换而改变），我们也肯定已经改变了，因此后来的这次接触也就是全新的。

所以，我们用动词“读”或动词“重读”也就不真的那么重要。事实上我们可以说：

四、一部经典作品是一本每次重读都像初读那样带来发现的书。

五、一部经典作品是一本即使我们初读也好像是在重温的书。

上述第四个定义可视为如下定义的必然结果：

六、一部经典作品是一本永不会耗尽它要向读者说的一切东西的书。

而第五个定义则隐含如下更复杂的表述：

七、经典作品是这样一些书，它们带着先前解释的气息走向我们，背后拖着它们经过文化或多种文化(或只是多语言和风俗)时留下的足迹。

这同时适用于古代和现代经典。如果我读《奥德赛》，我是在读荷马的文本，但我也不能忘记奥德修斯的历险在多少个世纪以来所意味的一切，而我不能不怀疑这些意味究竟是隐含于原著文本中，还是后来逐渐增添、变形或扩充的。如果我读卡夫卡，我就会一边认可一边抗拒“卡夫卡式的”这个形容词的合法性，因为我们老是听见它被用于指谓可以说任何事情。如果我读屠格涅夫的《父与子》或陀思妥耶夫斯基的《恶魔》，我就不能不思索这些书中的人物是如何一路转世投胎，一直到我们这个时代。

读一部经典作品也一定会令我们感到意外——当我们拿它与我们以前所想象的它相比较。这就是为什么我们总要一再推荐读第一手文本，而尽量避免二手书目、评论和其他解释。中学和大学都应加强这样一个理念，即任何一本讨论另一本书的书，所说的都永远比不上被讨论的书；然而学校却倾尽全力要让学生相信恰恰相反的事情。这里广泛存在着一种价值逆转，它意味着导言、批评资料和书目像烟幕那样，被用来遮蔽文本在没有中间人的情况下必须说和只能说的东西——而中间人总是宣称他们知道得比文本自身还多。因此，我们可以这样下结论：

八、一部经典作品是这样一部作品，它不断在它周围制造批评话语的尘云，却也总是把那些微粒抖掉。

一部经典作品不一定要教导我们一些我们不知道的东西；有时候我们在一部经典作品中发现我们已知道或总以为我们已知道的东西，却没有料到我们所知道的东西是那个经典文本首先说出来的（或那个想法与那个文本有一种特殊联系）。这种发现同时也是非常令人满足的意外，例如当我们弄清楚一个想法的来源，或它与某个文本的联系，或谁先说了，我们总会有这种感觉。综上所述，我们可以得出如下定义：

九、经典作品是这样一些书，我们越是道听途说，以为我们懂了，当我们实际读它们，我们就越是觉得它们独特、意想不到和新颖。

当然，发生这种情况通常是因为一部经典作品的文本“起到”一部经典作品的作用，即是说，它与读者建立一种个人关系。如果没有火花，这种做法就没有意义：出于职责或敬意读经典作品是没用的，我们只应仅仅因为喜爱而读它们。除了在学校：无论你愿不愿意，学校都要教你读一些经典作品，在这些作品当中（或通过把它们作为一个基准），你将辨别“你的”经典作品。学校有责任向你提供这些工具，使你可以作出你自己的决定；但是，只有那些你在学校教育之后或之外选择的东西才有价值。

只有在非强制的阅读中，你才会碰到将成为“你的”书的书。我认识一位出色的艺术史专家，一个极其博识的人，在他读过的所有著作中，他最喜欢《匹克威克外传》，他在任何讨论中，都会引用狄更斯这本书的片断，并把他生命中每一个事件与匹克威克的生平联系起来。渐渐地，他本人、宇宙及其基本原理，都在一种完全认同的过程中，以《匹克威克外传》的面目呈现。如果我们沿着这条路走下去，我们就会形成对一部经典作品的想法，它既令人仰止又要求极高：

十、一部经典作品是这样一个名称，它用于形容任何一本表现整个宇宙的书，一本与古代护身符不相上下的书。

这样一个定义，使我们进一步接近关于那本无所不包的书的想法，马拉美梦寐以求的那种书。但是一部经典作品也同样可以建立一种不是认同而是反对或对立的强有力关系。卢梭的所有思想和行动对我来说都十分亲切，但它们在我身上催发一种要抗拒他、要批评他、要与他辩论的无可抑制的迫切感。当然，这跟我觉得他的人格与我的性情难以相容这一事实有关，但是，如果这么简单的话，那么我不去读他就行了；事实是，我不能不把他看成我的作者之一。所以，我要说：

十一、“你的”经典作品是这样一本书，它使你不能对它保持不闻不问，它帮助你在与它的关系中甚至在反对它的过程中确立你自己。

我相信我不需要为使用“经典”这个名称辩解，我这里不按照古老性、风格或权威性来区分。（关于这个名称的上述种种意义的历史，弗朗哥·福尔蒂尼为《埃伊纳乌迪百科全书》第三册撰写的“经典”条目有极详尽的阐述。）基于我这个看法，一部经典作品的特别之处，也许仅仅是我们从一部在文化延续性中有自己的位置的、不管是古代还是现代的作品那里所感到的某种共鸣。我们可以说：

十二、一部经典作品是一部早于其他经典作品的作品；但是那些先读过其他经典作品的人，一下子就认出它在众多经典作品的系谱中的位置。

至此，我再也不能搁置一个关键问题，也即如何看待阅读经典与阅读其他一切不是经典的文本之间的关系。这个问题与其他问题有关，诸如：“为什么读经典，而不是读那些使我们对自己的时代有更深了解的作品？”和“我们哪里有时间和闲情去读经典？我们已被有关现在的各类印刷品的洪水淹没了。”

当然，可以假设也许存在着那种幸运的读者，他或她可以把生命中的“阅读时间”专诚献给卢克莱修、琉善、蒙田、伊拉斯谟、克维多、马洛、《方法谈》、歌德的《威廉·麦斯特》、柯勒律治、罗斯金、普鲁斯特和瓦莱里，偶尔涉猎一下紫式部或冰岛萨迦。再假设这个人可以读上述一切而又不必写最新再版书的评论，为取得大学教席而投稿，或在最后期限即将届满时给出版商寄去作品。如果保持这种状态而不必受任何污染，那么这个幸运者就可以避免读报纸，也绝不必操心最新的长篇小说或最近的社会学调查。但是，这种严格有多大的合理性甚或有多大的功用，尚未得知。当代世界也许是平庸和愚蠢的，但它永远是一个脉络，我们必须置身其中，才能够顾后或瞻前。阅读经典作品，你就得确定自己是从哪一个“位置”阅读的，否则无论是读者或文本都会很容易漂进无始无终的迷雾里。因此，我们可以说，从阅读经典中获取最大益处的人，往往是那种善于交替阅读经典和大量标准化的当代材料的人。而这并不一定要预先假定某个人拥有和谐的内心平静：它也可能是某种不耐烦的、神经兮兮的性情的结果，某个永远都感到恼怒和不满足的人的结果。

大概最理想的办法，是把现在当做我们窗外的噪音来听，提醒我们外面的交通阻塞和天气变化，而我们则继续追随经典作品的话语，它明白而清晰地回响在我们的房间里。但是对大多数人来说，把经典作品当成房间外远方的回声来聆听已是一种成就，因为他们的房间里被现在弥漫着，仿佛是一部开着最大音量的电视机。因此我们应加上：

十三、一部经典作品是这样一部作品，它把现在的噪音调成一种背景轻音，而这种背景轻音对经典作品的存在是不可或缺的。

十四、一部经典作品是这样一部作品，哪怕与它格格不入的现在占统治地位，它也坚持至少成为一种背景噪音。

事实仍然是，读经典作品似乎与我们的生活步调不一致，我们的生活步调无法忍受把大段大段的时间或空间让给人本主义者那种庄重的悠闲；也与我们文化中的精英主义不一致，这种精英主义永远也制订不出一份经典作品的目录来配合我们的时代。

这反而恰恰是莱奥帕尔迪的生活环境：住在父亲的城堡（他的"父亲的家"[①]），他得以利用父亲莫纳尔多那个令人生畏的藏书室，实行他对希腊和拉丁古籍的崇拜，并给藏书室增添了到那时为止的全部意大利文学，以及所有法国文学——除了长篇小说和最新出版的作品，它们数量极少，完全是为了让妹妹消遣（"你的司汤达"是他跟保利娜谈起这位法国小说家时的用语）。莱奥帕尔迪甚至为了满足他对科学和历史著作的极端热情，而捧读绝不算"最新"的著作[②]，读布封关于鸟类习性的著作，读丰特奈尔关于弗雷德里克·勒伊斯的木乃伊的著作，以及罗伯逊关于哥伦布的旅行的著作。

今天，像青年莱奥帕尔迪那样接受古典作品的熏陶已难以想象，尤其是他父亲莫纳尔多伯爵那样的藏书室已经解体。说解体，既是指那些古书已所剩无几，也指所有现代文学和文化的新著作大量涌现。现在可以做的，是让我们每个人都发明我们自己理想的经典藏书室；而我想说，其中一半应该包括我们读过并对我们有所裨

---

① "父亲的家"亦译作"祖家"，原文paterno ostello，出自莱奥帕尔迪《致席尔维亚》一诗。——译注

② 这里大概是说，科学和历史著作愈新，读者就愈能掌握最新研究动向，而莱奥帕尔迪连较旧的材料也不放过。——译注

益的书，另一半应该是我们打算读并假设可能对我们有所裨益的书。我们还应该把一部分空间让给意外之书和偶然发现之书。

我注意到，莱奥帕尔迪是我提到的唯一来自意大利文学的名字。这正是那个藏书室解体的结果。现在我实应重写整篇文章，以清楚地表明，经典帮助我们理解我们是谁和我们所到达的位置，进而表明意大利经典对我们意大利人是不可或缺的，否则我们就无从比较外国的经典；同样地，外国经典也是不可或缺的，否则我们就无从衡量意大利的经典。

接着，我还真的应该第三次重写这篇文章，免得人们相信之所以一定要读经典是因为它们有某种用途。唯一可以列举出来讨他们欢心的理由是，读经典总比不读好。

而如果有谁反对说，它们不值得那么费劲，我想援引乔兰①（不是一位经典作家，至少还不是一位经典作家，却是一个现在才被译成意大利文的当代思想家）：“当毒药在准备中的时候，苏格拉底正在用长笛练习一首曲子。‘这有什么用呢？’有人问他。‘至少我死前可以学习这首曲子。’”

1981年

（黄灿然　译）

---

① 埃米尔·乔兰（Emile Cioran，1911–1995），罗马尼亚裔法国作家。

读书之乐

［法国］阿兰

读书与做梦的不同之处在哪里呢？有时候我们感觉做梦是愉快的，于是乎就不去读书。而当做梦的可能性被某种原因破坏时，读书便成了补救的良药。当年，我的父亲由于债务累累，心中烦闷，于是便一头钻进书堆里以寻求解脱，嗜书如命几乎到了饥不择食的地步。他的行为使我受到了感染，这“感染”如今看来使得我比那些一味苦学的书呆子们有出息得多。对我来说，如果我有意想学些什么，那一定是什么也学不进去的。即便是数学题，也只有等我像读小说一样漫不经心地去理会它的时候，才能悟出其中的名堂。总之，读是最重要的。不过，像这样懒洋洋地读书必须有充足的时间，而且手头也得有书才行。我所谓“手头有书”是说那书的位置一定要近在咫尺，如果隔了两米远，我也就不会想起去读它了。所以也难怪图书馆对我毫无裨益，它毕竟不属于我呀！我于是拼命通读手头的书，而且做了不少笔记，尽管事后从不去翻检。对我来说，了解荷马意味着手头得有荷马的书。眼下我手头就有几本斯宾诺莎的书。过去我一向不知世界上还有梅恩·德·比兰[①]，直到

① 梅恩·德·比兰（1766–1824），法国哲学家。

有一天一位相识将他的全集抱来放在我的案头，我这才晓得梅恩·德·比兰是何许人。而且，说句实话，我发现读他的书真好比啜饮琼浆玉液，百读不厌。我对孔德的了解也是通过同样的途径，很久以前我就已将他的十卷代表作买来放在案头了。我读孔德似乎同读巴尔扎克一样，从不去追究书中的道理。不过，我更喜欢巴尔扎克，而且也只满足于作巴尔扎克不倦的读者而已。

什么叫读书呢？读书就是一行一行地读书上的字。当然也还要约略琢磨一下整体的、也就是一页当中的内容。这不是我个人的经验。我发现有不少读者跟我一样，读前一页的时候总要附带地偷眼看一看下一页讲的什么，甚至也顺便浏览一下后边的情节，好像饥饿的乞丐觊觎一块馅饼。我想大概可以这样断言——不过也许为时过早——读者的想象力恰似笼中之鸟，永远无法摆脱书中字词以及作品原义的束缚。当然，熟练的读者用不着咬文嚼字，不过我还做不到这一步，我虽不至于嚼字，句子总还须咂一咂的。我读书就好像骑一匹马，时而纵马狂奔，时而拨马回头，不敢神驰遐想，唯恐偏离作者指出的道路。有趣的是，我仅以这种方式去读体面的出版物，也就是书籍。至于日记之类，我以为价值不大，不必认真去读。手稿就更不必说，它总使人觉得不可靠，因为它只不过是书的雏形而已，可以随意增删改动。一本书的分量就不同了，特别是巴尔扎克的小说就更不允许你去怀疑。甚至可以说，巴尔扎克写书的目的就是为了禁锢你的想象力。真的，读他的书谁也不用胡思乱想，为所欲为，只有规规矩矩，按他的路子走……这便是优秀叙述体小说的风格：作者预设圈套让读者去钻。巴尔扎克历来如此。这就是为什么反复阅读比只读一遍收效更大的原因。由于我对自己的经验十分自信，所以很想在这方面做些探讨。

引起读者的猜疑、好奇和惊叹，这就是巴尔扎克小说的效果吗？一点儿不假。甚至当你读上几遍之后，这种效果竟毫无衰减。比如说，我知道乡村医生必死无疑，然而也正因为我料到结局，乡村医生的死才如迅雷一般使我感到震惊。这效果就在昨天我还体验过一次。戏迷们往往也有同感吧。我还注意到，一首好诗的艺术魅力是永存的，不会使你熟而生厌，只有这样的诗才是真正的诗。可以这样说，一切时间艺术的魅力正是来源于读者的预知。当我们读一本小说时，总觉得后头的情节最牵扯我们的兴趣；不过，我们也懂得如何克制自己，大概具体的方式就是聚精会神于眼下正在进行的情节吧。而且像这样吊一吊胃口未尝不是一件有趣的事。孩子们做游戏时不是经常要藏起来，然后吓唬对方，而对方也会真的感到害怕吗？读小说也是如此。前不久我又重读了《驴皮记》的前几页，真够繁琐的！我心里虽这么想，却仍然悉心地琢磨着拉斐尔①的幻梦和那位老商贩的大段独白，甚至不放过任何细节。而那些一目十行的读者口里虽说着“我都知道”，实际上正是由于他们“不知道”，所以才那样风风火火地读。我之所以能够不紧不慢悠着性子，正是因为我了解这本书，而且我对它的了解不是零散的、只言片语的，而是全面的。我不想一下子就读到书中那不可挽回的结局，总希望这结局能够在我的第一个愿望得到满足之后再开始，因为到那时将会觉得总算完成了什么。不过最好还是由着作者的构想，让这结局在老商贩的叹息声中、在他利欲熏心、沉湎于新的梦幻的时候再开场为好。同样，无论是幸运还是灾难——如大家常说的那样——也应伴随着拉斐尔的沉浮而渐次呈现在我们眼前。为了耽于幻想而不愿过早获得，这正是读者的心理，它促使我们随着作者一道在共同的情感领域里尽情漫步，观赏珍奇。我用了“尽情”两个字，实则我们的兴致未必能随心所欲地膨胀，我们是无权随意增补幻想的，因为作品的内容是和谐严谨的，词句是有限的，凭空幻想纯属徒劳无益。你熟悉翻动书页时所发出的窸窣声音吗？如果你无法从中辨析出命运的颤音和结局的征兆，这说明你还不是真正的读书人。要知道，一场音乐会、一场戏或一段朗诵是不能任意中断的，但作为读者却有这个自由。只不过读者往往不是利用这种自由去回味读过的内容，或拟测未来的情节，而是中断小说情节的发展，以腾出时间来咀嚼自己的人生经历。我就有这样的感觉，每当我重新回到作品中来的时候总是要略微复习一遍前面的内容，仿佛想要再度积蓄起自己的兴致。如果不这样做就会觉得若有所失，觉得失掉了前面的内容，的确，优秀小说是不容许随意抽取片断的，不论手段多么巧妙，即便是配以分析也总不能被人接受。不是吗，优秀小说本身就杜绝了任何形式的简化或综述。相反，劣等小说却恰恰像被阉割过似的，只剩下事件和线索的罗列，一切似乎是为了向读者解释，唯恐读者理解不了下文。其实，我读

---

① 《驴皮记》的主人公。

书的目的倒并不是为了理解，而是为了追索。要想追索，光凭精神准备还是不够的。我发现侦探小说的情节总是发展得飞快，然而这类小说的迷人之处并不单单在于它的神秘性。我的理由是，倘若写得好，人们同样愿意反复阅读。《一桩无头公案》[①]就是一本这样的书。似乎可以说，小说遵循的原则之一就是时间原则。要知道，应当发生的事不必顷刻间就发生。“您的第一个欲望是平庸的，”那位老商人道，“我可以使它变成现实；不过，我还是先省了这道麻烦，以便为您今后生活中的事操心吧。”这位老商贩俨然像一尊隔岸观火的神，任事态平淡无奇地发展，就像拉斐尔每次遇到他的三个朋友必然同去吃夜宵一样，毫无例外，毫无变化。不过，这些琐事看似平淡，却正代表了生活中严肃的一面。巴尔扎克的思想永远是那样正确，实在令人为之折服。这也正是他的天才在创作中的体现，他善于将平凡的生活真实地反映出来。《驴皮记》所反映的同样是真实的生活，在这一点上它与《幽谷百合》和《欧也妮·葛朗台》没有什么两样，尽管当我们叙述书中大意时免不了会引人发笑，因为谁也不会相信世上还会发生如此荒诞的奇遇，而且每个人的故事都如此离奇。不过，说到这儿，我们又不期而然地遇到了另一个十分棘手的问题，这个问题，我看放到以后再讨论吧。

（罗竞　译）

思考与讨论：

1. 卡尔维诺论述为什么谈经典的“十四条”，哪些是你意识到的，哪些是你没有意识到的？
2. 为什么说经典作品“有一种特殊效力，就是它本身可能会被忘记，却把种子留在我们身上”？“种子”是什么？

拓展阅读：

《西方正典》，哈罗德·布鲁姆著，江宁康译，译林出版社，2005年。

《理想藏书》，皮埃尔·篷塞纳主编，余中先、余宁译，上海人民出版社，2011年。

---

① 巴尔扎克的长篇小说，发表于1841年。

版权声明

因教学需要，本书中的部分内容系从其他已经出版的图书中摘选而来。虽然编者和出版社做了种种努力，但仍无法与部分原作者取得联系。如有能提供这些原作者线索者可与我们联系，我们将共同协商相关版权问题。

上海外语教育出版社

2013年1月20日